Die Bewertung von deutschen Universalbanken
unter Berücksichtigung rechtsformspezifischer Besonderheiten

Betriebswirtschaftliche Studien
Rechnungs- und Finanzwesen, Organisation und Institution

Herausgegeben von
Prof. Dr. Dr. h.c. Wolfgang Ballwieser, München
Prof. Dr. Christoph Kuhner, Köln
Prof. Dr. Dr. h.c. Dieter Ordelheide †, Frankfurt

Band 58

Peter Lang
Frankfurt am Main · Berlin · Bern · Bruxelles · New York · Oxford · Wien

Rainer Zensen

Die Bewertung von deutschen Universalbanken unter Berücksichtigung rechtsformspezifischer Besonderheiten

Peter Lang
Europäischer Verlag der Wissenschaften

Die Deutsche Bibliothek - CIP-Einheitsaufnahme

Zensen, Rainer :

Die Bewertung von deutschen Universalbanken unter Berücksichtigung rechtsformspezifischer Besonderheiten / Rainer Zensen. - Frankfurt am Main ; Berlin ; Bern ; Bruxelles ; New York ; Oxford ; Wien : Lang, 2002
Betriebswirtschaftliche Studien – Rechnungs- und Finanzwesen, Organisation und Institution ; Bd. 58)
Zugl.: Würzburg, Univ., Diss., 2001
ISBN 3-631-38688-5

D 20
ISSN 1176-716X
ISBN 3-631-38688-5

www.peterlang.de

Geleitwort

Die vorliegende Arbeit - eine Dissertation aus Würzburg - widmet sich mit der Bewertung von Banken einem in der Literatur stark vernachlässigten, praktisch aufgrund aktueller Entwicklungen aber sehr relevanten Thema. Die Besonderheiten der Bewertung von Banken liegen in der gegenüber Industrieunternehmen anderen Geschäftsstruktur mit der Notwendigkeit, spezifische Werttreiber zu schätzen, und in den aufsichtsrechtlichen Beschränkungen, die im Rahmen von Planbilanzen zu erfassen sind. Darüber hinaus können Bankgeschäfte in ganz verschiedener Rechtsform und mit unterschiedlicher Zielsetzung betrieben werden. Vor diesem Hintergrund ist es begrüßenswert, daß die Arbeit anhand eines Beispiels verdeutlicht, wie Rechtsformbesonderheiten auf die Planung des Free Cash Flow von Banken durchschlagen. Gleichermaßen hat sich der Verfasser mit der rechtsformspezifischen Haftungserweiterung auseinandergesetzt.

Die Arbeit von Herrn Zensen weist auf zahlreiche Problembereiche der Bewertung von Banken hin und warnt - durchaus konstruktiv - vor voreiligen Lösungen. Sie kann die Diskussion weiter anstoßen. Ich wünsche ihr dafür eine gute Aufnahme.

München, den 14. Juli 2001 Wolfgang Ballwieser

VORWORT

Das Anfertigen der vorliegenden Untersuchung fiel in eine Zeit, in der der Shareholder-Value-Gedanke einer der zentralen Forschungsthemen der wirtschaftswissenschaftlichen Fachliteratur darstellte. Stand zunächst eher der qualitative Aspekt der wertorientierten Unternehmensführung im Vordergrund des Interesses, so gelang der quantitative Aspekt der Wertermittlung mit einer steigenden Anzahl von Verschmelzungen und Übernahmen im Kreditsektor zunehmend an Bedeutung. Durch den steigenden Druck der EU-Wettbewerbsbehörde auf die Rechtsinstitute der Gewährträgerhaftung und der Anstaltslast bei öffentlich-rechtlichen Kreditinstituten ist in den nächsten Jahren mit tiefgreifenden Veränderungen in der deutschen Kreditwirtschaft zu rechnen. Mit dieser Schrift möchte ich einen Beitrag leisten, die rechtsformspezifischen Besonderheiten unterschiedlicher Kreditinstitutsgruppen im Rahmen einer zahlungsstromorientierten Bankbewertung zu berücksichtigen.

Die Arbeit wurde im Sommersemester 2000 an der wirtschaftswissenschaftlichen Fakultät der Bayerischen Julius-Maximilians-Universität Würzburg als Dissertation eingereicht.

Das Gelingen einer Promotion bedarf nicht nur des Vorhandenseins eines gewissen Durchhaltevermögens, sondern auch der Hilfe einer Vielzahl von Personen, denen ich hierfür nachfolgend meinen Dank ausspreche.

Dieser gilt insbesondere meinem akademischen Lehrer, Herrn Prof. Dr. Hansrudi Lenz, der mir einerseits bei der Erstellung der Arbeit den notwendigen wissenschaftlichen Freiraum gewährte, andererseits diese Schrift aber auch durch Diskussionen und konstruktive Kritik gefördert hat. Herrn Prof. Dr. Wolfgang Freericks danke ich für die Übernahme und die zügige Anfertigung des Zweitgutachtens, den Herren Professoren Dr. Elart von Collani und Dr. Christoph Kaserer für Ihre wertvollen Hinweise zum Kapitel 7 dieser Arbeit und Herrn Prof. Dr. Wolfgang Ballwieser für die Aufnahme in diese Schriftenreihe.

Zu großem Dank bin ich auch meinen langjährigen Freunden Dipl.-Kfm. Elmar Ebbinghaus, Dipl.-Kfm. Matthias Hastrich, Dipl.-Kfm. Heiko Hecht und Steuerberater Dipl.-Kfm. Axel Jansen für Ihre Diskussionsbereitschaft und die Übernahme des Korrekturlesens verpflichtet.

Abschließend bedanke ich mich bei Frau Dipl.-Ing. Petra Johannliemke. Ohne Ihr Verständnis sowie Ihre moralische und tatkräftige Unterstützung während der Promotionszeit wäre die Arbeit sicher nicht entstanden. Ihr ist diese Arbeit gewidmet.

Rainer Zensen

INHALTSÜBERSICHT

INHALTSVERZEICHNIS

ABKÜRZUNGSVERZEICHNIS

a. A. .... anderer Auffassung
AktG .... Aktiengesetz

BAnz. .... Bundesanzeiger
BayRS .... Bayerische Rundschreiben
BaySpkG .... Gesetz über die öffentlichen Sparkassen - Sparkassengesetz (Bayerisches Sparkassengesetz)
BB .... Der Betriebsberater (Zeitschrift)
B. Bl. .... Betriebswirtschaftliche Blätter (Zeitschrift)
BdB .... Bundesverband deutscher Banken
BFuP .... Betriebswirtschaftliche Forschung und Praxis (Zeitschrift)
BGBl. .... Bundesgesetzblatt
BI/GF .... Bankinformation und Genossenschaftsforum (Zeitschrift)
BMF .... Bundesminister(ium) der Finanzen
bspw. .... beispielsweise
BStBl. .... Bundessteuerblatt
BVR .... Bundesverband der Deutschen Volksbanken und Raiffeisenbanken

CAPM .... Capital Asset Pricing Modell

DAX .... Deutscher Aktienindex
DB .... Der Betrieb (Zeitschrift)
DBW .... Die Betriebswirtschaft (Zeitschrift)
DCF .... Discounted-Cash-Flow
Deka .... Deutsche Kapitalanlage GmbH
DG-Bank .... Deutsche Genossenschaftsbank AG
DGZ .... Deutsche Girozentrale/Kommunalbank
DStR .... Deutsches Steuerrecht (Zeitschrift)
DU .... Die Unternehmung (Zeitschrift)

EStG .... Einkommensteuergesetz

FCF .... Free-Cash-Flow

GenG .... Gesetz betreffend die Erwerbs- und Wirtschaftsgenossenschaften (Genossenschaftsgesetz)
GewStG .... Gewerbesteuergesetz
GmbHG .... Gesetz betreffend die Gesellschaften mit beschränkter Haftung
GuV .... Gewinn- und Verlustrechnung
GVBl. .... Gesetz- und Verordnungsblatt

HB .... Handelsblatt (Zeitung)
HFA .... Hauptfachausschuß
HSpkG .... Hessisches Sparkassengesetz

i. allg. .... im allgemeinen
i. d. F. .... in der Fassung
IDW .... Institut der Wirtschaftsprüfer
ifo .... Institut für Wirtschaftsforschung
i. V. m. .... in Verbindung mit

JoF .... The Journal of Finance (Zeitschrift)

KStG .... Körperschaftsteuergesetz
KStR .... Körperschaftsteuerrichtlinien
KuK .... Kredit und Kapital (Zeitschrift)
KWG .... Gesetz über das Kreditwesen (Kreditwesengesetz)

MuSaKG .... Mustersatzung für Kreditgenossenschaften
m. w. N. .... mit weiteren Nachweisen

OTC .... over the counter
o. V. .... ohne Verfasser

RechKredV .... Verordnung über die Rechnungslegung der Kreditinstitute
RGBl. .... Reichsgesetzblatt
ROI .... Return on Investment

SGE .... strategische Geschäftseinheit
SGF .... strategisches Geschäftsfeld
SpkG .... Sparkassengesetz

Tab. .... Tabelle

UmwG .... Umwandlungsgesetz

VöB .... Verband öffentlicher Banken
Vol. .... Volume

WiSt .... Wirtschaftswissenschaftliches Studium (Zeitschrift)
WISU .... Das Wirtschaftsstudium (Zeitschrift)
WP................................. Wirtschaftsprüfer
WPg .... Die Wirtschaftsprüfung (Zeitschrift)

ZfB .... Zeitschrift für Betriebswirtschaft

ZfbF .... Schmalenbachs Zeitschrift für betriebswirtschaftliche Forschung
ZfgG .... Zeitschrift für das gesamte Genossenschaftswesen
ZfgK .... Zeitschrift für das gesamte Kreditwesen

SYMBOLVERZEICHNIS

β .... Beta-Faktor
bV .... betriebsnotwendiges Vermögen
BW .... Barwert
c .... konstante Thesaurierungsquote
cov .... Covarianz
d .... Positionenindex (mit D = Anzahl der Positionen)
Δ .... marginale Veränderung
E .... Erwartungswert (= μ)
EK .... Eigenkapital
EW .... Ertragswert
FK .... Fremdkapital
FÜ .... finanzieller Überschuß
g .... Preissteigerungsrate
GK .... Gesamtkapital
h .... Steuerhebesatz
i .... (nominaler) quasi-sicherer Zins
i_V .... interner Verzinsungssatz
JÜ .... Jahresüberschuß
k .... Kapitalkosten
L .... Summe der thesaurierten liquiden Mittel
m .... Steuermeßzahl
M .... Mindestwert der Verteilungsannahme
n .... Geschäftsfeldindex (mit N = Anzahl der Geschäftsfelder)
NA .... Nettoausschüttungen
nbV .... nicht betriebsnotwendiges Vermögen
p .... Wahrscheinlichkeit
$\varphi(y)$ .... Dichtefunktion der standardisierten Normalverteilung
$\Phi(y)$ .... Verteilungsfunktion der standardisierten Normalverteilung
r .... Kapitalierungszinssatz
r_{EK} .... Renditeforderung der Eigenkapitalgeber
s .... Steuersatz
SÄ .... Sicherheitsäquivalent
σ .... Standardabweichung (= Sigma)
t .... Periodenindex (mit T = Ende des Planungshorizontes)
UW .... Unternehmenswert
V .... Volumenangabe
var .... Varianz (= σ^2)
VP .... Verkaufspreis
VW .... Veräußerungswert der Unternehmung
w .... (nominale) Wachstumsrate
z .... Risikozuschlag/Risikoprämie
Z .... Zinsanpassungselastizität

ZiÜ .... Zinsüberschuß
ZÜ .... Zahlungsüberschuß

ABBILDUNGSVERZEICHNIS

TABELLENVERZEICHNIS

1 Problemstellung

1.1 Aktuelle Entwicklungen im deutschen Kreditwesen

In den letzten Jahren wurden verstärkt Akquisitionen und Fusionen sowohl im internationalen als auch im deutschen Finanzdienstleistungssektor bekanntgegeben. Auslöser für derartige Transaktionen ist nicht zuletzt ein durch die Globalisierung der Märkte zunehmender internationaler Wettbewerb. Insbesondere die Einführung des Euro, der den bedeutendsten Schritt zu einem gemeinsamen europäischen Wirtschaftsraum darstellt, führt dazu, daß die börsennotierten Banken in der Rechtsform der Aktiengesellschaft (Aktienbanken) untereinander immer stärker im Wettbewerb um die knappe Ressource Eigenkapital stehen. Die realisierte bzw. zu erwartende Eigenkapitalrendite wird zum Eichstrich einer internationalen Kapitalallokation. Um die Renditeforderungen der Anleger zu erfüllen, muß das Bankmanagement verstärkt auf Konzepte zurückgreifen, die den Shareholder-Value, den Marktwert des Eigenkapitals, in den Mittelpunkt der unternehmerischen Zielsetzung stellen. Viele Bankenvorstände versuchen, durch die Ausdehnung der Betriebsgröße Skaleneffekte zu erzielen bzw. neue Märkte, auf denen sie sich Wertsteigerungspotentiale versprechen, zu erschließen. In Deutschland sind die aus einer Verschmelzung hervorgegangene Bayerische Hypo- und Vereinsbank AG sowie die Übernahme der amerikanischen Bankers Trust Corporation durch die Deutsche Bank AG hierfür die bekanntesten Beispiele der jüngeren Zeit.

Diese Entwicklungen bleiben jedoch nicht ohne Folgewirkungen für die kleineren, nicht börsennotierten Aktienbanken und die Kreditinstitute anderer Rechtsform. Wollen sie nicht aus dem Markt verdrängt werden, so müssen sie in vielen Bereichen mit der Leistungsfähigkeit der großen Publikumsbanken Schritt halten. In diesem Zusammenhang wird in der Literatur gerne über die Notwendigkeit einer bestimmten Mindestbetriebsgröße diskutiert.[1] Obwohl die diesbezüglichen empirischen Untersuchungen zu keinem eindeutigen Ergebnis kamen,[2] hat sich die Anzahl der kleineren Institute - insbesondere aus dem Genossenschaftssektor - in den letzten Jahren drastisch zurückgebildet.[3]

Des weiteren führt der sich verschärfende Wettbewerb dazu, daß rechtsformübergreifend zwangsläufig in allen Bereichen der Kreditwirtschaft risikoadjustierte Ren-

---

1 Vgl. Hahn (1995), S. 442; Dieckhöhner (1995), S. 10-14.

2 Vgl. für den Bereich der Kreditgenossenschaften Dieckhöhner (1995), S. 14; zum Sparkassensektor Baxmann (1991), S. 515; Güde (1995), S. 222; Gold (1997), S. 213; Herz (1999), S. 178.

3 Bestanden 1990 noch 3344 eigenständige Genossenschaftsbanken, so waren es Ende Mai 2000 nur noch genau 2000. Vgl. Dieckhöhner (1995), S. 11; Deutsche Bundesbank Monatsbericht Juli 2000, Statistischer Teil, S. 24. Bis zum Jahr 2008 erwartet der genossenschaftliche Bankenverband einen weiteren Rückgang auf 800 Kreditgenossenschaften. Vgl. o. V., HB v. 17.5.1999, Nr. 93, S. 32.

tabilitätsrechnungen in den Vordergrund der Unternehmenssteuerung treten.[4] Wollen sie im Markt bestehen, so kommen auch die eher regional ausgerichteten, nicht börsennotierten Kreditinstitute unterschiedlicher Rechtsformzugehörigkeit nicht daran vorbei, sich mit dem Konzept der wertorientierten Unternehmensführung auseinanderzusetzen.

1.2 Ziel der Arbeit und Gang der Untersuchung

Lange Jahre blieb das Thema der Unternehmensbewertung von Kreditinstituten in der deutschsprachigen Fachliteratur weitestgehend unberücksichtigt.[5] Erst mit Aufkommen der Shareholder-Value-Diskussion ist von seiten der Forschung ein verstärktes Interesse für diesen Bereich zu erkennen.[6] Trotzdem sind bisher noch nicht alle Problembereiche erschöpfend bearbeitet worden. Weiter ist zu konstatieren, daß sich die bislang vorliegenden Arbeiten, entweder explizit in der Zielsetzung vorgegeben oder implizit im Rahmen der Ausführungen umgesetzt, vorrangig mit der Bewertung von börsennotierten Aktienbanken beschäftigen. Derzeit gibt es in der Literatur nahezu keine Untersuchung, die sich im Rahmen der Unternehmensbewertung - über eine oberflächliche Betrachtung hinausgehend - mit den rechtsformspezifischen Besonderheiten deutscher Universalbanken auseinandersetzt.[7]

Ziel dieser Arbeit ist es, einen Ansatz zur Bewertung von Kreditinstituten darzustellen und darauf aufbauend Möglichkeiten zur Integration rechtsformspezifischer Besonderheiten in den Planungs- und Bewertungsprozeß aufzuzeigen. Letzteres erfordert einerseits qualitative Überlegungen bei der Planung der Zahlungsüberschüsse auf Unternehmensebene und andererseits die Beachtung von unterschiedlichen Ausschüttungsrestriktionen bei der Überleitung zu den bewertungsrelevanten Zielbeiträgen auf Eigentümerebene. Des weiteren soll im Rahmen dieser Untersuchung ein Ansatz zur Berücksichtigung der individuellen Haftungserweiterung einzelner Bankengruppen entwickelt werden.

In **Kapitel 2** werden die institutionellen Grundlagen der Arbeit gelegt. Hierzu sind zunächst die unterschiedlichen Erkenntnisobjekte der Untersuchung vorzustellen. Einführend wird ein Überblick über die Struktur der deutschen Kreditwirtschaft vermittelt. Daran anschließend werden die einzelnen Bankengruppen bzw. die dazu zählenden

---

4 Vgl. Schierenbeck (1999a), S. 1 f.

5 Ausnahmen bilden die Pionierarbeit von Zessin (1982), die Untersuchungen von Schell (1988) und (1989) sowie die noch immer im wesentlichen den heutigen Forschungsstand widerspiegelnden Abhandlungen von Adolf/Cramer/Ollmann (1989a) und (1989b).

6 Zur Bankbewertung im Rahmen traditioneller Bewertungsanlässe wie An- bzw. Verkauf ganzer Banken vgl. Kümmel (1995); Wildgruber (1998); Höhmann (1998); im Rahmen einer wertorientierten Unternehmensführung vgl. Strutz (1993); Lottner (1997); Hörter (1998).

7 Zu den diesbezüglichen Überlegungen vgl. Zessin (1982), S. 44-53; Schell (1989); Hörter (1998), S. 13-19; Höhmann (1998), S. 85-89 und S. 224-236. Eine Ausnahme für den Genossenschaftssektor bildet die Arbeit von Schöffling (1992).

Rechtsformgattungen definiert und gegeneinander abgegrenzt. Grundsätzlich ist das zugrundeliegende Zielsystem eines jeden Kreditinstitutes von entscheidender Bedeutung für die Planung der bewertungsrelevanten Zielbeiträge und somit auch für den daraus resultierenden Unternehmenswert. Um für die jeweiligen Bankengruppen verallgemeinernde Aussagen zu ermöglichen, wird versucht, gemeinsame Charakteristika für ein gruppenspezifisches Zielsystem herauszuarbeiten.

Die Vermittlung der methodischen Grundlagen einer Unternehmensbewertung von Kreditinstituten erfolgt in **Kapitel 3**. Im Anschluß an eine kurze Systematisierung von Bewertungsanlässen wird anschließend untersucht, welche Anlässe es zur Bewertung von Instituten der jeweiligen Bankengruppe gibt. Hierbei wird geprüft, ob die allgemein bei erwerbswirtschaftlich ausgerichteten Banken greifenden Bewertungsanlässe auch für Kreditinstitute des Genossenschafts- bzw. des Sparkassensektors zum Tragen kommen. Nachdem die formale Grundlage für die Durchführung einer Unternehmensbewertung geschaffen ist, gilt es die dabei zu übernehmende Bewertungsfunktion des Bewerters herauszuarbeiten. Aufbauend auf eine kurze Beschreibung der unterschiedlichen Bewertungsfunktionen wird gezeigt, daß für die hier zutreffenden Bewertungsanlässe eine Untersuchung des Bewertungsansatzes im Rahmen der Beratungsfunktion erforderlich ist. Darzustellen bleibt noch der eigentliche Bewertungskalkül. Grundsätzlich ist dabei zwischen Brutto- und Nettoansätzen zu unterscheiden. Es wird aufgezeigt, warum bei Bankbewertungen einem Nettokalkül der Vorzug zu geben ist. Nach einer grundlegenden Darstellung unterschiedlicher Nettoansätze endet das Kapitel mit einer begründeten Wahl der zum Einsatz kommenden Ausprägung.

Während in den Grundlagenkapiteln 2 und 3 das Fundament zum Verständnis der Arbeit geschaffen wird, steht daran anschließend der Planungs- und Bewertungsprozeß im Vordergrund der Untersuchung. Die Planung der zukünftigen Zahlungsüberschüsse hat grundsätzlich auf zwei Ebenen zu erfolgen und kann als Kernstück jeder Unternehmensbewertung angesehen werden. Zunächst erfolgt in **Kapitel 4** eine Beschreibung der Planung auf Unternehmensebene, die wiederum die Grundlage für die sich anschließende Planung auf Anteilseignerebene bildet. Die Planung der zukünftigen Zahlungsströme darf nicht auf Gesamtbankebene ansetzen, vielmehr ist sie bereits vorab auf Ebene von einzeln steuerbaren Geschäftsfeldern durchzuführen. Dazu wird aufgezeigt, in welchen Bankbereichen die einzelnen Zahlungsströme anfallen und wie diese mit Hilfe geeigneter Verfahren den unterschiedlichen strategischen Steuerungseinheiten zugeordnet werden können. Da die Planung unter Unsicherheit erfolgt, sind auch die mit dem Bankbetrieb verbundenen Risiken mit in die Überlegungen zu integrieren. Am Ende des Planungsprozesses muß eine Aggregation der ermittelten Werte auf Gesamtbankebene vollzogen werden, da die hierbei gewonnenen Größen die Bemessungsgrundlage für bewertungsrelevante Transaktionen bilden. Im Anschluß an diese grundsätzlich für alle Bankbewertungen geltenden Ausführungen wird aufgezeigt, wie sich das rechtsformspezifische Zielsystem auf die Entwicklung einer zugrundeliegenden Gesamtbankstrategie auswirkt und welche Bedeutung hieraus für die Planung der bankbetrieblichen Leistungskomponenten bzw. die jeweiligen

Risikopositionen resultiert. Erst durch diese Einbeziehung wird gewährleistet, daß rechtsformspezifische Besonderheiten im Planungsprozeß berücksichtigt werden.

Nachdem die unter Beachtung der jeweiligen Institutsgruppenzugehörigkeit erwarteten Zukunftsgrößen für den Zahlungsüberschuß auf Unternehmensebene vorliegen, wird in **Kapitel 5** der Übergang zum bewertungsrelevanten Zielbeitrag auf Anteilseignerebene vollzogen. Hierzu wird eine intensive Auseinandersetzung mit der im Rahmen von Unternehmensbewertungen vielfach diskutierten Vollausschüttungshypothese vorangestellt. Im Anschluß werden bank- und bankgruppenspezifische Restriktionen behandelt, die in der Regel eine Abkehr von der Vollausschüttungshypothese hervorrufen. In Betracht kommen dafür grundsätzlich die bankaufsichtsrechtliche Unterlegungspflicht und die rechtsformspezifischen Gewinnverwendungsvorschriften. Weiter wird auch der Problemkomplex der Gewinnbesteuerung mit in die Untersuchung einbezogen, da eine Vernachlässigung dieser Komponente in der Regel zu fehlerhaften Unternehmenswerten führt. Den Schwerpunkt dieses Kapitels bildet ein Beispiel zur praktischen Verdeutlichung der vorangegangenen Ausführungen. Hierzu werden unter Berücksichtigung der schon angesprochenen Restriktionen bewertungsrelevante Zielbeiträge für fiktive, die Bankengruppe repräsentierende Beispielinstitute ermittelt. Aufbauend auf den dabei gewonnenen Ergebnissen werden danach - unter der Annahme eines zunächst vorgegebenen Kapitalisierungszinssatzes - die Unternehmenswerte der einzelnen Beispielbanken ermittelt und die Bewertungsdifferenzen analysiert.

In den darauffolgenden beiden Kapiteln werden Themenbereiche aufgegriffen, deren Behandlung aus didaktischen Gründen am Ende der Arbeit erfolgt. Dabei wird in **Kapitel 6** der bisher als gegeben angenommene Kapitalisierungszinssatz einer genaueren Analyse unterzogen. Zur Verdeutlichung der grundsätzlichen Problematik wird zunächst die Gesamtbankebene betrachtet. Dabei werden der Basiszins erläutert sowie die unterschiedlichen Ansätze zur Risikoberücksichtigung dargestellt und auf ihre Eignung im Rahmen der Bankbewertung untersucht. Die diesbezüglichen Ausführungen werden durch die Einbeziehung der Geldentwertung und der Steuerkomponente vervollständigt. Anschließend wird aufgezeigt, wie ein Kapitalisierungszinssatz auf Geschäftsfeldebene bestimmt werden kann. Nur so ist gewährleistet, daß dem unterschiedlichen Risikogehalt der einzelnen Steuerungseinheiten bei der Geschäftsfeldplanung Rechnung getragen wird.

In **Kapitel 7** wird nach einer Möglichkeit zur Integration der rechtsformspezifischen Haftungserweiterung in den Bewertungskalkül gesucht. Zunächst wird geprüft, inwiefern eine Berücksichtigung im Kapitalisierungszinssatz erfolgen kann. Da dieser Weg m. E. nicht zielführend ist, wird ein Ansatz entwickelt, der eine Problemlösung bereits auf Ebene der Erwartungswertbildung der zukünftigen Zahlungsüberschüsse aufzeigt. Das abschließende **Kapitel 8** dient der Überprüfung, ob die in diesem Gliederungspunkt vorgegebenen Forschungsziele durch die im Untersuchungsverlauf erzielten Resultate erreicht wurden.

Abb. 1.1 veranschaulicht den Aufbau der Arbeit und begründet kurz die hierfür gewählte Struktur.

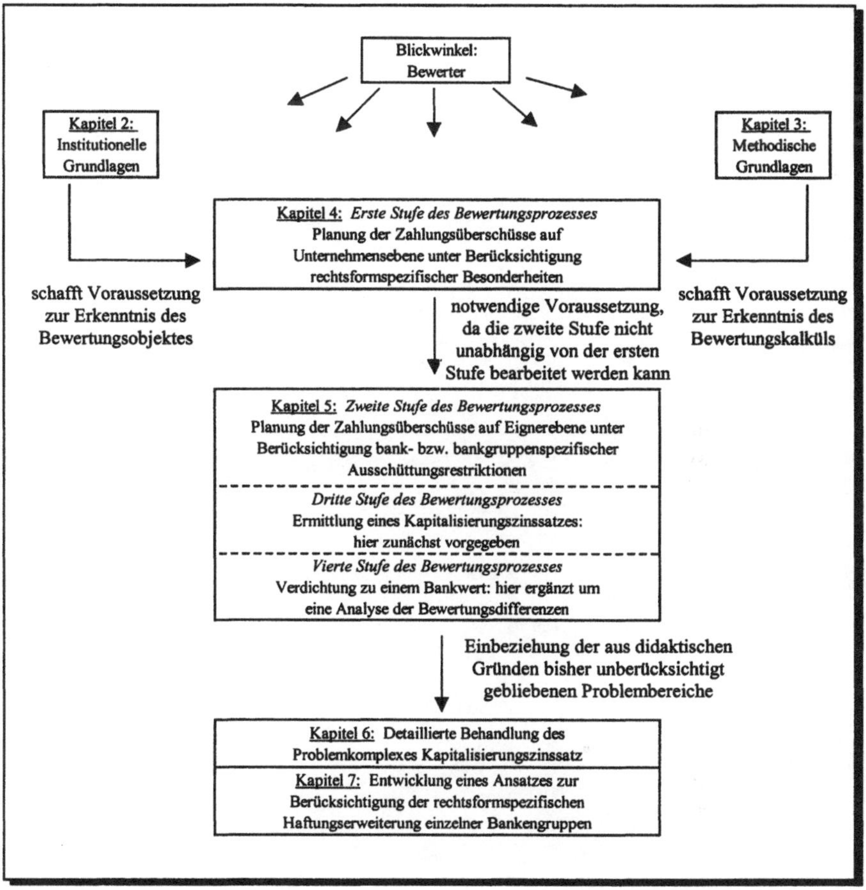

Abb. 1.1: Aufbau der Arbeit

2 Struktur des Kreditwesens in Deutschland

2.1 Grundlegung

Kreditinstitute im Sinne des § 1 Abs. 1 KWG sind Unternehmen, die eines der in diesem Paragraphen abschließend aufgeführten Bankgeschäfte betreiben, wenn hierzu ein in kaufmännischer Weise eingerichteter Geschäftsbetrieb erforderlich ist.[1] Zu den typischen Bankgeschäften zählen z. B. das Einlagen-, das Kredit-, das Effekten- und das Zahlungsverkehrsgeschäft.[2] Kreditinstitute lassen sich nach verschiedenen Merkmalen systematisieren. Mögliche Abgrenzungskriterien sind die Geschäftsstruktur, die Rechtsform, die einzelwirtschaftliche Zielsetzung oder die geographische Ausrichtung.[3] Hinsichtlich ihrer Geschäftsstruktur können sie in Universal- und Spezialbanken unterschieden werden. Erstere betreiben grundsätzlich alle Arten des Bankgeschäfts, wobei aus wirtschaftlichem Interesse oder aus der historischen Entwicklung heraus oftmals ein institutsspezifischer Schwerpunkt vorliegt. Letztere betreiben hingegen nur ein eingeschränktes Leistungsprogramm.[4] Beispiele hierfür sind die auf die Immobilienfinanzierung spezialisierten Realkreditinstitute oder die Kreditinstitute mit Sonderaufgaben, die gemäß ihrer individuellen gesamtwirtschaftlichen Zielsetzung unterschiedliche Geschäftsschwerpunkte haben.[5]

Innerhalb des deutschen Kreditgewerbes herrscht zwischen den Universalbanken ein Gruppenwettbewerb, der gemäß dem sogenannten *Drei-Säulen-Prinzip* von drei unterschiedlichen Institutsgruppen getragen wird.[6] Die Abgrenzung erfolgt nach dem Kriterium der einzelwirtschaftlichen Zielsetzung.[7] Hierbei handelt es sich um Institutsgruppen mit erwerbswirtschaftlicher (Kreditbanken), gemeinnütziger (Sparkassen und Girozentralen) oder auf einen Förderauftrag ausgerichteter Zielsetzung (Kreditgenossenschaften und genossenschaftliche Zentralbanken).[8] Abbildung 2.1 verdeutlicht die Struktur des deutschen Universalbankensektors.

---

1 Die Begriffe Kreditinstitut und Bank werden im Rahmen dieser Arbeit synonym verwendet.
2 Zum Inhalt der unterschiedlichen Bankgeschäfte vgl. Schierenbeck/Hölscher (1998), S. 320-326.
3 Zur Systematisierung des deutschen Bankwesens vgl. Süchting/Paul (1998), S. 30.
4 Vgl. Schierenbeck/Hölscher (1998), S. 28.
5 Zu den Spezialbanken vgl. Schierenbeck/Hölscher (1998), S. 91-105.
6 Vgl. Schuster (1996b), S. 301; Faber (1996), S. 93; Rehm (1993), S. 175.
7 Vgl. Haun (1996), S. 10.
8 Vgl. Süchting/Paul (1998), S. 30.

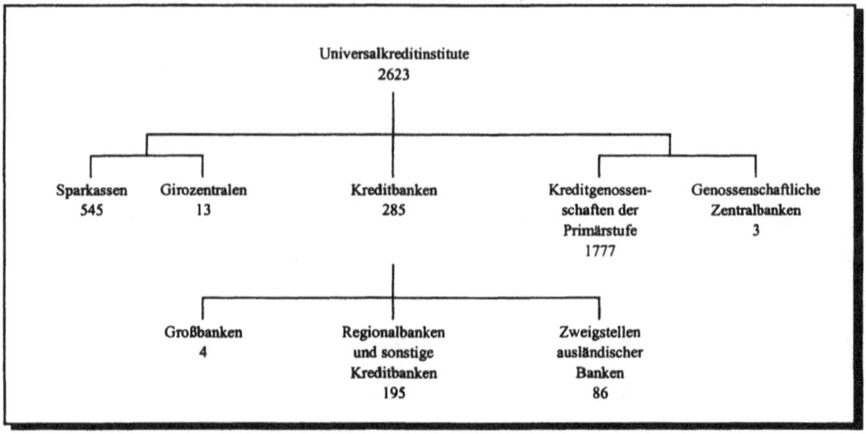

Abb. 2.1: Struktur des deutschen Universalbankensektors zum 28.2.2001[9]

Gemäß der Themenstellung beschränken sich die weiteren Untersuchungen auf die Bewertung von deutschen Universalbanken. Spezialkreditinstitute und Zweigstellen ausländischer Banken bleiben unberücksichtigt. Spezialkreditinstitute, und dies gilt insbesondere für diejenigen mit Sonderaufgaben, weisen in der Regel unterschiedlichste Zielsetzungen auf, so daß es nicht möglich ist, verallgemeinernde Annahmen über ihre Geschäftspolitik zu treffen. Zweigstellen ausländischer Banken sind rechtlich unselbständige Niederlassungen von Kreditinstituten, die in einer Gesellschaftsform nach ausländischem Recht geführt werden. Da im Rahmen dieser Arbeit nicht die Besonderheiten aller ausländischen Rechtsformen berücksichtigt werden können, bleibt auch diese Institutsgruppe außerhalb der Betrachtung. Daß jedoch der Großteil der in Deutschland gemeldeten Banken Eingang in die Untersuchung findet, belegen die statistischen Zahlen: Es werden 2558 der 2717 und damit rund 94 % aller Kreditinstitute erfaßt.[10]

Nachfolgend werden in Abhängigkeit von der Rechtsform vier größere Universalbankgruppen gebildet. Diese werden unterteilt in a) Kapitalgesellschaften, b) Personengesellschaften und Einzelunternehmungen (im folgenden kurz Privatbankiers genannt), c) Genossenschaften sowie d) Anstalten des öffentlichen Rechts. In der Statistik der Deutschen Bundesbank zählten bis Ende 1998 zu den Regionalbanken ausschließlich Kapitalgesellschaften, die Gruppe der Privatbankiers wurde separat ausgewiesen. Seit dem 1.1.1999 umfaßt der Begriff der Regionalbanken hingegen beide Rechtsformgruppen. Aus diesem Grund kann die Anzahl der Privatbankiers nicht mehr aus der

---

9 Vgl. zu den Zahlenwerten Deutsche Bundesbank Monatsbericht April 2001, Statistischer Teil, S. 24.

10 Unberücksichtigt bleiben neben den zum 28.2.2001 berichtenden 86 Zweigstellen ausländischer Banken 13 Kreditinstitute mit Sonderaufgaben, 30 Bausparkassen und 30 Realkreditinstitute. Vgl. Deutsche Bundesbank Monatsbericht April 2001, Statistischer Teil, S. 24.

obengenannten Statistik entnommen werden. Um dennoch einen ungefähren Eindruck über die Größe dieser Bankengruppe zu erhalten, sei angemerkt, daß zum 31.12.1998 noch 55 Privatbankiers existierten.[11] Bei den vier zu den Kapitalgesellschaften zählenden Großbanken handelt es sich um die Deutsche Bank AG, die Bayerische Hypo- und Vereinsbank AG, die Dresdner Bank AG und die Commerzbank AG.

Die vorangestellten Strukturdaten lassen erahnen, wie bedeutend die Einbeziehung rechtsformspezifischer Besonderheiten ist. Die sich in vielen Belangen (Geschäftsstrategie, Risikoposition, Gewinnverwendungsvorschriften usw.) von den Kapitalgesellschaften unterscheidenden anderen Rechtsformgruppen bilden derzeit einen Pool von ca. 2400 Banken, deren Spezifika im Planungs- und Bewertungskalkül zu berücksichtigen sind. Dies gilt insbesondere für die öffentlich-rechtlichen Kreditinstitute und die Kreditgenossenschaften.

2.2 Der privatrechtliche Kreditsektor in der Rechtsform der Kapitalgesellschaft

2.2.1 Definition und Organisationsstruktur der Bankengruppe

Zu dieser Gruppe zählen Kreditinstitute in der Rechtsform einer AG, einer GmbH oder einer KGaA. In Ermangelung einer bereits wissenschaftlich etablierten Bezeichnung wird für diese Finanzdienstleister der Begriff der *Kapitalbanken* eingeführt. Aus der Statistik der Deutschen Bundesbank fallen hierunter die vier Großbanken und die als Kapitalgesellschaften organisierten Regionalbanken. Während der Untersuchung kann es bei einzelnen Fragestellungen zweckmäßig sein, die Kapitalbanken in börsennotierte Publikumsgesellschaften und nicht börsennotierte Kreditinstitute mit überschaubarer Anteilseignerstruktur bzw. in regional und überregional tätige Unternehmen zu unterscheiden.

Hinsichtlich ihrer Geschäftsstruktur handelt es sich bei den Kapitalbanken um klassische Universalbanken. Historisch betrachtet lag der Geschäftsschwerpunkt, insbesondere bei den großen, überregional tätigen Instituten, in der Betreuung vermögender Privatpersonen und der industriellen Großkundschaft. Nach dem zweiten Weltkrieg engagierten sich aber auch diese Banken verstärkt im Mengengeschäft.[12] Während in jener Zeit die Unternehmenspolitik vorrangig auf das Wachstum des Geschäftsvolumens ausgerichtet war, orientierte sich das Bankmanagement in den achtziger Jahren oftmals an einfachen Rentabilitätsgrößen. Erst im darauf folgenden Jahrzehnt trat ein weitgehend flächendeckender Umdenkungsprozeß ein, weg vom eindimensionalen Rentabilitätsstreben hin zur risikoadjustierten Geschäftsfeldsteuerung.[13]

---

11 Vgl. Deutsche Bundesbank Monatsbericht Juli 1999, S. 52.

12 Vgl. Oellerking/Holzgrabe (1990), S. 103; Güde (1995), S. 20; Gleske (1996), S. 31.

13 Vgl. Steiner/Tebroke (1997), S. 132; Kirsten (1995), S. 672; ferner Büschgen (1994), S. 30.

Ein weiteres Merkmal der Kapitalgesellschaft, und dies gilt vor allem für die Aktiengesellschaft, ist die vielfach zu beobachtende Trennung zwischen Eigentums- und Leitungsrechten.[14] Das bedeutet, daß die Geschäftsführung im allgemeinen nicht von den Eigentümern, sondern von angestellten Managern (Vorstand bzw. Geschäftsführung) übernommen wird. Auch wenn dies nicht für alle Kapitalbanken zutrifft, so dürfte es für die Mehrzahl gelten und wird für den weiteren Verlauf der Untersuchung vereinfachend unterstellt.[15] Die Überwachung der Geschäfte obliegt in der Regel dem Aufsichtsrat (§ 111 Abs. 1 AktG bzw. § 52 Abs. 1 GmbHG i. V. m. § 111 Abs. 1 AktG).

Die Kapitalbanken weisen keine durchgehend einheitliche institutsübergreifende Organisationsstruktur auf.[16] Während die regional operierenden Institute dem Wettbewerb überwiegend allein entgegentreten, verfügen insbesondere die großen, überregional tätigen Publikumsgesellschaften über ein ausgedehntes Konzernnetz. Letzteren sind oftmals die verschiedensten Spezialinstitute untergeordnet.[17] Die Interessen der Kapitalbanken sowie der noch näher zu erläuternden Privatbankiers werden gegenüber Dritten, wie Behörden, Wirtschaft und Öffentlichkeit, durch den Bundesverband deutscher Banken (BdB) vertreten.[18]

2.2.2 Zielsystem

Ein Ziel stellt einen gewünschten oder angestrebten künftigen Zustand der Realität dar.[19] In der betriebswirtschaftlichen Literatur wird gelegentlich von einem Unternehmensziel gesprochen.[20] Es sei jedoch betont, daß es ein derartiges Ziel, verstanden als ein der Institution *Unternehmen* bzw. *Bank* innewohnendes Ziel, nicht gibt.[21] Vielmehr verfolgen die am betrieblichen Leistungsprozeß beteiligten Personen bzw. Personengruppen (Eigentümer, Manager, Mitarbeiter usw.) unterschiedliche Ziele.[22] Wird dennoch auch hier gelegentlich der Begriff des Unternehmenszieles verwendet, so ist damit immer das mit dem Bankeigentum verbundene Ziel der Eigner gemeint.

---

14 Vgl. Schmidt/Terberger (1997), S. 444; Schierenbeck/Hölscher (1998), S. 73.

15 Vgl. auch Schmidt/Terberger (1997), S. 438.

16 Alternativ zur wirtschaftlichen Unabhängigkeit bieten sich als Organisationsstruktur für mehrere oder alle Banken innerhalb einer Rechtsformgruppe grundsätzlich die Organisationsformen *Konzern* und *Verbund* an. Während sich beide Systeme durch die Zusammenarbeit rechtlich eigenständiger Gesellschaften auszeichnen, unterscheiden sie sich dadurch, daß die Entscheidungsfindung bei den Konzernen zentral, bei den Verbünden hingegen dezentral vollzogen wird. Vgl. zu den unterschiedlichen Organisationsformen Schierenbeck (1995), S. 167-171.

17 Zum Strukturaufbau deutscher Konzernbanken vgl. Schierenbeck (1995), S. 178-180.

18 Vgl. Weber (1999), S. 1474.

19 Vgl. Büschgen (1998), S. 503.

20 Vgl. Haun (1996), S. 8.

21 Vgl. Schmidt/Terberger (1997), S. 40.

22 Vgl. Drukarczyk (1993), S. 19; Pape (1999), S. 17.

Verfolgen diese mehrere Ziele gleichzeitig, so handelt es sich um ein Zielbündel.[23] Werden die einzelnen Ziele geordnet, operational beschrieben und untereinander Prioritäten festgesetzt, so wird das Zielbündel zu einem Zielsystem weiterentwickelt.[24]

Bei miteinander konkurrierenden Zielen ist hinsichtlich der Zielordnung zwischen dem Nutzen- und dem Nebenbedingungskonzept zu unterscheiden. Das Nutzenkonzept bietet sich immer dann an, wenn die Mindererfüllung eines Zieles durch die Mehrerfüllung eines anderen Zieles kompensiert werden kann. Hierbei darf ein einzelnes Ziel nicht von übergeordneter Bedeutung sein. Das Nutzenkonzept erfordert im allgemeinen die Transformation verschiedener Qualitäts- und Quantitätswerte (z. B. Gewinn, Arbeitsplätze, Versorgung mit Bankdienstleistungen usw.) in Nutzeneinheiten. Die Qualität der Zielerreichung spiegelt sich im realisierten Gesamtnutzen wider. Das Nebenbedingungskonzept ist hingegen vorzuziehen, wenn ein einzelnes Ziel höchste Priorität genießt. Der Zielerreichungsgrad ist bei diesem Ziel zu maximieren, für die untergeordneten Ziele sind lediglich Mindestgrößen einzuhalten.[25] Wie nachfolgend noch darzustellen ist, orientieren sich die Entscheidungsträger der Kapitalbanken am Nebenbedingungskonzept.

Liegen - wie hier unterstellt - Eigentums- und Verfügungsrechte nicht in derselben Hand, so kann es zu Zielkonflikten zwischen den Beteiligten kommen. Diese Problematik wurde unter dem Begriff der *Principal-Agent-Theory* im Schrifttum ausführlich diskutiert und soll hier nicht näher erörtert werden. Es wird auf die entsprechende Literatur zu diesem Themenbereich verwiesen.[26] Vereinfachend wird die Annahme getroffen, daß die Unternehmensleitung die Geschäftspolitik auf die Ziele der Eigentümer ausrichtet.[27] Dies kann über eine geeignete Anreizstruktur, z. B. über ein an den Unternehmenswert gekoppeltes Entlohnungssystem, angestrebt werden.[28]

Für alle Kapitalgesellschaften mit erwerbswirtschaftlicher Zielsetzung, und somit auch für die Kapitalbanken, kann in einer sozialen Marktwirtschaft als Unternehmensziel der annahmegemäß nicht an der Geschäftsführung beteiligten Eigentümer eine langfristige Gewinnmaximierungsabsicht unter Beachtung sozial- und gesellschaftspolitischer Nebenbedingungen unterstellt werden.[29] Dieses Ziel ist jedoch dahingehend

---

23 Vgl. Kruschwitz (2000), S. 9.

24 Vgl. Büschgen (1998), S. 504; Haun (1996), S. 7.

25 Vgl. zu diesem Abschnitt Büschgen (1998), S. 505.

26 Vgl. grundlegend Jensen/Meckling (1976). Ein kurzer Überblick befindet sich bei Schmidt/Terberger (1997), S. 437-440.

27 So auch Drukarczyk (1993), S. 19 f. Jene Annahme soll im folgenden für alle managergeleiteten Bankengruppen gelten.

28 Eine Entlohnung des Managements in Abhängigkeit vom Unternehmenswert stellt zwar die geeigneteste Möglichkeit dar, die Ziele des Managements und der Eigentümer einander anzunähern, kann aber letztlich auch keine vollständige Interessenübereinstimmung herbeiführen. Vgl. Wenger (1987), S. 226-230; Hahn u. a. (1999), S. 576; Hachmeister (2000), S. 25.

29 Vgl. Süchting/Paul (1998), S. 200; Arbeitskreis (1976), S. 101; Güde (1995), S. 17; Langschied (1993), S. 14; Haasis (1997), S. 348; Breuer (1997), S. 226; Helbling (1998), S. 55.

zu konkretisieren, daß hierunter die Maximierung eines Zahlungsstroms für Konsumzwecke unter Berücksichtigung der individuellen Zeitpräferenz verstanden wird. Unterstellt man, daß bei einem organisierten Kapitalmarkt die Bedingungen an einen vollkommenen und vollständigen Markt annähernd erfüllt sind,[30] so kann die zeitliche Struktur der Entnahmen bei den börsennotierten Kapitalbanken den individuellen Präferenzen der Eigner entsprechend angeordnet werden.[31] Das Unternehmensziel der Eigentümer läßt sich unter dieser Annahme somit auf die Maximierung des Eigenkapitalmarktwertes festsetzen.[32] Dies entspricht im wesentlichen dem in den letzten Jahren viel beachteten Shareholder-Value-Ansatz, der in jüngerer Zeit verstärkt auch für das Bankgewerbe diskutiert wurde.[33] Insbesondere bei den Banken, die auf dem Kapitalmarkt um die knappe Ressource Eigenkapital konkurrieren, ist eine stärkere Ausrichtung der Unternehmenspolitik auf die Eigentümerinteressen zu erkennen.[34] Werden die individuellen Zeitpräferenzen der Eigentümer vernachlässigt, so kann auch für die nicht börsennotierten Kapitalbanken als Unternehmensziel von einer Maximierung des Eigenkapitalmarktwertes unter Berücksichtigung sozial- und gesellschaftspolitischer Nebenbedingungen ausgegangen werden. Dies wird nachfolgend unterstellt.

2.3 Der privatrechtliche Kreditsektor in der Rechtsform der Personengesellschaft bzw. der Einzelunternehmung

2.3.1 Definition und Organisationsstruktur der Bankengruppe

Kreditinstitute in der Rechtsform der Personengesellschaft können als offene Handelsgesellschaft oder als Kommanditgesellschaft gegründet werden. Die Neugründung von Banken in der Rechtsform einer Einzelunternehmung ist seit der KWG-Novelle des Jahres 1976 durch den neu eingefügten § 2a KWG nicht mehr möglich. Es gibt aber einen Bestandsschutz für bereits bestehende Institute (§ 61 KWG). Wie schon zuvor erwähnt, soll diese Institutsgruppe nachfolgend als Privatbankiers bezeichnet werden.

Von seiten der Literatur wird zum Teil darauf hingewiesen, daß eine alleinige Begriffsabgrenzung anhand der Rechtsform zu eng gewählt sei.[35] Richtig wäre vielmehr eine ökonomische Begriffsauslegung. Hiernach sind Privatbankiers Eigentümerunternehmen, bei denen eine natürliche Person oder eine kleine Personengruppe über alle oder zumindest über die Mehrheit der Unternehmensanteile verfügt. Der Privatbankier

---

30 Vgl. Hachmeister (2000), S. 18.

31 Vgl. Hachmeister (2000), S. 13 f.

32 Vgl. dazu Wenger (1989), S. 166 f.; Milgrom/Roberts (1992), S. 40; Schmidt/Terberger (1997), S. 57 f.; Rappaport (1999), S. 15; Hachmeister (2000), S. 19.

33 Vgl. Kümmel (1995); Kirsten (1995); Schmittmann/Penzel/Gehrke (1996); Steiner/Tebroke (1997); Hörter (1998).

34 Vgl. o. V. (1996), S. 482-489.

35 Vgl. zu den folgenden Ausführungen Meeder (1989), S. 12.

zeichnet sich demnach nicht durch seine persönliche Haftung aus, sondern dadurch, daß er unter Einsatz eigenen Kapitals unabhängig und aktiv die Bankgeschäfte führt. Konzerntöchter, die in der Rechtsform der Personengesellschaft geführt werden und sich zu 100 % im Besitz der Muttergesellschaft befinden, wären demzufolge nicht den Privatbankiers zuzurechnen. Hieraus folgt ebenso, daß Kapitalbanken den Privatbankiers zuzuordnen wären, wenn ein einzelner Aktionär bzw. Gesellschafter über die Mehrheit der Stimmrechte verfügt und die Geschäfte selbständig führt. Derartige Konstellationen sollen hier jedoch vernachlässigt werden. Vereinfachend wird angenommen, daß es sich bei den Privatbankiers grundsätzlich um Kreditinstitute handelt, die von den Eigentümern geleitet werden. Somit gibt es kein Auseinanderfallen von Leitungs- und Eigentumsrechten.

Obwohl es sich bei den Privatbankiers regelmäßig um Universalbanken handelt, hat sich oftmals ein aus der Tradition heraus gewachsener Geschäftsschwerpunkt gebildet. Dabei verfolgen sie aufgrund ihrer überwiegend kleinen Betriebseinheiten häufig eine Nischenpolitik und spezialisieren sich auf ertragsstarke Geschäftsfelder.[36] Insbesondere die individuelle Betreuung von vermögenden Privatkunden ist eine klassische Domäne der Privatbankiers.[37] Auffällig ist bei dieser Bankengruppe der hohe Geschäftsanteil mit anderen Kreditinstituten. Da bei ihnen das Individualkunden- und nicht das Mengengeschäft im Vordergrund steht, fallen Finanzierungsquellen wie Spareinlagen weitestgehend weg. Die Behebung von Liquiditätsengpässen bzw. die Anlage von Liquiditätsüberschüssen wird daher häufig über den Interbankenmarkt abgewickelt.[38]

Die Organisationsstruktur der Privatbankiers ist durch ihre hier unterstellte Unabhängigkeit gekennzeichnet. Da die Konzerntöchter von großen Kapitalbanken ausgeblendet werden, beschränkt sich die institutsübergreifende Organisationsstruktur auf eventuelle Kooperationen mit anderen Kreditinstituten und auf die Zugehörigkeit zum BdB.[39]

2.3.2 Zielsystem

Da für die Privatbankiers vereinfachend angenommen wird, daß es sich um Eigentümerunternehmen handelt, liegt eine gewinnmaximierende Geschäftspolitik, wie sie zuvor für die Eigentümer der managergeleiteten Kapitalbanken beschrieben wurde, nicht notwendigerweise auf der Hand.[40] Zu den monetären Aspekten können auch nicht-monetäre treten. Hierzu gehören beispielsweise Unabhängigkeit, Macht oder ein

---

36 Daß dies jedoch nicht uneingeschränkt gilt, stellt Eichhorn für die unterfränkischen Privatbankiers heraus. Vgl. Eichhorn (1995), S. 373.

37 Vgl. Eichhorn (1995), S. 372; Morschhäuser (1996), S. 986 f.; Kappelhoff-Wulff (1996), S. 988; Gleske (1996), S. 30; Schierenbeck/Hölscher (1998), S. 75.

38 Vgl. Schierenbeck/Hölscher (1998), S. 76.

39 Zu den Kooperationen der fränkischen Privatbankiers vgl. Eichhorn (1995), S. 374.

40 Vgl. Wenger (1989), S. 166.

gutes Image. Diese Zielelemente sind in der Regel aber von untergeordneter Bedeutung. Im folgenden soll daher die Annahme getroffen werden, daß die Kapitalwertmaximierung höchste Priorität im Zielsystem dieser Institutsgruppe genießt und insofern hinsichtlich der Zielordnung auch hier das Nebenbedingungskonzept zum Tragen kommt. Das Zielsystem kann dabei um einzelne Restriktionen, die sich aus den nicht-monetären Zielelementen ergeben, z. B. um eine Mindestanzahl von Arbeitnehmern, ergänzt werden.[41]

2.4 Der privatrechtliche Kreditsektor in der Rechtsform der Genossenschaft

2.4.1 Definition und Organisationsstruktur der Bankengruppe

Die eingetragene Genossenschaft ist eine Körperschaft des privaten Rechts und besitzt hier die Sonderstellung eines wirtschaftlichen Vereins.[42] Für Kreditinstitute in der Rechtsform einer eingetragenen Genossenschaft gilt das Gesetz betreffend die Erwerbs- und Wirtschaftsgenossenschaften (GenG). Nach § 1 Abs. 1 Nr. 1 GenG handelt es sich um Vorschuß- und Kreditvereine. Im weiteren Verlauf der Untersuchung werden sie als Kreditgenossenschaften oder Genossenschaftsbanken bezeichnet.

Die Genossenschaft ist eine Gesellschaft von nicht geschlossener Mitgliederzahl, bei der die Mitgliedschaft durch die Zeichnung eines Geschäftsanteils begründet wird. Die Satzung legt die für alle Mitglieder einheitliche Höhe des Geschäftsanteils und die erforderliche Pflichteinzahlung fest. Das Geschäftsguthaben setzt sich aus der Pflichteinzahlung und den Gewinnzuweisungen, die dem Genossen seit seinem Beitritt jährlich zugeschrieben wurden, zusammen. Geschäftsanteil und Geschäftsguthaben fallen daher in der Regel betragsmäßig auseinander. Weiter ist in der Satzung die Höhe einer eventuellen Nachschußpflicht zu regeln. Hierdurch werden die Genossenschaftsmitglieder zur Zahlung eines weiteren Betrages herangezogen, falls das Eigenkapital durch Verluste aufgezehrt wird. Neben dem Wegfall der Nachschußpflicht kann sowohl eine begrenzte als auch eine unbegrenzte Nachschußpflicht vereinbart werden. Ist eine Nachschußpflicht im Statut vorgesehen, so darf diese gemäß § 119 GenG nicht niedriger als der Geschäftsanteil festgesetzt werden. Bei Kreditgenossenschaften ist die begrenzte Nachschußpflicht üblich,[43] deren Höhe als Haftsummenzuschlag bezeichnet wird. Geschäftsanteil und Haftsummenzuschlag bilden die Gesamtbeteiligung an der Kreditgenossenschaft.[44]

Obwohl der Erwerb von mehreren Geschäftsanteilen in der Regel erlaubt ist bzw. durch die Satzung vorgegeben sein kann, hat jedes Mitglied in der Generalver-

---

41 Vgl. Kapitel 4.6.2.1.
42 Vgl. Schmidt (1997), S. 1263.
43 Vgl. Aschhoff/Henningsen (1995), S. 175; Gaumert (1997), S. 171.
44 Vgl. zu diesem Abschnitt Schmidt (1997), S. 1270; Westphal (1998), S. 70 f.

sammlung nur eine Stimme. In der Generalversammlung erfolgt die Beschlußfassung über grundsätzliche Fragen der Kreditgenossenschaft und die Wahl des Aufsichtsrates. Bei mehr als 1500 Mitgliedern kann das Statut bestimmen, daß die Generalversammlung durch eine Vertreterversammlung ersetzt wird (§ 43a Abs. 1 GenG). Das Geschäftsführungsorgan einer Genossenschaft ist der Vorstand. Er leitet die Geschäfte in eigener Verantwortung und hat lediglich die durch Gesetz oder Satzung vorgeschriebenen Beschränkungen zu beachten.[45] Somit bleibt festzuhalten, daß auch bei dieser Institutsgruppe Eigentums- und Leitungsrechte auseinanderfallen.[46] Die Überwachung des Vorstandes erfolgt durch den Aufsichtsrat.[47]

Zwischen 1985 und 1989 erfolgte eine Änderung der bankgenossenschaftlichen Organisationsstruktur dahingehend, daß der ursprünglich dreistufige Verbund zu einem gemischten zwei- und dreistufigen wurde.[48] Die Basis bilden weiterhin die regional operierenden Kreditgenossenschaften, die überwiegend als Volks- oder Raiffeisenbanken firmieren. Hierbei handelt es sich oftmals um sehr kleine Betriebseinheiten, die zum Teil als gemischte Waren- und Kreditgenossenschaften tätig sind.[49] Die Ausführungen in dieser Untersuchung beschränken sich jedoch auf die reinen Kreditgenossenschaften. Historisch betrachtet lag der Schwerpunkt der Banktätigkeit im Geschäft mit den Mitgliedern. Dabei handelte es sich überwiegend um Land- oder Forstwirte sowie um kleinere Handwerksbetriebe.[50] Heute bilden primär Privatkunden der unteren bis mittleren Einkommensschichten und kleinere mittelständische Gewerbetreibende die Zielgruppe von Genossenschaftsbanken. Die einzelnen Institute beachten dabei ein selbst auferlegtes Regionalprinzip.[51] Innerhalb der Mitgliederstruktur dominieren derzeit Arbeiter, Angestellte und Beamte.[52]

Die mittlere Stufe im Genossenschaftsverbund stellen die regionalen Zentralbanken dar. Diesen wurde im Zuge der angesprochenen Strukturreform freigestellt, ob sie weiterhin eigenständig bleiben oder ihre Geschäfte auf das überregionale Spitzeninstitut der dritten Stufe, auf die Deutsche Genossenschaftsbank AG (DG-Bank), übertragen wollten. Als selbständige Institute blieben zunächst drei regionale Zentralbanken erhalten. Die anderen Institute nutzten die Möglichkeit und übertrugen ihre operativen Geschäfte auf die DG-Bank. Nach einer weiteren Fusion auf dieser Ebene verblieben nur noch die WGZ-Bank und die GZ-Bank als eigenständige Zentralbanken bestehen. Als Holdinggesellschaften in der Rechtsform der AG beschränkt sich ihre Geschäftstätigkeit heute auf die Vermögensverwaltung. Das Vermögen besteht vor-

---

45 Vgl. zu diesem Abschnitt Schierenbeck/Hölscher (1998), S. 81 f.

46 Zu den daraus resultierenden Agency-Problemen bei Kreditgenossenschaften vgl. Breuer (1997).

47 Vgl. Schmidt (1997), S. 1266. Zur Überwachung des Vorstandes durch den Aufsichtsrat vgl. kritisch Oellerking/Holzgrabe (1990), S. 128.

48 Vgl. Aschhoff/Henningsen (1995), S. 55; Selbach (1991), S. 22 f.

49 Vgl. Selbach (1991), S. 24; Schierenbeck/Hölscher (1998), S. 82.

50 Vgl. Oellerking/Holzgrabe (1990), S. 80.

51 Vgl. Gleske (1996), S. 34.

52 Vgl. BVR (1999), S. 54; Aschhoff/Henningsen (1995), S. 61; Oellerking/Holzgrabe (1990), S. 108 und S. 124; Schierenbeck/Hölscher (1998), S. 82.

rangig aus den Anteilen der regionalen Kreditgenossenschaften an der DG-Bank. Stellvertretend für ihre Gesellschafter, bei denen es sich um die regionalen Kreditgenossenschaften handelt, vertreten sie deren Interessen gegenüber dem überregionalen Spitzeninstitut.[53]

Obwohl es sich bei der DG-Bank um eine Aktiengesellschaft handelt,[54] ist sie wirtschaftlich der Gruppe der Genossenschaftsbanken zuzurechnen. Dies gilt analog auch für die als Aktiengesellschaften firmierenden Zentralbanken. Entsprechend dem Subsidaritätsprinzip übernehmen die operativ tätigen Zentralbanken und die DG-Bank die Aufgaben, die von den untergeordneten Stufen nicht oder nicht in ausreichendem Maße erfüllt werden können. Hierzu zählen z. B. der Liquiditätsausgleich, die Vermögensverwaltung und das Auslandsgeschäft.[55] Das genossenschaftliche Verbundsystem wird durch bundesweit agierende Verbundunternehmen aus den Bereichen des Versicherungs-, Hypotheken-, Bauspar- und Investmentgeschäfts ergänzt.[56] Zudem gehören auch die Kreditgenossenschaften einem Gruppenverband, dem Bundesverband der Deutschen Volksbanken und Raiffeisenbanken (BVR), an. Seine Aufgaben liegen in der Wahrnehmung der rechts-, wirtschafts- und steuerpolitischen Interessen seiner Mitglieder gegenüber Institutionen wie Regierung, Behörden, Ministerien sowie der breiten Öffentlichkeit.[57]

Wenn im folgenden von Kreditgenossenschaften gesprochen wird, so sind generell die Institute der Primärstufe gemeint. Zudem beziehen sich die Ausführungen grundsätzlich auf die Genossenschaften im rechtlichen Sinne. Kreditinstitute, die zwar dem genossenschaftlichen Verband angehören, aber in einer anderen Rechtsform geführt werden, stehen nicht im Vordergrund dieser Untersuchung und werden nachfolgend vernachlässigt.

2.4.2 Zielsystem

Gemäß ihrer gesetzlichen Definition in § 1 Abs. 1 GenG verfolgen die Genossenschaften die Förderung des Erwerbes oder der Wirtschaft ihrer Mitglieder mittels gemeinschaftlichen Geschäftsbetriebes. Das bedeutet, daß im Vordergrund des genossenschaftlichen Zielsystems - zumindest aus formaler Sicht - keine gewinnmaxi-

---

53 Vgl. zu diesem Abschnitt Schierenbeck/Hölscher (1998), S. 84 f. Zudem steht eine Fusion zwischen der DG Bank und der GZ-Bank kurz vor dem Abschluß. Vgl. o.V., HB v. 19.03.2001, Nr. 55, S. 40.

54 In der Rechtsform der AG firmiert die DG-Bank erst seit dem 1.1.1998. Zuvor wurde sie als Körperschaft des öffentlichen Rechts geführt. Vgl. o. V., HB v. 19.8.1998, Nr. 158, S. 17.

55 Vgl. Oellerking/Holzgrabe (1990), S. 95; Selbach (1991), S. 24; Gleske (1996), S. 34; Aschhoff/Henningsen (1995), S. 65 f. und S. 72; Schierenbeck/Hölscher (1998), S. 83 f.

56 Vgl. Tebroke (1993), S. 12; Aschhoff/Henningsen (1995), S. 73.

57 Zu den Aufgaben des BVR vgl. Aschhoff/Henningsen (1995), S. 80; Oellerking/Holzgrabe (1990), S. 98; ferner Tebroke (1993), S. 20.

mierende Geschäftspolitik, sondern die Förderung der Mitglieder steht.[58] Es wird aber letztlich erkannt, daß ein bestimmter Mindestgewinn zur Realisierung des Förderauftrages benötigt wird und nur dadurch die dauerhafte Existenzsicherung der Kreditgenossenschaften gewährleistet ist.[59]

Hinsichtlich ihrer zeitlichen Wirkung kann zwischen einer mittelbaren und einer unmittelbaren Förderung differenziert werden. Bei einer unmittelbaren Förderung kommen die Genossen sofort in den Genuß eines aus der Mitgliedschaft resultierenden Vorteils. Ein Beispiel hierfür wäre ein ab Vertragsabschluß geltender und im Vergleich zu den Wettbewerbern günstigerer Kreditzins. Die mittelbare Förderung macht sich hingegen erst zu einem späteren Zeitpunkt, z. B. nach Ablauf des Wirtschaftsjahres, bemerkbar. Hinsichtlich ihrer Zurechenbarkeit ist die direkte von der indirekten Förderung zu unterscheiden. Während sich die direkte Förderung auf den Preis oder die Qualität eines bestimmten Produktes auswirkt, kommt die indirekte Förderung den Mitgliedern nur pauschal, z. B. in Form einer höheren Dividende, zugute.[60]

Im Sinne des Förderauftrages wäre eine unmittelbare und direkte Förderung der Mitglieder erstrebenswert.[61] Dies könnte dadurch erreicht werden, daß den Mitgliedern Leistungen angeboten werden,

- die sie bei anderen Kreditinstituten nicht,
- nicht in vergleichbarer Qualität oder
- nicht zu vergleichbaren Konditionen erhalten.[62]

Eine derartige Förderung kann heute allenfalls von den Spezialkreditinstituten des Genossenschaftssektors verwirklicht werden. Zu nennen wäre hier z. B. die auf eine bestimmte Kunden- bzw. Mitgliederklientel fokussierte Deutsche Apotheker- und Ärztebank eG.[63] Für die Universalbanken ist es hingegen nicht möglich, da die Konditionen und das Sortimentsangebot sowohl für Mitglieder als auch für Kunden, die über keine Beteiligung an der Kreditgenossenschaft verfügen, identisch sind.[64] Dies gilt erst seit der 1974 in Kraft getretenen Novelle des Genossenschaftsgesetzes. Zuvor war z. B. eine Kreditvergabe an Nichtmitglieder unzulässig.[65] Das Geschäft mit den

58 Vgl. Schierenbeck/Hölscher (1998), S. 81; Dorner (1991), S. 26 f.

59 Vgl. Dorner (1991), S. 25 und S. 27; Flesch (1996), S. 12; Selbach (1991), S. 173; Aschhoff/ Henningsen (1995), S. 60; Süchting/Paul (1998), S. 206 f.

60 Vgl. zu diesem Abschnitt Dorner (1991), S. 30. Anders Selbach, der die mittelbare der indirekten und die unmittelbare der direkten Förderung gleichsetzt. Vgl. Selbach (1991), S. 171.

61 Vgl. Selbach (1991), S. 173; Oellerking/Holzgrabe (1990), S. 121.

62 Vgl. Schierenbeck/Hölscher (1998), S. 81; Selbach (1991), S. 174; Licht (1980), S. 14; Betge (1996), S. 77; Dorner (1991), S. 133 f.

63 Vgl. Selbach (1991), S. 175.

64 Vgl. Schierenbeck/Hölscher (1998), S. 81; Betge (1996), S. 77; Licht (1980), S. 15; Glaser (1992), S. 141.

65 Vgl. Dorner (1991), S. 136.

Nichtmitgliedern soll zusätzliche Gewinne einbringen, die dann wiederum das Förderpotential gegenüber den Mitgliedern erhöhen.[66]

Mit der Zinsrückvergütung hat sich allerdings ein Instrument gefunden, wodurch die Mitglieder zwar nicht unmittelbar, aber zumindest doch direkt gefördert werden können.[67] In Abhängigkeit vom Periodenergebnis und der **Intensität der Geschäftsbeziehungen** erhalten die Mitglieder nach Ablauf des Wirtschaftsjahres auf Vorschlag des Vorstandes und entsprechender Beschlußfassung durch die General- bzw. Vertreterversammlung einen Preisnachlaß auf die von ihnen gezahlten Kreditzinsen bzw. einen höheren Anlagezins für ihre Guthaben.[68] Im Gegensatz zu einer rein anteilsproportionalen Gewinnausschüttung erhalten Mitglieder, die die Leistungen einer Kreditgenossenschaft stärker in Anspruch nehmen, eine höhere Vergütung. Diese Art der Förderung hat während des Geschäftsjahres zunächst keinen Einfluß auf die Gewinn- und Verlustrechnung (GuV). Erst durch die Gewährung der Zinsrückvergütung und deren steuerlichen Anerkennung als Betriebsausgaben verringert sich der Gewinn und schrumpft zu einer Restgröße.[69]

Dadurch, daß sich die Zinsrückvergütung erst nachträglich auf das Periodenergebnis auswirkt, wäre es denkbar, daß auch die Kreditgenossenschaften zunächst eine Gewinnmaximierung vor Gewährung der Zinsrückvergütung anstreben. Diese Überlegung wird durch verschiedene Äußerungen von Personen, die dem Genossenschaftssektor nahestehen, unterstützt. So glaubt der ehemalige Vorstandsvorsitzende der DG-Bank, daß die Wettbewerbsposition der Kreditgenossenschaften nur durch „eine adäquate Rendite für die Mitglieder"[70] gestärkt werden kann. Andere Autoren rücken Managementkonzepte zur ertragsorientierten Banksteuerung in den Vordergrund des bankgenossenschaftlichen Controllings[71] bzw. verweisen darauf, daß insbesondere zur Sicherung der Wettbewerbsfähigkeit die Erzielung von hohen Gewinnen von seiten der Praxis oftmals als unerläßlich angesehen wird.[72] Dies führt letztlich zu der teilweise in der betriebswirtschaftlichen Literatur vorzufindenden Auffassung, daß sich das Zielsystem der Kreditgenossenschaft nicht mehr grundlegend von dem der anderen privatrechtlichen Bankengruppen unterscheidet.[73]

---

66 Vgl. Dorner (1991), S. 33.

67 Zum Begriff und zur Rechtsnatur der Zinsrückvergütung vgl. Dorner (1991), S. 60 f.; ferner Glaser (1992), S. 141.

68 Vgl. Selbach (1991), S. 207; Dorner (1991), S. 60 und S. 68; Schierenbeck/Hölscher (1998), S. 81; Westphal (1998), S. 72.

69 Vgl. Dorner (1991), S. 31-33. Zu den Voraussetzungen einer steuerlichen Anerkennung vgl. o. V. (1983), S. 1850 f.

70 Flesch (1996), S. 12.

71 Vgl. Preisinger (1987), S. 57.

72 Vgl. Glaser (1992), S. 138.

73 Vgl. Süchting/Paul (1998), S. 207; Tebroke (1993), S. 16. So sieht auch Becker (1995), S. 27 in der langfristigen Gewinnmaximierung das oberste Ziel der Fusionen von Genossenschaftsbanken.

Dieser Einschätzung wird hier gefolgt. Falls von der Möglichkeit der Zinsrückvergütung Gebrauch gemacht wird, kommt aber zumindest eine im Vergleich zu den erwerbswirtschaftlich ausgerichteten Banken andere Form der Vorteilsgewährung zum Zuge.[74]

Zusammenfassend kann festgehalten werden, daß die Förderung der Mitglieder im Mittelpunkt des genossenschaftlichen Zielsystems steht, diese sich jedoch aufgrund der marktmäßigen Gegebenheiten letztlich auch nur in einer finanziellen Vorteilsgewährung manifestieren kann. Hinsichtlich der Zielordnung kann somit auch für diesen Bankensektor von der Gültigkeit des Nebenbedingungskonzeptes ausgegangen werden, wobei die Gewinn- bzw. Kapitalwertmaximierungsfunktion **vor Gewährung der Zinsrückvergütung** das übergeordnete Zielelement darstellt.

2.5 Der öffentlich-rechtliche Kreditsektor

2.5.1 Definition und Organisationsstruktur der Bankengruppe

Die öffentlich-rechtlichen Kreditinstitute werden größtenteils als Anstalten des öffentlichen Rechts geführt.[75] Dazu zählen aus dem Bereich der Universalbanken die öffentlich-rechtlichen Sparkassen, die Landesbanken/Girozentralen und die DGZ-Deka Bank. Von den öffentlich-rechtlichen sind die freien Sparkassen zu unterscheiden. Bei letzteren handelt es sich in der Regel um Vereine des bürgerlichen Rechts oder um Stiftungen.[76] Auch wenn in Deutschland die öffentlich-rechtlichen Kreditinstitute von ihrer Anzahl her dominieren, so gehörten zum 31.12.1999 drei freie Sparkassen zu den zehn größten Sparkassen in Deutschland.[77] Im Einklang mit der rechtsformabhängigen Institutsgruppenabgrenzung dieser Arbeit beziehen sich die folgenden Ausführungen grundsätzlich auf die öffentlich-rechtlichen Institute, die im weiteren Verlauf auch kurz öffentliche Banken genannt werden. Zudem wird der Schwerpunkt der Betrachtung wie bei den Kreditgenossenschaften auf die Institute der Primärstufe (= Sparkassen) gerichtet. Ausführungen zu den übergeordneten Instituten dieser Bankengruppe werden als solche hervorgehoben.

Große Ähnlichkeiten hinsichtlich der Organisationsstruktur weist das dreistufige Verbundsystem der öffentlichen Banken zum genossenschaftlichen Kreditsektor auf.[78] Die Basis bilden hierbei die mehr als 500 Sparkassen. Sie werden von Gemeinden,

---

74 Vgl. dazu ausführlich Kapitel 4.6.3.1.

75 Vgl. Schierenbeck/Hölscher (1998), S. 85. Vereinzelt werden sie auch als Körperschaften des öffentlichen Rechts geführt. Vgl. Langschied (1993), S. 7.

76 Vgl. Gleske (1996), S. 39; Schierenbeck/Hölscher (1998), S. 85.

77 Hierzu zählten die Hamburger Sparkasse, die Frankfurter Sparkasse und die Sparkasse in Bremen. Vgl. o. V., HB v. 14./15.7.2000, Nr. 134, S. 25.

78 Vgl. Langschied (1993), S. 13.

Kreisen und Gemeindeverbänden getragen, die zugleich auch die Gewährträgerhaftung und die Anstaltslast übernehmen.[79] Bei der Gewährträgerhaftung handelt es sich um eine Ausfallbürgschaft, wonach im Fall des Konkurses der Gewährträger für die Verbindlichkeiten der Sparkasse haftet. Sie greift aber erst dann, wenn die Verluste die Höhe der Eigenmittel erreicht haben. Die Anstaltslast, die die Verpflichtung des Gewährträgers zur Aufrechterhaltung der Funktionsfähigkeit der öffentlich-rechtlichen Sparkassen kennzeichnet, führt in der Praxis jedoch dazu, daß bereits vor dem Eintritt größerer bilanzieller Verluste Maßnahmen zur Bonitätssicherung der Sparkasse eingeleitet werden. Die Geschäftstätigkeit der Sparkassen ist generell auf das Gebiet des Gewährträgers beschränkt (Regionalprinzip).[80] Obwohl es sich um universal tätige Geschäftsbanken handelt, liegt der Schwerpunkt ihrer Tätigkeit entsprechend ihrer historischen Entwicklung im Geschäft mit den Privatkunden und den mittelständischen Firmenkunden.[81]

Vorstand und Verwaltungsrat bilden in der Regel die Organe einer Sparkasse.[82] Der Vorstand vertritt die Sparkasse gerichtlich sowie außergerichtlich und führt die Geschäfte selbständig und eigenverantwortlich. Der Verwaltungsrat ist das Kontroll- und Aufsichtsorgan einer Sparkasse. Er beschränkt sich aber nicht auf seine Kontrolltätigkeit, sondern legt auch die generelle Ausrichtung der Geschäftspolitik fest.[83] Zu beachten ist, daß die Sparkassen ihr Eigenkapital - in der Regel durch Rücklagenbildung - selbst aufbringen, da grundsätzlich keine Ausstattung durch die Gewährträger erfolgt. Dieser Sachverhalt führt dazu, daß die Frage nach den Eigentümern der Sparkassen in der Literatur kontrovers diskutiert wird. Während einerseits die Meinung vorzufinden ist, daß sie Eigentum der Kommunen sind, wird andererseits argumentiert, daß sie aufgrund der Innenfinanzierung keine externen Eigner haben.[84] Da diese juristische Debatte hier nicht geklärt werden kann, wird für den weiteren Verlauf der Untersuchung davon ausgegangen, daß den Gewährträgern als Residualanspruchsberechtigten zumindest aus ökonomischer Sicht eine eigentümerähnliche Stellung zukommt.[85] Unabhängig von der jeweiligen Auffassung läßt sich jedoch generell feststellen, daß die Eigentums- und Leitungsrechte auch bei den Sparkassen auseinanderfallen.

Die Landesbanken/Girozentralen kennzeichnen die mittlere Stufe des Verbundsystems. Sie stellen die regionalen Zentralinstitute des Sparkassensektors dar, verwalten deren

79 Zur Gewährträgerhaftung und Anstaltslast vgl. Gleske (1996), S. 202 f.; Thode (1994), S. 134 f. Bei den freien Sparkassen entfallen Gewährträgerhaftung und Anstaltslast hingegen. Vgl. Schierenbeck/Hölscher (1998), S. 85.

80 Vgl. Güde (1995), S. 41; Gleske (1996), S. 135.

81 Vgl. Gleske (1996), S. 43. Zur historischen Entwicklung des Sparkassenwesens vgl. ausführlich Langschied (1992), S. 39-66; zusammenfassend Güde (1995), S. 439-443.

82 Zu den Organen einer Sparkasse vgl. Schierenbeck/Hölscher (1998), S. 87.

83 Vgl. Faber (1996), S. 109; Becker-Birck (1994), S. 839; dazu kritisch Oellerking/Holzgrabe (1990), S. 66.

84 Vgl. zu diesem Problembereich Brandt (1993); Betge (1996), S. 87-89.

85 Vgl. Büschgen (1998), S. 519.

Liquiditätsguthaben und wickeln für diese den bargeldlosen Zahlungsverkehr ab. Daneben fungieren sie als Kommunalbank bzw. Hausbank einzelner Bundesländer. Als Geschäftsbank stoßen sie in immer größerem Maße in das industrielle Großkundengeschäft und in das Auslandsgeschäft vor.[86] Im Gegensatz zu den Sparkassen werden sie von ihren Gewährträgern mit Eigenkapital, dem sogenannten Dotationskapital, ausgestattet und unterliegen nicht dem Regionalprinzip.[87] Während die Landesbanken ursprünglich paritätisch von den regionalen Sparkassen- und Giroverbänden und den Bundesländern getragen wurden,[88] läßt sich heute keine generelle Anteilseignerstruktur mehr konstatieren. In Abhängigkeit vom jeweiligen Bundesland halten die Verbände und die Länder unterschiedliche Anteilsquoten, wobei auch Beteiligungen der Landesbanken untereinander bestehen.[89] Die Anteilseigner sind zugleich Gewährträger.

Das Spitzeninstitut der deutschen Sparkassenorganisation ist die DGZ-Deka Bank, die zum 1.1.1999 aus der Fusion der Deutschen Girozentrale/Kommunalbank (= DGZ) und der Deka Deutsche Kapitalanlage GmbH (= Deka) hervorgegangen ist. Hälftiger Anteilseigner und Gewährträger sind die Sparkassen und die Landesbanken.[90] Während vor dem Zusammenschluß die DGZ vorwiegend Aufgaben aus dem nationalen und internationalen Konsortialgeschäft, dem Kreditgeschäft mit den Ländern und den Sondervermögen des Bundes übernahm,[91] waren in der Deka die Fondsaktivitäten der Sparkassenorganisation gebündelt.[92] Heute werden beide Aufgabenbereiche von dem fusionierten Institut wahrgenommen.

Im Unterschied zu den Kapitalbanken und den Privatbankiers herrscht im öffentlichen Kreditsektor bedingt durch das Regionalprinzip und die gemäß dem Subsidiaritätsprinzip geltende Arbeitsteilung grundsätzlich kein Wettbewerb zwischen den Verbundstufen. Das zunehmende Wachstum der großen Sparkassen führt aber dazu, daß diese allmählich auch in die klassischen Betätigungsfelder der Landesbanken vorstoßen.[93] Dies führt zumindest ansatzweise zu einem verbundinternen Wettbewerb.[94]

Das öffentlich-rechtliche Verbundsystem wird durch eine Vielzahl weiterer Institutionen ergänzt. Hierzu zählen z. B. Bausparkassen, Versicherungs-, Immobilien-

---

86 Vgl. zu diesem Abschnitt Güde (1995), S. 55; Sinn (1997), S. 19; Gleske (1996), S. 45; Betge (1996), S. 84.

87 Vgl. Oellerking/Holzgrabe (1990), S. 61; Karl-Bräuer-Institut (1994), S. 16; Schuster (1996b), S. 298.

88 Vgl. Güde (1995), S. 51.

89 Vgl. die Aufstellung bei Schierenbeck/Hölscher (1998), S. 89.

90 Vgl. o. V., HB v. 14.12.1998, Nr. 241, S. 20.

91 Vgl. Betge (1996), 82-87; Güde (1995), S. 49-58.

92 Vgl. Hoppenstedt (1999b), S. 54.

93 Vgl. Güde (1995), S. 44 f.; Oellerking/Holzgrabe (1990), S. 71 f.; Fischer (1992), S. 568.

94 Vgl. Schuster (1996b), S. 297; Faber (1996), S. 117 f.

und Kapitalbeteiligungsgesellschaften.[95] Die Interessen der öffentlichen Kreditinstitute werden durch den Verband öffentlicher Banken (VöB) vertreten.[96]

2.5.2 Zielsystem

Im Gegensatz zu den Kreditinstituten mit erwerbswirtschaftlicher Zielsetzung darf die Geschäftspolitik der öffentlichen Banken formal nicht auf eine Gewinnmaximierung ausgerichtet sein.[97] Daß das auch für die Praxis gilt, wird von Vertretern der Sparkassenorganisation stets betont,[98] von seiten der betriebswirtschaftlichen Literatur zum Teil bestritten.[99] Entsprechend ihrem gesetzlich übertragenen Grundauftrag verfolgen die öffentlichen Banken auch gesamtwirtschaftliche und soziale Ziele.[100] Innerhalb des Zielsystems öffentlicher Banken sind die Auftragsziele von den Sicherungszielen zu unterscheiden. Die Auftragsziele bilden die Grundlage für die Geschäftspolitik und sind eher ideologischer Natur. Bei den Sicherungszielen handelt es sich um ökonomische Größen, welche die dauerhafte Existenz des Kreditinstitutes gewährleisten sollen.[101] Die wesentlichen Inhalte des Zielsystems öffentlicher Banken sind in Abb. 2.2 dargestellt.[102]

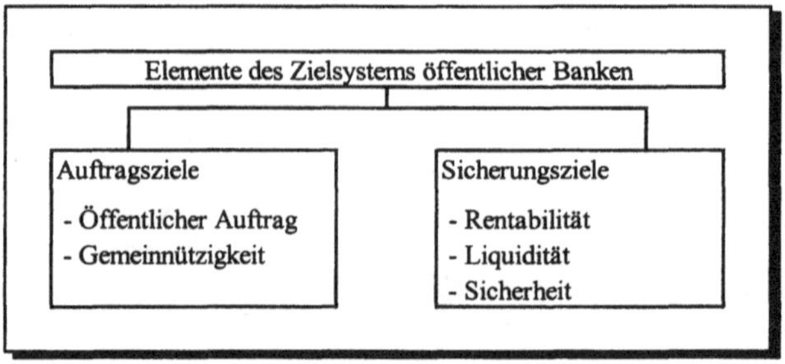

Abb. 2.2: Elemente des Zielsystems öffentlicher Banken

---

95 Vgl. dazu die Übersicht bei Güde (1995), S. 50.

96 Vgl. Aschhoff/Henningsen (1995), S. 80.

97 Dies wäre aus rechtlicher Sicht nicht zulässig. Vgl. dazu Gleske (1996), S. 67 f.; Burmeister (1989), S. 230.

98 Vgl. Amely (1997), S. 280; Güde (1995), S. 182.

99 Vgl. Oellerking/Holzgrabe (1990), S. 212; Süchting/Paul (1998), S. 206; Langschied (1993), S. 117; Gleske (1996), S. 88; Haun (1996), S. 15; Hörter (1998), S. 320; Karl-Bräuer-Institut (1994), S. 17.

100 Vgl. Güde (1995), S. 17; Haasis (1997), S. 348.

101 Vgl. Güde (1995), S. 17 f.; Faber (1996), S. 107; Steinheuer (1990), S. 117. Die Sicherungsziele gelten generell für alle Institutsgruppen, wobei Sicherheit und Liquidität lediglich einzuhaltende Nebenbedingungen darstellen. Vgl. Büschgen (1994), S. 27 und S. 29.

102 Vgl. Güde (1995), S. 18.

Im Vordergrund des Zielsystems öffentlicher Banken steht die Wahrnehmung des öffentlichen Auftrages. Dahinter verbirgt sich ein Sammelbegriff für die vom Gesetzgeber bzw. Gewährträger auf die öffentlichen Kreditinstitute übertragenen Aufgaben. Voraussetzung dafür, daß der Staat überhaupt in den Wettbewerb mit den privaten Banken treten darf, ist das Vorhandensein einer öffentlichen Aufgabe.[103] Hierbei handelt es sich um einen unbestimmten Rechtsbegriff, weshalb letztlich nicht genau feststeht, was eine Aufgabe zu einer öffentlichen Aufgabe macht.[104] Aus ihrer historischen Entwicklung heraus bestand die öffentliche Aufgabe darin, den wirtschaftlich ärmeren Bevölkerungsschichten die Möglichkeit zur sicheren Verwahrung von Spareinlagen zu bieten. Aufgrund der gesellschaftlichen und gesamtwirtschaftlichen Entwicklung bedarf es hierzu heute aber keiner öffentlichen Banken mehr.[105] Aus Sicht dieser Institutsgruppe tritt jetzt die Korrektur- und Gewährleistungsfunktion in den Vordergrund.[106] Dahinter steckt der Gedanke, daß bestimmte Bereiche der Kreditversorgung von den privaten Banken nicht oder in nicht ausreichendem Maße angeboten würden.[107] Die öffentlichen Banken sehen ihre Aufgabe in der Gewährleistung eben dieser Kreditversorgung. Zudem wird dem Kreditsektor eine systeminhärente Tendenz zur Oligopolbildung mit den damit verbundenen wettbewerbsbeschränkenden Auswirkungen zugeschrieben.[108] Dies soll durch die Existenz der öffentlichen Banken und dem daraus resultierenden Wettbewerb verhindert werden. Die öffentlichen Banken sehen sich hier als Gegenmacht zum privaten Bankgewerbe.[109] Der von ihnen zu erfüllende öffentliche Auftrag wird in den ländereigenen Sparkassengesetzen bzw. in der institutsspezifischen Satzung fixiert. Er ist jedoch so allgemein formuliert, daß für seine Konkretisierung noch erheblicher Interpretationsspielraum verbleibt.[110] Entsprechend der gesellschaftlichen und gesamtwirtschaftlichen Entwicklung unterliegt der öffentliche Auftrag einem zeitlichen Anpassungserfordernis.[111]

Wie wenig die Konkretisierung aus dem Gesetz hervorgeht, sei beispielhaft am bayerischen Sparkassengesetz (BaySpkG) verdeutlicht. Derzeit haben die dortigen Sparkassen nach Art. 2 des BaySpkG

---

[103] Vgl. Langschied (1993), S. 117; Becker-Birck (1994), S. 839.

[104] Vgl. Burmeister (1989), S. 239.

[105] Vgl. Langschied (1993), S. 167; Faust/Richard (1998), S. 321.

[106] Vgl. Becker-Birck (1994), S. 837; Faber (1996), S. 98; dagegen Püttner (1994), S. 840. Steinheuer verweist darauf, daß sich mit dieser Funktion quasi jede Tätigkeit rechtfertigen ließe. Vgl. Steinheuer (1990), S. 113.

[107] Vgl. Steinheuer (1990), S. 113; dazu kritisch Faust/Richard (1998), S. 321.

[108] Vgl. Gleske (1996), S. 74 f.; Güde (1995), S. 27; Haasis (1997), S. 348.

[109] Vgl. Güde (1995), S. 27-29; Haasis (1997), S. 352; dazu kritisch Gleske (1996), S. 83-88; Karl-Bräuer-Institut (1994), S. 99 f.; Steinheuer (1990), S. 113.

[110] Vgl. Oellerking/Holzgrabe (1990), S. 40 f.; Haun (1996), S. 10 f.; Steinheuer (1990), S. 111. Zu einer Konkretisierung im Bereich der Landesbanken vgl. Neuber (1998). Vgl. kritisch zum öffentlichen Auftrag der Landesbanken Sinn (1997), S. 64-67.

[111] Zum zeitlichen Anpassungserfordernis des öffentlichen Auftrages vgl. Güde (1995), S. 22-24; Haasis (1997), S. 345 f.; Rehm (1989), S. 255 f.

- der Bevölkerung Gelegenheit zur sicheren und verzinslichen Geldanlage zu bieten,
- das örtliche Kreditbedürfnis, insbesondere der Bevölkerungsschichten, aus denen die Spareinlagen stammen, zu befriedigen,
- durch geeignete Einrichtungen den Sparsinn der Bevölkerung zu pflegen und
- in jeder Weise den bargeldlosen Zahlungsverkehr zu fördern.

Weiter sind die Sparkassen im Rahmen ihrer Auftragsziele zur Gemeinnützigkeit verpflichtet. Das bedeutet, daß die Geschäftspolitik im Sinne des Gemeinwohles auszurichten ist.[112] Vereinzelt wird dazu die Auffassung vertreten, daß die Bankleistungen daher zu Konditionen angeboten werden sollen, die für die spezifische Kundengruppe gerade noch sozial verträglich sind.[113] Da es hierdurch aber zu Zielkonflikten mit den Sicherungszielen kommen kann, weisen andere Autoren darauf hin, daß kein Platz für derartige *Sozialrabatte* besteht.[114]

Die Beachtung der Sicherungsziele soll die langfristige Existenz der Sparkassen gewährleisten. Daher müssen auch die Sparkassen nach wirtschaftlichen Grundsätzen geführt werden. Daraus folgt, daß die Leistungserstellung kostendeckend zu erfolgen hat. Da die Sparkassen ihr Eigenkapital ausschließlich durch Rücklagenbildung von innen heraus finanzieren, ist darüber hinaus eine Gewinnerzielung zum Erhalt bzw. Ausbau von Marktanteilen notwendig.[115] Zudem soll der Gewinn begrenzte Ausschüttungen an den Gewährträger ermöglichen. Die Höhe der Rentabilität bestimmt somit die Möglichkeit der Rücklagenbildung und das maximale Ausschüttungsvolumen. Die Gewinnerzielung ist gemäß dieser Argumentation nicht Hauptzweck der Geschäftstätigkeit, sondern Mittel zum Zweck der Aufgabenerfüllung.[116]

Die weiteren Sicherungsziele Liquidität und Sicherheit bedeuten, daß jederzeit ausreichend finanzielle Mittel zur Aufrechterhaltung der Zahlungsfähigkeit vorhanden sein müssen bzw. daß keine unnötigen Risiken eingegangen werden sollen. Reine Spekulationsgeschäfte dürfen daher nicht getätigt werden.[117]

Hinsichtlich der Zielordnung bei öffentlichen Banken besteht in der Literatur eine kontroverse Auffassung darüber, ob das Nutzen- oder das Nebenbedingungskonzept Gültigkeit besitzt. Der Erfolg hängt nach Auffassung von Vertretern dieser Institutsgruppe nicht vom erwirtschafteten Gewinn, sondern vom Erfüllungsgrad der über-

---

112 Es wird darauf hingewiesen, daß der Begriff des Gemeinwohls bei der Interpretation der Sparkassengesetze nicht im Sinne der mikroökonomischen Wohlfahrtstheorie auszulegen ist. Vielmehr ist hierunter das Interesse breiter Bevölkerungsmassen zu verstehen. Diese Begriffsdefinition gilt im Rahmen der gesamten Arbeit.

113 Vgl. zu diesem Abschnitt Güde (1995), S. 39.

114 Vgl. Zügel (1985), S. 21; Langschied (1993), S. 115.

115 Vgl. dazu Güde (1995), S. 17 f.; Gleske (1996), S. 86; Zimmermann/Jöhnk (1998), S. 279; Faust/Richard (1998), S. 324; Haasis (1997), S. 346; Burmeister (1989), S. 231; Süchting/Paul (1992), S. 206.

116 Vgl. Steinheuer (1990), S. 111; Güde (1995), S. 18.

117 Vgl. Langschied (1993), S. 136; Schierenbeck/Hölscher (1998), S. 86.

tragenen Aufgaben ab.[118] Der Wert einer öffentlichen Bank wäre demzufolge mit Hilfe eines Nutzwertkalküls zu ermitteln. Andere Autoren sehen in der Geschäftspolitik der öffentlichen Banken hingegen keinerlei Unterschied zu der der privatrechtlichen Institutsgruppen,[119] so daß grundsätzlich von einem Nebenbedingungskonzept auszugehen wäre.

Da die Gewinnerzielung auch von seiten der öffentlichen Bankenvertreter als wichtige Leitmaxime angesehen wird und das Nutzenkonzept keine operationale Zielgröße beinhaltet, soll auch hier hinsichtlich der Zielordnung das Nebenbedingungskonzept unterstellt werden. Es wird von einer Gewinn- bzw. Kapitalwertmaximierung ausgegangen, wobei der Beachtung von - vorwiegend gesamtwirtschaftlichen - Nebenbedingungen im Institutsgruppenvergleich die größte Bedeutung zukommt.

2.6 Zusammenfassende Gegenüberstellung

Die vorangegangenen Ausführungen hatten zum Ziel, den deutschen Kreditsektor in weitestgehend homogene Bankengruppen einzuteilen. Als Abgrenzungskriterium diente dabei die Zugehörigkeit des einzelnen Kreditinstitutes zu einer bestimmten Rechtsformgattung. Die gesellschaftsrechtliche Institutsgruppendefinition wurde um wichtige Wesensmerkmale, wie typische Geschäftsschwerpunkte, Eigentümerposition und Übernahme der Geschäftsführung, sowie um eine kurze Darstellung der jeweiligen Organisationsstruktur ergänzt. Hinsichtlich des Zielsystems der Eigentümer wurde die Annahme getroffen, daß alle Bankengruppen eine Gewinn- bzw. Kapitalwertmaximierung unter Beachtung verschiedenster Nebenbedingungen verfolgen. Insbesondere für die Festlegung der zukünftigen Gesamtbankstrategie ist dies von zentraler Bedeutung.[120] Insofern wird für die Zielordnung bei allen Institutsgruppen von der Gültigkeit des Nebenbedingungskonzeptes ausgegangen. Tabelle 2.1 stellt die herausgearbeiteten Ergebnisse in komprimierter Form dar.

---

118 Vgl. Güde (1995), S. 40; ähnlich Neuber (1998), S. 104.
119 Vgl. die Literaturangaben in Fußnote 99 dieses Kapitels.
120 Vgl. dazu rechtsformspezifisch die jeweils entsprechenden Gliederungspunkte in Kapitel 4.6.

	Kapitalbanken	Privatbankiers	Kreditgenossenschaften	Öffentliche Banken
Rechtsform	AG, GmbH, KGaA	OHG, KG, (Einzelunternehmung)	Eingetragene Genossenschaft	i. allg. Anstalt des öffentlichen Rechts
Geschäftsschwerpunkte	margenstarkes Mengengeschäft	oftmals Spezialisierung auf ertragsstarke Geschäftsfelder des Individualkundengeschäfts	alle Bereiche des Mengengeschäfts	alle Bereiche des Mengengeschäfts
Organisationsstruktur	regelmäßig Konzern	Eigenständigkeit, eventuell Kooperation	gemischt zwei- und dreistufiges Verbundsystem	dreistufiges Verbundsystem
Eigentümer	Anteilseigner	Gesellschafter	Mitglieder	eigentümerähnliche Stellung des Gewährträgers
Unternehmensleitung	Leitung durch Manager	Leitung durch Eigentümer	Leitung durch Manager	Leitung durch Manager
Zielordnung	Nebenbedingungskonzept	Nebenbedingungskonzept	Nebenbedingungskonzept	Nebenbedingungskonzept
Inhalte des Zielsystems	Gewinn- bzw. Kapitalwertmaximierung (unter Beachtung sozial- und gesellschaftspolitischer Nebenbedingungen)	Gewinn- bzw. Kapitalwertmaximierung (unter Beachtung sozial- und gesellschaftspolitischer Nebenbedingungen)	Formal: Förderauftrag Faktisch: Gewinn- bzw. Kapitalwertmaximierung vor Gewährung der Zinsrückvergütung	Formal: Öffentlicher Auftrag Faktisch: Gewinn- bzw. Kapitalwertmaximierung unter Beachtung gesamtwirtschaftlicher Nebenbedingungen

Tab. 2.1: Gegenüberstellung der unterschiedlichen Institutsgruppencharakteristika

Des weiteren wurden Annahmen getroffen, die die Bildung möglichst homogener Bankengruppen erleichtern. Nur so ist es möglich, Aussagen zu treffen, die ein gewisses Maß an Allgemeingültigkeit für die jeweilige Bankengruppe aufweisen. Es ist jedoch nicht möglich, jeden Sonderfall zu berücksichtigen. Läßt sich eine Bank nicht eindeutig einer der hier definierten Gruppen zuordnen, so bedeutet dies aber nicht, daß eine Bewertung nach dem in dieser Arbeit vorgeschlagenen Ansatz nicht erfolgen kann. Ist z. B. eine Bank in der Rechtsform der AG wirtschaftlich den Genossenschaften zuzurechnen, so müssen einerseits die rechtsformspezifischen Besonderheiten für Aktiengesellschaften und andererseits die geschäftspolitische Zielsetzung der Genossenschaft beachtet werden.

Nachdem zuvor die institutionellen Grundlagen zum Verständnis der Arbeit gelegt wurden, ist es Aufgabe des nächsten Kapitels, das methodische Fundament einer Bankbewertung zu vermitteln.

3 Grundlagen der Unternehmensbewertung von Kreditinstituten

3.1 Motiv und Position des Bewertenden

3.1.1 Bewertungsanlässe

3.1.1.1 Systematisierung

Unternehmensbewertungen können durch eine Vielzahl von Bewertungsanlässen ausgelöst werden. Als Ordnungsschema hat sich in der Fachliteratur eine zweistufige Systematisierung durchgesetzt.[1] Hierbei wird in einem ersten Schritt danach differenziert, ob der Bewertungsanlaß mit einem eventuellen Eigentümerwechsel verbunden ist oder nicht.

Die mit einem eventuellen Eigentümerwechsel verbundenen Anlässe werden in einem zweiten Schritt weiter in dominierte und nicht dominierte Bewertungssituationen unterschieden. Eine nicht dominierte Bewertungssituation liegt dann vor, wenn keine der beteiligten Parteien eine Änderung der Eigentumsverhältnisse ohne das Einverständnis der anderen Partei herbeiführen kann. Zu nennen ist hier insbesondere der freiwillige An- bzw. Verkauf eines ganzen Unternehmens. Liegt hingegen eine dominierte Bewertungssituation vor, so kann eine der Parteien einen Eigentümerwechsel auch ohne die Zustimmung der anderen Partei - faktisch oder rechtlich - erzwingen: Faktisch beim Abschluß eines Beherrschungs- oder Gewinnabführungsvertrages im Sinne des § 291 AktG, rechtlich bei einer Eingliederung nach § 320 AktG. Für die ausscheidenden Minderheitsgesellschafter ist gemäß § 305 AktG bzw. § 320b Abs. 1 AktG eine angemessene Abfindung zu ermitteln.

Bei den traditionellen Bewertungsanlässen, die zu keinem Eigentümerwechsel führen, wird in der Literatur vorrangig an extern hervorgerufene Unternehmensbewertungen gedacht. Zu nennen sind hier die Substanzbesteuerung, die Kreditwürdigkeitsprüfung und die Sanierung.[2] Da die hierbei ermittelten Unternehmenswerte in der Regel nicht auf dem Gesamtbewertungsprinzip basieren, bleiben diese Anlässe im Rahmen der weiteren Untersuchung außer Betracht.[3] In jüngster Zeit kommt es vor dem Hintergrund der wertorientierten Unternehmensführung[4] jedoch auch verstärkt zu intern veranlaßten, sogenannten strategischen Unternehmensbewertungen, die in der Regel

---

[1] Vgl. zu diesem und zum folgenden Abschnitt grundlegend Ballwieser/Leuthier (1986), S. 546 f.; ausführlich Drukarczyk (2001), S. 118-124; ferner Sieben (1993), Sp. 4321; Serfling/Pape (1995a), S. 808; Jacobs/Scheffler (1993), Sp. 1978.

[2] Vgl. Sieben (1993), Sp. 4322; Serfling/Pape (1995a), S. 808.

[3] Zum Gesamtbewertungsprinzip vgl. die Ausführungen in Kapitel 3.2.1.

[4] Zum Konzept der wertorientierten Unternehmensführung vgl. Herter (1994); Pape (1999); speziell für Kreditinstitute vgl. Lottner (1997).

ebenfalls keinen Eigentümerwechsel herbeiführen.[5] Der Unternehmenswert stellt dabei die maßgebliche Zielgröße für die strategische Unternehmenssteuerung dar.[6] Zudem wird immer häufiger auch die Vergütung des Top-Managements an die Entwicklung des Unternehmenswertes gekoppelt.[7]

Tabelle 3.1 verdeutlicht die zuvor beschriebene Systematisierung und zeigt beispielhaft die wichtigsten Anlässe zur Bewertung von Kreditinstituten. In den folgenden Gliederungspunkten werden die möglichen Bewertungsanlässe für die einzelnen Institutsgruppen erläutert.

Veränderung der Eigentumsverhältnisse		keine Veränderung
nicht dominiert	dominiert	
Kauf oder Verkauf von Banken oder Bankanteilen	Ausschluß eines Gesellschafters aus einer Personengesellschaft	wertorientierte Unternehmensführung
Bankenzusammenschlüsse	Abfindung von Minderheitsgesellschaftern	
Teilprivatisierung bzw. Aufnahme stiller Gesellschafter		

Tab. 3.1: Systematisierung von Bewertungsanlässen

3.1.1.2 Anlässe zur Bewertung von Kreditinstituten

3.1.1.2.1 Bewertungsanlässe bei Kapitalbanken

Einer der häufigsten Bewertungsanlässe von Kapitalbanken ist der *Kauf bzw. Verkauf von ganzen Banken oder Bankanteilen*. Der Bewertungsprozeß ist hierbei entscheidend von einer eventuellen Börsennotierung und der Anteilseignerstruktur abhängig.[8] Bei einem *Anteilshandel an Sekundärmärkten*, wie er sich täglich bei den börsennotierten Aktienbanken zeigt, verfügt der Bewerter in der Regel nur über externe Analyseunterlagen. Die Bewertung kann daher ausschließlich auf Basis öffentlich zugänglicher Informationen, wie Jahresabschlüsse, Pressemitteilungen usw., und volkswirtschaftlicher Rahmendaten erfolgen. Beide Parteien können zumeist nicht auf ein ausführliches Bewertungsgutachten im Sinne der Bewertungstheorie zurückgreifen. Der damit verbundene zeitliche und finanzielle Aufwand würde sich zudem für einen Verkauf von z. B. 100 Aktien der XY-Bank AG oftmals wirtschaftlich nicht rechnen. Dies gilt hingegen nicht für den *An- bzw. Verkauf eines größeren Anteils an einer nicht börsennotierten Bank* mit überschaubarer Anteilseignerstruktur.[9] Beide Parteien werden im

---

5 Zur strategischen Unternehmensbewertung vgl. Dirrigl (1994), S. 412 f.

6 Vgl. Sieben (1993), Sp. 4322; Schildbach (1998), S. 303; Börsig (1993), S. 89; Pape (1999), S. 38; Lottner (1997), S. 52 f.; Jonas (1995), S. 83.

7 Vgl. Pape (1999), S. 163; Faust/Richard (1998), S. 326; ausführlich Lottner (1997), S. 400-413.

8 Vgl. Dirrigl (1988), S. 28.

9 Vgl. Dirrigl (1988), S. 30.

allgemeinen ein Bewertungsgutachten - häufig unterstützt durch einen sachverständigen Dritten - erstellen. Der Verkäufer hat in der Regel gegenüber dem potentiellen Käufer von vornherein den Vorteil, daß er über interne Unternehmensinformationen und -daten verfügt. Bei fortgeschrittenen Vertragsverhandlungen kann aber in der Regel davon ausgegangen werden, daß auch dem potentiellen Käufer interne Unterlagen zur Verfügung gestellt werden.[10] Eine Planung der zukünftigen Entnahmeerwartungen ausschließlich auf Basis extern erhältlicher Daten dürfte insbesondere bei nicht börsennotierten Banken große Probleme hervorrufen.[11]

Ein weiterer Bewertungsanlaß ist der derzeit im Bankensektor häufig zu beobachtende *Unternehmenszusammenschluß*.[12] Rechtlich handelt es sich um eine Verschmelzung im Sinne des § 1 Abs. 1 Nr. 1 UmwG.[13] Hierbei wird aus mindestens zwei bestehenden Banken ein neues Institut gebildet (Verschmelzung durch Neugründung) oder mindestens ein Kreditinstitut von einem anderen übernommen (Verschmelzung durch Aufnahme).[14] Die Verschmelzung nimmt eine Sonderstellung innerhalb des Schemas der Bewertungsanlässe ein, da letztlich nur die Wertrelationen der beteiligten Banken ermittelt werden müssen. Dem geht in der Regel aber eine Unternehmensbewertung voran, da die Wertrelationen im allgemeinen nur auf diese Art ermittelt werden können.[15] Die sich hieraus ergebenden Umtauschverhältnisse der Anteile sind zwingender Bestandteil des Verschmelzungsvertrages und des Prüfungsberichtes (§ 5 Abs. 1 Nr. 3 UmwG und § 12 Abs. 2 Nr. 3 UmwG).

Zudem kann eine Unternehmensbewertung auch durch den Abschluß eines Beherrschungs- und Gewinnabführungsvertrages sowie im Rahmen einer Eingliederung hervorgerufen werden. Die Wertermittlung dient hierbei zur Bemessung der *Abfindung von Minderheitsgesellschaftern* bei Aktienbanken. Bei dieser dominierten Bewertungssituation übernimmt der Bewerter die Vermittlungsfunktion.[16] Ziel ist es, einen Arbitriumwert zu ermitteln, der die subjektiven Grenzpreise beider Parteien berück-

---

10 Vgl. Schell (1988), S. 93; Wildgruber (1998), S. 163.

11 Vgl. Ballwieser/Leuthier (1986), S. 604; Copeland/Koller/Murrin (2000), S. 427; dagegen Höhmann (1998), dessen Bewertungsansatz ausschließlich auf externen Informationsquellen basiert. Nachfolgend wird davon ausgegangen, daß auch die Käuferpartei ab einem bestimmten Verhandlungsstand über interne Geschäftsdaten verfügt.

12 Im Rahmen dieser Arbeit werden die Begriffe Unternehmenszusammenschluß und Fusion synonym gebraucht und als Oberbegriffe für die Begriffe Verschmelzung und Vereinigung verstanden. Während die Verschmelzung den Zusammenschluß bei privatrechtlichen Kreditinstituten kennzeichnet, wird bei öffentlichen Kreditinstituten von Vereinigung gesprochen.

13 Neben der Verschmelzung zählen die Spaltung, die Vermögensübertragung und der Formwechsel zu den Umwandlungsmöglichkeiten. Auch bei diesen Fällen können Unternehmensbewertungen erforderlich sein. Sie werden jedoch im weiteren Verlauf der Untersuchung aufgrund ihrer für den Bankensektor geringen empirischen Relevanz nicht weiter betrachtet.

14 Vgl. dazu ausführlich Schwedhelm (1999); ferner Ohlmeyer/Kuhn/Philipowski (1998), S. 7.

15 Eine Ausnahme gilt bei der Verschmelzung von Genossenschaftsbanken. Vgl. dazu die Ausführungen in Kapitel 3.1.1.2.3.

16 Zu den unterschiedlichen Bewertungsfunktionen vgl. Kapitel 3.1.2.

sichtigt.[17] Da es nicht möglich ist, die individuellen Grenzpreise aller Aktionäre zu bestimmen, besteht ein Zwang zur Objektivierung. Hierdurch kann es vorkommen, daß einzelne Aktionäre zu irrationalem Verhalten gezwungen werden, da sie ihre Anteile zu Preisen unterhalb ihres Grenzpreises abgeben müssen. Diese Problematik wurde in der Literatur ausführlich diskutiert und soll hier nicht weiter erörtert werden.[18]

Neben den traditionellen Bewertungsanlässen kann eine Unternehmensbewertung auch im Rahmen der *wertorientierten Unternehmensführung* stattfinden.[19] Wie bereits im Gliederungspunkt zuvor erwähnt, dient der Unternehmenswert als Steuerungsgröße für die strategische Unternehmensplanung. Dabei ist die Anwendung des Konzeptes keineswegs auf börsennotierte Banken beschränkt. Für diese bietet sich der Börsenkurs jedoch als Beurteilungskriterium der Geschäftspolitik und der eingeleiteten Maßnahmen an.[20] Zur Strategieentwicklung muß aber auf theoretische Bewertungsverfahren zurückgegriffen werden, damit die Auswirkungen möglicher, bisher nicht umgesetzter Alternativen auf den Unternehmenswert abgeschätzt werden können. Wird eine Handlungsalternative ausgewählt und diese auch öffentlich propagiert, so können eventuell bestehende Unterschiede zwischen theoretisch ermittelten Unternehmenswerten und aktuellen Börsenkursen in Informationsasymmetrien zwischen Unternehmensleitung und Anteilseigner begründet sein.[21] Es sollte gegebenenfalls versucht werden, diese Asymmetrien durch eine verbesserte Informationspolitik abzubauen.[22] Für nicht börsennotierte Kapitalbanken gibt es hingegen keinen täglich beobachtbaren Marktpreis. Zur Ermittlung des Unternehmenswertes muß daher zwingend auf theoretische Bewertungsmodelle zurückgegriffen werden.

3.1.1.2.2 Bewertungsanlässe bei Privatbankiers

Das *Ausscheiden eines Gesellschafters aus einer Personengesellschaft* stellt einen primären Anlaß zur Bewertung von Privatbankiers dar und kann durch den Gesellschafter selbst, durch die übrigen Teilhaber oder durch Dritte veranlaßt sein.[23] Möchte ein Gesellschafter von seinem gesetzlichen Kündigungsrecht Gebrauch machen, so sollte er sich bereits vorher mit den anderen Gesellschaftern über den Wert seines Anteils einigen. Geschieht dies, so gelten die Ausführungen bei den Kapitalbanken zum freiwilligen An- und Verkauf ganzer Institute bzw. größerer Anteilspakete.

---

17 Vgl. Sieben/Schildbach (1979), S. 457; Ballwieser/Leuthier (1986), S. 547.

18 Daß der bei fehlendem Einigungsbereich geltende Minderheitenschutz bei deutschen Wirtschaftsprüfern und Gerichten oftmals keine allzu große Berücksichtigung findet, zeigt eine Studie von Wenger/Hecker. Vgl. ausführlich Wenger/Hecker (1995), S. 65-71.

19 Vgl. Lottner (1997), S. 19.

20 Vgl. Hachmeister (2000), S. 37.

21 Vgl. Ballwieser (1994), S. 1383; Hachmeister (2000), S. 50.

22 Vgl. Hörter (1996), S. 122; Hachmeister (2000), S. 50.

23 Zu den möglichen Gründen des Ausscheidens aus einer Personengesellschaft vgl. Neuhaus (1990), S. 17 f.

Erfolgen die Gespräche hingegen erst nach der Kündigung oder wird der Ausschluß des Gesellschafters durch einen von den anderen Gesellschaftern bewirkten Gerichtsentscheid bzw. durch die Eröffnung des Konkursverfahrens über sein Vermögen bewirkt, so hat ein neutraler Gutachter die Vermittlungsfunktion zu übernehmen und einen Arbitriumwert zu bestimmen.

Daneben rufen auch *Bankenzusammenschlüsse*, an denen Privatbankiers beteiligt sind, Unternehmensbewertungen bzw. die Ermittlung von Wertrelationen hervor. Die Ausführungen des vorangegangenen Gliederungspunktes zu den Verschmelzungen bei Kapitalbanken gelten analog.

Daß das Konzept der *wertorientierten Unternehmensführung* nicht nur für börsennotierte Kreditinstitute Anwendung finden kann, wurde bereits für die nicht börsennotierten Kapitalbanken hervorgehoben. Es stellt somit auch für die Privatbankiers einen möglichen Bewertungsanlaß dar.

3.1.1.2.3 Bewertungsanlässe bei Kreditgenossenschaften

Im Vergleich zu den zuvor behandelten Institutsgruppen erweist sich die Eruierung von Bewertungsanlässen bei den Kreditgenossenschaften als vergleichsweise schwierig. Mit Eintritt in die Genossenschaft wird von den neuen Mitgliedern bei Übernahme des Geschäftsanteils lediglich die Aufbringung der satzungsmäßig fixierten Pflichteinzahlung gefordert (§ 15a GenG). Bei einem späteren Austritt erhalten sie ihr Geschäftsguthaben ausgezahlt (§ 73 Abs. 2 GenG), das sich aus der Pflichteinzahlung und den Gewinnzuweisungen zusammensetzt.[24] Das Statut kann darüber hinaus gemäß § 73 Abs. 3 GenG eine Beteiligung an einer aus den jährlichen Überschüssen zu bildenden Ergebnisrücklage vorsehen. Von dieser Möglichkeit wird aber in der Praxis regelmäßig kein Gebrauch gemacht.[25] Der An- und Verkauf von Geschäftsanteilen stellt somit keinen Bewertungsanlaß dar.

Für Verschmelzungen, an denen Kreditgenossenschaften beteiligt sind, gelten zwar seit dem 1.1.1995 auch die Vorschriften des Umwandlungsgesetzes. An die Stelle der Verschmelzungsprüfung nach den §§ 9 bis 12 UmwG tritt aber das Gutachten des Prüfungsverbandes gemäß § 81 Abs. 1 UmwG.[26] Die in § 12 Abs. 2 UmwG geforderte Begründung für die Verwendung einer Methode zur Ermittlung der Umtauschverhältnisse und die Angabe, welche Schwierigkeiten sich bei der Bewertung der Rechtsträger ergeben haben, entfallen somit. Da aber weiterhin § 5 Abs. 3 UmwG bei der Verschmelzung von Kreditgenossenschaften gilt, ist zumindest das Umtauschverhältnis zwingender Bestandteil des Verschmelzungsvertrages. Dieses wird jedoch nicht

---

24 Vgl. Strieder (1999), S. 1567.
25 Vgl. Dorner (1991), S. 108; Schöffling (1992), S. 48.
26 Vgl. Dehmer (1996), S. 418.

über investitionstheoretisch ermittelte Wertverhältnisse bestimmt, sondern lediglich über eine Angleichung der in der jeweiligen Satzung festgelegten nominellen Höhe der Geschäftsanteile und der darauf zu leistenden Pflichteinzahlung.[27] Hierbei sind die Statuten der übernehmenden bzw. neu gegründeten Kreditgenossenschaft maßgebend. Insofern ist bei einer Fusion zwischen Kreditgenossenschaften die Erstellung eines investitionstheoretischen Bewertungsgutachtens derzeit nicht erforderlich.[28]

Auch im Genossenschaftssektor dürfte die Bedeutung einer *wertorientierten Unternehmensführung* zunehmen.[29] Die Kreditgenossenschaften stehen im Wettbewerb mit anderen Banken und konkurrieren mit ihnen um die knappe Ressource Eigenkapital.[30] Umfragen zeigen, daß die historisch bedingte ideologische Bindung zwischen Genossenschaft und Mitglied an Bedeutung verloren hat.[31] Zukünftig werden die Genossen die Attraktivität von Genossenschaftsanteilen stärker an ihrer Rentabilität messen.[32] Die Renditeforderungen der Eigenkapitalgeber können aber nur dann befriedigt werden, wenn die Unternehmenspolitik konsequent auf die Erschließung neuer Wertsteigerungspotentiale ausgerichtet wird. Aus diesem Grund wird hier die Auffassung vertreten, daß die vom Management verfolgte Geschäftspolitik auch bei den Genossenschaftsbanken auf einer wertorientierten Unternehmensführung basieren sollte.

Zudem zeigt der derzeitige Umbruch im Finanzsektor, daß vielleicht auch im Bereich der Kreditgenossenschaften zukünftig Bewertungsanlässe vorstellbar sind, die es bisher in dieser Form noch nicht gab. Hier ist z. B. an die zunächst angedachte, im nachhinein aber wieder verworfene Fusion zwischen der Raiffeisen-Volksbank Marktredwitz und der örtlichen Stadtsparkasse zu denken.[33] Aufgrund der unterschiedlichen Institutsgruppenzugehörigkeit und dem damit verbundenen jeweiligen Eigentümerhintergrund kann davon ausgegangen werden, daß man im Falle von erfolgreichen Fusionsverhandlungen zur Ermittlung der Wertrelationen auch investitionstheoretische Bewertungsgutachten hinzugezogen hätte.

3.1.1.2.4 Bewertungsanlässe bei öffentlich-rechtlichen Kreditinstituten

Ähnlich wie bei den Kreditgenossenschaften lassen sich Bewertungsanlässe im öffentlich-rechtlichen Kreditsektor bei einer ersten Betrachtung nicht direkt identifizieren. Wird zunächst der Bereich der Sparkassen betrachtet, so greift der klassische Bewer-

---

27 Vgl. Becker (1995), S. 51 f.; zur Berechnung Ohlmeyer/Kuhn/Philipowski (1998), S. 77.

28 Vgl. Schöffling (1992), S. 278. Dies wird in der Literatur nicht immer berücksichtigt. Vgl. Höhmann (1998), S. 227.

29 Vgl. Faust/Richard (1998), S. 324.

30 Dies wird auch von seiten der Kreditgenossenschaften erkannt. Vgl. Flesch (1996), S. 12.

31 Vgl. Becker (1995), S. 18; Oellerking/Holzgrabe (1990), S. 126; Schöffling (1992), S. 26.

32 Vgl. bereits Licht (1980), S. 94 und S. 103; Dorner (1991), S. 156; Flesch (1996), S. 12; Gaumert (1997), S. 171.

33 Vgl. o. V., HB v. 23.11.1998, Nr. 266, S. 23; Burgmeier (1999), S. 71.

tungsanlaß des Unternehmenskaufes ins Leere. Bei dieser Teilgruppe der öffentlich-rechtlichen Banken sind weder komplette Institutsveräußerungen zu beobachten, noch findet ein Handel einzelner Anteilspakete statt.

Ein weiterer möglicher Bewertungsanlaß ist der auch in dieser Rechtsformgruppe häufig zu beobachtende Unternehmenszusammenschluß. Die entsprechenden Rechtsgrundlagen, im Freistaat Bayern sind dies bspw. die Art. 16 bis 18 BaySpkG, sehen keine Bewertung der an der Vereinigung teilnehmenden Sparkassen vor. Da die Sparkassen über keine Anteilseigner verfügen, erscheint diese Vorgehensweise zunächst plausibel. Gleichwohl muß in der Praxis festgelegt werden, welche Anteilsverhältnisse die kommunalen Gebietskörperschaften an der Gewährträgerschaft der entstehenden neuen Sparkasse zu übernehmen haben. Hierzu ist eine Ermittlung von Wertverhältnissen erforderlich. Das Bewertungsgutachten beruht aber weniger auf einem investitionstheoretischen Barwertkalkül. In Bayern z. B. werden die Anteilsverhältnisse vielmehr nach dem inneren Wert der an der Fusion beteiligten Institute bemessen. Laut Information des bayerischen Sparkassenverbandes wird diese Größe aus den Faktoren Geschäftsvolumen, Reinvermögen und nachhaltiger Erfolgswert abgeleitet.[34] Das Geschäftsvolumen umfaßt die wichtigsten Positionen des bilanzwirksamen und des bilanzunwirksamen Geschäfts, das Reinvermögen beinhaltet das Eigenkapital, eigenkapitalähnliche Mittel sowie offene und stille Reserven. Der nachhaltige Erfolgswert wird aus den Betriebsergebnissen vergangener Perioden ermittelt, wobei jüngeren Vergangenheitswerten eine höhere Gewichtung beigemessen wird.[35] Eine detaillierte Planung der zukünftigen Periodenerfolge findet aber nicht statt. Festzuhalten bleibt, daß bei der Vereinigung von Sparkassen bislang kein Unternehmenswert im Sinne der Bewertungstheorie zur Ermittlung der Wertrelationen bestimmt wird.

Im Gegensatz zu den Sparkassen gibt es bei den Landesbanken einen Anteilseignerkreis, dessen Struktur von Zeit zu Zeit Änderungen unterworfen ist. Ein Beispiel hierfür sind die Diskussionen über eine mögliche Neuordnung der Gesellschafterverhältnisse bei der Landesbank Hessen-Thüringen. Während der regionale Sparkassen- und Giroverband, als 100 %-iger Eigentümer der Landesbank, zunächst beabsichtigte, nur einen Anteil in Höhe von 49 % an eine andere Landesbank zu veräußern,[36] wurden später auch Gespräche über eine mögliche Fusion zwischen den Landesbanken in Hessen-Thüringen, Baden-Württemberg und Bayern geführt. Ein möglicher Zusammenschluß würde laut Pressemitteilungen nicht zuletzt von einer Übereinkunft hinsichtlich der jeweiligen Unternehmenswerte abhängen.[37] Neben politischen Überlegungen dürften auch investitionstheoretische Barwertkalküle für die Wertermittlung

---

34 Die Angaben beruhen auf einer Mitteilung des Sparkassenverbandes Bayern an den Verfasser. Vgl. Sparkassenverband Bayern (1998).

35 Genaue Angaben, insbesondere hinsichtlich der periodenspezifischen Gewichtungsfaktoren, wurden dem Verfasser jedoch mit Verweis auf die zu wahrende Vertraulichkeit nicht preisgegeben.

36 Vgl. o. V., HB v. 21.10.1998, Nr. 203, S. 22.

37 Vgl. o. V., HB v. 7.7.1999, Nr. 128, S. 1.

von Bedeutung sein. Der *Verkauf einer Landesbank bzw. einzelner Anteilspakete* kann somit als Bewertungsanlaß aufgefaßt werden.

Weiter gibt es im öffentlich-rechtlichen Bankensektor derzeit Entwicklungen, die zumindest die Erstellung von Bewertungsgutachten im Sinne der Bewertungstheorie erforderlich machen, auch wenn auf einer zweiten Stufe weitere, insbesondere politische Überlegungen eine gewichtige Rolle bei der Festlegung der Anteilsverhältnisse spielen. Beispiele für derartige Bewertungsanlässe sind z. B. die zum 1.1.1999 vollzogene Fusion dreier öffentlicher Banken in Süddeutschland zur Landesbank Baden-Württemberg oder die Bildung der Sachsen-Holding mit Sitz in Leipzig. In beiden Fällen wurden Bewertungsgutachten in Auftrag gegeben.[38]

Zudem gab es in der Vergangenheit Bewertungsanlässe, die man unter dem Begriff der *Teilprivatisierung* subsumieren kann.[39] Dabei kam es zu einer indirekten Beteiligung Privater an öffentlichen Banken. Beispiele hierfür sind die Teilprivatisierungen der DSL-Bank einerseits und die der Landesbank Berlin andererseits, an denen jeweils eine Aktiengesellschaft (DSL-Holding bzw. Bankgesellschaft Berlin) als atypisch stiller Gesellschafter beteiligt ist. Unter dem Dach der Bankgesellschaft Berlin wurden zugleich privatrechtliche und öffentlich-rechtliche Kreditinstitute zusammengefaßt. In beiden Fällen wurde die formale Gewährleistung dafür, daß der öffentliche Auftrag auch in Zukunft im Zielsystem der Bank Berücksichtigung findet, dadurch gesichert, daß die öffentliche Hand über die Mehrheit der Stimmrechte an den Aktiengesellschaften verfügt.[40]

Ein weiterer, in Zukunft denkbarer Bewertungsanlaß wäre in der *Privatisierung* öffentlicher Banken zu sehen. Dabei ist zwischen einer Organisations- und einer Aufgabenprivatisierung zu unterscheiden. Unter einer Organisationsprivatisierung wird die Rechtsformänderung der öffentlich-rechtlichen Kreditinstitute unter Beibehalt ihres öffentlichen Auftrages verstanden.[41] Hieraus resultiert zunächst noch kein Erfordernis für eine Bankbewertung. Dies entsteht erst dann, wenn - wie vielfach diskutiert - eine anschließende Minderheitsbeteiligung privater Dritter geplant ist.[42] Eine Aufgabenprivatisierung zeichnet sich hingegen durch die „Überführung kommunaler Aufgaben in privatrechtliche Handlungs- und Organisationsformen“[43] aus. Die Feststellung eines angemessenen Kaufpreises setzt hierbei ein Wertgutachten im Sinne der Bewertungstheorie voraus. Insbesondere die Rechtsform der Aktiengesellschaft wurde für Sparkassen und Landesbanken in der Vergangenheit im Zusammenhang mit der Privati-

---

38 Vgl. für die Landesbank Baden-Württemberg o. V., HB v. 28./29.8.1998, Nr. 165, S. 21; für das Modell in Sachsen o. V., HB v. 15.9.1998, Nr. 177, S. 21.

39 Vgl. Haßkamp/Lehmann (1993), S. 274.

40 Vgl. zu diesem Abschnitt Haßkamp/Lehmann (1993), S. 274 f.

41 Vgl. Burmeister (1989), S. 234.

42 Vgl. Gröschel (1992), S. 522; Rehm (1993), S. 178; Schmidhuber (1993), S. 349.

43 Burmeister (1989), S. 233.

sierungsdiskussion vielfach debattiert.[44] Zu beachten ist hierbei, daß eine Privatisierung gegebenenfalls zwar einen Bewertungsanlaß für öffentliche Banken darstellt, bei der Planung der zukünftigen Zahlungsüberschüsse allerdings die rechtsformspezifischen Besonderheiten der neuen Gesellschaftsform zu berücksichtigen sind.

Inwiefern eine *wertorientierte Unternehmensführung* auch bei öffentlichen Banken zum Einsatz kommen sollte, wird in der Literatur kontrovers diskutiert. Während wissenschaftlich orientierte Autoren eine Übertragbarkeit in der Regel befürworten,[45] sprechen sich dem öffentlichen Kreditsektor nahestehende Autoren hingegen für ein differenzierteres Wertmanagement aus.[46] Letztere kritisieren die aus ihrer Sicht bestehende eindimensionale Zielausrichtung auf die Steigerung des Shareholder-Value und fordern die Einbeziehung qualitativer Größen. Im Rahmen dieser Arbeit soll die Auffassung vertreten werden, daß der Kerngedanke des Wertmanagements auch auf die öffentlichen Kreditinstitute übertragbar ist. Dafür sprechen im wesentlichen drei Gründe:

1. Die öffentlichen Banken stehen im Wettbewerb mit anderen Instituten. Insbesondere die Sparkassen unterliegen dem Zwang der Gewinnerzielung, da sie ihre Eigenkapitalbasis vorrangig durch Gewinnthesaurierungen stärken. Wollen die Sparkassen ihre Marktanteile behaupten, so ist bei stetigem Bilanzsummenwachstum eine entsprechende Eigenkapitalzuführung notwendig. Eine wertorientierte Unternehmensführung erleichtert die Eigenkapitalbildung und kann somit zur Marktanteils- bzw. langfristig zur Existenzsicherung beitragen.

2. Durch die konsequente Ausschöpfung von Wertsteigerungsquellen wird ein höheres Ausschüttungspotential generiert. Da die Ausschüttungen ausschließlich zu gemeinnützigen Zwecken verwendet werden dürfen, liegt eine höhere Ausschüttung ceteris paribus gleichzeitig auch im Interesse der Allgemeinheit.[47]

3. Die Leistung des Managements wird transparenter. Ein bewußter, aus dem öffentlichen Auftrag resultierender Verzicht hinsichtlich der Ausschöpfung einer Wertsteigerungsquelle würde sichtbar,[48] eine Verschleierung von „Unwirtschaftlichkeiten und Ineffizienzen unter dem Deckmantel des öffentlichen Auftrags“[49] erschwert.

---

44 Zu dieser Diskussion vgl. Burmeister (1989), S. 231-235; Eichhorn (1992); Schmidhuber (1993); Brandt (1993); Püttner (1994); Schuster (1996b).

45 Vgl. Faust/Richard (1998), S. 324 und S. 326; Rolfes (1998), S. 45; Tegeder (1996), S. 251.

46 Vgl. Amely (1997), S. 281; Neuber (1998), S. 104; Zimmermann/Jöhnk (1998), S. 278 f.; Hoppenstedt (1999a), S. 18.

47 Angesichts der leeren Haushaltskassen verwundert es nicht, daß in Rheinland-Pfalz und Sachsen Gesetzesänderungen verabschiedet wurden, die zukünftig eine höhere Ausschüttung an die Gewährträger ermöglichen. Vgl. Padberg/Werner (1999), S. 738-740; Palmen (1999), S. 778-781.

48 Vgl. Faust/Richard (1998), S. 324; Kunze (1996), S. 578.

49 Amely (1997), S. 281. Die Gefahr einer derartigen Verschleierung sieht Amely für das von ihm geforderte mehrdimensionale Zielsystem, welches seiner Auffassung nach neben betriebswirtschaftlichen auch qualitative Erfolgsfaktoren berücksichtigen sollte.

So kann sich denn auch ein führender Vertreter eines öffentlichen Bankenverbandes vorstellen, daß das für den Betriebsvergleich innerhalb der Sparkassen derzeit geltende Erfolgskriterium der realisierten Zinsspanne zukünftig durch die erzielte (fiktive) Firmenwertsteigerung ersetzt wird.[50]

3.1.2 Bewertungsfunktionen

Grundsätzlich bleibt festzuhalten, daß es keinen allgemeingültigen Unternehmenswert gibt. Er ist vielmehr abhängig vom Zweck, den er zu erfüllen hat. Unterschiedliche Zwecke bedingen auch unterschiedliche Bewertungsverfahren, wovon auch der Unternehmenswert nicht unbeeinflußt bleibt.[51] Je nach Bewertungszweck übernimmt der Bewerter eine unterschiedliche Bewertungsfunktion. Folgt man der deutschen Bewertungstheorie, so lassen sich nach der Kölner Funktionenlehre die Hauptfunktionen der Unternehmensbewertung in eine Beratungs-, eine Vermittlungs- und eine Argumentationsfunktion unterteilen.[52]

Im Rahmen der Beratungsfunktion hat der Bewerter die Aufgabe, den subjektiven Entscheidungswert seiner Partei zu ermitteln. Dieser Entscheidungswert, auch Grenzpreis genannt, kennzeichnet die Grenze der Konzessionsbereitschaft der jeweiligen Partei. Aus Sicht des Käufers ist dies der Wert, den er höchstens bezahlen darf (Preisobergrenze), aus Sicht des Verkäufer der Wert, den er mindestens erzielen muß (Preisuntergrenze), damit sich die wirtschaftliche Situation gegenüber der Ausgangslage durch die Transaktion nicht verschlechtert.[53] Zu einem Eigentumswechsel kommt es nur dann, wenn zwischen den beteiligten Parteien ein Einigungsbereich besteht. Dazu muß der Grenzpreis des Käufers größer als der Grenzpreis des Verkäufers sein.

Aufgabe eines Bewerters bei der Vermittlungsfunktion ist es, einen Unternehmenswert zu bestimmen, der in einer Konfliktsituation zu einem Interessenausgleich der beteiligten Parteien führt. Dies setzt die Kenntnis beider Grenzpreise voraus. Es ist zu beachten, daß in einer dominierten Entscheidungssituation möglicherweise ein Einigungspreis festgesetzt werden muß, obwohl zwischen den Beteiligten kein Einigungsbereich besteht. Hierbei bedarf die Partei, die den Eigentümerwechsel nicht verhindern kann, eines besonderen Schutzes. Der Arbitriumwert sollte nach herrschender Meinung in Höhe ihres Grenzpreises festgesetzt werden, da dann keine wirtschaftliche Verschlechterung gegenüber dem Ausgangszustand eintritt. Die dominierende Partei bedarf hingegen keines Schutzes, da sie auf die Transaktion verzichten kann.[54]

---

50 Vgl. Kunze (1996), S. 574.

51 Vgl. Moxter (1983), S. 6; Ballwieser/Leuthier (1986), S. 546; Sieben/Schildbach (1979), S. 455.

52 Vgl. Sieben/Schildbach (1979), S. 455-458; Sieben (1983), S. 539-542.

53 Vgl. zu diesem Abschnitt Sieben/Schildbach (1979), S. 455 f.; Sieben (1983), S. 539 f.; Ballwieser/Leuthier (1986), S. 546 f.; Wildgruber (1998), S. 25-27.

54 Vgl. zu diesem Abschnitt Sieben/Schildbach (1979), S. 456 f.; Sieben (1983), S. 541; Ballwieser/Leuthier (1986), S. 547.

Innerhalb der Argumentationsfunktion versucht der Bewerter die Gegenpartei von einem Unternehmenswert zu überzeugen, der möglichst nahe an deren Grenzpreis liegt. Die Aufteilung des Einigungsbereiches soll somit weitgehend zugunsten der vertretenen Partei erfolgen. Die Argumentationen des Käufers laufen auf einen möglichst geringen Wert hinaus, die des Verkäufers auf einen möglichst hohen.[55]

Die Kölner Funktionenlehre wurde vor dem Hintergrund eines tatsächlichen oder potentiellen Eigentümerwechsels entwickelt. Fraglich ist, ob für den Anlaß der wertorientierten Unternehmensführung eine eigene Bewertungsfunktion notwendig ist. Hier soll die Auffassung vertreten werden, daß mit der Beratungsfunktion bereits eine adäquate Bewertungsfunktion besteht.[56] Ziel der Beratungsfunktion ist die Ermittlung eines in Geldeinheiten bemessenen Unternehmenswertes, der die subjektiven Zielvorstellungen des Entscheidungsträgers explizit berücksichtigt. Der Entscheidungsträger muß dabei die für ihn optimale Geschäftspolitik unterstellen.[57] In die gleiche Richtung zielt die wertorientierte Unternehmensführung. Unter Beachtung der gleichen Bewertungsgrundsätze wird hier ein Unternehmenswert ermittelt, welcher der Offenlegung von Wertsteigerungsquellen und der Ableitung einer optimalen Unternehmensstrategie dient.[58] Aus diesem Grund ist die Entwicklung einer eigenständigen Bewertungsfunktion m. E. nicht erforderlich. Die Interpretation der Beratungsfunktion soll jedoch dahingehend verstanden werden, daß neben einer Beratung durch einen externen Dritten auch eine Eigenberatung im Sinne einer internen Grenzpreisermittlung bzw. einer internen Unternehmenssteuerung erfaßt wird.[59]

3.1.3 Schlußfolgerung für diese Arbeit

Das hier vorgestellte Modell dient primär der Bewertung der Gesamtbank, nicht der Bewertung einzelner Anteilscheine.[60] Es wird unterstellt, daß der Bewerter bzw. dessen Auftraggeber - zumindest nach erfolgtem Erwerb - Einfluß auf die Unternehmenspolitik nehmen kann. Hierzu zählen z. B. die Festlegung der generellen Unternehmensstrategie, der Investitions- und Finanzierungspolitik sowie - unter Beachtung rechtlicher Auflagen - der Gewinnverwendungspolitik. Der einzelne Kleinaktionär,

---

55 Vgl. zu diesem Abschnitt Sieben/Schildbach (1979), S. 457 f.; Sieben (1983), S. 542; Sieben (1993), Sp. 4319 f.; Wildgruber (1998), S. 35. Inwiefern die Argumentationsfunktion zu Recht zu den Hauptfunktionen der Unternehmensbewertung zählt, soll hier nicht weiter diskutiert werden. Zur Bedeutung der Argumentationsfunktion vgl. kritisch Wagner (1994), S. 478 f.

56 So auch Pape (1999), S. 48; vgl dazu kritisch Kümmel (1995), S. 17.

57 Vgl. Ballwieser (1993), S. 155; Schwetzler (1998), S. 696.

58 Vgl. Herter (1994), S. 73.

59 Dies entspricht auch der Auffassung von Sieben, wonach in der Beratungsfunktion Entscheidungswerte ermittelt werden, die wiederum der internen Orientierung einer Partei dienen. Vgl. Sieben (1993), Sp. 4316.

60 Zu den Unterschieden hinsichtlich einer Unternehmensbewertung, einer Aktienbewertung und einer Anteilsbewertung vgl. Dirrigl (1988), S. 28-32.

Minderheitsgesellschafter oder Genosse ist zu solchen Entscheidungen jedoch nicht befähigt.

Des weiteren stehen für die Anteilsbewertung von börsennotierten Aktienbanken mit der Portfolio-Theorie, dem Kapitalmarktmodell und der Arbitragepreis-Theorie spezielle Instrumentarien zur Wertermittlung an organisierten Kapitalmärkten zur Verfügung. Für die Bewertung einzelner Genossenschaftsanteile ist dagegen bislang keine investitionstheoretische Unternehmensbewertung erforderlich, weil der Preis jedes Anteils von vornherein nominell fixiert ist.

Zur Anwendbarkeit des Bewertungsmodells auf Anteile, deren prozentuale Höhe zwischen den beiden Extrempositionen *einzelner Anteilschein* und *Unternehmensgesamtwert* liegt, können keine allgemeingültigen Aussagen getroffen werden. Tendenziell gilt: Je höher der zu bewertende prozentuale Anteil am Unternehmensgesamtwert, desto eher kann der Gesellschafter Einfluß auf wichtige Unternehmensentscheidungen nehmen und der Bankwert mit Hilfe des hier vorgestellten Ansatzes berechnet werden.

Das Bewertungskonzept wird ausschließlich im Rahmen der Beratungsfunktion untersucht. Unternehmenswerte, die im Rahmen einer Vermittlungs- oder Argumentationsfunktion ermittelt werden, bleiben hingegen unberücksichtigt. Die Bewertung dient somit der Ermittlung von Entscheidungswerten. Dies gilt insbesondere für den An- und Verkauf von ganzen Banken und bei Bankzusammenschlüssen.

Daneben eignet sich das Konzept als methodisches Gerüst zur wertorientierten Unternehmensführung, da die gleichen Bewertungsgrundsätze zu berücksichtigen sind. Die Bank wird aus Sicht des (potentiellen) Eigentümer-Managements bzw. aus Sicht des Angestellten-Managements bewertet. Letzteren wird dabei unterstellt, daß sie sich hinsichtlich der verfolgten Unternehmensstrategie am Zielsystem der Eigentümer orientieren. Der Problembereich der *Principal-Agent-Beziehung* bleibt demzufolge ausgeklammert.

3.2 Grundprinzipien der Unternehmensbewertung in der Beratungsfunktion

3.2.1 Gesamtbewertungsprinzip

Das Gesamtbewertungsprinzip[61] besagt, daß sich der Wert eines Unternehmens nicht aus der Summe der einzelbewerteten Vermögensgegenstände ergibt. Aus dem Zusam-

---

[61] Grundsätzlich sollen die hier diskutierten Prinzipien nicht als Dogmen aufgefaßt werden. Es handelt sich vielmehr um Merkmale bzw. Handlungsempfehlungen, die sich für eine Unternehmensbewertung im Rahmen der Beratungsfunktion als charakteristisch bzw. geeignet erwiesen haben.

menspiel der Produktionsfaktoren resultieren vielmehr Kombinationseffekte, die im allgemeinen zu einer positiven oder negativen Abweichung von der Summe der einzelbewerteten Bilanzpositionen führen. Die Gesamtbewertungsverfahren versuchen diese Kombinationseffekte zu erfassen.[62] Gesucht ist der Wert des *Herausholbaren*, verstanden als die finanziellen Entnahmemöglichkeiten, die mit dem Eigentum an dem Unternehmen verbunden sind. Der Unternehmenswert orientiert sich an dem Preis, der für äquivalente Entnahmemöglichkeiten aus dem alternativen Handlungsprogramm des Bewerters zu zahlen ist.[63] Zu den Gesamtbewertungsverfahren zählen sowohl das Ertragswertverfahren als auch die verschiedenen Ausprägungen der Discounted-Cash-Flow-Methode.[64] Eine Beschreibung der Bewertungskalküle erfolgt in Gliederungspunkt 3.3.

Die Einzelbewertungsverfahren, zu denen das Substanzwertverfahren und das Liquidationswertverfahren zählen, verzichten hingegen auf die Berücksichtigung dieser Kombinationseffekte. Das Substanzwertverfahren versucht den Unternehmenswert über die Reproduktionskosten zu ermitteln, die bei einer Rekonstruktion des bestehenden Unternehmens aufzubringen wären. Dazu werden die einzelnen Vermögens- und Schuldwerte mit ihren Wiederbeschaffungspreisen bewertet und gegenübergestellt. Hierbei wird zwischen dem Teil- und dem Vollreproduktionswert unterschieden. Beim Teilreproduktionswert werden bei der Bewertung nur die materiellen und die verkehrsfähigen immateriellen Werte erfaßt. Fließen hingegen auch die nicht verkehrsfähigen immateriellen Werte in die Wertermittlung ein, so ergibt sich der Vollreproduktionswert.[65]

Ziel des Bewertungsprozesses ist es, den Barwert der zukünftigen Entnahmemöglichkeiten zu bestimmen. Das Substanzwertverfahren ist dazu aber nicht in der Lage und daher für die Zwecke der entscheidungsorientierten Unternehmensbewertung ungeeignet.[66] Es wird nachfolgend nicht weiter betrachtet.

Das grundsätzlich den Einzelbewertungsverfahren zuzurechnende Liquidationswertverfahren ermittelt den Unternehmenswert, indem den potentiell erzielbaren Veräußerungserlösen der Vermögenswerte die noch zu begleichenden Verbindlichkeiten und Auflösungskosten gegenübergestellt werden. Der Liquidationswert besitzt eine Kontrollfunktion für die Gesamtbewertungsverfahren. Sollte er nämlich größer sein als die mit den Gesamtbewertungsverfahren ermittelten Unternehmenswerte, so ist es sinnvoller, die *Going-Concern-Prämisse* aufzugeben und das Unternehmen zu liquidieren.[67] Der Liquidationswert kennzeichnet somit die Untergrenze des Unternehmens-

---

[62] Vgl. IDW (2000), S. 828.
[63] Vgl. zu diesem Abschnitt Ballwieser/Leuthier (1986), S. 548; Wagner (1973), S. 567.
[64] Vgl. Ballwieser (1993), S. 152.
[65] Vgl. zu diesem Abschnitt Sieben (1993), Sp. 4327; Serfling/Pape (1995a), S. 815 f.; IDW (2000), S. 841.
[66] Vgl. IDW (2000), S. 826.
[67] Vgl. Ballwieser (1995b), Sp. 1878.

wertes.[68] Er ist grundsätzlich für jede zukünftige Periode zu ermitteln, da eine Liquidation auch zu einem späteren Zeitpunkt sinnvoll sein kann. Dies ist genau dann der Fall, wenn der zu erwartende Barwert der zukünftigen Entnahmen aus dem betrieblichen Produktionsprozeß geringer ist als der Liquidationswert. Vor einem solchen Hintergrund könnte das Liquidationswertverfahren auch als „Sonderfall der Ertragsbewertung"[69] interpretiert werden, da es in diesem Fall als Entscheidungswert die maximale Entnahmemöglichkeit liefert.

3.2.2 Subjektivitätsprinzip

Der Unternehmenswert ist abhängig von den Handlungsalternativen des Entscheidungsträgers (Eigentümer, potentieller Investor, Unternehmensleitung). Der Bewerter, verstanden als Entscheidungsträger oder beratender Dritter, hat daher einen Nutzenvergleich zwischen Bewertungsobjekt und optimaler Handlungsalternative durchzuführen. Hierbei sind die mit dem Bewertungsobjekt verbundenen Ziele des Entscheidungsträgers zu berücksichtigen.[70] Dies setzt eine Präzisierung des Zielsystems voraus.[71] Im Rahmen dieser Untersuchung hat es sich als zweckmäßig herausgestellt, für die einzelnen Institutsgruppen eine kapitalwertmaximierende Geschäftspolitik - gegebenenfalls unter Berücksichtigung von Nebenbedingungen - zu unterstellen.[72] Es bleibt noch zu klären, ob und an welcher Stelle die nicht-monetären Ziele berücksichtigt werden. Nach herrschender Meinung sind in einem ersten Schritt nur die monetären Ziele in den Bewertungskalkül einzubeziehen. Nicht-monetäre Ziele bleiben entweder gänzlich unberücksichtigt oder werden in einem zweiten Schritt außerhalb des Bewertungskalküls erfaßt.[73]

In Kapitel 2 wurden die Zielsysteme der einzelnen Bankengruppen ausführlich dargestellt. Hierbei konnte gezeigt werden, daß einzelne Bankengruppen Zielsysteme aufweisen, in denen den nicht-monetären Zielen große Bedeutung zukommt. Bei den öffentlichen Banken und den Kreditgenossenschaften stehen diese - zumindest nach den offiziellen Verlautbarungen - sogar im Vordergrund der Geschäftspolitik. Im Rahmen der vorliegenden Arbeit scheint es somit angebracht, die nicht-monetären Ziele bereits mit in den ersten Bewertungsschritt einzubeziehen. Ein ausschließlich auf Zahlungsströmen basierendes Bewertungsmodell, so wie es in der vorliegenden Untersuchung zum Einsatz kommt, ist dazu aber nur dann in der Lage, wenn die Verfolgung nicht-monetärer Ziele Einfluß auf die Höhe der Entnahmemöglichkeiten hat. Dies ist

---

68 Vgl. IDW (2000), S. 838.
69 Sieben (1993), Sp. 4322.
70 Vgl. Serfling/Pape (1995a), S. 815; Sieben (1993), Sp. 4316.
71 Vgl. Ballwieser/Leuthier (1986), S. 548 f.; Wildgruber (1998), S. 31.
72 Vgl. dazu die Ausführungen in Kapitel 2.6.
73 Vgl. Moxter (1983), S. 76; Ballwieser/Leuthier (1986), S. 549; Serfling/Pape (1995a), S. 815; Helbling (1998), S. 57.

zwingend bei der Planung der zukünftigen Zahlungsüberschüsse zu berücksichtigen.[74] Ein Beispiel hierfür ist die über den betriebswirtschaftlichen Bedarf hinausgehende Bereitstellung von zusätzlichen Ausbildungsplätzen. Einerseits verringern die damit zusammenhängenden Zahlungsströme (Vergütung, Arbeitsplatzausstattung usw.) die Entnahmemöglichkeiten und somit den Unternehmenswert, andererseits kann ein gesellschaftspolitischer oder volkswirtschaftlicher Nutzen in einem investitionstheoretischen Barwertkalkül nicht wertsteigernd erfaßt werden. Der Bewerter sollte sich dieser Nutzenwerte aber stets bewußt sein. Erstellt der Bewerter das Bewertungsgutachten für Dritte, so müssen sich beide Vertragsparteien darüber einig sein, welche Zielvorstellungen der Auftraggeber mit dem Bankbetrieb verfolgt.

3.2.3 Zukunftsbezogenheitsprinzip

Das Zukunftsbezogenheitsprinzip besagt, daß der Unternehmenswert ausschließlich durch den zukünftig erzielbaren Nutzen determiniert wird. Da im Rahmen der Unternehmensbewertung im allgemeinen aus Gründen der Operationalität nur auf den finanziellen Nutzen abgestellt wird, interessieren einzig die zukünftig erzielbaren Entnahmeströme. Erfolge vergangener Perioden haben lediglich Informationscharakter und können als Grundlage für eine Planung der zukünftigen Erfolgsströme dienen.[75]

3.3 Zukunftserfolgsbezogene Gesamtbewertungsverfahren

3.3.1 Grundlegung

Zukunftserfolgsbezogene Gesamtbewertungsverfahren, wozu sowohl die Ertragswert- als auch die Discounted-Cash-Flow-Methode zählen, basieren auf der dynamischen Investitionstheorie.[76] Der Wert eines Investitionsobjektes bemißt sich daran, was zukünftig an finanziellen Mitteln aus diesem Objekt an den Investor zurückfließt.[77] Die Vorteilhaftigkeitsabwägung erfolgt anhand des Kapitalwertkriteriums. Der Kapitalwert ist die Differenz zwischen dem Barwert der zukünftigen Zahlungsüberschüsse und den Anschaffungskosten im Zeitpunkt null. Der Kapitalisierungszinssatz entspricht der Verzinsung der risikoäquivalenten Alternativinvestition. Investitionsobjekte mit einem positiven Kapitalwert erzielen eine Rendite, die über der der Alternativinvestition liegt

---

74 Dies, obwohl bereits vor mehr als zwei Jahrzehnten von einer wissenschaftlichen Arbeitsgruppe herausgestellt, scheint jedoch heute weitestgehend in Vergessenheit geraten zu sein. Vgl. Arbeitskreis (1976), S. 114; auch Moxter (1983), S. 75 f.

75 Vgl. Ballwieser/Leuthier (1986), S. 548; Sieben (1993), Sp. 4316; Jacobs/Scheffler (1993), Sp. 1979; Serfling/Pape (1995a), S. 814 f.; IDW (2000), S. 832.

76 Zur dynamischen Investitionstheorie vgl. Perridon/Steiner (1999), S. 58-97.

77 Dies kennzeichnet das von Moxter definierte Zuflußprinzip. Vgl. Moxter (1983), S. 79 f.; auch Höhmann (1998), S. 37.

und sind daher zu realisieren. Stehen mehrere sich gegenseitig ausschließende Investitionsobjekte zur Auswahl, so ist dasjenige zu präferieren, das den höchsten Kapitalwert liefert.[78]

Ertragswertverfahren und Discounted-Cash-Flow-Methode übertragen diese Gedanken auf die Unternehmensbewertung.[79] Das Investitionsobjekt ist hierbei die Unternehmung und der Barwert aller zukünftigen Zielbeiträge kennzeichnet den Unternehmenswert. Der Kapitalwert entspricht dem Unternehmenswert abzüglich des barwertigen Kaufpreises. Auch wenn die einzelnen Ausprägungen der Gesamtbewertungsmodelle viele Gemeinsamkeiten aufweisen, so beschreiten sie dennoch unterschiedliche Wege in der Definition der bewertungsrelevanten Zielbeiträge und bei der Berücksichtigung des mit dem Unternehmenserwerb verbundenen Risikos.

3.3.2 Netto- versus Bruttoansätze

Grundsätzlich ist zwischen Netto- und Bruttokalkülen zu differenzieren. Während die Nettokalküle auf direktem Weg den Unternehmenswert aus Sicht der Eigentümer bestimmen, ermitteln die Bruttoverfahren zunächst einen Unternehmensgesamtwert, der die Marktwerte des Eigen- **und** des Fremdkapitals repräsentiert. Der Unternehmenswert im engeren Sinne, als Marktwert des Eigenkapitals, wird in einem zweiten Schritt aus der Differenz von Unternehmensgesamtwert und Marktwert des Fremdkapitals gewonnen.[80] Beide Ansätze unterscheiden sich daher sowohl in der Definition der bewertungsrelevanten Zielbeiträge als auch in der Definition des risikoäquivalenten Kapitalisierungszinssatzes.[81] Aus Eigentümersicht stellen die den Fremdkapitalgebern zufließenden Zinszahlungen keine Komponente des Zielbeitrages dar und verringern deshalb den bewertungsrelevanten Überschuß der jeweiligen Periode.[82] Wird hingegen zunächst ein Unternehmensgesamtwert im zuvor beschriebenen Sinne errechnet, so sind die zu leistenden Zinszahlungen als Bestandteil des Zielbeitrages im Zähler des Kalküls zu berücksichtigen.[83] Analog gilt für die Bestimmung des Diskontierungsfaktors, daß dieser im Nettokalkül lediglich die Renditeansprüche der Eigenkapitalgeber, im Bruttokalkül hingegen ein mit den Kapitalanteilen gewogenes Mittel der Renditeansprüche beider Kapitalgeber widerspiegelt.[84]

---

78 Vgl. zu diesem Abschnitt Perridon/Steiner (1999), S. 61-65; Süchting (1995), S. 304-311.

79 Vgl. bereits Busse von Colbe (1966), S. 51; Ballwieser (1993), S. 153; Wagner (1994), S. 478; Helbling (1998), S. 57.

80 Vgl. zu diesem Abschnitt Ballwieser (1998), S. 81 f.; Copeland/Koller/Murrin (2000), S. 132; Rappaport (1999), S. 39 f.; Drukarcyzk (1995), S. 330; Sieben (1995), S. 717; Kirsch/Krause (1996), S. 802.

81 Vgl. Ballwieser (1994), S. 1384.

82 Vgl. Ballwieser (1993), S. 166.

83 Vgl. Ballwieser (1998), S. 84.

84 Vgl. Bühner (1990), S. 40 f.; Schmidt (1995), S. 1090; Serfling/Pape (1996), S. 60 f.

Zu klären ist, ob eine Aussage darüber getroffen werden kann, inwieweit sich im Rahmen von Bankbewertungen Netto- oder Bruttoansätze durch eine generelle Überlegenheit auszeichnen. Nach übereinstimmender Literaturauffassung führt der Einsatz von Bruttomethoden bei der Bewertung von Kreditinstituten zu Schwierigkeiten, welche die Anwendung eines Nettokalküls sinnvoll erscheinen lassen.[85] Dies wird wie folgt begründet:

- Während Verbindlichkeiten bei Industrieunternehmen in erster Linie der Finanzierung der Geschäftstätigkeit dienen, ist die Aufnahme von Kundengeldern bei Kreditinstituten hingegen Teil des operativen Geschäfts.[86] Es ist der Verdienst der im Bankcontrolling zum Einsatz kommenden Marktzinsmethode, daß sich mittlerweile die Erkenntnis durchgesetzt hat, daß Kreditinstitute auch im Passivgeschäft Erfolgsbeiträge generieren.[87]

- Im Gegensatz zu den Industrieunternehmen gehört das Zinsergebnis bei den Banken zum operativen Geschäftsergebnis und macht insbesondere bei den Instituten, die vorwiegend im Mengengeschäft tätig sind, den Großteil davon aus.[88]

- Des weiteren wird auf die Schwierigkeiten hingewiesen, die im Passivgeschäft bei einer genauen Bestimmung der Fremdkapitalkosten entstehen. Insbesondere für die oftmals nicht unbedeutende Position der Girokontoeinlagen lassen sich keine Marktwerte ermitteln.[89] Zudem führt die geringe Marge zwischen vereinnahmtem Aktivzins und Kapitalkosten dazu, daß bereits geringfügige Fehler bei der Ermittlung der Kapitalkosten große Schwankungen des Eigenkapitalmarktwertes hervorrufen.[90]

Aufgrund der m. E. zutreffenden Argumente soll auch hier der Ansatz eines Nettokalküls Anwendung finden.

3.3.3 Nettoverfahren der Unternehmensbewertung

3.3.3.1 Das Ertragswertverfahren in der Theorie

In Anlehnung an das auf MOXTER zurückgehende Zuflußprinzip definiert die betriebswirtschaftliche Theorie den Periodenerfolg als den Nettozahlungsstrom zwischen Un-

---

85 Vgl. Copeland/Koller/Murrin (2000), S. 428; Behm (1994), S. 59; Kümmel (1995), S. 31; Volkart (1998), S. 62.

86 Vgl. Kümmel (1995), S. 31.

87 Vgl. zur Marktzinsmethode Kapitel 4.2.1.1 und die dort angegebene Literatur.

88 Vgl. Strutz (1993), S. 87; Behm (1996), S. 59.

89 Vgl. Copeland/Koller/Murrin (2000), S. 428 f.; Strutz (1993) S. 86.

90 Vgl. Copeland/Koller/Murrin (2000), S. 429.

ternehmen und Eigentümer.[91] Die Unternehmung dient der Einkommenserzielung des Investors.[92] Bewertungsrelevant sind alle zukünftigen Vorteilsströme, die in Form von offenen und verdeckten Gewinnausschüttungen, Erlösen aus Bezugsrechtsveräußerungen, Kursgewinnen bei Beteiligungsveräußerungen, Steuergutschriften, Zahlungen aus Kapitalherabsetzungen usw. an die Eigentümer fließen.[93]

Die zukünftigen Nettoausschüttungen müssen geplant und auf den Bewertungsstichtag diskontiert werden. Der Kapitalisierungszinssatz orientiert sich an den Handlungsalternativen für Investitionsobjekte mit vergleichbarem Risiko.[94] Als Formel für die Ermittlung des Unternehmenswertes nach dem Ertragswertverfahren ergibt sich somit:[95]

$$\text{EW} = \sum_{t=1}^{T} \frac{NA_t}{(1+r)^t} \tag{3.1}$$

mit: EW = Ertragswert,
NA_t = Nettoausschüttungen der Periode t,
r = Kapitalisierungszinssatz,
t = Periodenindex (mit T = Ende des Planungshorizontes).

Wird eine unendliche Lebensdauer der Unternehmung unterstellt, so gilt bei konstanten Nettoausschüttungen die aus dem Rentenmodell bekannte Formel:[96]

$$\text{EW} = \frac{NA}{r}. \tag{3.2}$$

Des weiteren ist es möglich, einen begrenzten Planungshorizont anzunehmen, an dessen Ende z. B. die Veräußerung oder Zerschlagung der Unternehmung steht. Der Unternehmenswert am Ende des Planungshorizontes geht mit seinem diskontierten Veräußerungswert in die Unternehmenswertermittlung ein. Es gilt:[97]

$$\text{EW} = \sum_{t=1}^{T} \frac{NA_t}{(1+r)^t} + \frac{VW_T}{(1+r)^T} \tag{3.3}$$

91 Vgl. Moxter (1983), S. 79; Ballwieser/Leuthier (1986), S. 549; Peemöller (1993), S. 411; Schmidt (1995), S. 1092; bereits Busse von Colbe (1966), S. 52.
92 Vgl. Wagner (1994), S. 477; Süchting (1995), S. 379; Coenenberg/Schultze (1998), S. 271.
93 Vgl. Maul (1992), S. 1255 f.; Helbling (1993), S. 157.
94 Zu den unterschiedlichen Ansätzen einer Risikoberücksichtigung im Rahmen der Unternehmensbewertung vgl. die Ausführungen in Kapitel 6.1.3.
95 Vgl. zu diesem Abschnitt Sieben (1993), Sp. 4323; Siegel (1991), S. 232.
96 Vgl. Sieben (1993), Sp. 4323.
97 Vgl. zu diesem Abschnitt Siegel (1991), S. 232; Helling (1994), S. 45 f.; Serfling/Pape (1995b), S. 942.

wobei VW_T den Veräußerungswert der Unternehmung im Zeitpunkt T darstellt. Alternativ kann für den Zeitraum jenseits des Planungshorizontes eine gleichbleibende Nettoausschüttung (NA_{T+1}) unterstellt werden. Dann gilt:[98]

$$EW = \sum_{t=1}^{T} \frac{NA_t}{(1+r)^t} + \frac{NA_{T+1}}{r \cdot (1+r)^T} . \qquad (3.4)$$

3.3.3.2 Die Wirtschaftsprüfermethode

Als Wirtschaftsprüfermethode wird hier die vom Institut der Wirtschaftsprüfer (IDW) für diesen Berufsstand empfohlene Vorgehensweise zur Unternehmensbewertung definiert. Maßgebend sind die Ausführungen im Wirtschaftsprüfer (= WP)-Handbuch und der IDW Standard über die Grundsätze zur Durchführung von Unternehmensbewertungen. Beide Texte wurden in jüngerer Zeit unter Einbeziehung der neueren Literatur zur Unternehmensbewertung überarbeitet.[99]

Der Unternehmenswert bemißt sich hiernach - unter Vernachlässigung von nichtmonetären Zielen - anhand der entziehbaren finanziellen Überschüsse.[100] Der Bewertungskalkül wird dabei unter der Annahme aufgestellt, daß grundsätzlich von einer Vollausschüttung der Überschüsse unter Beachtung von Reinvestitionen auszugehen ist.[101] Die Ermittlung der entziehbaren finanziellen Überschüsse basiert in der Regel auf einer Aufwands- und Ertragsrechnung.[102] Das Auseinanderfallen von handelsrechtlichen Erfolgs- und investitionstheoretischen Zahlungsströmen wird durch eine ergänzende Finanzbedarfsrechnung berücksichtigt.[103] Letztere erfaßt die Investitionen und die sonstigen Ausgaben, die nicht Aufwand sind, im laufenden Finanzbedarf und stellt diesem die Abschreibungen und die sonstigen Aufwendungen, die nicht Ausgaben sind, als laufende Finanzdeckung gegenüber. Die daraus resultierende Unter- bzw. Überdeckung führt zu einer (weiteren) Kreditaufnahme bzw. zu einer Kredittilgung.[104]

Die Planung der zukünftig entziehbaren finanziellen Überschüsse vollzieht sich im allgemeinen in zwei Phasen.[105] In der näheren ersten Phase, für die ein Zeitraum von etwa fünf Jahren angesetzt wird, erfolgt eine detaillierte Einzelplanung der für die finanziellen Überschüsse relevanten Einflußfaktoren. Die sich anschließende fernere

---

98 Vgl. Ballwieser (1993), S. 157.

99 Vgl. WP-Handbuch (1998); IDW (2000). Die Stellungnahme 2/1983 des Hauptfachausschusses des IDW wurde durch den IDW Standard des Jahres 2000 ersetzt. Vgl. IDW (2000), S. 826.

100 Vgl. WP-Handbuch (1998), S. 2; IDW (2000), S. 826.

101 Vgl. WP-Handbuch (1998), S. 31 f. und S. 80; IDW (2000), S. 830.

102 Vgl. WP-Handbuch (1998), S. 3 und S. 24 f.; IDW (2000), S. 835.

103 Vgl. WP-Handbuch (1998), S. 25.

104 Vgl. WP-Handbuch (1998), S. 90 f.; IDW (2000), S. 836.

105 Vgl. IDW (2000), S. 832.

zweite Phase geht hingegen von einer weitgehend pauschalen Fortschreibung der zuvor getätigten Detailplanungen aus. Der finanzielle Überschuß dieser Phase stellt sich zumeist als gewichteter Durchschnitt der Werte der Vergangenheit bzw. der ersten Phase dar.[106] Es handelt sich somit um einen uniformen Zahlungsstrom. Alternativ ist jedoch auch ein um einen konstanten Wachstumsfaktor ansteigender Zahlungsüberschuß denkbar.[107]

Der Unternehmenswert wird durch die Diskontierung der zukünftig entziehbaren finanziellen Überschüsse auf den Bewertungsstichtag errechnet.[108] Hierbei wird unterschieden zwischen finanziellen Überschüssen, die aus dem betriebsnotwendigen Vermögen und solchen, die aus dem nicht betriebsnotwendigen Vermögen resultieren.[109] Der Kapitalisierungszinssatz setzt sich in der Bewertungspraxis aus dem risikolosen Kapitalmarktzins und einem Zuschlag für das Unternehmerrisiko zusammen.[110] Es gilt:[111]

$$\mathrm{EW} = \sum_{t=1}^{T} \frac{F\ddot{U}_t^{bV}}{(1+r)^t} + \frac{F\ddot{U}_{T+1}^{bV}}{r \cdot (1+r)^T} + \sum_{t=1}^{T} \frac{F\ddot{U}_t^{nbV}}{(1+r)^t} \tag{3.5}$$

mit: $F\ddot{U}_t^{bV}$ = finanzieller Überschuß der Periode t aus dem betriebsnotwendigen Vermögen (erste Phase),

$F\ddot{U}_{T+1}^{bV}$ = konstanter finanzieller Überschuß aus dem betriebsnotwendigen Vermögen (zweite Phase),

$F\ddot{U}_t^{nbV}$ = finanzieller Überschuß der Periode t aus dem nicht betriebsnotwendigen Vermögen.

Der Wirtschaftsprüfer ermittelt in der Funktion des neutralen Gutachters in einem ersten Schritt einen objektivierten Unternehmenswert.[112] Subjektive Wertmerkmale, wie die Einführung einer neuen Unternehmensstrategie, bleiben auf dieser Ebene unberücksichtigt.[113] Nur wenn er die Funktion des Beraters für eine der beteiligten Parteien übernimmt und somit die ansonsten von ihm geforderte Unabhängigkeit aufgibt, fließen subjektive Überlegungen mit in den Bewertungskalkül ein.[114] Das IDW vertritt die Auffassung, daß die Einbeziehung von subjektiven Faktoren grundsätzlich

---

106 Vgl. zu diesem Abschnitt WP-Handbuch (1998), S. 52; IDW (2000), S. 833.

107 Vgl. IDW (2000), S. 833.

108 Vgl. WP-Handbuch (1998), S. 57; IDW (2000), S. 833.

109 Vgl. IDW (2000), S. 831. Zur Unterscheidung des Vermögens in betriebsnotwendige und nicht betriebsnotwendige Bestandteile vgl. die Ausführungen in Kapitel 5.6.1.

110 Vgl. WP-Handbuch (1998), S. 61; IDW (2000), S. 833 f.

111 Vgl. WP-Handbuch (1998), S. 58.

112 Vgl. WP-Handbuch (1998), S. 4 und S. 81; IDW (2000), S. 827.

113 Vgl. WP-Handbuch (1998), S. 5; IDW (2000), S. 829 f.

114 Vgl. WP-Handbuch (1998), S. 6; IDW (2000), S. 827.

in einem zweiten Bewertungsschritt erfolgen sollte, nur in Einzelfällen wird eine direkte Berücksichtigung als sachgerecht empfunden.[115]

3.3.3.3 Der Equity-Ansatz der Discounted-Cash-Flow-Methode

Der Equity-Ansatz unterscheidet sich formal nicht von der Vorgehensweise des Ertragswertverfahrens in der Theorie.[116] Der Unternehmenswert entspricht dem Marktwert des Eigenkapitals und ergibt sich direkt aus dem Barwert der den Anteilseignern zufließenden zukünftigen Zahlungsströmen, den sogenannten freien Cash-Flows (FCF).[117] Zur Ermittlung der geforderten Eigenkapitalrendite greift die Discounted-Cash-Flow (DCF)-Methode auf die moderne Kapitalmarkttheorie zurück.[118] So wird allgemein die Verwendung des Capital Asset Pricing Modell (CAPM) empfohlen und im Rahmen dieser Arbeit ausschließlich betrachtet.[119] Die Planungsphase wird in zwei Abschnitte aufgeteilt. Während für die Detailprognosephase eine genaue Schätzung der FCF erfolgt, wird für die sich anschließende zweite Phase ein vereinfachter Fortführungswert ermittelt. Dieser ergibt sich aus dem Barwert der in der Regel als konstant angenommenen zukünftigen FCF.[120] Für den Eigenkapitalmarktwert gilt im Equity-Ansatz der DCF-Methode:[121]

$$\mathrm{EK}_{EQ} = \sum_{t=1}^{T} \frac{FCF_t}{(1+r_{EK})^t} + \frac{FCF_{T+1}}{r_{EK} \cdot (1+r_{EK})^T} \tag{3.6}$$

mit: EK_{EQ} = Marktwert des Eigenkapitals gemäß Equity-Ansatz,
FCF_t = den Eigenkapitalgebern zufließender FCF der Periode t,
FCF_{T+1} = den Eigenkapitalgebern zufließender uniformer FCF jenseits der Detailprognoseperiode,
r_{EK} = Renditeforderung der Eigenkapitalgeber.

---

115 Vgl. WP-Handbuch (1998), S. 7.
116 Vgl. Ballwieser (1994), S. 1383; Hachmeister (1996b), S. 357.
117 Vgl. dazu Copeland/Koller/Murrin (2000), S. 429; Strutz (1993), S. 87; Behm (1994), S. 58; Steiner/Tebroke (1997), S. 138; Schwetzler (1998), S. 696; Hörter (1998), S. 56; Wildgruber (1998), S. 54.
118 Vgl. grundlegend zur Kapitalmarkttheorie Sharpe (1964), S. 435-442; Lintner (1965), S. 13-37.
119 Vgl. Ballwieser (1998), S. 82; Schwetzler/Darijtschuk (1999), S. 296. Alternativ kann der Eigenkapitalkostensatz auch mit anderen Verfahren, wie dem Arbitrage Pricing Modell, ermittelt werden. Vgl. dazu Copeland/Koller/Murrin (2000), S. 226-228.
120 Vgl. zu diesem Abschnitt Hachmeister (2000), S. 85-87; Serfling/Pape (1996), S. 58 f.
121 Vgl. Schmidt (1995), S. 1091.

3.3.4 Modellausprägung in der Untersuchung

Im Rahmen der Beratungsfunktion wird eine subjektive Wertgröße gesucht. Das WP-Handbuch sieht jedoch auch vor dem Hintergrund einer derartigen Bewertungsfunktion regelmäßig einen zweistufigen Bewertungsprozeß mit einem zunächst festzustellenden objektivierten Unternehmenswert vor.[122] Erst in einem zweiten Bewertungsschritt werden die zuvor angenommenen Typisierungen durch individuelle Angaben des Auftraggebers ersetzt.[123] Da ein zweistufiger Bewertungsprozeß zur Ermittlung einer subjektiven Wertgröße m. E. keine Vorteile gegenüber einem einstufigen Ansatz aufweist, wird diese Vorgehensweise im Rahmen der vorliegenden Untersuchung nicht weiter betrachtet. Diese Verwerfung bezieht sich jedoch nur auf den zweistufigen Bewertungsprozeß, ansonsten spiegeln die Ausführungen des IDW im wesentlichen den Forschungsstand der Bewertungslehre wider. Als eigenständige Bewertungsansätze verbleiben somit noch das Ertragswertverfahren und der Nettoansatz der DCF-Methode.

Abschließend ist zu klären, ob Anlaß zu einem Methodenstreit zwischen diesen beiden Bewertungsansätzen besteht. In der Literatur finden sich eine Vielzahl von Arbeiten, die sich intensiv mit einem Vergleich der Bewertungsansätze und den diversen Modellausprägungen beschäftigt haben.[124] Unterschiede weisen beide Verfahren hinsichtlich ihrer historischen Entwicklung auf. Die Ertragswertmethode wurde zunächst primär für die traditionellen Bewertungsanlässe im Sinne eines bevorstehenden Eigentümerwechsels eingesetzt.[125] Die DCF-Methode als methodisches Gerüst für die Ermittlung des Shareholder-Value kommt insbesondere im Rahmen der wertorientierten Unternehmensführung zum Einsatz.[126] Dies bedeutet jedoch nicht, daß die Verfahren zwingend mit den gewachsenen Bewertungsanlässen verbunden sind. So können beide Bewertungsmodelle sowohl im Bereich der traditionellen Unternehmensbewertung als auch im Bereich der wertorientierten Unternehmensführung Anwendung finden.[127]

Ob die Verfahren zum gleichen Unternehmenswert führen, hängt maßgeblich von der Definition der bewertungsrelevanten Zielbeiträge ab.[128] Im Rahmen des Ertragswertverfahrens wird betont, daß nur das bewertungsrelevant ist, was an finanziellen Mitteln an die Eigentümer fließt. Es wird explizit auf die zur Ausschüttung gelangenden Zahlungsüberschüsse auf Anteilseignerebene abgestellt. Die DCF-Methode ermittelt hingegen zunächst einmal den Zahlungsüberschuß auf Unternehmensebene. Der Zu-

---

122 Vgl. WP-Handbuch (1998), S. 6 f.

123 Vgl. WP-Handbuch (1998), S. 37 f.; IDW (2000), S. 831.

124 Vgl. Drukarczyk (1995); Sieben (1995); Schmidt (1995); Jonas (1995).

125 Vgl. Sieben (1993), Sp. 4323.

126 Vgl. Herter (1994), S. 40; Hachmeister (1996b), S. 357; Kirsch/Krause (1996), S. 795; Hörter (1996), S. 119; Pape (1999), S. 124.

127 Ähnlich WP-Handbuch (1998), S. 2. Vgl. auch Dirrigl (1994), S. 427; Kirsch/Krause (1996), S. 795.

128 Vgl. zu dieser Problematik die Ausführungen von Drukarczyk (2001), S. 302-304.

fluß beim Anteilseigner wird dabei zumeist implizit unterstellt.[129] Unterschiedliche Unternehmenswerte können sich dann ergeben, wenn der Zahlungsüberschuß auf Unternehmensebene und der tatsächliche Ausschüttungsbetrag differieren.[130]

Da die Ausschüttung nicht unabhängig von der bankbetrieblichen Leistungserstellung geplant werden kann, ist zunächst der Zahlungsüberschuß auf Unternehmensebene zu bestimmen.[131] Diese Größe wird im folgenden als FCF1 definiert. Wird dieser Betrag in voller Höhe an die Anteilseigner ausgeschüttet, so entspricht der FCF1 dem Zahlungsüberschuß vor Steuern auf Eignerebene. Durch Abzug der individuellen Steuerlast der Investoren gelangt man zum FCF2.

Insbesondere bei Banken bestehen jedoch unterschiedliche rechtliche Vorschriften, die eine Vollausschüttung des FCF1 regelmäßig unterbinden.[132] Sollen aber nur die Größen der Bewertung zugrunde liegen, die den Eignern am Ende der jeweiligen Periode zufließen, so sind die notwendigen Thesaurierungen im geplanten Ausschüttungsverhalten zu berücksichtigen. Ertragswertverfahren und Nettoansatz der DCF-Methode führen dann ceteris paribus zu gleichen Unternehmenswerten. Es besteht insofern kein Anlaß zu einem Methodenstreit.[133] Daher wird der Unternehmenswert nachfolgend - ohne sich auf eine Verfahrensbezeichnung festzulegen - durch einen investitionstheoretischen Netto-Barwertkalkül ermittelt, der grundsätzlich auf die dem Eigentümer zufließenden Zahlungsströme abstellt.

Wie vorstehend ausgeführt, ist die Ermittlung des Zahlungsüberschusses auf Unternehmensebene notwendige Voraussetzung zur Ableitung des bewertungsrelevanten Zielbeitrages auf Anteilseignerebene. Die Darstellung eines möglichen Planungsansatzes zur Bestimmung des FCF1 unter Einbeziehung der jeweiligen Institutsgruppenzugehörigkeit erfolgt im nächsten Kapitel.

---

129 Vgl. Coenenberg/Schultze (1998), S. 295; Sieben (1995), S. 722.

130 Auf die sehr restriktiven Annahmen, unter denen der Unternehmenswert unabhängig von der Ausschüttungshöhe ist, wird in Kapitel 5.1.2 eingegangen.

131 Vgl. Popp (1997), S. 53; Hörter (1998), S. 56; Coenenberg/Schultze (1998), S. 271; IDW (2000), S. 828.

132 Vgl. ausführlich Kapitel 5.1.5.

133 Vgl. Ballwieser (1994), S. 1379; Ballwieser (1995b), Sp. 1877; Sieben (1995), S. 736; Hachmeister (1996a), S. 251; Serfling/Pape (1996), S. 63 f.

4 Planung des zukünftigen Free-Cash-Flow auf Unternehmensebene

4.1 Grundlegung

4.1.1 Definition des Free-Cash-Flow auf Gesamtbankebene

Bei der Planung des FCF1 auf Unternehmensebene ist zwischen dem Zahlungsüberschuß auf Gesamtbankebene und dem auf strategischer Geschäftsfeldebene zu unterscheiden, wobei sich die erstgenannte Größe durch einen höheren Aggregationsgrad auszeichnet. Nachfolgend wird zunächst die Gesamtbankebene betrachtet.

Der FCF1 kann sowohl auf direktem als auch auf indirektem Weg ermittelt werden. Bei einer indirekten Ermittlung erfolgt eine retrograde Ableitung aus den Daten des handelsrechtlichen Jahresabschlusses.[1] Hierzu wird der Jahresüberschuß um Ertrags- und Aufwandspositionen bereinigt, die in der jeweiligen Periode nicht zahlungswirksam waren. Anschließend sind sämtliche Zahlungsvorgänge zu erfassen, die im Rahmen der handelsrechtlichen GuV unberücksichtigt bleiben. Hierbei handelt es sich vorrangig um Auszahlungen für neue Investitionsobjekte. Die direkte Methode stellt hingegen - ihrer Bezeichnung entsprechend - direkt auf Ein- und Auszahlungen ab. Zahlungswirksame Erträge und Aufwendungen einer Periode werden saldiert und um getätigte Investitionen gekürzt.[2] Bei korrekter Vorgehensweise sollten beide Verfahren zum gleichen Ergebnis führen.[3]

Für die Anwendung der indirekten Methode spricht, daß sowohl eine handels- als auch eine steuerrechtliche Gewinnermittlung schon aufgrund gesetzlicher Vorschriften aufzustellen sind. Die dabei ermittelten Erfolgsgrößen dienen z. B. als Bemessungsgrundlage für die Gewinnverwendung nach § 58 AktG oder für die Festsetzung der zu leistenden Steuerlast.[4] Erschwerend wirkt hingegen, daß das Ergebnis um die im Rahmen der Bilanzpolitik getätigten Wertberichtigungen bereinigt werden muß. Dabei ist insbesondere an die nur handelsrechtlich zulässige Legung von stillen Reserven gemäß § 340f HGB zu denken.[5] Diese Schwierigkeit besteht in erster Linie jedoch bei der hier nicht im Vordergrund stehenden externen Bewertung. Im Gegensatz zu internen Entscheidungsträgern erscheint die Eliminierung dieser Vorgänge durch Außenstehende nahezu unmöglich.[6]

In der Literatur wird darauf hingewiesen, daß die direkte Berechnung des FCF1 bei Kreditinstituten mit dem Problem behaftet ist, daß viele Geschäftsvorgänge zu keiner

---

1 Vgl. Copeland/Koller/Murrin (2000), S. 429; Behm (1994), S. 60.
2 Vgl. Steiner/Tebroke (1997), S. 135; Wildgruber (1998), S. 58.
3 Vgl. Höhmann (1998), S. 39; Wildgruber (1998), S. 53.
4 Vgl. Drukarczyk (2001), S. 141 f.; Wagner (1997), S. 211; Schildbach (1998), S. 304 f.
5 Zum § 340f HGB vgl. Meyer/Isenmann (1993), S. 193-195.
6 Vgl. Höhmann (1998), S. 52.

Veränderung der Zentralbankgeldmenge führen. So werden z. B. fällige Zinsverpflichtungen für langfristige Darlehen der Kunden oftmals über deren Dispositionskredite aufgebracht und Personalgehälter in der Regel hausinternen Kontokorrentkonten gutgeschrieben. Dieser Sachverhalt besteht grundsätzlich aber auch bei einer indirekten Berechnung des FCF1, so daß in beiden Fällen vereinfachende Prämissen zu setzen sind.[7] Gegen die direkte Berechnungsmethode spricht, daß diese sowohl um eine handels- als auch um eine steuerrechtliche Gewinnermittlung zu ergänzen wäre, da beide Rechtsvorschriften auf die Ermittlung des FCF1 bzw. des FCF2 wertbestimmenden Einfluß haben.[8] Aus diesem Grund erscheint es sinnvoll, sofort auf die Verwendung der indirekten Methode zurückzugreifen. Dies wird im weiteren Verlauf der Arbeit auch praktiziert.

Zinsertrag
- Zinsaufwand
= Zinsergebnis
+ Provisionsergebnis
+/- Nettoertrag oder Nettoaufwand aus Finanzgeschäften
- Personalaufwand
- Abschreibungen auf Sachanlagen
- Abschreibungen und Wertberichtigungen bei Krediten
- Abschreibungen und Wertberichtigungen bei Wertpapieren
= Ergebnis vor Steuern
- Gewerbeertragsteuern
- Körperschaft- bzw. Einkommensteuer
= Ergebnis nach Steuern
+ Abschreibungen auf Sachanlagen
+ Abschreibungen und Wertberichtigungen bei Krediten
+ Abschreibungen und Wertberichtigungen bei Wertpapieren
= Operating Cash-Flow (brutto)
- echte Kreditausfälle
- Ersatzinvestitionen Sachanlagen (kapazitätsbezogen)
= Operating Cash-Flow (netto)
- Erweiterungsinvestitionen Sachanlagen
- Netto-Ausweitung bei Krediten
- marktpreisänderungsbedingte Buchwertabschreibungen auf Wertpapiere
- Netto-Ausweitung bei Wertpapieren
+ Netto-Zufluß Einlagen und sonstiges Fremdkapital
= Free-Cash-Flow auf Unternehmensebene (= FCF1)

Tab. 4.1: Indirekte Berechnung des FCF1 auf Gesamtbankebene[9]

---

7 Vgl. zu diesem Abschnitt Wildgruber (1998), S. 53 f.

8 Vgl. Ballwieser (1995b), Sp. 1869; Schwetzler (1998), S. 696; IDW (2000), S. 829.

9 In Anlehnung an Steiner/Tebroke (1997), S. 140.

Tabelle 4.1 verdeutlicht, wie im Rahmen der indirekten Berechnungsweise aufbauend auf der handelsrechtlichen Gewinnermittlung die Überleitung zum FCF1 auf Gesamtbankebene vollzogen wird.[10]

Im Gegensatz zu einer ex-post durchgeführten Überleitung vom handelsrechtlichen Jahresüberschuß zum Zahlungsüberschuß auf Gesamtbankebene, setzt die Planung der zukünftig zu erwartenden Höhe der Cash-Flow-Komponenten die Festlegung einer zielorientierten Gesamtbankstrategie voraus. Dabei muß die Gesamtbankstrategie, die eher die grundsätzliche Ausrichtung eines Kreditinstitutes bestimmt, für die einzeln steuerbaren strategischen Geschäftsfelder (SGF) konkretisiert werden.[11] Ein Herunterbrechen auf Geschäftsfeldebene ist erforderlich, weil Banken keine Einproduktunternehmen sind und eine Interdependenz zwischen den angebotenen Leistungen besteht.[12] Die Geschäftsfeldbildung erfolgt aus diesem Grund nicht nach einzelnen Produkten, sondern nach den von bestimmten Kundengruppen nachgefragten Leistungsbündeln. Damit eine Planung für die jeweiligen Geschäftsfelder durchgeführt werden kann, sind zuvor die die Cash-Flow-Komponenten bestimmenden internen und externen Erfolgsdeterminanten zu eruieren[13] und deren mögliche Entwicklung zu prognostizieren. Hierbei ist zunächst zu klären, in welchen Erfolgsbereichen die einzelnen Cash-Flow-Komponenten entstehen. Dazu wird nachfolgend eine Systematisierung der bankbetrieblichen Leistungsbereiche vorausgeschickt.

4.1.2 Bankbetriebliche Bereichsgliederung

4.1.2.1 Systematisierung

Nach vorherrschender Literaturauffassung können die bankbetrieblichen Leistungsbereiche gedanklich in einen Marktbereich (liquiditätsmäßig-finanzieller Bereich, externer Bereich) und einen Betriebsbereich (technisch-organisatorischer Bereich, interner Bereich) unterschieden werden.[14] Der Marktbereich umfaßt dabei alle finanziellen Vorgänge und Transaktionen eines Kreditinstitutes, die in direktem Zusammenhang mit der Generierung von Erfolgsbeiträgen stehen.[15] Bleibt der Eigenhandel bei der Betrachtung außen vor, so spiegeln sich im Marktbereich die finanziellen Beziehungen zwischen Bank und Kunden wider. Dieser Bereich kennzeichnet somit die operativen Vertriebseinheiten der Bank.[16] Aufgabe des Betriebsbereiches ist es

10 Vereinfachend wird für den weiteren Verlauf der Untersuchung die Annahme getroffen, daß handels- und steuerrechtliche Gewinngröße identisch und alle Ergebniskomponenten mit Ausnahme der Abschreibungen in der gleichen Periode zahlungswirksam sind.

11 Vgl. Kapitel 4.1.3.

12 Vgl. Büschgen (1983b), S. 276 f.

13 Vgl. Dierolf (1990), S. 35.

14 Vgl. Deppe (1978), S. 49; Schierenbeck/Hölscher (1998), S. 18; Seidel (1994), S. 38.

15 Vgl. Deppe (1978), S. 52; Schierenbeck/Hölscher (1998), S. 18.

16 Vgl. Lottner (1997), S. 115.

hingegen, die Funktionsfähigkeit des Marktbereiches herzustellen bzw. aufrechtzuerhalten.[17] In diesem Sektor werden durch die Kombination der Produktionsfaktoren menschliche Arbeitskraft und Sachmittel vor- und nachbereitende Arbeiten für den Marktbereich erbracht.[18]

Vereinfachend kann festgehalten werden, daß die positiven Cash-Flow-Beiträge überwiegend im Marktbereich erwirtschaftet werden und im Betriebsbereich die damit zusammenhängenden Auszahlungen anfallen.[19]

Notwendige Voraussetzung zur bankbetrieblichen Leistungserstellung ist der monetäre Faktor,[20] wobei zwischen den Ausprägungen *haftendes Eigenkapital* sowie *Zahlungsmittel* zu differenzieren ist.[21] Für Banken gibt es gesetzliche Vorschriften, die ein gewisses Mindestmaß an Haftmasse und Liquidität vorsehen und die von der Geschäftsführung eines Kreditinstitutes unbedingt zu beachten sind. Insofern wird dem monetären Faktor die Übernahme sowohl der Haftungs- als auch der Finanzierungsfunktion übertragen.[22] Die Haftungsfunktion knüpft an § 10 KWG an, wonach Kreditinstitute über eine angemessene Eigenmittelausstattung verfügen müssen.[23] Der Begriff der Angemessenheit wird im Grundsatz I der Grundsätze über das Eigenkapital und die Liquidität der Kreditinstitute des Bundesaufsichtsamtes für das Kreditwesen (Grundsatz I) konkretisiert. Hiernach sind die gewichteten Risikoaktiva mit 8 % haftendem Eigenkapital zu unterlegen. Die Eigenkapitalvorschrift wirkt somit als Kapazitätsrestriktion.[24] Die Finanzierungsfunktion leitet sich aus § 11 KWG ab. Demzufolge ist eine jederzeit ausreichende Zahlungsbereitschaft sicherzustellen. Was hierunter zu verstehen ist, wird seit dem 1.7.2000 im neu formulierten Grundsatz II erläutert.[25]

4.1.2.2 Marktbereich

Im Marktbereich kann zwischen dem bilanzwirksamen Geschäft, dem nicht bilanzwirksamen Geschäft und dem Eigenhandel differenziert werden.

---

17 Vgl. Schierenbeck/Hölscher (1998), S. 18; Seidel (1994), S. 39.

18 Vgl. Benner (1978), S. 346 f.

19 Vgl. Schell (1988), S. 69.

20 Vgl. Deppe (1978), S. 38.

21 Vgl. Schierenbeck/Hölscher (1998), S. 19.

22 Vgl. Wimmer (1996), S. 32.

23 Das haftende Eigenkapital ist ein Teilelement der im Rahmen der bankaufsichtsrechtlichen Unterlegungspflicht vorzuhaltenden Eigenmittel. Vgl. dazu die Ausführungen in Kapitel 5.2.1.2.1. Vorerst soll angenommen werden, daß das haftende Eigenkapital den Eigenmitteln entspricht.

24 Vgl. Schell (1988), S. 69.

25 Zu den Grundsätzen II und III alter Fassung vgl. Schierenbeck/Hölscher (1998), S. 171-175. Zum Grundsatz II neuer Fassung vgl. Schierenbeck (1999b), S. 402-406. Der Grundsatz III alter Fassung ist ersatzlos gestrichen worden.

Das *bilanzwirksame Geschäft* bildet in vielen Kreditinstituten den Schwerpunkt im Marktbereich und umfaßt das gesamte Zinsgeschäft einer Bank. Einerseits werden den Kunden Kredite gewährt (Aktivgeschäft), andererseits werden von ihnen Einlagen entgegengenommen (Passivgeschäft). Zur Generierung von Erfolgsbeiträgen stellt das Zinsgeschäft immer noch den dominierenden Geschäftsbereich im Bankensektor dar.[26]

Das *nicht bilanzwirksame Geschäft* umfaßt bspw. die Bereiche Zahlungsverkehr, Effekten-, Depot-, Kommissions-, Emissionsgeschäft usw. und soll im weiteren Verlauf zusammenfassend als sonstiges Dienstleistungs- oder als Provisionsgeschäft bezeichnet werden.[27] Die Bedeutung dieses Bereiches - gemessen am relativen Anteil zum Gesamterfolg - nimmt kontinuierlich zu.[28]

Im *Eigenhandel* werden im eigenen Namen und für eigene Rechnung Geschäfte mit Wertpapieren, Devisen, Edelmetallen und Finanzkontrakten getätigt (Eigengeschäfte). Je nach Zielsetzung können vier unterschiedliche Geschäftsarten im Eigenhandel unterschieden werden. Mit Hilfe von Refinanzierungs- oder Anlagegeschäften werden kurzfristig bestehende Liquiditätsengpässe bzw. -überschüsse am Interbankenmarkt überbrückt bzw. angelegt. Während bei Arbitragegeschäften kurzzeitig bestehende Marktunvollkommenheiten zur risikolosen Generierung zusätzlicher Erfolgsbeiträge ausgenutzt werden, steht bei den Sicherungsgeschäften die Absicherung von offenen risikobehafteten Positionen im Vordergrund. Im Rahmen von Spekulationsgeschäften werden hingegen ganz bewußt risikobehaftete Positionen eingegangen, woraus man sich weitere Erfolgsbeiträge erhofft.[29]

4.1.2.3 Betriebsbereich

Der Betriebsbereich dient der Unterstützung des Marktbereiches. Die einzelnen Abteilungen übernehmen in der Regel vor- oder nachbereitende Aufgaben, die im Zusammenhang mit einer Geschäftsabwicklung stehen. So sollen bspw. die Analysen des Researchbereiches darüber Auskunft geben, in welchen Branchen in der Folgezeit mit hohen bzw. nachlassenden Auftragseingängen zu rechnen ist. Hieraus können Erkenntnisse für eine zukünftige Kreditvergabepolitik gewonnen werden. Weiter zählen die Marktfolgeaufgaben zum Betriebsbereich. Zu nennen sind hier die Dokumentation einer Kreditvergabe und die laufende Überwachung der Schuldnerbonität. Daneben gibt es Bereiche, deren Arbeiten sowohl vor- als auch nachbereitenden Charakter

---

26 So erreichte der Zinsüberschuß im Jahre 1999 im Durchschnitt aller deutschen Bankengruppen rund 78 % des Rohertrages (= Zinsüberschuß plus Provisionsergebnis). Vgl. Deutsche Bundesbank Monatsbericht September 2000, S. 74.

27 Vgl. Schell (1988), S. 51-61; Büschgen (1998), S. 324.

28 Vgl. Deutsche Bundesbank Monatsbericht August 1997, S. 41; Deutsche Bundesbank Monatsbericht August 1998, S. 35; Deutsche Bundesbank Monatsbericht Juli 1999, S. 36; Deutsche Bundesbank Monatsbericht September 2000, S. 55.

29 Vgl. zu diesem Abschnitt Büschgen (1994), S. 279.

haben. Hierunter fällt z. B. das Bilanzstrukturmanagement, wo einerseits jedes einzelne bilanzwirksame Geschäft erfaßt wird und andererseits Strategien zur Refinanzierung ausgearbeitet werden.

4.1.3 Strategische Geschäftsfelder als Voraussetzung zur Planung des zukünftigen Free-Cash-Flow

Im Rahmen der Unternehmensbewertung von Kreditinstituten ist die Segmentierung nach strategischen Geschäftsfeldern notwendige Voraussetzung für die Planung des zukünftigen FCF1.[30] Für die hier ausgewählten traditionellen Bewertungsanlässe fordert das Subjektivitätsprinzip die Einbeziehung der individuellen Zielsetzung und der damit einhergehenden Geschäftspolitik.[31] Dabei können zukünftige Zahlungsströme nicht losgelöst von der zugrundeliegenden Unternehmensstrategie geplant werden. Die Festlegung einer solchen Strategie darf dabei aber nicht auf Gesamtbankebene verharren, sie muß vielmehr auf die einzelnen Geschäftsbereiche heruntergebrochen werden.[32] Diese Überlegungen stehen im Einklang mit der wertorientierten Unternehmensführung. Erst durch die Bestimmung von strategischen Geschäftsfeldern wird die organisatorische Voraussetzung zu einer am Unternehmenswert ausgerichteten Steuerung von Kreditinstituten geschaffen.[33]

4.1.4 Definition und Bestimmung der strategischen Geschäftsfelder im Bankensektor

Unter strategischen Geschäftsfeldern[34] werden einzeln steuerbare Geschäftsbereiche verstanden, für die eine isolierte Erfolgsermittlung möglich ist.[35] Ausgangspunkt zu deren Ermittlung ist die Bestimmung weitestgehend homogener Marktsegmente.[36] Als Abgrenzungskriterien kommen grundsätzlich die Merkmale Produkt, Kunde und/oder Region bzw. Markt/Vertriebssystem in Betracht.[37] Während für Industrieunternehmen

---

30 Vgl. Tegeder (1996), S. 253; Hörter (1998), S. 152 f.; Wildgruber (1998), S. 271.

31 Vgl. Schell (1988), S. 27 und die rechtsformspezifischen Ausführungen in Kapitel 4.6.

32 Vgl. Hahn u. a. (1999), S. 549; Rappaport (1999), S. 91.

33 Vgl. Lottner (1997), S. 24.

34 Im Rahmen dieser Arbeit soll zwischen den Begriffen *strategisches Geschäftsfeld* (SGF) und *strategische Geschäftseinheit* (SGE) nicht differenziert werden. In der Literatur wird teilweise eine Unterscheidung dahingehend vorgenommen, daß eine SGE die organisatorische Umsetzung eines bis dahin nur marktanalytisch bestehenden SGF verkörpert. Vgl. Küspert (1991), S. 425; dagegen auch nicht differenzierend Frischknecht (1996), S. 62; Hahn u. a. (1999), S. 549; Meier (1995), S. 125.

35 Vgl. Schierenbeck (1999a), S. 506; Büschgen (1998), S. 559; Adolf/Cramer/Ollmann (1989a), S. 488.

36 Vgl. Küspert (1991), S. 426; Kümmel (1995), S. 56.

37 Vgl. Schierenbeck (1999a), S. 506; Büschgen (1998), S. 529; Wildgruber (1998), S. 272.

in der Regel eine Produkt-Markt-Kombination gewählt wird,[38] hat sich für das Bankgewerbe eine Kundengruppen-Regionalmarkt-Kombination durchgesetzt.[39] Hiermit soll dem *Cross-Selling-Gedanken* Rechnung getragen werden. So kann es aus ökonomischer Sicht durchaus rational sein, in einzelnen Produktbereichen negative Erfolgsbeiträge zu generieren, solange der gesamte Erfolgsbeitrag aus einer Kundenverbindung eine risikoäquivalente Eigenkapitalrendite erbringt.[40] Eine Unternehmenssteuerung anhand einer Produkt-Markt-Kombination vernachlässigt die vorhandene Interdependenz zwischen den Produkten und führt dazu, daß defizitäre Produktbereiche aus dem Sortiment genommen werden. Ein derartiges Vorgehen könnte jedoch den Verlust lukrativer Anschlußgeschäfte nach sich ziehen. So werden bspw. im beleghaften Zahlungsverkehr der Kreditinstitute oftmals negative Erfolgsbeiträge in Kauf genommen,[41] da über diesen Bereich das Gros der Neukunden akquiriert und die meisten Anschlußgeschäfte getätigt werden. Die Geschäftsfeldbildung bei Kreditinstituten darf somit nicht anhand einzelner Produkte erfolgen. Sie muß sich vielmehr auf bestimmte Kundengruppen und auf die von ihnen nachgefragten Leistungsbündel beziehen.[42] Es ist somit auf den Gesamtertrag einer Kundenbeziehung abzustellen.

Eine betriebswirtschaftlich sinnvolle Festlegung der strategischen Geschäftsfelder hat bei der Bildung homogener Zielgruppen anzusetzen.[43] Hierbei bietet sich zunächst eine grobe Unterteilung in *Firmenkunden* und *Privatkunden* an.[44] Der Bereich der Firmenkunden kann z. B. weiter nach Großunternehmen, mittelständischen Betrieben, Freiberuflern usw., der Bereich der Privatkunden nach Junioren/Schülern/Studenten, jungen Familien, Senioren/Rentnern usw. differenziert werden. Für große, überregional oder international tätige Banken dürfte darüber hinaus eine regionale Aufgliederung der strategischen Geschäftsfelder sinnvoll sein, wenn hierdurch den unterschiedlichen Nachfragepräferenzen der Kunden Rechnung getragen wird.[45] Zudem ist ein internes Geschäftsfeld *Treasury* zu bilden, das wiederum unterteilt wird in die Bereiche Risiko-/Bilanzstrukturmanagement und Eigenhandel.[46] Ergänzt werden die Geschäftsfelder durch das Cost-Center *Zentrale*, das alle Zahlungsströme aufnimmt, die ansonsten keinem anderen Geschäftsfeld verursachungsgerecht zugerechnet werden können.[47]

---

38 Vgl. Ballwieser (1990), S. 90.

39 Vgl. Schierenbeck (1999a), S. 506 f.; Adolf/Cramer/Ollmann (1989a), S. 488; Küspert (1991), S. 425; Kümmel (1995), S. 57; Wildgruber (1998), S. 273.

40 Vgl. Betge (1996), S. 493.

41 Vgl. Güde (1995), S. 200. Seit Einführung des für die Banken wesentlich kostengünstigeren elektronischen Zahlungsverkehrs wird mit höheren Gebühren bei den manuellen Abwicklungsverfahren versucht, die Kunden zur Nutzung der neuen Informationstechnologien zu motivieren.

42 Vgl. Büschgen (1998), S. 559.

43 Vgl. Süchting/Paul (1998), S. 645.

44 Vgl. Copeland/Koller/Murrin (2000), S. 427 f.; Strutz (1993), S. 48; Kirsten (1995), S. 674.

45 Vgl. Meier (1995), S. 62; Wildgruber (1998), S. 273.

46 Vgl. Behm (1994), S. 85.

47 Vgl. Copeland/Koller/Murrin (2000), S. 446.

Damit der Wert eines Geschäftsfeldes bestimmbar und somit auch steuerbar wird, müssen die aus der bankbetrieblichen Leistungserstellung resultierenden Cash-Flows den einzelnen Geschäftsfeldern verursachungsgerecht zugerechnet werden. Hier ergibt sich das aus der Kostenrechnung bekannte Problem der Gemeinkostenzurechnung. Auf die Unternehmensbewertung übertragen bedeutet dies, daß Auszahlungen anfallen, die nicht ohne weiteres einem einzelnen strategischen Geschäftsfeld zurechenbar sind. Auf diese Problematik wird an späterer Stelle eingegangen.[48]

4.1.5 Free-Cash-Flow auf strategischer Geschäftsfeldebene

Vor dem Hintergrund einer wertorientierten Unternehmensführung hat die Berechnung des FCF1 auch auf Ebene der Steuerungseinheiten, den strategischen Geschäftsfeldern, stattzufinden. Hierbei gelten prinzipiell die Ausführungen über die Ermittlung des FCF1 auf Gesamtbankebene in Kapitel 4.1.1. Ergänzend sind jedoch einige Besonderheiten zu berücksichtigen.

Die von der Kreditabteilung an die Treasury zu zahlende Prämie für die Übernahme des Ausfallrisikos ist als negative Cash-Flow-Komponente dem entsprechenden strategischen Geschäftsfeld zuzurechnen und als positive Cash-Flow-Komponente dem strategischen Geschäftsfeld Treasury gutzuschreiben. Die Prämie wird regelmäßig auf Basis der statistischen Ausfallwahrscheinlichkeit berechnet. Zukünftig wird die Treasury dann ihrerseits mit den tatsächlichen Ausfällen belastet.[49] Im Rahmen einer Planungsrechnung können der Treasury bislang nur Prämien auf Basis von vergangenheitsbezogenen Ausfallwahrscheinlichkeiten zugerechnet werden. Ex-ante werden in der Treasury für diesen Bereich also weder Erfolgsbeiträge noch Verluste generiert. Das Prinzip, daß die Übernahme des Ausfallrisikos von der Treasury zu tragen ist, gilt analog auch für die Übernahme weiterer im Verlauf der Arbeit noch darzustellender bankspezifischer Risiken.[50]

Zudem soll bei der Berechnung der geschäftsfeldanteiligen Steuerbelastung grundsätzlich davon ausgegangen werden, daß über alle Geschäftsfelder grundsätzlich der gleiche Steuersatz wie auf Gesamtbankebene zur Anwendung kommt. Ausnahmen hiervon bilden Geschäftsfelder, für die ganz offensichtlich ein anderer Steuersatz anzusetzen ist. Dies gilt z. B. dann, wenn für die Erfolgsbeiträge auch ausländische Steuern zu entrichten sind. Während bei der Ermittlung des Geschäftsfeld-FCF1 die entsprechende Steuerbelastung in Abzug zu bringen ist, muß der geschäftsfeldspezifische Diskontierungszinssatz im Rahmen der Kapitalisierung um den Steuerterm bereinigt werden.[51]

---

48 Vgl. Kapitel 4.2.2.

49 Vgl. zu diesem Abschnitt Schierenbeck (1999a), S. 372 f.

50 Vgl. zu den bankspezifischen Risiken Kapitel 4.4.2.

51 Vgl. dazu die Ausführungen in den Kapiteln 6.1.5 und 6.2.

Im Rahmen der Geschäftsfeldplanung ist das Zinsergebnis mit Hilfe der im nächsten Gliederungspunkt dargestellten Marktzinsmethode in seine unterschiedlichen Erfolgsbeiträge aufzuspalten.[52] Nur so ist eine betriebswirtschaftlich sinnvolle Steuerung des bilanzwirksamen Geschäfts gewährleistet.

4.2 Zuordnung der Free-Cash-Flow-Komponenten auf die strategischen Geschäftsfelder

4.2.1 Zuordnung der Cash-Flows aus dem Marktbereich

4.2.1.1 Zuordnung der Cash-Flows aus dem Zinsgeschäft

Die Zuordnung der Cash-Flows aus dem Zinsgeschäft erfolgt in Übereinstimmung mit der herrschenden Meinung mittels der Marktzinsmethode.[53] Kennzeichen des sogenannten Grundmodells der Marktzinsmethode ist die Aufteilung des Zinsüberschusses eines Kreditinstitutes durch ein System von Verrechnungspreisen auf die Erfolgsgrößen *Konditionenbeitrag* und *Fristentransformations- bzw. Strukturbeitrag*.[54]

Der Konditionenbeitrag spiegelt den finanziellen Zusatznutzen eines Kundengeschäfts gegenüber einem fristenkongruenten Geld- oder Kapitalmarktgeschäft wider. Im Gegensatz zur Zinsspannenrechnung wird bei der Marktzinsmethode kein Zusammenhang zwischen einem Aktiv- und einem Passivgeschäft hergestellt, sondern ein aktivisches Kundengeschäft mit einer alternativen Anlageform bzw. ein passivisches Kundengeschäft mit einer Aufnahme am Geld- oder Kapitalmarkt verglichen. In der Praxis versuchen die Kreditinstitute durch eine Fristentransformation zusätzliche Erfolgsbeiträge zu erzielen. Es wird ganz bewußt eine Fristeninkongruenz eingegangen, wobei z. B. eine Kundeneinlage mit einer kurzfristigen Zinsbindung langfristig als Kredit ausgeliehen wird. Bei einer normalen Zinsstruktur erzielt die Bank in diesem Fall einen positiven Strukturbeitrag.[55] Auf die aus der Fristentransformation resultierenden Zinsänderungsrisiken wird weiter unten eingegangen.[56] Das Grundmodell der Marktzinsmethode soll nachfolgend an einem einfachen Beispiel verdeutlicht werden:

Die ABC-Bank vergibt einen endfälligen Kredit mit vierjähriger Laufzeit in Höhe von 1.000 Euro. Der Festzinssatz beträgt 8 % p. a. Auf dem Kapitalmarkt könnte die Bank das Geld alternativ zu 6,5 % p. a. anlegen. Gleichzeitig nimmt die Bank eine Kundeneinlage in gleicher Höhe mit einer einjährigen Laufzeit zu 3,5 % p. a. herein. Auf dem

---

52 Vgl. Strutz (1993), S. 87.

53 Vgl. Adolf/Cramer/Ollmann (1989a), S. 488; Strutz (1993), S. 50; Schöffling (1992), S. 70; Hörter (1998), S. 153.

54 Zum Grundmodell der Marktzinsmethode vgl. ausführlich Schierenbeck (1999a), S. 72-98.

55 Zum Strukturbeitrag vgl. ausführlich Marusev/Pfingsten (1993), S. 223-228.

56 Vgl. Kapitel 4.4.3.3.1.

Geldmarkt wäre für eine fristenkongruente Finanzierungsmöglichkeit 4,5 % p. a. zu zahlen. Die Konditionenbeiträge und der Strukturbeitrag ergeben sich aus dem Produkt der realisierten Margen und des Volumens. So beträgt der Konditionenbeitrag des Aktivgeschäfts (8 % - 6,5 %) · 1.000 Euro = 15 Euro, der des Passivgeschäfts (4,5 % - 3,5 %) · 1.000 Euro = 10 Euro und der Strukturbeitrag aus der Fristentransformation (6,5 % - 4,5 %) · 1.000 Euro = 20 Euro. Die Bank realisiert somit Erfolgsbeiträge in Höhe von insgesamt 45 Euro. Unter der Voraussetzung einer zeitlichen Übereinstimmung zwischen handelsrechtlicher und zahlungsstromorientierter Erfassung entspricht dieser Betrag dem Saldo, der sich aus dem externen Rechnungswesen ergibt. Zinserträgen in Höhe von 8 % · 1.000 Euro = 80 Euro stehen Zinsaufwendungen in Höhe von 3,5 % · 1.000 Euro = 35 Euro gegenüber. Der handelsrechtliche Zinsüberschuß beträgt somit ebenfalls 45 Euro.

Die Konditionenbeiträge werden den einzelnen Geschäften bzw. den jeweiligen strategischen Geschäftsfeldern zugerechnet.[57] Dazu wird fingiert, daß jedes Kundengeschäft durch ein fristenkongruentes Gegengeschäft abgedeckt ist. Die sich tatsächlich durch die Fristentransformation ergebenden Strukturbeiträge können nicht einzelnen Aktiv- oder Passivgeschäften zugeordnet werden. Sie sind vielmehr das Ergebnis von Bilanzstrukturentscheidungen und somit der Treasury zuzurechnen.[58]

4.2.1.2 Zuordnung der Cash-Flows aus dem sonstigen Dienstleistungsgeschäft

Zu den Cash-Flows aus dem sonstigen Dienstleistungsgeschäft gehören bezahlte und erhaltene Provisionen sowie Gebühren aus den nicht bilanzwirksamen Geschäftsbereichen der Kreditinstitute. Diese Erfolgsbeiträge lassen sich in der Regel stück- oder volumenproportional zu einer Bemessungsgrundlage (z. B. Anzahl der Auslandsüberweisungen, Depotbestand usw.) berechnen. Die Zuordnung zu einem bestimmten Geschäft und damit auch zu einem strategischen Geschäftsfeld ist daher zumeist problemlos möglich.[59]

4.2.1.3 Zuordnung der Cash-Flows aus dem Eigenhandel

Die Zuordnung der Cash-Flows aus diesem Bereich bereitet ebenfalls keine größeren Schwierigkeiten, da die Erfolgsbeiträge grundsätzlich direkt einzelnen Geschäften zugerechnet werden können. Bei Kreditinstituten, die stark im Eigenhandel tätig sind, wird in der Regel ein eigenes SGF bestehen, dem die hieraus resultierenden Cash-Flows zuzuordnen sind. Ist der Eigenhandel hingegen nur von untergeordneter

57 Vgl. Schell (1988), S. 100; Schöffling (1992), S. 71.
58 Vgl. Schierenbeck/Villiez (1989), S. 312; Strutz (1993), S. 51; Schell (1988), S. 100.
59 Vgl. Schierenbeck (1999a), S. 291; Lottner (1997), S. 155.

Bedeutung und besteht kein eigenes SGF, so sind die Cash-Flows direkt dem Ergebnis der Zentrale zuzurechnen.[60]

Bei der Planung der aus den Eigenhandel resultierenden Cash-Flows ist zu beachten, daß bei den reinen Spekulationsgeschäften ex-ante kein Mehrwert geschaffen werden kann, da genau die risikoäquivalenten Eigenkapitalkosten zu erwarten sind. Dies bedeutet aber nicht, daß bei einer Ex-post-Betrachtung in einzelnen Perioden keine Überrenditen erzielt werden können. Eine systematische Erzielung von Überrenditen steht jedoch im Widerspruch zur Informationseffizienzthese des Kapitalmarktes.[61]

4.2.2 Zuordnung der Cash-Flows aus dem Betriebsbereich

Zu den Cash-Flows aus dem Betriebsbereich zählen Auszahlungen für das Personal und für die Sachmittel. Erstere umfassen diejenigen für Löhne und Gehälter, Sozialabgaben sowie Altersversorgung, letztere diejenigen für Arbeitsräume, Betriebsmittel, Werkstoffe, Büro- und Geschäftsausstattung sowie EDV-Anlagen. Insbesondere bei der Zuordnung der Cash-Flows aus dem Betriebsbereich ist darauf zu achten, daß tatsächlich nur Zahlungsströme berücksichtigt werden. Da bei der hier vorgeschlagenen indirekten FCF-Ermittlung zunächst auf die handels- bzw. steuerrechtlichen Ergebniskomponenten zurückgegriffen wird, sind die entsprechenden nicht auszahlungswirksamen Aufwendungen bei der Überleitung vom handelsrechtlichen Jahresüberschuß zum FCF1 zu eliminieren und um die bislang nicht erfaßten Auszahlungen zu ergänzen. Für den Bereich der Altersversorgung sind daher nicht die dafür gebildeten Rückstellungen, sondern die de facto geleisteten Pensionszahlungen anzusetzen.[62] Bei den Sachmitteln ist auf die getätigten Investitionen und nicht auf die daraus resultierenden Abschreibungen abzustellen.[63]

Der Betriebsbereich ist durch seinen hohen Gemein- und Fixkostenanteil gekennzeichnet.[64] Eine verursachungsgerechte Zuordnung der Cash-Flows auf einzelne Produkte ist daher nicht ohne weiteres möglich. Eine strikte Orientierung am Einzelkostenprinzip würde in letzter Konsequenz dazu führen, daß den Produkten lediglich die entstandenen Formularkosten zugerechnet werden könnten.[65]

Im Rahmen der bankbezogenen Kosten- und Leistungsrechnung wurde diesem Problem mit Einführung der prozeßorientierten Standard-Einzelkostenrechnung entgegengetreten. Anhand von detaillierten Arbeitsablaufstudien werden für eine Vielzahl von Geschäftsvorfällen die damit verbundenen innerbetrieblichen Aktivitäten ermittelt.

---

60 Vgl. Schierenbeck (1999a), S. 404.
61 Zur Informationseffizienzthese des Kapitalmarktes vgl. Schmidt/Terberger (1997), S. 209-218.
62 Vgl. Wildgruber (1998), S. 145; Lottner (1997), S. 170; Höhmann (1998), S. 48.
63 Vgl. ausführlich Kapitel 5.7.1.2.
64 Vgl. Schell (1988), S. 103; Strutz (1993), S. 53; Lottner (1997), S. 156.
65 Vgl. Lottner (1997), S. 159.

Die festgestellten Standard-Bearbeitungszeiten bzw. Standard-Verbrauchsmengen werden anschließend finanziell bewertet und in Standard-Einzelkosten transformiert.[66] Hierdurch ist es möglich, Kosten für standardisierte Geschäftsvorfälle zu bestimmen und diese einzelnen strategischen Geschäftsfeldern zuzuordnen.[67] Dieser Ansatz kann auch zur Bestimmung von Verrechnungspreisen für den Wert von innerbetrieblichen Serviceleistungen verwendet werden. Somit läßt sich ein Großteil der Auszahlungen, die den internen Abteilungen zuzuordnen sind, einzelnen Geschäftsfeldern zuweisen.[68] Lediglich für Auszahlungen, die in keinem direkten Zusammenhang mit Geschäftsvorfällen stehen, sollte eine Schlüsselung unterbleiben und der Betrag dem Cost-Center Zentrale zugewiesen werden. Dies gilt z. B. für reine Overheadabteilungen, wie Planung, Organisation, Personal usw.[69]

In der Literatur zur Bankbewertung wird die Auffassung vertreten, bei der Zuordnung der Cash-Flows aus dem Betriebsbereich auf die Vorgehensweise der prozeßorientierten Standard-Einzelkostenrechnung zurückzugreifen.[70] Dieser Ansicht wird im Rahmen der vorliegenden Arbeit gefolgt. Dabei ist zwingend auf die Zahlungsstrom- und nicht auf die Kostenebene abzustellen. Erleichternd wirkt, daß es zum Zwecke der Bankbewertung ausreicht, wenn die Beträge bestimmten SGF zugeordnet werden. Eine Zurechnung zu einzelnen Produkten ist nicht erforderlich.[71]

4.3 Geschäftsfeldbezogene Cash-Flow-Planung

4.3.1 Dualismus der Bankleistung

Der Großteil der Bankleistungen setzt sich aus einer mengen- und einer wertmäßigen Komponente (Dualismus der Bankleistung) zusammen,[72] wobei zwischen beiden Bestandteilen eine starke Interdependenz besteht. Trotzdem kann dieser Zusammenhang in der Regel nicht durch eine Preis-Absatz-Funktion dargestellt werden. Aus diesem Grund müssen die Vergangenheitsanalyse und die Zukunftsprognose für beide Komponenten getrennt erfolgen. Dabei sind die vorhandenen gegenseitigen Abhängigkeiten zu berücksichtigen und Plausibilitätsprüfungen durchzuführen.[73] In der sich anschließenden Cash-Flow-Planung erfolgt die Integration beider Komponenten.

---

[66] Vgl. dazu ausführlich Schierenbeck/Wiedemann (1996), S. 453-457.
[67] Vgl. Strutz (1993), S. 53.
[68] Vgl. Hörter (1998), S. 154.
[69] Vgl. Schell (1988), S. 104; Copeland/Koller/Murrin (2000), S. 446; Seidel (1994), S. 42.
[70] Vgl. Hörter (1998), S. 154; Strutz (1993), S. 53.
[71] Vgl. Schell (1988), S. 103.
[72] Vgl. Büschgen (1983a), S. 261; Zessin (1982), S. 88.
[73] Vgl. zu diesem Abschnitt Zessin (1982), S. 87 f.; Kümmel (1995), S. 57 f.

4.3.2 Ermittlung der cash-flow-relevanten Erfolgsdeterminanten im Rahmen einer Vergangenheitsanalyse

4.3.2.1 Analysefelder

Zunächst soll zwischen den Erfolgsgrößen selbst und den cash-flow-relevanten Erfolgsdeterminanten unterschieden werden. Zu den Erfolgsgrößen zählen alle Komponenten, die bei der Herleitung des FCF1 in Tabelle 4.1 aufgeführt sind.[74] Hierbei werden sowohl die negativen als auch die positiven Erfolgsgrößen erfaßt. Als cash-flow-relevante Erfolgsdeterminanten werden hingegen im Rahmen dieser Arbeit die Faktoren definiert, die die Erfolgsgrößen unmittelbar oder mittelbar beeinflussen.[75] Eine unmittelbare Beeinflussung erfolgt dabei durch die internen, eine mittelbare durch die externen Erfolgsdeterminanten.[76] So handelt es sich bei den Personalauszahlungen um eine Erfolgsgröße, die durch die internen Erfolgsdeterminanten wie *Anzahl der Mitarbeiter* (Mengenkomponente) und *Gehaltshöhe* (Wertkomponente) und durch die externen Erfolgsdeterminanten wie *Arbeitsmarkt- bzw. Konjunkturlage* (Mengenkomponente) und *Tarifabschlüsse* (Wertkomponente) bestimmt wird.

Einen ersten Anhaltspunkt zur Bestimmung der auch zukünftig relevanten Erfolgsdeterminanten bieten die Größen, die in der Vergangenheit die Höhe der Cash-Flow-Komponenten mitbestimmt haben.[77] Hierzu werden Daten und Hintergrundinformationen aus dem in- und externen Rechnungswesen untersucht und mit Hilfe von mathematischen und statistischen Verfahren entsprechend aufbereitet. Mit dieser Rückschauanalyse wird nicht gegen das Zukunftsbezogenheitsprinzip der Unternehmensbewertung verstoßen, da die hieraus gewonnenen Erkenntnisse nicht unreflektiert auf die Zukunft übertragen werden. WILDGRUBER verweist aber darauf, daß durchaus die Gefahr einer Einengung der erwarteten zukünftigen Entwicklungen besteht.[78] Es ist deshalb genauestens zu prüfen, inwiefern die historischen Erfolgsdeterminanten voraussichtlich auch weiterhin wertbeeinflussend sind.

Für die Vergangenheitsanalyse schlägt KÜMMEL vor, die Analysefelder in einen Makro-, einen Mikro- und einen internen Bereich zu unterteilen.[79] Der Makrobereich umfaßt die gesamtwirtschaftliche Entwicklung. Mögliche Erfolgsdeterminanten sind z. B. das Bruttosozialprodukt, die Inflationsrate, die Arbeitslosenquote und das Zinsniveau. Daneben sind auch sozio-kulturelle, technologische, politische und rechtliche

---

74 Vgl. Kapitel 4.1.1.

75 Ähnlich Büschgen (1998), S. 560. Büschgen spricht von strategischen Erfolgsfaktoren, die Gewinn und Wachstum einer Bank beeinflussen. Vgl. auch Schell (1988), S. 109.

76 Vgl. auch Büschgen (1998), S. 561, der zwischen institutsexternen und institutsinternen strategischen Erfolgsfaktoren unterscheidet.

77 Vgl. Zessin (1982), S. 86; Schell (1988), S. 109; Kümmel (1995), S. 58; Wildgruber (1998), S. 158.

78 Vgl. Wildgruber (1998), S. 158.

79 Vgl. zum folgenden Abschnitt Kümmel (1995), S. 58 f.

Entwicklungen zu berücksichtigen. In den Mikrobereich fallen hingegen Faktoren aus dem unmittelbaren Umfeld des Kreditinstitutes. Hier sind z. B. die Präferenzen und die Zinsempfindlichkeit der Kunden oder auch das Verhalten, die Strategien sowie die Stärken und Schwächen der Konkurrenten zu nennen. Makro- und Mikrobereich beinhalten somit externe Daten. Der interne Bereich bezieht sich auf institutsspezifische Analysefelder, wie das eigene Verhalten, die angebotene Produktpalette, die verfolgten Strategien usw. Zur Analyse dieses Bereiches ist die Kenntnis interner Daten und Informationen erforderlich, über die der Bewertende annahmegemäß verfügt.[80]

4.3.2.2 Analysemethoden

Um mögliche Abhängigkeiten zwischen internen und externen Erfolgsdeterminanten zu erkennen, wird zunächst die Erstellung von *Zeitreihenanalysen* vorgeschlagen.[81] Hierzu wird die Entwicklung einer internen geschäftsfeldspezifischen Erfolgsdeterminante der Entwicklung einer externen Größe über einen längeren Beobachtungszeitraum gegenübergestellt. Verlaufen die Entwicklungen überwiegend gleichförmig oder auch auffallend gegensätzlich, so könnte dies auf ein bestehendes Abhängigkeitsverhältnis hindeuten. Da diese Schlußfolgerung aufgrund einer fehlenden Kausalitätsüberprüfung nicht zwingend ist, sollte sie auf ihre logische Fundierung hin untersucht werden. Eine statistische Quantifizierung des Abhängigkeitsverhältnisses, die allerdings ebenfalls keine Erkenntnisse über einen kausalen Zusammenhang liefert, kann nur mit Hilfe der später noch zu aufzugreifenden Regressionsanalyse erfolgen. Die Aufgabe der Zeitreihenanalyse ist hingegen darin zu sehen, erste Hinweise auf bestehende Abhängigkeitsverhältnisse zu geben und mögliche Trendentwicklungen erkennen zu lassen. Es ist zu berücksichtigen, daß eine Extrapolation der im Rahmen der Zeitreihenanalyse festgestellten Trends einen gleichbleibenden Bedingungskomplex voraussetzt. Erwartete Veränderungen der Einflußfaktoren sind daher in die Erfolgsprognose mit einzubeziehen.[82] Dabei gilt, daß eine längerfristige Trendbestimmung für interne Erfolgsdeterminanten besonders schwierig ist, wenn ihre Entwicklung durch eine Vielzahl an Faktoren beeinflußt wird. Dies gilt insbesondere für die Abschätzung der Entwicklung der einzelnen Positionenzinssätze (interne Zinsentwicklung).[83]

In die Zeitreihenanalyse können sowohl stark aggregierte als auch stark disaggregierte Größen eingehen. Letztere weisen den Nachteil auf, daß sie zu übereilten Schlußfolgerungen verleiten. So kann ein Anstieg des Kreditvolumens nicht nur auf eine verbesserte Marktpositionierung innerhalb einer Risikoklasse zurückzuführen sein, sondern auch auf eine verstärkte Kreditvergabe an bonitätsmäßig schlechter einzu-

---

80 Vgl. Kapitel 3.1.1.2.1.

81 Vgl. Schell (1988), S. 109.

82 Vgl. zu diesem Abschnitt Schell (1988), S. 110 f.; Wildgruber (1998), S. 170 f.

83 Vgl. zu diesem Problembereich Kümmel (1995), S. 99-102 und die Ausführungen in Kapitel 4.4.3.3.1.

stufende Kunden. In diesem Beispiel kann erst im nachhinein anhand der tatsächlich realisierten Ausfallquote festgestellt werden, ob eine Verbesserung der Mengenkomponente *Kreditvolumen* zu Lasten eines verschlechterten Kreditportfolios erzielt wurde. Stärker aggregierte Größen haben den Vorteil, daß hier das aus dem Zusammenwirken verschiedener Größen resultierende Ergebnis sichtbar wird. Dem steht jedoch der Nachteil gegenüber, daß dies oftmals keine Aussagen über die einzelnen Erfolgsdeterminanten zuläßt.[84] Dies gilt z. B. für den Konditionenbeitrag in einem SGF des Firmenkundengeschäfts.

Während die Zeitreihenanalyse versucht, auf bestehende Abhängigkeiten zwischen Datensätzen hinzuweisen, dient die *Regressionsanalyse* dazu, diese Abhängigkeit näher zu quantifizieren. Eine Größe, die es erlaubt Aussagen über das bestehende Abhängigkeitsverhältnis zu treffen, ist das Bestimmtheitsmaß. Es ist auf Werte zwischen 0 und 1 normiert. Bei einem Wert von 1 wird der Wert der abhängigen Variablen zu 100 % durch die erklärende Variable beschrieben. Bei einem Wert von 0 läßt sich hingegen keine Abhängigkeit konstatieren.[85]

Der Einsatz von Regressionsanalysen ist nur dann sinnvoll, wenn über die erklärende Variable (externe Erfolgsdeterminante) bessere Informationen vorliegen als über die abhängige Variable (interne Erfolgsdeterminante) und das ermittelte Bestimmtheitsmaß nahe 1 liegt.[86] Bei der Interpretation der Regressionsgleichung ist aber zu beachten, daß auch ein hohes Bestimmtheitsmaß nicht notwendigerweise etwas über die kausalen Zusammenhänge aussagt. Die ermittelten Werte sind daher auf ihre Plausibilität hin kritisch zu hinterfragen.

4.3.2.3 Analyseprozeß

In einem ersten Schritt werden geschäftsfeldspezifische Cash-Flow-Betrachtungen durchgeführt und die internen cash-flow-relevanten Erfolgsdeterminanten ermittelt. Getrennt nach Wert- und Mengenkomponente wird versucht, durch Zeitreihenanalysen Abhängigkeiten zwischen in- und externen Erfolgsdeterminanten aufzudecken und Trendentwicklungen bei den externen Rahmendaten zu erkennen. Mit Hilfe der Regressionsanalyse werden diese Abhängigkeiten quantifiziert und mit dem Bestimmtheitsmaß auch qualitativ überprüft. Am Ende eines ideal verlaufenden Analyseprozesses steht die nach Mengen- und Wertkomponente getrennte Ermittlung der in- und externen Erfolgsdeterminanten, wobei das Abhängigkeitsverhältnis der Faktoren durch ein Bestimmtheitsmaß von nahe 1 und durch eine logische Fundierung gekennzeichnet sein sollte. Der Vergangenheitsanalyse schließt sich die Erfolgsprognose an.

---

84 Vgl. zu diesem Abschnitt Schell (1988), S. 111 f.

85 Vgl. zu diesem Abschnitt Bourier (1999), S. 167 f., S. 199 f. und S. 213-216.

86 Vgl. Schell (1988), S. 119.

4.3.3 Prognose über die Entwicklung der cash-flow-relevanten Erfolgsdeterminanten und alternative Szenarien

4.3.3.1 Prognose hinsichtlich der Mengenkomponente

Nachdem mit Hilfe der Vergangenheitsanalyse die cash-flow-relevanten Erfolgsdeterminanten ermittelt wurden, ist in einem zweiten Schritt deren mögliche Entwicklung zu prognostizieren.[87] Hierfür können die aus den Zeitreihenanalysen gewonnenen Trends einen wichtigen Anhaltspunkt liefern. Es soll aber nochmals darauf verwiesen werden, daß erkannte Trends nicht unreflektiert auf die zukünftige Entwicklung übertragen werden dürfen. Die ansonsten damit verbundenen Risiken sollen an einem kleinen Beispiel verdeutlicht werden:

Im Rahmen der Vergangenheitsanalyse hat die Regressionsanalyse gezeigt, daß eine hohe Korrelation zwischen dem Anteil der privaten Haushalte, die über Aktienvermögen verfügen (externe Erfolgsdeterminante), und der Anzahl der Wertpapierdepots von Privatkunden (interne Erfolgsdeterminante) besteht. Daneben ließ sich anhand der Zeitreihenanalyse erkennen, daß beide Werte in den letzten Beobachtungsperioden kontinuierlich gestiegen sind. Dies könnte auf eine langfristige Veränderung der soziokulturellen Entwicklung zurückzuführen sein. Bevor dieser Trend aber in die Prognose der zukünftigen Anzahl von Wertpapierdepots eingeht, ist zu prüfen, ob der Bedingungskomplex hierfür voraussichtlich auch weiterhin gegeben ist.[88] So können z. B. bereits beschlossene, aber erst zu einem späteren Zeitpunkt in Kraft tretende Gesetzesänderungen zu einer Trendumkehr bzw. zu einer Trendverstärkung führen. Mögliche Beispiele wären eine Verlängerung bzw. Verkürzung der Haltedauer zur Vermeidung von Spekulationsgewinnen im Sinne des § 23 Abs. 1 Nr. 2 EStG oder die bevorzugte staatliche Förderung von Risikokapital im Rahmen der privaten Altersvorsorge. Derartige Veränderungen der Rahmenbedingungen sind zwingend in die Prognoseüberlegungen einzubeziehen.

4.3.3.2 Prognose hinsichtlich der Wertkomponente

Die Wertkomponente kann nach wert-, wertzeit- und vorfallsbezogenen Größen unterschieden werden.[89] Dabei kommt dem Zins, als wertzeitbezogener Komponente, die größte Bedeutung zu. Hierbei ist zu beachten, daß die internen Zinssätze in hohem Maße von den laufzeitadäquaten externen Zinssätzen des Geld- bzw. Kapitalmarktes abhängig sind. Die Festlegung der internen Zinssätze ist also stark fremdbestimmt.[90] Aus diesem Grund ist es im Rahmen der Zinsprognose sinnvoll, bei der Entwicklung

---

87 Vgl. Büschgen (1983a), S. 268.
88 Vgl. dazu Wildgruber (1998), S. 171.
89 Vgl. Zessin (1982), S. 120; Kümmel (1995), S. 65.
90 Vgl. Zessin (1982), S. 121 f.

der Geld- und der Kapitalmarktzinsen anzusetzen. Die Zinsprognose gehört zu den schwierigsten Aufgaben bei der Bewertung von Kreditinstituten. Zum einen reagiert der Zins auf gesamtwirtschaftliche Entwicklungen nahezu ohne Zeitverzögerung, wodurch ein Trend - falls dieser überhaupt aus der Vergangenheitsanalyse auszumachen war - sehr kurzlebig sein kann.[91] Zum anderen scheint es unmöglich, mehrjährige Zinsprognosen zu erstellen, da diese Größe durch eine Vielzahl unterschiedlicher Einflußfaktoren bestimmt wird.[92]

Leichter als die Zinsprognose fällt hingegen die Prognose der Entwicklung der wert- und der vorfallsbezogenen Wertkomponenten. Zu den wertbezogenen Größen zählen in erster Linie die vereinnahmten Provisionen bzw. die zugrunde gelegten Provisionssätze. Letztere werden in Prozent ausgedrückt und auf eine betragsmäßige Bezugsgröße bezogen, z. B. auf die Höhe eines Wertpapiervolumens. Die Höhe der Provisionssätze wird von den Kreditinstituten relativ unabhängig von den Entwicklungen des Makrobereiches festgelegt. Einflüsse können jedoch aus dem Mikrobereich, z. B. durch Preisfestsetzungen der Konkurrenten, resultieren.[93] Die Prognose einer möglichen Preisentwicklung muß daher die als zunächst konstant angesehene Geschäftsstrategie und das Verhalten der Mitwettbewerber berücksichtigen.

Bei den vorfallsbezogenen Größen ist zwischen den Wertkomponenten des liquiditätsmäßig-finanziellen und denen des technisch-organisatorischen Bereiches zu unterscheiden. Erstere umfassen Gebühren und Auslagenersatz, die zumeist als festgelegter Betrag pro Einheit oder Auftrag berechnet werden. Hierzu zählt z. B. die Auflösungsgebühr für ein gekündigtes Girokonto.[94] Im folgenden soll vereinfachend unterstellt werden, daß die hieraus resultierenden Einzahlungen durchschnittlich den damit verbundenen internen Auszahlungen entsprechen. Von einer Entwicklungsprognose wird in diesem Bereich daher abgesehen. Bedeutender ist hingegen der technisch-organisatorische Bereich, da hier z. B. sowohl die Entwicklungen der Personalgehälter als auch die zukünftigen Beschaffungspreise für später durchzuführende Investitionen zu prognostizieren sind.[95] Im Rahmen der Personalauszahlungen ist insbesondere auf mögliche Tarifabschlüsse, für die Abschätzung zukünftiger Investitionsauszahlungen auf die Entwicklung des Preisniveaus abzustellen.

91 Auf die Probleme, die sich für die Unternehmensbewertung daraus ergeben, daß das Zinsniveau der Möglichkeit einer ständigen Veränderung unterliegt, wird in einem späteren Gliederungspunkt eingegangen. Vgl. Kapitel 4.4.3.3.1.

92 Vgl. Büschgen (1983a), S. 261.

93 Vgl. Zessin (1982), S. 126.

94 Vgl. zu diesem Abschnitt Zessin (1982), S. 127.

95 Vgl. Kümmel (1995), S. 65.

4.3.3.3 Einbindung der Resultate in eine szenarioabhängige Cash-Flow-Prognose

Im Unterschied zur Planung geht die ihr vorausgehende Prognose von einem unveränderten Verhalten des Entscheidungsträgers aus.[96] Die geschäftsfeldspezifischen Cash-Flows werden daher unter der Annahme einer konstanten Strategie geschätzt.[97] Aufgrund der Unsicherheit,[98] die mit jeder Prognose verbunden ist, reicht es nicht aus, die zukünftige Entwicklung durch ein einzelnes Szenario darzustellen. Diesem Problem kann mit Hilfe der Szenario-Technik begegnet werden.[99] Hierbei werden unter Berücksichtigung der bestehenden Interdependenz mehrere Szenarien für die Entwicklung der Wert- und der Mengenkomponente gebildet und mit subjektiven oder objektiven Eintrittswahrscheinlichkeiten versehen.[100] Hierbei sind die zuvor gewonnenen Prognoseergebnisse über die Entwicklung der Erfolgsdeterminanten zu berücksichtigen. Für jede alternativ mögliche Ausprägung der Wertkomponente ist ein mehrwertiges Mengengerüst aufzustellen und anschließend mit der prognostizierten Wertkomponente zu bewerten.[101] Aus diesem Prozeß resultieren unterschiedliche Szenario-Cash-Flows. Der zu erwartende (Gesamt-)Cash-Flow errechnet sich aus der Summe der gewichteten Szenario-Cash-Flows. Die Gewichtungsfaktoren spiegeln das Produkt der Eintrittswahrscheinlichkeiten der Wert- und der Mengenkomponenten wider. Nachfolgend wird die Szenario-Technik an einem Beispiel verdeutlicht:

Prognostiziert werden die zahlungswirksamen Zinserträge für das kurzfristige Aktivgeschäft mit mittelständischen Firmenkunden innerhalb einer homogenen Risikoklasse. Unter Berücksichtigung der Entwicklung von verschiedenen Einflußfaktoren (volkswirtschaftliche Rahmenbedingungen, Inflationsrate usw.) und bei Zugrundelegung eines einheitlichen Konditionenbeitrages lassen sich drei mögliche Szenarien für die Entwicklung der Wertkomponente *Aktivzins* ableiten. Jedem Zinssatz wurden drei alternative Beträge hinsichtlich der zu erwartenden Kreditnachfrage zugeordnet. Dieser Sachverhalt ist in Tabelle 4.2 dargestellt. Die Wahrscheinlichkeit (p) für die alternativen Zinssätze in Höhe von 6 %, 6,5 % bzw. 7 % beträgt 30 %, 40 % bzw. 30 %. Für jedes Zinsszenario können annahmegemäß wieder drei unterschiedliche Szenarien gebildet werden. Bei einem Zinssatz von 6 % werden bspw. mit einer Wahrscheinlichkeit von 50 % 500 Mio. Euro, mit einer Wahrscheinlichkeit von 35 % 550 Mio. Euro und mit einer Wahrscheinlichkeit von 15 % 600 Mio. Euro nachgefragt.

---

96 Im Rahmen der vorliegenden Arbeit wird der Auffassung von Jacob gefolgt, wonach die Prognose einen konstanten endogenen Datenkranz unterstellt und die Planung durch die Aufhebung eben dieser Prämisse gekennzeichnet ist. Vgl. Jacob (1986), S. 11.

97 Vgl. Kümmel (1995), S. 60; Büschgen (1983a), S. 268.

98 Zur Definition des Begriffes der Unsicherheit vgl. Kapitel 4.4.1.

99 Vgl. Büschgen (1983b), S. 278 f. Zur Szenario-Technik im Rahmen von Bankbewertungen vgl. ausführlich Schell (1988), S. 167-170; Wildgruber (1998), S. 257-261.

100 Es ist darauf hinzuweisen, daß auch mit der Szenario-Technik nicht alle alternativ denkbaren Umweltzustände dargestellt werden können. Bei den einzelnen Szenarien handelt es sich somit bereits um die Zusammenfassung unterschiedlicher Entwicklungen. Vgl. Schell (1988), S. 170.

101 Vgl. Kümmel (1995), S. 64.

	Wertkomponente in %					
Zinssatz	6,00 %		6,50 %		7,00 %	
p	0,3		0,4		0,3	
	0,50	500	0,45	450	0,40	350
	0,35	550	0,40	500	0,35	400
	0,15	600	0,15	550	0,25	450
	p	Kredit	p	Kredit	p	Kredit
	Mengenkomponente in Mio. Euro					

Tab. 4.2: Alternative Szenarien für das Aktivgeschäft

Die alternativ möglichen Szenario-Cash-Flows errechnen sich - unter Vernachlässigung des Ausfallrisikos - aus dem Produkt der nachgefragten Kreditbeträge und dem jeweiligen Zinssatz. Der zu erwartende (Gesamt-)Cash-Flow für den Bereich des kurzfristigen Kreditgeschäfts wird errechnet, indem die einzelnen Szenario-Cash-Flows mit dem Produkt der Eintrittswahrscheinlichkeiten beider Komponenten gewichtet und anschließend addiert werden (Tab. 4.3). Für das Beispiel ergibt sich ein (Gesamt-)Cash-Flow von 30,44 Mio. Euro.

Wertkomponente in %		
6,00 %	6,50 %	7,00 %
4,500	5,265	2,940
3,465	5,200	2,940
1,620	2,145	2,363
gewichtete Szenario-Cash-Flows in Mio. Euro		

Tab. 4.3: Darstellung der gewichteten Szenario-Cash-Flows

4.3.4 Einbeziehung der Prognoseergebnisse in eine strategische Cash-Flow-Planung

4.3.4.1 Planungsprozeß

Im Rahmen der Cash-Flow-Planung wird die Prämisse einer konstanten Geschäftsstrategie aufgegeben.[102] Es erfolgt zunächst die Festlegung der Gesamtbankstrategie.[103] Diese sollte sich zumindest bei den erwerbswirtschaftlich ausgerichteten Kapitalbanken am Kriterium der Unternehmenswertmaximierung orientieren.[104] Ist eine Gesamtbankstrategie entwickelt worden, so ist diese anschließend auf die einzelnen strategischen Geschäftsfelder herunterzubrechen.[105] Die zuvor gewonnenen Prognose-

[102] Vgl. Büschgen (1983b), S. 279.

[103] Vgl. Schierenbeck (1999a), S. 505; Büschgen (1998), S. 548 f.

[104] Vgl. Hahn u. a. (1999), S. 548; Tegeder (1996) S. 250; Hörter (1998) S. 124; Frischknecht (1996), S. 160.

[105] Vgl. Schierenbeck (1999a), S. 507; Büschgen (1998), S. 558.

ergebnisse geben wichtige Hinweise darauf, welche strategischen Geschäftsfelder eventuell auszubauen sind und bei welchen Umstrukturierungen bzw. Desinvestitionen ratsam erscheinen.[106]

Die Planung sollte getrennt nach Alt- und Neugeschäft erfolgen. Ansonsten besteht die Gefahr, daß Trends nicht richtig erkannt werden. Dies soll an einem kleinen Beispiel verdeutlicht werden:

Angenommen die Relation zwischen Alt- und Neugeschäft betrug in der Vergangenheit 80 zu 20, die durchschnittliche Laufzeit des Altgeschäfts liegt weiterhin unverändert bei fünf Jahren und in der letzten Periode der Rückschauanalyse mußte ein Rückgang des Neugeschäfts um 50 % verzeichnet werden. Bei gleichverteilter jährlicher Restlaufzeit führt dies im ersten Jahr zu einem Rückgang des aggregierten Geschäftsvolumens um 10 %. Selbst unter der Voraussetzung, daß das Volumen des Neugeschäfts - in absoluten Zahlen ausgedrückt - auch zukünftig auf diesem Niveau verharrt, halbiert sich das Geschäftsvolumen dieses Bereiches innerhalb von fünf Jahren, da der jährliche Abgang des Altgeschäfts nur zur Hälfte durch das Neugeschäft aufgefangen werden kann. Erst ab dem sechsten Jahr entspricht das Neugeschäft dem auslaufenden Altgeschäft. Die nach Auslauf des Altgeschäfts bestehenden Positionsbestände würden bei einer nicht nach Alt- und Neugeschäft getrennten Planung deutlich überschätzt, da der weitere Geschäftsrückgang ceteris paribus unberücksichtigt bliebe.

4.3.4.2 Planungshorizont

Grundsätzlich hat eine Bankbewertung, die auf Basis einer *Going-Concern-Prämisse* durchgeführt wird, alle zukünftigen freien Cash-Flows in den Bewertungskalkül einzubeziehen. Dies würde im Extremfall eine explizite Cash-Flow-Planung über einen unendlich langen Zeitraum bedeuten.[107] Da eine derartige Planung nicht durchführbar ist und zudem die Qualität der geplanten Größen mit zunehmendem Abstand vom Bewertungszeitpunkt abnimmt, ist eine Begrenzung des Planungszeitraumes vorzunehmen.[108] Für Bankbewertungen wird ein Planungshorizont von drei bis maximal zehn Jahren empfohlen.[109]

Der gesamte Bewertungszeitraum wird in zwei oder mehr Phasen unterteilt. Die einzelnen Phasen sind durch einen unterschiedlichen Detaillierungsgrad der Erfolgsgrößenplanung gekennzeichnet.[110] Bei einer Zwei-Phasen-Einteilung wird nur in der ersten

---

106 Vgl. Tegeder (1996), S. 255 f.; Hörter (1996), S. 119.

107 Vgl. Steiner/Tebroke (1997), S. 138.

108 Vgl. Steiner/Tebroke (1997), S. 138 f.

109 Vgl. Adolf/Cramer/Ollmann (1989a), S. 488; Kümmel (1995), S. 55; Behm (1994), S. 60; Steiner/Tebroke (1997), S. 139; Höhmann (1998), S. 92.

110 Vgl. Adolf/Cramer/Ollmann (1989a), S. 488.

Phase eine differenzierte Planung der zukünftigen Cash-Flows vorgenommen.[111] Der Zeitraum der ersten Phase entspricht bei diesem Ansatz dem Planungshorizont. Der im Vergleich zum Industriesektor tendenziell kürzere Planungshorizont wird damit begründet, daß die Cash-Flows im Kreditsektor stärker durch externe Einflußgrößen wie den Geld- oder den Kapitalmarktzins determiniert werden und dies die Planung erschwert.[112] Unabhängig von der Anzahl der einzelnen Phasen ist allen Phasenkonzepten gemein, daß für die letzte Phase, die nach Erreichen des Planungshorizontes beginnt, vereinfachende Annahmen über die Entwicklung des freien Cash-Flows zu treffen sind. Ansatzpunkt ist zumeist das Modell einer ewigen Rente, wobei der FCF dem Wert des letzten Jahres entspricht oder als mittlerer Wert der letzten Planungsjahre festgesetzt wird. Alternativ wird mit einem um einen bestimmten Wachstumsfaktor - häufig in Höhe der prognostizierten Inflationsrate - ansteigenden FCF gerechnet.[113]

Einige Autoren versuchen die im Zeitablauf zunehmende Unsicherheit durch eine zusätzliche Phasenunterteilung des Planungszeitraumes zu berücksichtigen (Drei-Phasen-Einteilung). Während für die erste Phase des Planungszeitraumes, für die maximal drei Jahre angesetzt werden, von einer detaillierten Planung der Erfolgsbeiträge ausgegangen wird, erfolgt in der zweiten Phase lediglich eine Extrapolation von Trends. Dabei werden die einzelnen Cash-Flow-Komponenten zumeist mit einer konstanten Wachstumsrate fortgeschrieben. Für die dritte Phase gelten die bereits angesprochenen Vereinfachungen.[114]

Im Rahmen dieser Arbeit wird die Auffassung vertreten, daß die Phaseneinteilung entsprechend den Planungsmöglichkeiten des jeweiligen Geschäftsfeldes festzulegen ist.[115] Dabei muß berücksichtigt werden, daß die einzelnen Produktarten auf eine Änderung der externen Determinanten unterschiedlich reagieren. Termingelder weisen beispielsweise eine höhere Zinselastizität auf als Spareinlagen mit vereinbarter Kündigungsfrist. Daher können sich die Planungsmöglichkeiten der strategischen Geschäftsfelder aufgrund der jeweils charakteristischen Produktbündel untereinander durchaus unterscheiden.[116] Zudem sollte die Planung getrennt nach Alt- und Neugeschäft erfolgen. So lassen sich die Zahlungsströme aus den bereits abgeschlossenen Altgeschäften im allgemeinen recht gut bestimmen. Dies gilt bspw. für langfristige Sparverträge oder Baudarlehen. Mit Hilfe von statistischen Verfahren können vorzeitige Vertragskündigungen hinreichend genau prognostiziert werden. Für das Neugeschäft ist eine Planung schwieriger, da nicht nur die Entwicklung der Wert-, sondern

---

111 Vgl. Steiner/Tebroke (1997), S. 139; Dirrigl (1994), S. 416.

112 Vgl. Schell (1988), S. 267; Zessin (1982), S. 69 f.; Hörter (1996), S. 126 f.

113 Vgl. zu diesem Abschnitt Adolf/Cramer/Ollmann (1989b), S. 548; Strutz (1993), S. 94 f.; Steiner/Tebroke (1997), S. 139; Höhmann (1998), S. 141-146; auch die Ausführungen in Kapitel 5.5.

114 Vgl. zu diesem Abschnitt Zessin (1982), S. 64; Schell (1988), S. 268; Adolf/Cramer/Ollmann (1989a), S. 488.

115 So auch Hörter (1998), S. 156.

116 Vgl. Kümmel (1995), S. 56.

auch die der Mengenkomponente abzuschätzen ist. So sollte z. B. die Arbeit mit einer konstanten Wachstumsrate während der zweiten Phase erst auf ihre Plausibilität hin geprüft werden. Dabei kann es durch unterschiedliche Einflußgrößen zu Strukturbrüchen kommen, wodurch die Voraussetzung eines gleichbleibenden Bedingungskomplexes verletzt wird. Für die Geschäftsfelder, bei denen ein kürzerer Planungshorizont veranschlagt werden muß, sind vereinfachende Annahmen entsprechend früher durchzuführen. Erst wenn die detaillierte Planung für das strategische Geschäftsfeld mit dem längsten Planungszeitraum abgeschlossen ist, sollte die Festlegung einer vereinfachten FCF-Größe auf Gesamtbankebene erfolgen.

4.4 Risiko und Cash-Flow-Planung

4.4.1 Definition der Begriffe Unsicherheit, Risiko und Ungewißheit

Zur Definition der vorstehend genannten Begriffe greift die Literatur auf die Abgrenzungsvorschläge der Entscheidungstheorie zurück. Hiernach kennzeichnet Unsicherheit den Zustand, daß die tatsächlichen von den geplanten Ergebnissen abweichen können (= Wirkung des Risikos).[117] Dies resultiert aus der unvollkommenen Informationslage des Entscheidungsträgers (= Ursache des Risikos).[118] Weiter läßt sich der Zustand der Unsicherheit in die Ausprägungen Risiko und Ungewißheit unterteilen. Bei Entscheidungen unter Risiko können den geplanten Ergebnissen objektive oder subjektive Eintrittswahrscheinlichkeiten zugeordnet werden. Objektive Wahrscheinlichkeiten lassen sich für Sachverhalte berechnen, bei denen auf eine große Datenmenge für vergleichbare Ereignisse zurückgegriffen werden kann. Dazu erfolgt eine statistische Auswertung der empirischen Häufigkeitsverteilungen. Ein Beispiel hierfür ist die branchenbezogene Kreditausfallwahrscheinlichkeit bei einer unbesicherten Betriebsmittelfinanzierung im Firmenkundenbereich. Subjekte Wahrscheinlichkeiten werden hingegen aufgrund von subjektiven Erfahrungen und Überlegungen gebildet. Als Beispiel kann hier die Wahrscheinlichkeit für eine bestimmte Reaktion eines Wettbewerbers auf eine eigene Aktion genannt werden. Entscheidungssituationen, für die sich keinerlei Eintrittswahrscheinlichkeiten bestimmen lassen, werden als Entscheidungen unter Ungewißheit bezeichnet. Das Entscheidungsproblem kann in diesem Fall nicht rational gelöst werden.[119] Für die weiteren Untersuchungen werden Entscheidungen unter Risiko unterstellt.

---

117 Vgl. Hölscher (1987), S. 6.

118 Vgl. Hölscher (1987), S. 4 f.; Müller (1993), Sp. 3814.

119 Vgl. zu diesem Abschnitt Perridon/Steiner (1999), S. 97-101; Müller (1993), Sp. 3814; Bamberg/Coenenberg (2000), S. 19.

Im Rahmen der Entscheidungstheorie wird Risiko sowohl als negative als auch als positive Abweichung von einer erwarteten Größe verstanden.[120] Die als Streuung bezeichnete Ergebnisabweichung läßt sich mit Hilfe der Varianz oder der Standardabweichung quantifizieren.[121] Generell gilt: Je größer die Streuung, desto größer ist das Risiko.[122] Diese Überlegungen werden auf die Bewertungslehre übertragen.[123]

Zu klären bleibt, wie die Investoren das Risiko in den Bewertungskalkül einbeziehen. Dazu werden zwei fiktive Banken A und B betrachtet. Bank A erwirtschaftet im Jahr 01 Zahlungsüberschüsse in einer gleichverteilten Bandbreite von 20 bis 30 Euro, Bank B hingegen in einer gleichverteilten Bandbreite von 15 bis 35 Euro. Bei beiden Banken errechnet sich somit ein Erwartungswert für den Zahlungsüberschuß von 25 Euro. Bank B weist aber aufgrund der größeren Ergebnisbandbreite ein höheres Risiko auf. Bei gleichem Erwartungswert entscheidet die Risikoeinstellung des Investors darüber, welches Investitionsobjekt er auswählt.[124] Anhand der Risikoeinstellung werden risikoneutrale, risikofreudige und risikoaverse Investoren unterschieden.[125] Der risikoneutrale Investor orientiert sich ausschließlich am Erwartungswert. Bezüglich der Banken A und B ist er indifferent, da beide Erwartungswerte gleich hoch sind. Der risikofreudige Investor wählt Bank B, da er das höhere Risiko bei gleichem Erwartungswert präferiert. Man könnte sagen, er möchte sich die Chance auf den höheren Zahlungsüberschuß von 35 Euro nicht entgehen lassen. Der risikoscheue Investor wählt Bank A, da er bei gleichem Erwartungswert ein geringeres Risiko vorzieht.[126] Wie in der betriebswirtschaftlichen Literatur allgemein üblich,[127] so werden auch im Rahmen dieser Arbeit risikoaverse Investoren unterstellt.

4.4.2 Risikoarten im Bankbereich

Die Risiken des Bankgeschäfts lassen sich in unternehmerische, finanzierungsbedingte (= Leveragerisiken) und bankspezifische Risiken unterteilen. Die beiden erstgenannten Risikokategorien resultieren aus der allgemeinen unternehmerischen Tätigkeit bzw. aus der Wahl der Kapitalstruktur und gelten prinzipiell für alle Branchen. Von einer näheren Untersuchung soll an dieser Stelle abgesehen werden. Die nachfolgenden Aus-

---

120 Vgl. Bretzke (1988), S. 814; Rüegsegger (1996), S. 42; Baetge/Krause (1994), S. 435; Helling (1994), S. 127.

121 Zu den statistischen Begriffen der Varianz bzw. der Standardabweichung vgl. Bourier (1999), S. 96 f.

122 Vgl. Müller (1993), Sp. 3815.

123 Vgl. Göppl (1980), S. 239; Höhmann (1998), S. 152.

124 Vgl. dazu Baetge/Krause (1994), S. 436.

125 Vgl. ausführlich Bamberg/Coenenberg (2000), S. 93-96.

126 Vgl. Perridon/Steiner (1999), S. 108.

127 Vgl. Milgrom/Roberts (1992), S. 187; Siegel (1994), S. 464; Ballwieser (1995b), Sp. 1871; Leuthier (1988), S. 518.

führungen beschränken sich auf die in Abbildung 4.1 dargestellten bankspezifischen Risiken.[128]

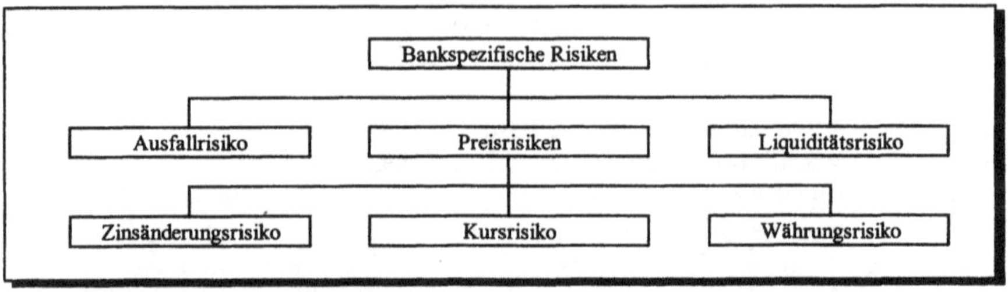

Abb. 4.1: Bankspezifische Risiken

Im Rahmen des Bankcontrollings wird bei der Untersuchung der bankspezifischen Risiken in der Regel einzig auf die damit verbundenen Verlustgefahren abgestellt.[129] Für die Bankbewertung sind indes auch die aus dem Risiko resultierenden positiven Erfolgsabweichungen bewertungsrelevant, da dadurch der Erwartungswert der zukünftigen Zahlungsüberschüsse beeinflußt wird. Aus diesem Grund wird Risiko hier nicht ausschließlich als potentielle Verlustgefahr, sondern ganz allgemein als mögliche Abweichung von einer erwarteten Ergebnisgröße interpretiert.[130]

Eine herausragende Stellung nimmt das *Ausfallrisiko* ein. Es kennzeichnet die Wahrscheinlichkeit dafür, daß sich der Barwert der erwarteten Cash-Flows aus dem Aktivgeschäft aufgrund einer Veränderung der finanziellen Leistungsfähigkeit der Schuldner ändert.[131] Es werden also nicht nur die möglichen negativen Entwicklungen erfaßt, sondern auch die aus einer verbesserten Zahlungsfähigkeit eines Kunden resultierenden positiven Entwicklungen. Das Ausfallrisiko bezeichnet somit allgemein die Veränderung der Ausfallwahrscheinlichkeit.[132]

Zu den *Preisrisiken* zählen das Zinsänderungsrisiko, das Währungsrisiko und das Kursrisiko.

Dem *Zinsänderungsrisiko* kommt innerhalb dieser Kategorie die größte Bedeutung zu.[133] Es beschreibt die Wahrscheinlichkeit einer zinsänderungsbedingten Abweichung zwischen tatsächlich realisierten und geplanten Cash-Flows. Das so definierte Zins-

---

128 Vgl. zu diesem Abschnitt Behm (1994), S. 78; Rüegsegger (1996), S. 45.

129 Vgl. Büschgen (1998), S. 865; Süchting (1995), S. 341; Schierenbeck (1999b), S. 5.

130 Vgl. Zessin (1982), S. 137; Behm (1994), S. 78-80; Rüegsegger (1996), S. 42.

131 Das so definierte Ausfallrisiko umfaßt lediglich das Bonitätsrisiko. Eine weitere Dimension des Ausfallrisikos betrifft das Länderrisiko. Darunter wird eine Veränderung der Verlustwahrscheinlichkeit aufgrund hoheitlicher Maßnahmen eines ausländischen Staates verstanden. Vgl. Schierenbeck (1999b), S. 213. Das Länderrisiko wird aufgrund seiner geringen Bedeutung für die meisten der hier untersuchten Kreditinstitute im Rahmen dieser Arbeit vernachlässigt.

132 Vgl. Behm (1994), S. 78 f.

133 Vgl. Schierenbeck (1999b), S. 78; Döhring (1996), S. 59.

änderungsrisiko resultiert damit aus den variabel verzinslichen Positionen und dem unsicheren Zinsniveau, welches für die Festzinspositionen im Anschluß an die Zinsbindungsdauer von Bedeutung ist.[134]

Das *Währungsrisiko* beschreibt die Wahrscheinlichkeit einer wechselkursänderungsbedingten Abweichung zwischen tatsächlich realisierten und geplanten Cash-Flows. Währungsrisiken entstehen bei allen Geschäften, die in einer Fremdwährung getätigt werden und für die betragsmäßige und/oder zeitliche Inkongruenzen zwischen aktivischen und passivischen Fremdwährungspositionen bestehen.[135]

Das *Kursrisiko* beschreibt die Wahrscheinlichkeit einer marktpreisänderungsbedingten Abweichung zwischen tatsächlich realisierten und geplanten Cash-Flows. Kursrisiken, die auch als sonstige Preisrisiken bezeichnet werden, resultieren in erster Linie aus dem Eigenhandel mit Wertpapieren, Devisen, Edelmetallen und Derivaten.[136]

Das *Liquiditätsrisiko* kennzeichnet die Gefahr, daß das Kreditinstitut aufgrund fehlender liquider Mittel nicht in der Lage ist, seinen Zahlungsverpflichtungen nachzukommen.[137] Zu solchen Liquiditätsengpässen kam es in der Vergangenheit insbesondere dann, wenn unerwartet hohe Einlagenbestände abgezogen wurden. Wird über die Zahlungsfähigkeit eines Kreditinstitutes erst einmal öffentlich spekuliert, so besteht die Gefahr eines *Banken-run*.[138] Mittlerweile hat sich jedoch in der Literatur die Auffassung durchgesetzt, daß solvente Kreditinstitute grundsätzlich jederzeit in der Lage sind, finanzielle Mittel auf dem Geld- oder Kapitalmarkt aufzunehmen.[139] Das Liquiditätsrisiko kann daher im Rahmen der Unternehmensbewertung in der Regel vernachlässigt werden.

4.4.3 Einbeziehung der Risikokomponente in die Cash-Flow-Planung

4.4.3.1 Bedeutung des Risikos für die Cash-Flow-Planung

Erfolgt die Einbeziehung des Risikos in den Bewertungskomplex dadurch, daß ein Risikozuschlag in den Kapitalisierungszinssatz integriert wird, so dürfen Risiken nur insofern in der Cash-Flow-Planung berücksichtigt werden, als daß der Zahlungsüberschuß zu einem Erwartungswert verdichtet wird. Darüber hinaus sind keine Abschläge vom erwarteten Zahlungsüberschuß zu tätigen, da es ansonsten zu einer doppelten Erfassung des Risikos käme.

---

134 Vgl. Rolfes (1989), S. 196; Schierenbeck (1999b), S. 109.
135 Vgl. Behm (1994), S. 80; Döhring (1996), S. 64.
136 Vgl. zu diesem Abschnitt Behm (1994), S. 80.
137 Vgl. Döhring (1996), S. 71 f.
138 Vgl. Schierenbeck/Hölscher (1998), S. 169.
139 Vgl. Schell (1989), S. 43; Behm (1994), S. 79 f.; Döhring (1996), S. 75 f.

4.4.3.2 Einbeziehung des Ausfallrisikos

Aus der unsicheren Informationslage über die zukünftige Kreditwürdigkeit der Schuldner resultiert für die kreditvergebende Bank ein Gläubigerrisiko, welches mit in die Cash-Flow-Planung einzubeziehen ist.[140] Hierzu bietet sich ein Rückgriff auf die im Bankcontrolling eingesetzten Verfahren zur Bestimmung der zu verrechnenden Risikokosten an. Die zu verrechnenden Risikokosten werden ex-ante ermittelt und verringern den Erwartungswert der Kreditrückführung. Die tatsächlichen Ist-Risikokosten sollten - zumindest bei einer mehrperiodigen Betrachtung - den zu verrechnenden Risikokosten entsprechen.[141]

Nachfolgend werden die in Abbildung 4.2 dargestellten unterschiedlichen Kalkulationsverfahren kurz skizziert.

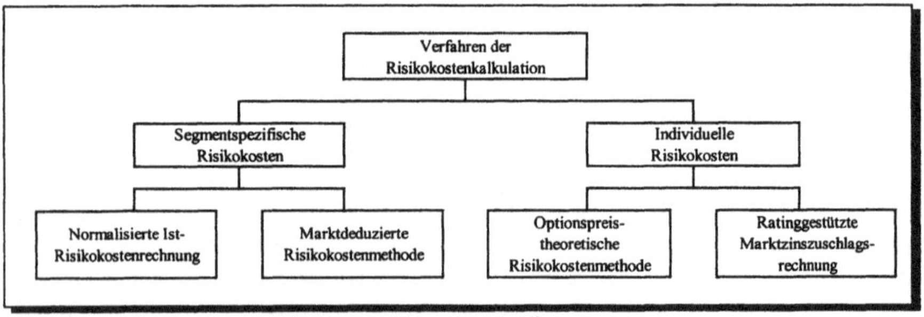

Abb. 4.2: Verfahren der Risikokostenkalkulation[142]

Bei der segmentspezifischen Kalkulation werden die Kreditnehmer homogenen Risikoklassen zugeordnet.[143] Als primäres Zuordnungskriterium dient hierbei die Branchenzugehörigkeit des Schuldners. Des weiteren kann die Risikoklassenbildung durch Einbeziehung des Umsatzes, der Rechtsform sowie der Laufzeit des Kreditengagements verfeinert werden. Für jede Risikoklasse sind aufgrund der tatsächlichen Kreditausfälle in der Vergangenheit zukünftige Ausfallwahrscheinlichkeiten zu prognostizieren.[144] Diese dienen als Grundlage für die sich anschließende Cash-Flow-Planung.[145] Zu beachten ist hierbei, daß die Güte der prognostizierten Ausfallwahrscheinlichkeit auch von einer hinreichend großen Grundgesamtheit an Unternehmen der jeweiligen

140 Vgl. Schell (1988), S. 37.

141 Vgl. Schierenbeck (1999a), S. 293.

142 In Anlehnung an Schierenbeck (1999a), S. 297. Schierenbeck führt bei den segmentspezifischen Kalkulationsverfahren zudem den Ansatz *Künstliche Neuronale Netze* auf. Da sich dieser Bereich noch in der wissenschaftlichen Entwicklung befindet, soll auf eine Darstellung an dieser Stelle verzichtet werden. Vgl. ausführlich Schierenbeck (1999a), S. 319-324.

143 Vgl. Schierenbeck (1999a), S. 298.

144 Vgl. Kümmel (1995), S. 67; Gaida (1998), S. 180.

145 Vgl. Schell (1989), S. 37 und S. 155.

Branche abhängt.[146] Diese Bedingung wird nur im weitgehend standardisierten Mengen- und nicht im individuellen Großkreditgeschäft[147] erfüllt.[148] Die marktdeduzierte Risikokostenmethode unterscheidet sich von der normalisierten Ist-Risikokostenmethode dadurch, daß letztere bei der Bestimmung der Risikokostensätze nicht auf marktbezogene, sondern auf institutsspezifische historische Ausfallraten zugreift.[149]

Für die standardisierten Kreditformen im Mengengeschäft führt das *Gesetz der großen Zahlen*[150] dazu, daß die tatsächlichen Rückflüsse aus dem Kreditgeschäft durch die prognostizierten Erwartungswerte sehr gut approximiert werden.[151] Zudem reduziert sich das Gesamtrisiko im Kreditbereich des Mengengeschäfts dadurch, daß das gesamte Kreditvolumen auf eine Vielzahl unterschiedlicher Kreditnehmer verteilt wird.[152] Dieser aus der Portfolio-Theorie bekannte Diversifikationseffekt gilt genau dann, und davon kann in der Praxis allgemein ausgegangen werden, wenn die Ausfallrisiken der einzelnen Kreditverträge nicht vollständig positiv miteinander korreliert sind.[153] Es empfiehlt sich daher, das gesamte Kreditvolumen auf möglichst viele kleinere Kreditverträge zu verteilen.[154]

Ein Problem der Risikoklassenbildung besteht darin, daß auch innerhalb einer Risikoklasse keine vollständige Homogenität zu erreichen ist. Daher werden die Schuldner schlechterer Bonität durch die Schuldner besserer Bonität subventioniert. Dies führt zu der Gefahr einer *Adverse-Selection*: Die Schuldner besserer Bonität wechseln zu Kreditinstituten, die ihnen günstigere Konditionen gewähren und der originäre Kreditgeber behält nur noch die Schuldner schlechterer Bonität. Dies führt wiederum zu einer Erhöhung der Ausfallwahrscheinlichkeit des verbliebenen Kreditportfolios.[155]

Im Großkreditgeschäft verlieren standardisierte Kredit- und Besicherungsformen an Bedeutung. Die Kreditverträge sind in der Regel sehr individuell ausgestaltet und besichert. In diesem Fall leidet die Güte der historischen Ausfallraten als Prognosegrundlage für zukünftige Ausfallwahrscheinlichkeiten unter der geringen Anzahl gleichartiger Kreditverträge.[156]

---

146 Vgl. Schierenbeck (1999a), S. 299.

147 Unter Großkrediten werden im Rahmen dieser Arbeit keine Kredite im Sinne des § 13 bzw. § 13a KWG verstanden, sondern lediglich großvolumige Kreditbeträge.

148 Vgl. Zessin (1982), S. 154.

149 Vgl. Schierenbeck (1999a), S. 304.

150 Vgl. dazu Rasch (1995), S. 175 f.; Schlittgen (1998), S. 262.

151 Vgl. Döhring (1996), S. 70.

152 Vgl. Schell (1988), S. 161.

153 Vgl. Schell (1988), S. 40.

154 Vgl. Schierenbeck (1999b), S. 273.

155 Vgl. zu diesem Abschnitt Gaida (1998), S. 180; Schierenbeck (1999a), S. 296; Rüegsegger (1996), S. 107.

156 Vgl. zu diesem Abschnitt Schierenbeck (1999a), S. 299.

Zu prüfen ist daher, ob für Großkreditvergaben andere, individuelle Berechnungsmethoden zur Abschätzung des Ausfallrisikos bestehen. Zu denken wäre hier bspw. an die unter dem Begriff der BLACK-SCHOLES-FORMEL bekannte Optionspreistheorie,[157] deren Verwendbarkeit in jüngster Zeit auch für die Ermittlung einer individuellen Bepreisung des Ausfallrisikos für den Bereich der Großkreditvergabe im Firmenkundengeschäft diskutiert wird.[158] Mit Hilfe dieses Modells können nicht nur Preise für Optionen, sondern auch Preise für andere zustandsabhängige Zahlungsansprüche ermittelt werden. Zur Berechnung der einzelkreditspezifischen Risikoprämie sind individuelle Angaben des Kreditnehmers notwendig. Hierzu gehören der Marktwert des Unternehmens, die Volatilität dieser Marktwertgröße, der Marktwert des Fremdkapitals und die Laufzeit des Kreditengagements.[159] Dies bedeutet, daß nur für diejenigen Kredite Risikoprämien ermittelbar sind, die im Bewertungszeitpunkt bereits bestehen bzw. gerade abgeschlossen werden. Für das zukünftige Großkreditgeschäft ist es dagegen nicht möglich, individuelle Risikokosten mit Hilfe der Optionspreistheorie zu prognostizieren.

Bei dem Ansatz einer rating-gestützten Marktzins-Zuschlagsrechnung wird auf die Relation zwischen dem von einer anerkannten Ratingagentur ermittelten Rating eines Kreditnehmers und der von ihm am Geld- bzw. Kapitalmarkt zu zahlenden Risikoprämie abgestellt.[160] Problematisch ist dabei, daß es in Deutschland nur wenige Großunternehmen gibt, die Industrieanleihen am Kapitalmarkt emittieren. Dies ist aber Voraussetzung, um eine Risikoprämie ermitteln zu können. Zudem setzt auch dieses Verfahren eine genaue Spezifizierung des Kreditnehmers voraus.

Zusammenfassend kann festgehalten werden, daß der Einsatz von individuellen Kalkulationsverfahren die Kenntnis von individuellen Informationen über die Kreditnehmer voraussetzt. Da zum Bewertungszeitpunkt lediglich Informationen über die derzeitigen Kreditnehmer vorliegen, ist die Verwendung von individuellen Kalkulationsverfahren im Rahmen einer zukunftsbezogenen Bankbewertung daher nur sehr begrenzt möglich. Die Berechnung der Risikoprämien soll daher im Rahmen der Bankbewertung - in Kenntnis der damit verbundenen Probleme - mittels der segmentspezifischen Kalkulationsverfahren erfolgen.

---

157 Vgl. grundlegend Black/Scholes (1972); Black/Scholes (1973); ferner Schierenbeck/Wiedemann (1996), S. 363-370; Wenger/Kaserer (1998).

158 Vgl. Gerdsmeier/Krob (1994); Kirmße (1996); Schierenbeck (1999a), S. 324-338; Gaida (1998).

159 Vgl. Gerdsmeier/Krob (1994), S. 470; Kirmße (1996), S. 107.

160 Vgl. Schierenbeck (1999a), S. 338.

4.4.3.3 Einbeziehung der Preisrisiken

4.4.3.3.1 Zinsänderungsrisiko

Unter den Preisrisiken ist das Zinsänderungsrisiko von herausragender Bedeutung.[161] In der Literatur wurde daher versucht, die Auswirkungen der zukünftigen Zinsänderungen auf den Unternehmenswert aufzuzeigen. Hierzu wurde das von ROLFES entwickelte Konzept der Elastizitätsbilanz in den Bewertungskalkül integriert.[162] Im folgenden sollen zunächst kurz die Kernaussagen des Verfahrens verdeutlicht werden.[163]

Ausgangspunkt ist der Gedanke, daß das Zinsänderungsrisiko grundsätzlich von den variabel verzinslichen Geschäften abhängt, denn nur diese können sich in Abhängigkeit von der zukünftigen Marktzinsentwicklung verändern. Aus der Betrachtung des Festzinsüberhanges lassen sich lediglich zusätzliche Informationen für die Steuerung des Zinsänderungsrisikos gewinnen.[164] Mit Hilfe von Regressionsanalysen kann gezeigt werden, daß die allgemeine Marktzinsentwicklung die variablen internen Positionszinssätze determiniert.[165] Die einzelnen Positionszinssätze weisen unterschiedliche Reagibilitäten auf, die mittels einer einfachen mathematischen Rechnung in Elastizitätskoeffizienten transformiert werden können: Hierbei kennzeichnet die Zinsanpassungselastizität das Verhältnis zwischen der absoluten Veränderung der abhängigen Variablen *Positionenzins* und der absoluten Veränderung der unabhängigen Variablen *Marktzins*.[166] Als Marktzins wird dabei derjenige Referenzzins (Geld- oder Kapitalmarktzins) zugrunde gelegt, der den höchsten Erklärungsbeitrag liefert.[167] In der Elastizitätsbilanz werden die positionsspezifischen Volumenangaben und die dazugehörigen Elastizitätskoeffizienten aufgenommen. Durch eine Multiplikation dieser Größen wird die Cash-Flow-Abweichung, die aus einer marginalen Veränderung des Referenzzinssatzes resultiert, für jede Position quantifiziert. Die hieraus resultierende Veränderung des Zinsüberschusses auf Gesamtbank- bzw. Geschäftsfeldebene (Δ ZiÜ) kann anschließend durch Summierung der einzelnen Positionswerte bestimmt werden. Es gilt:[168]

$$\Delta \text{ZiÜ} = \sum_{d=1}^{D} V_d \cdot Z_d \cdot \Delta \text{i} \tag{4.1}$$

[161] Vgl. Döhring (1996), S. 59; Schierenbeck (1999b), S. 78.
[162] Vgl. Kümmel (1995), S. 92-98.
[163] Zum Konzept der Elastizitätsbilanz vgl. ausführlich Rolfes (1985); Rolfes (1989); Schierenbeck (1999b), S. 109-127.
[164] Vgl. dazu Rolfes (1989), S. 196.
[165] Vgl. Schierenbeck (1999b), S. 113 f.
[166] Zur Zinsanpassungselastizität vgl. Rolfes/Schwanitz (1992), S. 334.
[167] Vgl. Schierenbeck (1999b), S. 111.
[168] Vgl. Kümmel (1995), S. 88.

mit: V_d = Volumenangabe der jeweiligen Position, bei Passiva mit negativem Vorzeichen,

Z_d = Zinsanpassungselastizität der jeweiligen Position,

Δi = Veränderung des Marktzinsniveaus um 1 %-Punkt,

d = Positionenindex (mit D = Anzahl der Positionen).

Kritisiert wird in der Literatur, daß die Elastizitätskoeffizienten als über die Zeit konstant unterstellt werden.[169] Ohne die Diskussion hier genauer darstellen zu wollen, kann dem entgegengehalten werden, daß ROLFES/SCHWANITZ unter Verwendung einer multifaktoralen Elastizitätsanalyse Bestimmtheitsmaße für die berechneten Elastizitäten von nahezu 100 % feststellen konnten.[170] Die auf Vergangenheitswerten beruhenden Elastizitäten scheinen somit über eine ausreichende Stabilität zu verfügen.[171]

KÜMMEL schlägt vor, die Erkenntnisse aus dem Konzept der Elastizitätsbilanz für die Unternehmensbewertung von Banken zu nutzen. Ausgangspunkt seiner Überlegungen ist ein Basisszenario, das die Zinsentwicklung mit der höchsten Eintrittswahrscheinlichkeit enthält. Anschließend werden die einzelnen jährlichen Positionszinssätze mit Hilfe des erwarteten Marktzinses und dem jeweiligen Elastizitätskoeffizienten prognostiziert und den dazugehörigen Erwartungswerten der Volumina gegenübergestellt. In einem Liquiditätsplan werden die Zinszahlungen und die Tilgungen getrennt nach Alt- und Neugeschäft aufgeführt. Die hieraus resultierenden jährlichen Zahlungsströme werden mit dem Eigenkapitalkostensatz diskontiert und so zum Barwert des Basisszenarios verdichtet.[172] Das Zinsänderungsrisiko wird aus den alternativen Zinsszenarien abgeleitet. Dazu werden die Barwerte der Cash-Flows, die sich aufgrund der alternativen Zinsentwicklungen ergeben, ermittelt. Das Zinsänderungsrisiko kann nach Auffassung von KÜMMEL als die mit den Eintrittswahrscheinlichkeiten gewichtete Größe der einzelnen, vom Basisszenario abweichenden Cash-Flow-Barwerte aufgefaßt werden.[173]

Es stellt sich jedoch die Frage, welche Aussagekraft dieser Größe zukommt. Der so ermittelte Wert des Zinsänderungsrisikos ist nämlich nichts anderes, als der Differenzbetrag zwischen dem Cash-Flow-Barwert des Basisszenarios und dem mit den jeweiligen Eintrittswahrscheinlichkeiten gewichteten Mittel sämtlicher Szenario-Cash-Flow-Barwerte. Um die Bedeutung des Zinsänderungsrisikos zu erfassen, wäre es m. E. sinnvoller, die durch die Zinsänderungen hervorgerufene Varianz der Szenario-

169 Vgl. ausführlich Brammertz/Spillmann (1991).

170 Vgl. Rolfes/Schwanitz (1992), S. 336.

171 Vgl. Kümmel (1995), S. 91.

172 Vgl. zu diesem Abschnitt Kümmel (1995), S. 93.

173 Kümmel verweist darauf, daß eine Bewertung des Zinsänderungsrisikos nicht ausschließlich auf diese Art erfolgen muß. Es bestünden vielmehr mehrere Möglichkeiten, von denen er aber keine weitere erläutert. Vgl. Kümmel (1995), S. 94.

Barwerte zu ermitteln.[174] Wie oben erläutert, wird Risiko als Streuung definiert und mit der Varianz explizit erfaßt.[175]

Abschließend kann festgehalten werden, daß die Elastizitätsbilanz im Rahmen des Bankcontrollings dazu geeignet ist, wichtige Informationen zur Steuerung des Zinsänderungsrisikos zu liefern. Im Rahmen der Unternehmensbewertung kann das Konzept den Bewertenden nochmals auf die bestehende Abhängigkeit der internen Positionszinssätze von externen Marktzinsen hinweisen und ihm Anhaltspunkte für eine Entwicklung der internen Zinssätze bei prognostizierten externen Sätzen geben. Der hier aufgezeigten Vorgehensweise von KÜMMEL soll aufgrund der zuvor skizzierten Kritik nicht gefolgt werden. Statt dessen ist auf die sich aus dem Zinsänderungsrisiko ergebende Varianz der Szenario-Barwerte abzustellen. Eine quantitative Einbeziehung dieser Größe hat bei der Bestimmung der Risikoprämie für den Kapitalisierungszinssatz zu erfolgen.

4.4.3.3.2 Währungsrisiko

Wie weiter oben dargestellt, resultiert das Währungsrisiko aus betragsmäßigen und/oder zeitlichen Inkongruenzen zwischen den Fremdwährungsaktiva und den Fremdwährungspassiva. Diese Risiken können durch den Aufbau einer Gegenposition oder den Abschluß eines Termingeschäfts abgesichert werden.[176] Die Steuerung der verbleibenden offenen Positionen obliegt dem Eigenhandel.[177] Da der Eigenhandel bei der überwiegenden Mehrzahl der Kreditinstitute keinen Geschäftsschwerpunkt bildet,[178] wird in der Literatur zur Bankbewertung die Auffassung vertreten, daß die Einbeziehung des Währungsrisikos keine aufwendige Prognose rechtfertigt.[179] Da das Währungsrisiko mit dem derzeitigen Euroumstellungsprozeß zudem tendenziell weiter

---

[174] Zu beachten ist hierbei, daß eine Zinsänderung im allgemeinen auch eine Änderung des Volumens herbeiführt. Dies wird durch die Planung unterschiedlicher Szenarien berücksichtigt. Die Veränderung des Barwertes ist somit nicht mehr nur auf die Veränderung der Wert-, sondern auch auf die der Mengenkomponente zurückzuführen.

[175] Neben den bereits genannten Bedenken muß weiter erwähnt werden, daß die Streuung der Szenario-Barwerte bei Kümmel ohne Berücksichtigung bleibt. Das von ihm definierte Maß des Zinsänderungsrisikos kann bei gleicher Höhe sowohl bei einer engen als auch bei einer sehr weiten Bandbreite möglicher Szenario-Barwerte entstehen. So ist es möglich, daß aus einer gegenseitigen Kompensation ein gewichteter Barwert des Zinsänderungsrisikos von null resultiert, obwohl die Szenario-Barwerte eine sehr große Bandbreite aufweisen.

[176] Vgl. dazu ausführlich Schierenbeck (1999b), S. 179-190.

[177] Vgl. Kümmel (1995), S. 66; Schell (1988), S. 48.

[178] So betrug der Anteil des Eigenhandels, der in den GuV der Banken als Nettoergebnis aus Finanzgeschäften ausgewiesen wird, im Jahre 1999 rund 3,5 % der Summe der Überschüsse aus dem operativen Geschäft aller deutschen Kreditinstitute. In den Jahren 1993-1999 lag dieser Wert bei durchschnittlich rund 2,8 %. Vgl. Deutsche Bundesbank Monatsbericht Juli 1999, S. 29; Deutsche Bundesbank Monatsbericht September 2000, S. 72.

[179] Vgl. Kümmel (1995), S. 68 f.; Schell (1988), S. 65.

an Bedeutung verlieren wird, soll dieser Ansicht gefolgt und von einer formalen Integration dieser Risikoart in den Planungsprozeß abgesehen werden.

4.4.3.3.3 Kursrisiko

Kursrisiken werden in der Regel bewußt eingegangen, um durch Ausnutzung von Marktunvollkommenheiten Erfolgsbeiträge zu erwirtschaften.[180] Die zugrundeliegenden Geschäfte zählen zum Eigenhandel der Kreditinstitute und stellen bei den meisten Universalbanken keinen Geschäftsschwerpunkt dar. Aus diesem Grund soll auch bei den Kursrisiken von einer formalen Integration in die Cash-Flow-Planung abgesehen werden.[181]

4.5 Aggregation der Geschäftsfeld-Cash-Flows auf Gesamtbankebene

Nachdem die Planung der geschäftsfeldbezogenen Cash-Flow-Komponenten abgeschlossen ist, sind diese auf Gesamtbankebene zu aggregieren. Wird der FCF1 wie hier vorgeschlagen auf indirektem Weg ermittelt, so sind sowohl die handels- und steuerrechtlichen Plan-GuV als auch die dazugehörigen Überleitungen zum FCF1 zu erstellen. Ergänzend werden die dazugehörigen Plan-Bilanzen ermittelt. Die Aufstellung von Plan-GuV, Plan-Cash-Flows und Plan-Bilanzen auf Gesamtbankebene ist erforderlich, weil diese die Grundlage für bewertungsrelevante Transaktionen bilden:

- Das im Rahmen des Steuerrechts ermittelte zu versteuernde Einkommen bildet die Bemessungsgrundlage für die Festsetzung der Steuerlast. Würde man die Steuerlast mit Hilfe von Zahlungsüberschüssen berechnen wollen, so könnte dies erhebliche Fehleinschätzungen hervorrufen. Da die Steuerlast von bedeutendem Einfluß für die Höhe des FCF1 ist, ist eine Planung der steuerrechtlichen Gewinne - gegebenenfalls unter Berücksichtigung von bereits verabschiedeten Änderungen der Steuergesetzgebung - zwingend notwendig.

- Der handelsrechtliche Jahresüberschuß ist die rechtlich bindende Größe für die Gewinnverwendung. Gesetzliche und satzungsmäßige Vorschriften determinieren die Thesaurierungspolitik und die Gewinnverteilung an die Anteilseigner. Da das Ausschüttungsverhalten auch von der Erreichung bilanzieller Mindestwerte beeinflußt werden kann, sind entsprechende Plan-Bilanzen zu erstellen.

- Die Erstellung von Plan-Bilanzen dient zudem der Überprüfung, ob die bankaufsichtsrechtliche Unterlegungspflicht in jeder Plan-Periode eingehalten wird. Ein wesentlicher Bestandteil der Eigenmittel im Sinne der Bankenaufsicht ist das

---

[180] Vgl. Schierenbeck (1999a), S. 404.

[181] So auch Kümmel (1995), S. 68 f.

bilanzielle Eigenkapital. Engpässe bzw. Unterdeckungen in diesem Bereich können sowohl durch Aufnahme von Eigenkapitalsurrogaten als auch durch Ausweitung der bilanziellen Eigenkapitalbasis ausgeglichen werden. Hierzu bietet sich neben der Gewinnthesaurierung des weiteren die externe Eigenkapitalzuführung durch Altgesellschafter an. Beides reduziert den bewertungsrelevanten Zielbeitrag der jeweiligen Periode.

4.6 Rechtsformspezifische Besonderheiten der Cash-Flow-Planung

4.6.1 Kapitalbanken

4.6.1.1 Bedeutung des Zielsystems für die Entwicklung einer Gesamtbankstrategie

Wird das in Kapitel 2.2.2 definierte Zielsystem mit in die Cash-Flow-Planung einbezogen, so ist es zweckmäßig, den Shareholder-Value-Ansatz als oberstes Leitmotiv für die Geschäftspolitik von Kapitalbanken zu unterstellen.[182] Hieraus folgt, daß die zugrunde gelegte Gesamtbankstrategie konsequent auf die Maximierung des Barwertes der zukünftigen Zahlungsüberschüsse auszurichten ist.[183] Damit die Auswirkungen der unterschiedlichen Geschäftsstrategien auf den Bankwert ersichtlich werden, ist sowohl für die börsennotierten als auch für die nicht börsennotierten Banken ein fiktiver Marktwert zu ermitteln.[184] Anschließend ist die Strategie auszuwählen, die den höchsten Unternehmenswert erwarten läßt.[185] Für die strategische Geschäftsfeldplanung bedeutet dies, daß alle Geschäftsfelder daraufhin zu prüfen sind, ob sie in Zukunft Mehrwerte schaffen und somit zur Steigerung des Bankwertes beitragen können.[186] Mehrwerte werden nur dann geschaffen, wenn die erzielte geschäftsfeldspezifische Eigenkapitalrentabilität über den geschäftsfeldspezifischen Eigenkapitalkosten liegt.[187] Während Geschäftsfelder, bei denen die geforderte Eigenkapitalrentabilität dauerhaft erzielt bzw. übertroffen wird, auszubauen sind, müssen in den übrigen Geschäftsfeldern Restrukturierungen bzw. Desinvestitionen durchgeführt werden.[188]

---

182 Vgl. Kirsten (1995), S. 674; Süchting (1996), S. 412; Rüegsegger (1996), S. 20.

183 Vgl. Schierenbeck (1999a), S. 450; Zimmermann/Jöhnk (1998), S. 278; Kümmel (1995), S. 24; Frischknecht (1996), S. 67.

184 Vgl. Hahn u. a. (1999), S. 556.

185 Vgl. Rappaport (1999), S. 193 und S. 205 f.

186 Vgl. Schierenbeck (1999a), S. 451; Zimmermann/Jöhnk (1998), S. 278.

187 Vgl. Schierenbeck (1998), S. 17; Zimmermann/Jöhnk (1998), S. 278; Rappaport (1999), S. 49.

188 Vgl. Behm (1994), S. 68; Tegeder (1996), S. 250; Steiner/Tebroke (1997), S. 134; Amely (1997), S. 278.

In der öffentlichen Diskussion und der wissenschaftlichen Literatur wird verschiedentlich die Meinung vertreten, daß der Shareholder-Value-Ansatz zu eindimensional auf die Interessen der Anteilseigner ausgerichtet sei und dies zu Nachteilen für die übrigen Anspruchsgruppen, die sogenannten Stakeholder, führe.[189] Diese Ansicht wird von anderen Autoren nicht geteilt. Sie argumentieren, daß der Unternehmenswert nur dann dauerhaft zu steigern ist, wenn auch die Interessen der übrigen Stakeholder beachtet werden. So gilt insbesondere für den Bankensektor, daß zufriedene Kunden und Mitarbeiter ein wichtiger Garant für den wirtschaftlichen Erfolg eines Kreditinstitutes sind. Die Vertreter dieser Auffassung sehen daher keinen Gegensatz zwischen dem Shareholder-Value- und dem Stakeholder-Value-Ansatz.[190] Die Interessen der übrigen Anspruchsgruppen seien vielmehr im Rahmen des Shareholder-Value-Konzeptes als strikte Nebenbedingungen zu berücksichtigen.[191]

Hierbei wird vernachlässigt, daß eine am Kapitalwert orientierte Unternehmensführung sehr wohl gegen die Interessen einzelner Vertragsparteien verstoßen kann.[192] So führt rationales Verhalten oftmals zu Desinvestitionen und damit auch zur Freisetzung von Arbeitskräften. Ohne die Diskussion über den Shareholder-Value-Ansatz hier vertiefen zu wollen, sei folgendes festgehalten: Einzig eine am Kapitalwert ausgerichtete Investitionspolitik garantiert die Festlegung eines aus betriebswirtschaftlicher Sicht optimalen Plans.[193] Es läßt sich rational nicht begründen, welcher der anderen, suboptimalen Pläne auszuwählen ist. Auch wenn gegen die Interessen einzelner Vertragsparteien verstoßen wird, führt ausschließlich der Shareholder-Value-Ansatz zu einer optimalen Allokation der knappen Ressource Eigenkapital. Für managergeführte Unternehmen, wie es die Kapitalbanken annahmegemäß sind, sollte die Festlegung der Gesamtbankstrategie daher anhand des Kapitalwertkriteriums erfolgen.

4.6.1.2 Bedeutung der Gesamtbankstrategie für die Planung der Mengen- und der Wertkomponenten

Die institutsgruppenspezifischen Zielsysteme und die daraus abgeleitete Gesamtbankstrategie haben unmittelbaren Einfluß auf die Cash-Flow-Planung. Für die Kapitalbanken bedeutet dies, daß die Planung bezüglich der Entwicklung der Mengen- und der Wertkomponente ausschließlich anhand betriebswirtschaftlicher Kriterien zu erfolgen hat. Bei der Festlegung der Gesamtbankstrategie kann in Bezug auf die Entwicklung der Mengenkomponente frei von gesetzlich oder freiwillig auferlegten Geschäftsbeschränkungen geplant werden. Geschäftsfelder, in denen ein Mehrwert

189 Vgl. Amely (1997), S. 279; Speckbacher (1997), S. 630; auch die Verweise bei Behm (1993), S. 96; Hachmeister (2000), S. 29.

190 Vgl. Schierenbeck (1999a), S. 451; Faust/Richard (1998), S. 326; Kirsten (1995), S. 674; Steiner/Tebroke (1997), S. 133; Rappaport (1999), S. 8; differenzierter Hill (1997), S. 91.

191 Vgl. Steiner/Tebroke (1997), S. 133; Hörter (1998), S. 37; Hachmeister (2000), S. 35.

192 Vgl. Wagner (1997), S. 478.

193 Vgl. Wagner (1997), S. 478.

geschaffen wird, sind auszubauen, die übrigen hingegen zu restrukturieren oder abzubauen. Dies ist bei der Planung der Mengenkomponente zu berücksichtigen. Zudem können sich auch regionale Unterschiede bzw. Verlagerungen ergeben. Sollte z. B. für die Entwicklung der Mengenkomponente *Verwaltetes Vermögen privater Investoren* aufgrund eines prognostizierten Anstieges des durchschnittlichen Vermögens bestimmter Bevölkerungsschichten, z. B. Privatkunden im gehobenen Angestelltenverhältnis, eine starke Zunahme erwartet werden, so muß dies nicht notwendigerweise tiefgreifende Veränderungen für die Geschäftsfeldplanung sämtlicher Regionen zur Konsequenz haben. Ist der Anteil dieser Kundengruppe in strukturschwachen Gebieten nämlich ziemlich gering, so ist ein Ausbau dieses Geschäftsfeldes gegebenenfalls nur in strukturstarken Gebieten sinnvoll.

Börsennotierte Kapitalbanken weisen den Vorteil auf, daß sie bei Erwirtschaftung einer risikoäquivalenten Eigenkapitalrentabilität in der Regel problemlos neues Eigenkapital am Kapitalmarkt aufnehmen können.[194] Die erforderliche Eigenkapitalunterlegung wirkt sich dann nicht als Kapazitätsrestriktion für die Entwicklung der Mengenkomponente aus. Für nicht börsennotierte Kapitalbanken mit überschaubarer Eigentümerstruktur können sich bei der Beschaffung von zusätzlichem Eigenkapital hingegen Probleme ergeben. Sind die Eigenfinanzierungsmöglichkeiten erschöpft, so müssen entweder neue Anteilseigner aufgenommen oder - falls nicht in erster Linie Kernkapital benötigt wird - eigenkapitalersetzende Maßnahmen eingeleitet werden.[195] Hier ist insbesondere an die Aufnahme von Genußrechtskapital, nachrangigen Verbindlichkeiten usw. zu denken.[196]

Hinsichtlich der Entwicklung der Wertkomponente sind die Überlegungen getrennt für die wertzeitbezogenen und die wertbezogenen Größen anzustellen. Die Entwicklung der wertzeitbezogenen Größe, also in erster Linie der Positionenzinssätze, wird durch den Geld- bzw. den Kapitalmarktzins determiniert. Obwohl die Planung des Konditionenbeitrages weitestgehend frei von gesellschaftspolitischen Überlegungen erfolgen kann, lassen sich aber aufgrund des hohen Homogenitätsgrades dieser Produkte in der Regel keine über dem Marktdurchschnitt liegenden Preise (= Zinssätze) durchsetzen. Der verbleibende geringe Entscheidungsspielraum wird entscheidend durch das Preissetzungsverhalten der Konkurrenzinstitute beeinflußt.[197] Im Vergleich dazu wird die Höhe der wertbezogenen Größen weniger durch Erfolgsdeterminanten aus dem Makrobereich als vielmehr durch die Produktivität (= interner Bereich) und insbesondere auch hier durch das Preissetzungsverhalten der Konkurrenten (= Mikrobereich) bestimmt.[198]

---

194 Vgl. Schmidt/Terberger (1997), S. 225. Bei rein theoretischer Betrachtung und Vernachlässigung der Dividendenberechtigung muß zur erfolgreichen Plazierung von neuem Eigenkapital lediglich der Bezugskurs der jungen Aktien unter dem Börsenkurs der alten Aktien liegen. Vgl. Wenger (1993), S. 323.

195 Vgl. zu den unterschiedlichen Bestandteilen der haftenden Eigenmittel Kapitel 5.2.1.2.1.

196 Vgl. zu diesem Abschnitt Regnery (1994), S. 210-214 und S. 238-242.

197 Vgl. Zessin (1982), S. 121.

198 Vgl. Büschgen (1998), S. 678 f.

4.6.1.3 Einfluß der Gesamtbankstrategie auf die Risikoposition

Überregional tätige Kapitalbanken weisen den Vorteil auf, daß sie das Kreditausfallrisiko durch eine entsprechende Streuung der Kreditverträge nach Kreditnehmer, Regionen und Branchen reduzieren können.[199] Risikoerhöhend wirkt sich hingegen die in dieser Bankengruppe häufig anzutreffende Vergabe von Großkrediten aus. Im Vergleich zu vielen kleinen Einzelkrediten weist ein diesem Gesamtbetrag entsprechender Großkredit aufgrund der fehlenden Streuung in der Regel ein höheres Kreditrisiko auf.[200]

4.6.2 Privatbankiers

4.6.2.1 Bedeutung des Zielsystems für die Entwicklung einer Gesamtbankstrategie

Es wurde bereits dargestellt, daß nicht-monetäre Ziele durchaus Einfluß auf die Geschäftspolitik der Privatbankiers nehmen können.[201] Für die Festlegung einer Gesamtbankstrategie bedeutet dies, daß nicht unbedingt die Handlungsalternativen gewählt werden, die zu einer reinen Kapitalwertmaximierung führen. So wird möglicherweise eine den Kapitalwert maximierende Strategie, die die Anbindung an eine Konzernbank vorsieht, abgelehnt, da dies gegen das nicht-monetäre Ziel der Unabhängigkeit verstoßen würde. Werden derartige Ziele der Bankeigentümer dem Bewertenden frühzeitig mitgeteilt, so kann dies im Bewertungskalkül berücksichtigt werden. Die Festlegung der Gesamtbankstrategie erfolgt dann vor dem Hintergrund der Unternehmenswertmaximierung unter entsprechenden Nebenbedingungen.

4.6.2.2 Bedeutung der Gesamtbankstrategie für die Planung der Mengen- und der Wertkomponenten

Bei der Entwicklung der Mengenkomponente ist zu berücksichtigen, daß es durchaus Privatbankiers gibt, deren geographische Ausrichtung durch ein selbst auferlegtes Regionalprinzip begrenzt wird.[202] In solchen Fällen ist die Entwicklung der Mengenkomponente nicht nur von der gesamtwirtschaftlichen oder der sozio-ökonomischen Entwicklung, sondern auch von den regionalen strukturellen Entwicklungen abhängig.

---

199 Vgl. zu dieser Art der Risikodiversifikation Schierenbeck (1999b), S. 273-278.
200 Vgl. Schell (1989), S. 2555.
201 Vgl. Kapitel 2.3.2.
202 Vgl. Eichhorn (1995), S. 374.

Zudem kann ein mengenmäßiges Wachstum durch Probleme bei der Eigenmittelbeschaffung gebremst werden.[203] Dies ist insbesondere dann der Fall, wenn die Alteigentümer über keine finanziellen Reserven mehr verfügen und sich gegen die Aufnahme von weiteren Gesellschaftern mit Mitspracherecht sträuben. Abhilfe kann hierbei die Vergabe von Kommanditanteilen, stillen Beteiligungen, Genußrechten, nachrangigen Verbindlichkeiten usw. schaffen.[204]

Weiter ist zu berücksichtigen, daß eventuell notwendige Desinvestitionen aufgrund nichtmonetärer Ziele wie soziale Anerkennung oder Macht möglicherweise unterbleiben. In diesem Fall wird von seiten der Unternehmensführung ganz bewußt ein betriebswirtschaftlich suboptimaler Plan realisiert.

Resümierend kann somit für die Entwicklung der Mengenkomponenten festgehalten werden, daß für den Fall, in dem Bewerter und (potentieller) Bankeigentümer personell auseinanderfallen, Punkte wie die institutsspezifische Zielsetzung, die geographische Ausrichtung und die zukünftige Eigenkapitalsituation im Vorfeld der Cash-Flow-Planung genauestens festzulegen sind.

Bei der Betrachtung der Wertkomponenten ist zu berücksichtigen, daß das Provisionsgeschäft in dieser Institutsgruppe von besonderer Bedeutung ist.[205] Da sich die Privatbankiers stärker im Individualkunden- als im Mengengeschäft bewegen, kommt dem Angebot an standardisierten und weitgehend homogenen Produkten eine vergleichsweise geringe Bedeutung zu. Dadurch verfügen sie bei der Preisfestsetzung der wertbezogenen Größen über einen größeren Handlungsspielraum. Kann die Bank z. B. im Bereich Mergers & Acquisitions überdurchschnittliche Vermittlungserfolge vorweisen, so lassen sich auch höhere Provisionssätze durchsetzen. Dies gilt m. E. generell für alle Geschäftsbereiche, in denen insbesondere die Qualifikation und die praktische Umsetzungsfähigkeit der Mitarbeiter die Güte der Dienstleistungsqualität bestimmen.

Bei den wertzeitbezogenen Größen ist andererseits zu berücksichtigen, daß Individualkunden über eine größere Verhandlungsmacht als Mengenkunden verfügen.[206] Dies führt bspw. dazu, daß die Privatbankiers im Kreditgeschäft eine geringere Marge realisieren als die vorrangig im Mengengeschäft operierenden Sparkassen und Kreditgenossenschaften. Des weiteren fallen im Bankendurchschnitt vergleichsweise hohe Refinanzierungskosten an, da die eigene Kreditaufnahme stark über den Interbankenmarkt abgewickelt wird.[207]

---

203 Vgl. Eichhorn (1995), S. 372.

204 Vgl. Eichhorn (1995), S. 373.

205 So erreichte der Provisionsüberschuß für das Jahr 1998 bei dieser Bankengruppe einen Wert von 2,04 % des durchschnittlichen Geschäftsvolumens. Der Durchschnittswert aller deutschen Kreditinstitute betrug hingegen nur 0,34 %. Vgl. Deutsche Bundesbank Monatsbericht Juli 1999, S. 47.

206 Vgl. Schell (1989), S. 2555.

207 Vgl. Schierenbeck/Hölscher (1998), S. 76.

Darüber hinaus weisen vorwiegend im Individualkundengeschäft operierende Privatbankiers überdurchschnittliche Auszahlungen für das Personal auf.[208] Dies resultiert aus dem anspruchsvolleren Anforderungsprofil, welches aufgrund der Kundenklientel an die Mitarbeiter gestellt wird. Dem gegenüber stehen die im Vergleich zu den in erster Linie im Mengengeschäft tätigen Banken bzw. Bankengruppen geringeren Auszahlungen für Sachmittel. Ausschlaggebend hierfür ist, daß im Individualkundengeschäft ein deutlich kleineres Filialnetz unterhalten wird.[209]

4.6.2.3 Einfluß der Gesamtbankstrategie auf die Risikoposition

Im Gegensatz zu den überregional tätigen Kapitalbanken weisen die vorwiegend regional ausgerichteten Privatbankiers den Nachteil auf, daß sich ihr Kreditportfolio durch eine geringere Branchenstreuung auszeichnet.[210] In diesem Zusammenhang ist auch der Sachverhalt zu berücksichtigen, daß sich die Privatbankiers fast nicht im Mengengeschäft betätigen. Die Risikodiversifikation ist bei einem Kreditportfolio, das sich aus vergleichsweise wenigen Kreditverträgen zusammensetzt, nur eingeschränkt möglich. Aus dem oftmals über Generationen gewachsenen Vertrauensverhältnis erhoffen sich die Privatbankiers gegenüber den Mitbewerbern Informationsvorsprünge, die die zuvor beschriebenen Nachteile hinsichtlich der eingeschränkten Risikostreuung aufwiegen sollen.[211]

4.6.3 Kreditgenossenschaften

4.6.3.1 Bedeutung des Zielsystems für die Entwicklung einer Gesamtbankstrategie

Im Vordergrund des genossenschaftlichen Zielsystems steht die Erfüllung des Förderauftrages. Wie an anderer Stelle bereits dargelegt, kann dies nur noch über die mittelbare Gewährung von günstigeren Konditionen im Rahmen der Zinsrückvergütung erfolgen.[212] In der genossenschaftlichen Literatur wird jedoch angemerkt und zugleich bemängelt, daß hiervon in der Praxis - zumindest in der Vergangenheit - nur wenig Gebrauch gemacht wurde.[213] Für die Festlegung der Gesamtbankstrategie einer Kreditgenossenschaft ergeben sich somit folgende alternative Ansätze:

---

208 Auf Privatbankiers, die ihren Geschäftsschwerpunkt eher auf das Mengengeschäft legen, treffen diese Überlegungen hingegen nicht zu. Vgl. Eichhorn (1995), S. 374.

209 Vgl. Betge (1996), S. 76.

210 Vgl. Schell (1989), S. 2556 f.; Eichhorn (1996), S. 464.

211 Vgl. Eichhorn (1995), S. 373 f.

212 Vgl. Kapitel 2.4.2.

213 Vgl. Dorner (1991), S. 67 m. w. N.; Glaser (1992), S. 142.

1. Wird die Möglichkeit der Zinsrückvergütung nicht wahrgenommen, so kann sich die Erfüllung des Förderauftrages aus Sicht des Mitglieds in erster Linie nur in der Maximierung seiner Kapitalbeteiligungsdividende widerspiegeln. Bei der Festlegung der Gesamtbankstrategie ist diejenige Strategie auszuwählen, die das höchste Ausschüttungspotential verspricht. Es bestehen somit keine Unterschiede mehr im Vergleich zu dem Zielsystem und der Bemessungsgrundlage für die Gewinnverteilung von Kreditinstituten mit erwerbswirtschaftlicher Ausrichtung.[214]

2. Nutzt die Kreditgenossenschaft hingegen die Möglichkeit der Zinsrückvergütung, so unterscheidet sich zwar nicht das Zielsystem von dem der zuvor besprochenen Bankengruppe, in Teilbereichen zumindest aber die Bemessungsgrundlage für die Gewinnverteilung.[215] Dies sei wie folgt begründet: Das Zielsystem unterscheidet sich in praxi nicht von dem der anderen Bankengruppen, da die Zinsrückvergütung während des Geschäftsjahres keine cash-flow-beeinflussende Wirkung hat. Erst nach Ablauf der Rechnungsperiode wird die Zinsrückvergütung in Abhängigkeit von dem aus dem Mitgliedergeschäft erzielten Periodenergebnis berechnet und jedem Mitglied gemäß seinen individuellen Leistungsbeziehungen vergütet.[216] Die Bemessungsgrundlage für die Gewinnverteilung unterscheidet sich aber zumindest für den Anteil der Ergebnisbeiträge, die aus dem Mitgliedergeschäft resultieren, von denen der anderen Institutsgruppen, weil nicht die Höhe der Kapitalbeteiligung für die Vorteilsgewährung ausschlaggebend ist, sondern die individuelle Leistungsbeziehung jedes Mitglieds zu der Kreditgenossenschaft. Hierin wird ein der Genossenschaftsphilosophie entsprechendes Mittel zur Erfüllung des Förderauftrages und damit letztlich auch zur Legitimation der Rechtsform gesehen.[217] Da sich aber die Gewährung von Zinsrückvergütungen erst am Ende des Wirtschaftsjahres durch ihre Anerkennung als Betriebsausgaben erfolgsmindernd auf das Ergebnis vor Steuern auswirkt, sollte bei der Festlegung der Gesamtbankstrategie diejenige gewählt werden, die zunächst eine Maximierung des Ergebnisses vor Steuern und vor Gewährung der Zinsrückvergütung verspricht.

Das genossenschaftliche Zielsystem kann aber gegebenenfalls um weitere aus dem Förderauftrag ableitbare Ziele ergänzt werden. Diese sind als Nebenbedingungen im Bewertungskalkül zu berücksichtigen. Die Festlegung, welche weiteren Ziele sich noch aus dem Förderauftrag ableiten lassen, entzieht sich jedoch einer rationalen Überprüfung. Denkbar wären kostenlose Seminarveranstaltungen zu bestimmten Themen (z. B. eine Euro-Informationsveranstaltung), die von der Mehrheit der Mitglieder gewünscht werden.[218] Die Berücksichtigung von solchen Zielen könnte dann bei der

---

214 Vgl. Glaser (1992), S. 142.

215 Hierbei soll nicht verkannt werden, daß die Zinsrückvergütung handels- und steuerrechtlich keine Gewinnausschüttung darstellt. Aus ökonomischer Sicht handelt es sich aber dennoch um eine Vorteilsgewährung und somit um bewertungsrelevanten Zufluß.

216 Vgl. Dorner (1991), S. 52 f.

217 Vgl. Manewald (1988), S. 54; Glaser (1992), S. 140.

218 Vgl. die Aufzählung bei Dierolf (1994), S. 738.

Entwicklung der Gesamtbankstrategie erfolgen und zu einer geringfügigen Abkehr von einer reinen Ergebnismaximierung führen.

Von seiten der Literatur wird auch für den Sektor der Genossenschaftsbanken eine stärkere Wertorientierung bei der Unternehmensführung befürwortet bzw. gefordert.[219] Nur so können Betriebsabläufe effizient gestaltet werden, die Kreditgenossenschaften im Wettbewerb bestehen und damit letztendlich ihre Existenz sichern.

4.6.3.2 Bedeutung der Gesamtbankstrategie für die Planung der Mengen- und der Wertkomponenten

Insbesondere für diejenigen Kreditgenossenschaften, die durch ein geringes Geschäftsvolumen gekennzeichnet sind, ist das Regionalprinzip von großer Bedeutung. Berücksichtigt man, daß es im Mai 2000 noch genau 2000 Primärbanken dieser Institutsgruppe gab, so fällt es nicht schwer, sich die in der Regel geringe regionale Ausdehnung des Einzugsgebietes vorzustellen. Das Potential für die Gewinnung von Neukunden kann bei einem als weitgehend verteilt geltenden Bankenmarkt als begrenzt angesehen werden.[220] Ähnliches mag auch für das Potential an möglichen Neumitgliedern gelten. Einzig durch eine stärkere Betonung des Fördergedankens, z. B. durch eine intensive Nutzung der Zinsrückvergütung, scheint es möglich, das begrenzte lokale Kundenpotential durch einen höheren Mitgliederanteil zu erweitern. Zudem bietet die Zinsrückvergütung auch die Möglichkeit, die Mengenkomponente durch eine Intensivierung der Leistungsbeziehungen mit dem vorhandenen Mitgliederbestand positiv zu beeinflussen.[221] Zu nennen sind hier insbesondere die Mitglieder mit einer Mehrfachbankbeziehung. Die im nachhinein im Vergleich zu den Konkurrenzbanken günstigeren Konditionen könnten so manches Mitglied dazu veranlassen, in Zukunft einige zusätzliche Geschäfte über ihre Kreditgenossenschaft abzuwickeln.

Weiter ist für die Genossenschaftsbanken das Eigenkapitalproblem von größerer Bedeutung als für die zuvor besprochenen Institutsgruppen.[222] Die Gewinnung von zusätzlichen Mitgliedern setzt eine adäquate Verzinsung des eingesetzten Eigenkapitals voraus.[223] Die Befriedigung der Renditeforderungen der Eigenkapitalgeber kann entweder ausschließlich mittels einer Kapitalbeteiligungsdividende oder ergänzt um eine Zinsrückvergütung angestrebt werden. Während die erste Möglichkeit der genossenschaftlichen Philosophie widerspricht,[224] besteht bei der zweiten Möglichkeit ein anderes Problem. Durch eine intensive Nutzung der Zinsrückvergütung schrumpft

---

219 Vgl. Tegeder (1996), S. 250; Faust/Richard (1998), S. 324.

220 Vgl. Schuster (1996a), S. 288.

221 Vgl. Dorner (1991), S. 75 f.

222 Dies belegt auch die empirische Untersuchung von Dierolf. Vgl. Dierolf (1994), S. 737 und S. 740.

223 Vgl. Flesch (1996), S. 12; Hörter (1998), S. 18; Schöffling (1992), S. 277.

224 Vgl. Glaser (1992), S. 142.

der Gewinn und damit ceteris paribus auch der Zahlungsüberschuß auf eine Restgröße zusammen.[225] Hierdurch verringert sich auch das Ausschüttungspotential der Kreditgenossenschaft. Für Mitglieder mit nur geringen Leistungsbeziehungen wird dann nur schwer eine angemessene Verzinsung zu erzielen sein. Dies birgt die Gefahr eines Eigenkapitalabzuges von Mitgliedern mit nur geringen Leistungsbeziehungen.[226]

Bei der Entwicklung der Wertkomponenten muß die nachträgliche Zinsrückvergütung zunächst unberücksichtigt bleiben. Als Planungsgrundlage dienen die Prognosen für die externen und internen Erfolgsdeterminanten. Darauf aufbauend sind die geschäftsfeldspezifischen Eigenkapitalkosten mit in den Planungsvorgang einzubeziehen.[227] Hierbei sollten die geschäftsfeldspezifischen Eigenkapitalkosten von erwerbswirtschaftlichen Kreditinstituten, die auf eine Wertorientierung ausgerichtet sind, als Maßstab Verwendung finden. Nur so kann auch im Genossenschaftssektor die geforderte Effizienz erreicht werden.

4.6.3.3 Einfluß der Gesamtbankstrategie auf die Risikoposition

Das Kreditgeschäft der Genossenschaftsbanken findet überwiegend mit der lokalen Privatkundschaft und mit kleineren Firmenkunden statt. Aufgrund ihrer historischen Entwicklung und der vergleichsweise geringen Eigenkapitalausstattung ist diese Institutsgruppe bei der industriellen Großkreditvergabe nur von untergeordneter Bedeutung. Daher weisen viele Kreditgenossenschaften ein Kreditportfolio auf, das sich aus einer Vielzahl von kleineren bis mittleren Kreditbeträgen zusammensetzt. Sind die Ausfallrisiken nicht vollständig miteinander korreliert, so wirkt die Aufteilung der zur Kreditvergabe vorgesehenen Mittel risikomindernd.[228] Das für die Kreditgenossenschaften geltende Regionalprinzip führt dagegen tendenziell zu einer Verschlechterung der Risikoposition. Durch die wirtschaftliche Struktur einer Region kann eine hohe Korrelation der einzelnen Kreditrisiken hervorgerufen werden.[229] Dies gilt insbesondere für Städte, deren wirtschaftliche Stärke eng mit einem einzelnen Arbeitgeber (z. B. Wolfsburg und die Volkswagen AG oder Leverkusen und die Bayer AG) oder mit einer bestimmten Branche (Maschinenbau in Schweinfurt) verbunden ist.[230] Bei einer Standortverlegung bzw. -schließung oder einer Strukturkrise ist damit zu rechnen, daß eine Vielzahl von einzelnen Krediten notleidend wird. Die regionalen Besonderheiten sind daher mit in die Berechnung des Kreditausfallrisikos einzubeziehen.

Daneben ist zu berücksichtigen, daß die absolute Anzahl der Kreditverträge bei den oftmals sehr kleinen Kreditgenossenschaften deutlich geringer ausfällt als bei den

---

225 Vgl. Dorner (1991), S. 33.
226 Vgl. Manewald (1988), S. 55; Dorner (1991), S. 73.
227 Vgl. Flesch (1996), S. 9.
228 Vgl. Schell (1989), S. 2555.
229 Vgl. Schell (1988), S. 41.
230 Vgl. Steinheuer (1990), S. 122.

großen Kapitalbanken. Der Ausfall eines mittelgroßen Engagements kann hier schon zu einer starken Beeinträchtigung des Jahreserfolges führen.[231] Tendenziell dürften die Jahresergebnisse bei kleineren Kreditinstituten daher größeren relativen Schwankungen unterliegen als die der überregionalen Kapitalbanken, da bei ersteren die Möglichkeiten eines institutsinternen Verlustausgleiches wesentlich geringer sind.[232]

Bei den Preisrisiken ist die besondere Geschäftsstruktur der Kreditgenossenschaften zu beachten. Genau wie bei den öffentlichen Banken werden die Erfolgsbeiträge auch bei dieser Institutsgruppe überdurchschnittlich stark durch das Zinsgeschäft determiniert.[233] Der Einbeziehung des Zinsänderungsrisikos in die Cash-Flow-Planung sollte daher großes Gewicht zukommen. Aufgrund der geringen Bedeutung des Auslandsgeschäfts und des Eigenhandels sind die sonstigen Preisrisiken für die Genossenschaftsbanken von eher untergeordneter Bedeutung.

4.6.4 Öffentlich-rechtliche Kreditinstitute

4.6.4.1 Bedeutung des Zielsystems für die Entwicklung einer Gesamtbankstrategie

Formal bildet der öffentliche Auftrag den Mittelpunkt des Zielsystems öffentlicher Banken. Da es sich hierbei um keine operationale Zielgröße handelt und die Gewinnerzielung auch im Zielsystem dieser Institutsgruppe einen bedeutenden Platz einnimmt, wurde in Kapitel 2.5.2 die Annahme getroffen, daß auch die öffentlichen Banken eine Kapitalwertmaximierung unter Beachtung von Nebenbedingungen verfolgen. Eben diese Nebenbedingungen bestimmen die Festlegung einer Gesamtbankstrategie jedoch maßgeblich.

Dem Entscheidungsträger (Planungssubjekt bzw. Bewerter) kann z. B. vorgegeben werden, daß zur Aufrechterhaltung der flächendeckenden Kreditversorgung keine Zweigniederlassungen geschlossen werden dürfen, auch wenn die risikoäquivalenten Eigenkapitalkosten nicht zu erwirtschaften sind. Weiterhin ist denkbar, daß bestimmte Rationalisierungsmaßnahmen nicht oder nicht in einer bestimmten Zeit durchgeführt werden können, da möglicherweise kein Arbeitsplatzabbau außerhalb der natürlichen Fluktuation stattfinden soll.[234] In diesem Zusammenhang ist auch ein möglicher *Ausbildungsauftrag* zu nennen. Das bedeutet, daß unabhängig vom betriebswirtschaft-

---

231 So verweist Schuster darauf, daß die mittleren Kreditbeträge bei dieser Institutsgruppe fast Großkreditcharakter besitzen. Vgl. Schuster (1996a), S. 285.

232 Inwiefern dies durch eine Stille-Reserven-Politik aufgefangen werden kann, soll hier nicht diskutiert werden.

233 So wurden in dieser Institutsgruppe 1999 rund 79 % des Rohertrages im Zinsgeschäft generiert. Vgl. Deutsche Bundesbank Monatsbericht September 2000, S. 76.

234 Vgl. Julius (1998), S. 28; a. A. Güde (1995), S. 211.

lichen Bedarf jährlich eine bestimmte Anzahl von Ausbildungsplätzen anzubieten ist.[235] Diese Anzahl kann durch gesamtwirtschaftliche oder lokale Entwicklungen determiniert werden. Damit nicht jede betriebswirtschaftlich irrationale Handlung mit einer auf die gesellschaftliche Verantwortung abzielenden Deutung des öffentlichen Auftrages gerechtfertigt wird, sind derartige Restriktionen im Vorfeld klar zu definieren. Im Rahmen der Cash-Flow-Planung läßt sich dann jeder bewußte Verzicht auf eine Wertsteigerungsmöglichkeit erkennen.[236]

Es ist zu berücksichtigen, daß die bewußte Inkaufnahme von Ineffizienzen zu einem Verlust der Wettbewerbsfähigkeit führt. Gerade die öffentlichen Banken sind aber aufgrund der leeren Haushaltskassen dazu gehalten, ihren wachstumsbedingten Bedarf an zusätzlichem Eigenkapital über eine Innenfinanzierung[237] zu decken.[238] Da hierfür eine entsprechende Eigenkapitalrentabilität notwendig ist, hält sich der Handlungsspielraum für derartige rentabilitätsmindernde Randbedingungen in engen Grenzen. Dies wird auch von seiten des öffentlichen Bankensektors erkannt.[239]

4.6.4.2 Bedeutung der Gesamtbankstrategie für die Planung der Mengen- und der Wertkomponenten

Unter Beachtung der oben angesprochenen Restriktionen können die öffentlichen Banken die Entwicklung ihrer Mengenkomponenten frei planen. Grundsätzlich werden auch sie versuchen, diejenigen Geschäftsfelder, die Mehrwerte schaffen, auszubauen und die übrigen zu restrukturieren bzw. abzubauen. Dafür spricht z. B., daß der zunehmenden Bedeutung des lukrativen Provisionsgeschäfts durch einen konsequenten Ausbau der damit verbundenen Geschäftsfelder Rechnung getragen wird.[240] Fraglich ist aber, inwiefern bestimmte Desinvestitionen durchgeführt werden, wenn davon Geschäftsbereiche betroffen sind, deren Aufrechterhaltung der Erfüllung des öffentlichen Auftrages dient. Zu nennen wäre hier insbesondere das ausgedehnte Filialnetz der Sparkassen. Einerseits wird gerne betont, daß hierdurch erst die flächendeckende Kreditversorgung gewährleistet wird.[241] Andererseits sorgen der verstärkte Einsatz von elektronischen Medien bei der Abwicklung von Bankgeschäften und der zunehmende Zwang zur Wettbewerbsfähigkeit dafür, daß Desinvestitionen in diesem Bereich nicht ausgeschlossen werden.[242]

---

235 So werden im öffentlich-rechtlichen Kreditgewerbe mit einer Ausbildungsquote von 10 % doppelt so viele junge Menschen ausgebildet wie in der gesamten restlichen Wirtschaft. Vgl. Köhler (1995), S. 260; auch Güde (1995), S. 211.

236 Vgl. Kunze (1996), S. 578; Faust/Richard (1998), S. 324; Behm (1994), S. 98.

237 Zur Systematisierung unterschiedlicher Finanzierungsarten vgl. Drukarczyk (1993), S. 16.

238 Vgl. Güde (1995), S. 34.

239 Vgl. Güde (1995), S. 211.

240 Vgl. Güde (1995), S. 200; Hoppenstedt (1999a), S. 18; Schröder (1997), S. 574.

241 Vgl. Neuber (1998), S. 101; Püttner (1994), S. 840.

242 Vgl. bereits Keßler (1988), S. 350.

Bei der Abschätzung des Wachstumspotentials ist auch bei den öffentlich-rechtlichen Banken das Regionalprinzip zu berücksichtigen. Das Kundenpotential wird daher durch die lokalen Gegebenheiten determiniert.[243] Der Akquisition von Neukunden sind somit nicht zuletzt aufgrund der neu hinzugekommenen Non- und Near-Banks enge Grenzen gesetzt.

Weiterhin ist in die Mengenplanung die entsprechende Unterlegungspflicht mit einzubeziehen. Insbesondere die Sparkassen waren bisher bei der Erhöhung des Eigenkapitals auf die Innenfinanzierung angewiesen. Dies setzt eine bestimmte Mindestrentabilität voraus. Durch die letzten KWG-Novellierungen haben sich aber auch für die öffentlichen Banken die externen Eigenkapitalbeschaffungsmöglichkeiten verbessert.

Bei der Entwicklung der Wertkomponente wird in der Literatur einerseits die Auffassung vertreten, daß die Preise im Rahmen der Preispolitik so festzusetzen sind, daß sie für die angesprochene Kundengruppe gerade noch sozial verträglich sind.[244] Ein anderer, ebenfalls dieser Bankengruppe nahestehender Autor sieht hingegen für *Sozialrabatte* keinen Platz.[245] Im Einklang mit letzterer Auffassung erkennen auch unabhängige Autoren keinen Unterschied in der Preispolitik zwischen privatrechtlichen und öffentlich-rechtlichen Kreditinstituten.[246] Hierdurch kann jedoch nicht geklärt werden, ob die öffentlichen Banken nicht doch für günstigere Marktkonditionen sorgen, da sie aufgrund ihres bedeutenden Marktgewichtes möglicherweise in der Lage sind, die Preise zu beeinflussen. Wollen die anderen Banken ihre Kunden nicht verlieren, müssen sie, und dies gilt insbesondere für das Mengengeschäft, bei der Preisfestsetzung entsprechend reagieren.

4.6.4.3 Einfluß der Gesamtbankstrategie auf die Risikoposition

Die Einbeziehung des Ausfallrisikos stellt sich ähnlich dar wie bei den zuvor untersuchten Kreditgenossenschaften. Das Kreditportfolio besteht aufgrund der besonderen Bedeutung des Mengengeschäfts aus einer Vielzahl kleinerer Kreditbeträge. Die damit verbundene Diversifikation führt zu einer Risikoverringerung des Kreditportfolios.[247] Weiter wird von den Vertretern der öffentlichen Banken gerne darauf hingewiesen, daß die Kreditentscheidungen vor Ort getroffen werden und die zuständigen Kreditsachbearbeiter daher gut über die wirtschaftliche Situation und die Zahlungsmoral der (potentiellen) Kreditnehmer informiert sind.[248]

243 Vgl. Schmidhuber (1993), S. 348; Güde (1995), S. 43; Langschied (1993), S. 134.
244 Vgl. Güde (1995), S. 39.
245 Vgl. Zügel (1985), S. 21.
246 Vgl. Oellerking/Holzgrabe (1990), S. 58; Langschied (1993), S. 115.
247 Vgl. Steinheuer (1990), S. 120; Schell (1989), S. 2556.
248 Vgl. Schmidhuber (1993), S. 349; Steinheuer (1990), S. 122; Becker-Birck (1994), S. 828.

Das Regionalprinzip wirkt sich auch im öffentlichen Bankensektor tendenziell risikoerhöhend aus. Ein überregionaler Risikoausgleich ist nicht möglich.[249] Deshalb sind insbesondere kleinere Sparkassen in der Regel nicht in der Lage, ihre Kreditrisiken branchenübergreifend breit zu streuen.[250] Die Ausführungen zu den strukturell bedingten höheren Ausfallrisiken bei Kreditgenossenschaften gelten daher auch für diese Bankengruppe.[251]

Fraglich ist, inwiefern durch die Erfüllung des öffentlichen Auftrages Risikokosten entstehen, die über dem Durchschnitt des gesamten Bankensektors liegen. Oftmals beschränken sich die Äußerungen von Vertretern der Sparkassenorganisation darauf, daß den mittelständischen Firmen auch in wirtschaftlich schweren Zeiten beigestanden wird.[252] Einige Autoren werden dagegen konkreter und verweisen explizit auf dadurch entstehende höhere Risikokosten.[253] Inwiefern die Übernahme solcher Kreditrisiken aus betriebswirtschaftlicher Sicht akzeptiert werden kann, hängt zunächst einmal davon ab, ob für die Bepreisung im Kreditgeschäft der Banken die Risikonormierungs- oder die Risikoabgeltungsthese zugrunde liegt.[254] Erstere besagt, daß Banken bereit sind, Kreditrisiken bis zu einer bestimmten Ausfallwahrscheinlichkeit zu übernehmen. Innerhalb dieses Rahmens wird keine am individuellen Ausfallrisiko orientierte Risikoprämie veranschlagt. Für die einzelnen Kreditnehmer sind die Preise der jeweiligen Kreditarten zumindest theoretisch grundsätzlich gleich. Preisliche Differenzierungen gibt es lediglich zwischen den unterschiedlichen Kreditarten. Die in der Praxis tatsächlich beobachtbaren Preisunterschiede innerhalb einer Kreditart werden mit der Verhandlungsmacht des Kreditnehmers oder den in unterschiedlicher Höhe anfallenden Kosten erklärt. Übersteigt das individuelle Kreditrisiko eine festgelegte Grenze, so wird der Kreditantrag abgelehnt. Nach der Risikoabgeltungsthese sind Banken grundsätzlich zur Übernahme jedes Kreditrisikos bereit. Diese Bereitschaft läßt sich finanzierungstheoretisch damit begründen, daß ein steigendes Risiko durch eine entsprechend höhere Risikoprämie abgegolten werden kann. Für jeden Kreditantrag wird dazu eine das individuelle Ausfallrisiko berücksichtigende Risikoprämie ermittelt. Diese ist so festzulegen, daß der erwartete Erfolgsbeitrag des Kreditgeschäfts eine risikoäquivalente Eigenkapitalverzinsung verspricht. Für die Ausgangsüberlegung folgt hieraus:

1. Bei Zugrundelegung der Risikonormierungsthese: Solange das erhöhte Kreditrisiko den vorgegebenen Grenzwert nicht übersteigt, wird das übernommene Risiko durch einen für diese Kreditart risikoäquivalenten Zinssatz abgegolten. Übersteigt das Risiko diesen Grenzwert und wird der Kredit trotz nicht risikoäquivalenter

---

249 Vgl. Kunze (1996), S. 574; Steinheuer (1990), S. 121 f.; Güde (1995), S. 43.

250 Vgl. Güde (1995), S. 43; Langschied (1993), S. 134; Steinheuer (1990), S. 122.

251 Zu den strukturell bedingten Kreditrisiken im Sparkassensektor vgl. Feige/Schäfer (1981), S. 49-55.

252 Vgl. Köhler (1995), S. 254; Kunze (1996), S. 578.

253 Vgl. Amely (1997), S. 280; Mauerer (1998), S. 947.

254 Zu den unterschiedlichen Thesen vgl. ausführlich Kirmße (1996), S. 39-45.

Verzinsung vergeben, so ist für das Einzelgeschäft ein negativer Kapitalwert zu erwarten. In diesem Fall stellt sich die Frage, warum einzelne Kreditnehmer zu Lasten des Gemeinwohls subventioniert werden sollten. Genau dies würde eine solche Kreditentscheidung bedeuten. Bei einem konstanten Ausschüttungssatz nehmen die zu gemeinnützigen Zwecken zu verwendenden Gewinnabführungen ab. Zudem ist der Spielraum für solche Geschäfte begrenzt, da hierdurch die Wettbewerbsfähigkeit und letztlich die Existenz der Sparkasse bedroht wird.

2. Bei Zugrundelegung der Risikoabgeltungsthese: In diesem Fall muß der Kreditnehmer einen dem Risiko entsprechenden Kreditzins zahlen. Aus betriebswirtschaftlicher Sicht ist hiergegen nichts einzuwenden. Es handelt sich um eine rationale Kreditvergabeentscheidung, die keiner besonderen Hervorhebung seitens des Sparkassensektors bedarf. Es ist keinesfalls so, daß dem Kreditnehmer ein besonderer Vorteil gewährt wird. Da die Sparkassen aber grundsätzlich dem Gemeinwohl dienen, ist es m. E. fragwürdig, ob solche Risiken übernommen werden sollten. Nicht zu vergessen ist hierbei, daß den zu erwartenden hohen Zinszahlungen eine entsprechend hohe Ausfallwahrscheinlichkeit gegenübersteht. Derartige Kreditgeschäfte sollten besser direkt über den Kapitalmarkt oder bei kleineren Firmen über entsprechende Fonds abgewickelt werden.

Als weiteres Problem kommt hinzu, daß risikoäquivalente Zinssätze ab einem bestimmten Niveau - zumindest im Mengenkundengeschäft - aufgrund ihrer Höhe schnell in den Bereich der Sittenwidrigkeit gelangen können. Daher ist davon auszugehen, daß Kreditinstitute ab einer bestimmten Ausfallwahrscheinlichkeit im Tagesgeschäft nicht mehr in der Lage sind, risikoäquivalente Zinssätze am Markt durchzusetzen. Ähnlich wie bei der Risikonormierungsthese dürfte somit auch im Fall der Risikoabgeltungsthese in der Praxis eine Grenze für die Übernahme eines maximalen Ausfallrisikos bestehen. Der sich tatsächlich ergebende Unterschied zwischen beiden Thesen liegt daher vielmehr in der Vernachlässigung bzw. Bestimmung der individuellen Risikoprämien.

Im Vergleich zu den Ausfallrisiken ergeben sich für die Preisrisiken keine größeren Besonderheiten. Aufgrund der Geschäftsstruktur ist die Berücksichtigung des Zinsänderungsrisikos von zentraler Bedeutung. Obwohl das Provisionsgeschäft auch im öffentlichen Bankensektor immer stärkere Beachtung findet, macht das Zinsgeschäft noch ca. 83 % des Rohertrages aus.[255] Das Währungsrisiko ist aufgrund der Geschäftsstruktur hingegen nur von untergeordneter Bedeutung. Dies gilt auch für die Kursrisiken, da die Sparkassen nach dem Enumerationsprinzip bestimmte Geschäfte nicht tätigen dürfen.[256] Hierzu zählen spekulative Derivate- und Devisengeschäfte.[257]

---

255 Vgl. Deutsche Bundesbank Monatsbericht September 2000, S. 76.
256 Vgl. die Aufzählung bei Langschied (1993), S. 136.
257 Vgl. Schierenbeck/Hölscher (1998), S. 86.

4.6.5 Ergebnis

Als Fazit kann festgehalten werden, daß die rechtsformspezifischen Besonderheiten Einfluß auf die Cash-Flow-Planung haben. Sicherlich lassen sich die Ausführungen nicht für alle Institute einer Bankengruppe verallgemeinern. Dennoch gibt es einige charakteristische Merkmale, die für eine Vielzahl der zu einer Bankengruppe zählenden Kreditinstitute gelten. Ziel des Gliederungspunktes 4.6 war es, diese Merkmale herauszuarbeiten und darüber hinaus aufzuzeigen, wie sie in die Cash-Flow-Planung qualitativ zu integrieren sind.

Unter Einbeziehung der jeweiligen Institutsgruppenzugehörigkeit sind mit Bestimmung des FCF1 die Voraussetzungen zu einer Ermittlung des bewertungsrelevanten Zielbeitrages geschaffen. Die Darstellung eines diesbezüglichen Ansatzes erfolgt in Kapitel 5.

5 Bestimmung der bewertungsrelevanten Zielbeiträge und Verdichtung zu einem Bankwert

5.1 Zur Bedeutung der Vollausschüttungshypothese

5.1.1 Vollausschüttungshypothese und Bewertungslehre

Bekanntlich ist in der Bewertungstheorie ausschließlich das bewertungsrelevant, was den Anteilseignern letztlich an finanziellen Mitteln zufließt.[1] Zahlungsüberschüsse auf Unternehmensebene sind grundsätzlich nur dann in den Bewertungskalkül aufzunehmen, wenn diese auch an die Investoren ausgeschüttet werden.[2] In der Bewertungslehre wird daher zur Bestimmung der zu diskontierenden Zielbeiträge gerne auf die Vollausschüttungshypothese zurückgegriffen.[3] Wie die Wortkomponente *Hypothese* vermuten läßt, wird vom tatsächlichen Ausschüttungsverhalten abstrahiert und eine Vollausschüttung der Periodenerfolge an die Anteilseigner fingiert.[4] Hierdurch soll gewährleistet sein, daß der Wechsel von der Betrachtungsebene *Umwelt - Unternehmen* auf die Ebene *Unternehmen - Anteilseigner* vollzogen wird.[5]

Da das in der Praxis zu beobachtende Ausschüttungsverhalten der Banken regelmäßig von der Vollausschüttungshypothese abweicht, stellt sich die Frage, welche Konsequenzen dies auf die Höhe des Bankwertes hat. Die Beantwortung dieser Frage erfolgt im nächsten Gliederungspunkt.

5.1.2 Vollausschüttungshypothese und Investitionstheorie

Wird entgegen dem in der Realität zu beobachtenden Verhalten von einer Vollausschüttung der Periodenerfolge ausgegangen, so hängen die Auswirkungen auf den Bankwert von der internen Verzinsung der thesaurierten Erfolgsbeiträge ab. Um das Ergebnis vorwegzunehmen: In einer Welt ohne Steuern ist der Unternehmenswert nur dann vom tatsächlichen Ausschüttungsverhalten unabhängig, wenn die interne Verzinsung der thesaurierten Mittel genau dem Kapitalkostensatz entspricht.[6] Voraussetzung ist auch hier, daß die Ausschüttung der thesaurierten Beträge zu irgendeinem Zeitpunkt erfolgt. Übersteigt die intern realisierbare Verzinsung den Kapitalkostensatz, so wirkt dies werterhöhend et vice versa.[7] In der Realität ist das Kontingent an

---

1 Vgl. Kapitel 3.3.1 und die dort angegebene Literatur.

2 Vgl. dazu aber auch die Ausführungen in Kapitel 5.8.

3 Vgl. Sieben (1995), S. 720; König/Zeidler (1996), S. 1101; Coenenberg/Schultze (1998), S. 272; Peemöller (1993), S. 410.

4 Vgl. Löhr (1994), S. 301.

5 Vgl. Coenenberg/Schultze (1998), S. 270 f.; dazu kritisch Schmidt (1995), S. 1096.

6 Vgl. Dirrigl/Wagner (1993), S. 267; Ballwieser (1995b), Sp. 1869; Hax (1969), S. 365.

7 Vgl. Hörter (1998), S. 135; Herter (1994), S. 42 f.; Freygang (1993), S. 183; Lewis (1994), S. 81.

Investitionsobjekten, die eine über dem Kapitalkostensatz liegende Rendite erwirtschaften, jedoch begrenzt. Ansonsten wäre der Kapitalmarkt nicht im Gleichgewicht.[8]

Diese Überlegungen können anhand von Formel 5.1 für einen Unternehmenswert bei unendlich uniformen FCF1 und einer konstanten Thesaurierungsquote nachvollzogen werden:[9]

$$UW = FCF1 \cdot \frac{1-c}{r - c \cdot i_V} \qquad (5.1)$$

mit: UW = Unternehmenswert der Bank,
c = konstante Thesaurierungsquote,
i_V = interner Verzinsungssatz für die zusätzlichen Investitionsobjekte.

Nur wenn der Kapitalisierungszinssatz und die interne Verzinsung der zusätzlichen Investitionsobjekte das gleiche Niveau aufweisen ($r = i_V$), kürzen sich alle Terme mit Ausnahme von FCF1 sowie r aus Formel 5.1 heraus und der Bankwert ist unabhängig von der Höhe der Thesaurierungsquote. Es gilt:

$$UW = \frac{FCF1}{r}. \qquad (5.2)$$

Zum Zwecke der Unternehmensbewertung ist gemäß dem Subjektivitätsprinzip die aus Sicht des Entscheidungsträgers beste Unternehmensstrategie zugrunde zu legen. Hierzu zählt auch die Festlegung einer optimalen Investitions- und Finanzierungspolitik.[10] Für die Verwendung der jährlichen Zahlungsüberschüsse bedeutet dies: Steht ein entsprechendes Investitionsprogramm zur Verfügung, so sind alle Investitionsprojekte durchzuführen, deren Rendite den projektspezifischen Eigenkapitalkostensatz übersteigt. Das heißt, daß alle Investitionsprojekte mit positivem Kapitalwert zu realisieren sind.[11] Daher sollten nur die Teilbeträge ausgeschüttet werden, die ansonsten in Investitionsprojekte investiert werden müßten, die zur Generierung eines negativen Kapitalwertes führen würden.

---

[8] Vgl. Hax (1969), S. 366.

[9] Zur Herleitung der Formel vgl. Hax (1969), S. 365.

[10] Bei Ableitung einer optimalen Investitions- und Finanzierungspolitik ergibt sich die bestmögliche Ausschüttungsregel als Nebenprodukt. Vgl. Schwetzler (1998), S. 696.

[11] Vgl. zu diesem Abschnitt Dirrigl/Wagner (1993), S. 268 f.; Drukarczyk (1993), S. 72.

5.1.3 Vollausschüttungshypothese und Besteuerung

Im vorherigen Gliederungspunkt wurden die Bedingungen herausgearbeitet, unter denen der Unternehmenswert in einer Welt ohne Steuern vom tatsächlichen Ausschüttungsverhalten unabhängig ist. Diese Erkenntnisse gelten jedoch nicht in einer Welt mit Steuern, in der Gewinnthesaurierungen steuerlich besser gestellt werden als Gewinnausschüttungen.[12] Genau dieser Sachverhalt ist jedoch in Deutschland seit Einführung des Halbeinkünfteverfahrens im Rahmen der Unternehmenssteuerreform zum 1.1.2001 bei der Besteuerung von Unternehmen, die der Körperschaftsteuer unterliegen, gegeben. Gewinne werden seitdem auf Unternehmensebene unabhängig von der realisierten Gewinnverwendung mit 25 % Körperschaftsteuer belegt. Kommt es daneben zu Gewinnauskehrungen an die Anteilseigner, so unterliegen diese auf Ebene der Investoren zur Hälfte der tariflichen Einkommensteuer.[13] Zum Zwecke der Unternehmensbewertung wird in der Fachliteratur vielfach ein typisierter Einkommensteuersatz von 35 % vorgeschlagen.[14] Unter dieser Annahme führt die steuerliche Bevorzugung von Gewinnthesaurierungen dazu, daß Unternehmen durch die vorübergehende Einbehaltung von Gewinnen in die Lage versetzt werden, ihren Unternehmenswert zu steigern. Dies resultiert aus einem Steuerverlagerungseffekt:[15] So kann im Falle einer Thesaurierung ein höherer Betrag auf Unternehmensebene reinvestiert werden als bei einer Gewinnausschüttung. Erst im Zeitpunkt der Ausschüttung erfolgt die Besteuerung der zuvor thesaurierten Beträge mit dem individuellen Steuersatz des Investors. Diese Überlegungen werden nachfolgend an einem einfachen Beispiel verdeutlicht (Tab. 5.1):

Ein Unternehmen weist eine Zahlungsreihe von 100 Euro für die Perioden 1 bis 3 auf. Am Ende von Periode 3 wird das Unternehmen liquidiert, wobei der Zahlungsüberschuß von 100 Euro genau dem Liquidationserlös entspricht. Weiter wird vereinfachend unterstellt, daß die Zahlungsüberschüsse gleich den handels- bzw. steuerrechtlichen Gewinnen sind. Der Steuersatz beträgt auf Unternehmensebene für einbehaltene Gewinne 25 %, Ausschüttungen unterliegen auf Anteilseignerebene in hälftiger Höhe einem Steuersatz von 35 %. Der Kapitalisierungszinssatz beträgt 13,33 % vor bzw. 8,25 % nach Steuern.[16]

---

12 Vgl. Crezelius (2001), S. 224.

13 Zu den Grundzügen des deutschen Ertragsteuersystems vgl. Gliederungspunkt 5.4.2.

14 Vgl. WP-Handbuch (1998), S. 67; Auge-Dickhut/Moser/Widmann (2000), S. 364; Ring/Castedello/Schlumberger (2000), S. 357.

15 Vgl. Hötzel/Beckmann (2000), S. 699.

16 Vgl. Kapitel 5.8 bzw. ausführlich Kapitel 6.1.5.

Situation 1	1	2	3	
Gewinn aus Basis-Investitionsprogramm	100	100	100	
Steuern auf Unternehmensebene (25 %)	-25	-25	-25	
Thesaurierung	0	0	0	
Ausschüttung	75	75	75	
Steuern auf Anteilseignerebene (35 %; Halbeinkünfteverfahren)	-13,13	-13,13	-13,13	
Zahlungsüberschuß auf Eignerebene	61,87	61,87	61,87	
Barwert in t = 0				158,73
Situation 2	**1**	**2**	**3**	
Gewinn aus Basis-Investitionsprogramm	100	100	100	
Gewinn aus Zusatz-Investitionsprogramm	0	10,00	21,00	
Steuern auf Unternehmensebene (25 %)	-25	-27,50	-30,25	
Thesaurierung	75	82,50	0	
Summe thesaurierter Beträge	75	157,50	0	
Ausschüttung	0	0	248,25	
Steuern auf Anteilseignerebene (35 %; Halbeinkünfteverfahren)	0	0	-43,44	
Zahlungsüberschuß auf Eignerebene	0	0	204,81	
Barwert in t = 0				161,46

Tab. 5.1: Wertsteigerung durch vorübergehende Gewinnthesaurierung

In Situation 1 wird zunächst angenommen, daß der jährliche Zahlungsüberschuß nach Unternehmensteuern vollständig ausgeschüttet wird. Bei einer Ausschüttung von 75 Euro pro Periode und einem tariflichen Steuersatz von 35 % auf Eignerebene ergibt sich bei einem Kapitalisierungszinssatz von 8,25 % nach Steuern (r = 0,0825) ein Unternehmenswert von 158,73 Euro.

In Situation 2 wird unterstellt, daß der Zahlungsüberschuß in den Perioden 1 und 2 vollständig thesauriert wird. Erst am Ende von Periode 3 werden alle Mittel ausgeschüttet. Einbehaltene Beträge können auf Unternehmensebene zu 13,33 % vor Steuern angelegt werden. Es ergibt sich die in Tabelle 5.1 dargestellte Zahlungsreihe von jeweils 0 Euro für die Perioden 1 und 2 sowie 204,81 Euro für die Periode 3. Dieser Betrag setzt sich zusammen aus dem Zahlungsüberschuß der Periode 3 (100 Euro), dem zusätzlichen Zahlungsüberschuß der thesaurierten Beträge (21 Euro), der Ausschüttung der thesaurierten Beträge der Perioden 1 und 2 (157,50 Euro) abzüglich der Steuerbelastung von 30,25 Euro auf den auszuschüttenden Gewinn der Periode 3 (= 0,25 · 121 Euro) und der zusätzlichen Steuerlast auf Eignerebene von 43,44 Euro (= 0,35 · 0,5 · 248,25 Euro). Der Unternehmenswert beträgt 161,46 Euro. Das Beispiel zeigt, daß die Unternehmenswerte von der Höhe der Steuersätze auf Unternehmens- und Eignerebene sowie der beabsichtigten Gewinnverwendungspolitik abhängig sind. Im Beispiel konnte eine Wertsteigerung von ca. 1,7 % aufgrund der realisierten Ausschüttungspolitik erzielt werden.

Dies könnte dazu führen, daß die Gewinnverwendungspolitik des Managements zukünftig verstärkt Gewinnthesaurierungen vorsieht,[17] da hiermit ceteris paribus eine Wertsteigerung einhergeht. Dabei wird aber übersehen, daß die Bedingung *interne gleich externe Verzinsung* in der Realität nicht uneingeschränkt für ein beliebig hohes Investitionsprogramm gelten kann. Es ist vielmehr davon auszugehen, daß die interne Verzinsung ab einer gewissen Investitionshöhe unterhalb der extern erzielbaren liegen wird. Es kommt dann zur Realisierung eines suboptimalen Investitionsprogrammes.[18]

Somit handelt es sich um zwei gegenläufige Effekte. Die vorübergehende Thesaurierung führt zu einer Unternehmenswertsteigerung, die suboptimale Investitionsauswahl hingegen zu einer Wertreduzierung. Eine allgemeingültige Aussage, welcher Effekt überwiegt, kann nicht getroffen werden. M. E. ist aber davon auszugehen, daß der positive Steuerverlagerungseffekt den Nachteil aus der Realisierung des suboptimalen Investitionsprogrammes in der Regel nicht aufwiegen wird.

5.1.4 Vollausschüttungshypothese und handelsrechtliche Gewinngröße

Es wurde bereits darauf hingewiesen, daß grundsätzlich nicht der handelsrechtliche Gewinn, sondern der FCF1 die zu diskontierende Zielbeitragsgröße im Bewertungskalkül determiniert. Es ist jedoch zu überprüfen, ob der handelsrechtliche Gewinn restriktiv auf die Höhe des zur Ausschüttung gelangenden FCF2 wirkt.[19] Hierbei ist insbesondere an die Ausschüttungsbemessungsfunktion des handelsrechtlichen Gewinns zu denken.[20] Ist der handelsrechtliche Gewinn größer als der FCF1, so ergeben sich für eine Ausschüttung des FCF1 keinerlei Restriktionen aus dem Handelsrecht. Übersteigt hingegen der FCF1 den handelsrechtlichen Gewinn, so bedingt dies im einfachsten Fall die Auflösung anderer Gewinnrücklagen.[21] Aufgrund der bereits angesprochenen Eigenkapitalproblematik dürfte dies für die meisten Kreditinstitute, insbesondere aus dem Sektor der Genossenschaftsbanken und der Sparkassen, jedoch nur bedingt möglich sein.[22]

Probleme treten auch dann auf, wenn die anderen Gewinnrücklagen nicht ausreichen, den den handelsrechtlichen Gewinn übersteigenden Betrag des FCF1 abzudecken. In diesem Fall ist eine vollständige Ausschüttung des FCF1 an die Anteilseigner nicht

---

17 Vgl. Krawitz (2000), S. 1725.

18 Vgl. zu dieser Problematik die Ausführungen in Gliederungspunkt 5.5.

19 Vgl. Sieben (1995), S. 723; Drukarczyk (2001), S. 141 f.; Schwetzler (1998), S. 697.

20 Zur Ausschüttungsbemessungsfunktion vgl. Baetge (1996), S. 61.

21 Auf weitere Möglichkeiten, wie die Durchführung einer Kapitalherabsetzung oder den Rückerwerb eigener Anteile, soll hier nicht näher eingegangen werden. Vgl. Schwetzler (1998), S. 697.

22 Dirrigl/Wagner weisen darauf hin, daß bei Kapitalgesellschaften die Befugnis zur Auflösung von anderen Gewinnrücklagen nicht mehr in den Kompetenzbereich der Hauptversammlung fällt, wenn wie im Regelfall Vorstand und Aufsichtsrat den Jahresabschluß feststellen. Vgl. Dirrigl/ Wagner (1993), S. 265.

möglich und es kommt zu einer Zwangsthesaurierung des entsprechenden Spitzenbetrages.[23]

5.1.5 Vollausschüttungshypothese und Bankbewertung

Im Rahmen der Bankbewertung bildet die Bestimmung des FCF1 den Ausgangspunkt für die rechnerische Wertermittlung. Die Besonderheiten des Bankensektors verhindern jedoch, daß der aus dem Investitionsobjekt *Bank* resultierende Zahlungsüberschuß zwischen Umwelt und Unternehmen ungeprüft dem bewertungsrelevanten FCF2 gleichgesetzt werden kann.[24] Der Bewerter hat vielmehr bei der Planung der Zählergröße des Bewertungskalküls unterschiedliche Nebenbedingungen - sowohl auf Bestandsgrößenebene als auch auf Stromgrößenebene - zu berücksichtigen:

1. Einhaltung der bankaufsichtsrechtlichen Unterlegungspflicht (Bestandsgrößenebene),

2. Beachtung von gesetzlichen und/oder satzungsmäßigen Gewinnverwendungsvorschriften (Stromgrößenebene).

Zu 1.: Die bankaufsichtsrechtlichen Vorschriften des § 10 KWG und des Grundsatzes I schreiben ein gewisses Mindestmaß an Haftkapital vor. Hiermit soll den speziellen Risiken des Bankgeschäfts Rechnung getragen werden.[25] Die notwendige Kapitalbindung wird dabei mit Hilfe von standardisierten Verfahren berechnet.[26]

Zu 2.: Bevor die Vollausschüttungshypothese auf **Ebene des FCF1** dem Bewertungskalkül zugrunde gelegt wird, ist zunächst zu prüfen, ob dem gesetzliche und/oder satzungsmäßige Gewinnverwendungsvorschriften entgegenstehen.[27] Ansonsten wird der Diskontierung eventuell eine unmaßgebliche Größe zugrunde gelegt.[28]

Bevor in den Gliederungspunkten 7 und 8 dieses Kapitels für die einzelnen Institutsgruppen beispielhaft rechtsformspezifische FCF2-Größen nebst dazugehöriger Bankwerte ermittelt werden, sind zunächst die beiden obengenannten Restriktionen sowie einige weitere bewertungsrelevante Aspekte näher zu erläutern.

---

23 Vgl. Schwetzler (1998), S. 697.
24 Vgl. Adolf/Cramer/Ollmann (1989a), S. 485.
25 Vgl. Schierenbeck (1999b), S. 298 f.
26 Vgl. hierzu Kapitel 5.2.2.
27 Vgl. Schwetzler (1998), S. 696 f.; Drukarczyk (2001), S. 141 f.
28 Vgl. Schmidt (1995), S. 1096.

5.2 Berücksichtigung der bankaufsichtsrechtlichen Unterlegungspflicht

5.2.1 Begriffsabgrenzungen

5.2.1.1 Der handelsrechtliche Begriff des Eigenkapitals

Nach § 340a Abs. 1 HGB haben alle Kreditinstitute, unabhängig von ihrer Rechtsform, die für große Kapitalgesellschaften geltenden Vorschriften über den Jahresabschluß und den Lagebericht anzuwenden. Die Bestandteile des handelsrechtlichen Eigenkapitals wären demzufolge § 266 Abs. 3 HGB zu entnehmen.[29] § 340a Abs. 2 HGB bestimmt jedoch, daß für Kreditinstitute anstelle des § 266 HGB die durch Rechtsverordnung erlassenen Formblätter anzuwenden sind. Nach § 2 Abs. 1 der Verordnung über die Rechnungslegung der Kreditinstitute (RechKredV) müssen Kreditinstitute die Bilanz gemäß Formblatt 1 gliedern. Die dort vorgesehene Gliederung des Eigenkapitals entspricht aber den Bestimmungen des HGB bei vollständiger bzw. teilweiser Verwendung des Jahresergebnisses. Das Eigenkapital gliedert sich daher wie folgt (Tab. 5.2):[30]

Eigenkapital
a) gezeichnetes Kapital
b) Kapitalrücklage
c) Gewinnrücklage
ca) gesetzliche Rücklage
cb) Rücklage für eigene Anteile
cc) satzungsmäßige Rücklagen
cd) andere Gewinnrücklagen
d) Bilanzgewinn/Bilanzverlust

Tab. 5.2: Eigenkapitalgliederung bei Kreditinstituten

Das gezeichnete Kapital wird in Abhängigkeit von der Rechtsform bei den Aktiengesellschaften als Grund-, bei den Gesellschaften mit beschränkter Haftung als Stamm-, bei den Privatbankiers als Geschäftskapital, bei den Kreditgenossenschaften als Geschäftsguthaben und bei den öffentlichen Banken als Dotationskapital bezeichnet (§ 25 Abs. 1 RechKredV). Bei den Kreditgenossenschaften kennzeichnet das ausgewiesene Geschäftsguthaben die Summe der auf die Geschäftsanteile geleisteten Zahlungen und der Gewinn- bzw. Verlustzuweisungen. Innerhalb der Eigenkapitalpositionen wird bei dieser Institutsgruppe somit nicht zwischen interner und externer Kapitalbeschaffung unterschieden.[31] Im öffentlichen Bankensektor verfügen zumeist nur die Girozentralen über ein gezeichnetes Kapital. Da die Sparkassen bislang bis auf wenige Ausnahmen nicht mit Eigenkapital durch die Gewährträger ausgestattet

---

29 Vgl. dazu auch die Erläuterungen bei Schierenbeck/Hölscher (1998), S. 841 f.; ferner Baetge (1996), S. 391-394.

30 Vgl. Meyer/Isenmann (1993), S. 174 f.

31 Vgl. Regnery (1994), S. 174.

wurden, setzt sich das Eigenkapital bei Ihnen schwerpunktmäßig aus verschiedenen Rücklagen zusammen.[32]

Zu den Kapitalrücklagen zählen nur Beträge, die dem Eigenkapital des Kreditinstitutes von außen zugeführt und somit nicht aus erzielten Gewinnen gebildet wurden.[33] § 272 Abs. 2 HGB regelt welche Beträge als Kapitalrücklagen auszuweisen sind.[34]

Gemäß § 25 Abs. 2 Satz 1 RechKredV sind unter dem Posten Gewinnrücklagen auch die Sicherheitsrücklagen der Sparkassen und die Ergebnisrücklagen der Kreditgenossenschaften auszuweisen. Hierbei kann nach Satz 2 dieser Vorschrift der Posten Gewinnrücklagen um die genaue Bezeichnung der Rücklage ergänzt werden. Für den Ausweis des Bilanzgewinns gibt es keine rechtsformspezifischen Bezeichnungen.

Da einzelne Eigenkapitalpositionen je nach Rechtsform des Kreditinstitutes regelmäßig einen Betrag von null ausweisen würden, ist darauf hinzuweisen, daß nach § 265 Abs. 8 HGB von einer Aufführung derartiger Positionen abgesehen werden kann.

5.2.1.2 Der bankaufsichtsrechtliche Begriff der Eigenmittel

5.2.1.2.1 Grundlegung

Mit Inkrafttreten der 6. KWG-Novelle zum 1.1.1999 wurde in erster Linie europäisches Gemeinschaftsrecht in deutsches Recht transformiert. Dabei handelte es sich im einzelnen um die Umsetzung der Kapitaladäquanzrichtlinie, der Wertpapierdienstleistungsrichtlinie und der BCCI-Folgerichtlinie.[35] In einem engen Zusammenhang mit der Überarbeitung des KWG steht die Neufassung des Grundsatzes I.[36] Während die Preisrisiken zuvor lediglich über den nun weggefallenen Grundsatz 1a begrenzt wurden,[37] sind sie jetzt genau wie die bereits bislang berücksichtigten Ausfallrisiken mit Eigenmitteln zu unterlegen.[38]

Welche Positionen Bestandteil des bankaufsichtsrechtlichen Eigenmittelbegriffes sind, wird in § 10 KWG definiert. Die Eigenmittel setzen sich hiernach aus dem haftenden Eigenkapital und den neu hinzugekommenen Drittrangmitteln zusammen. Das

---

32 Zum gezeichneten Kapital bei öffentlichen Banken vgl. Gaumert (1997), S. 162 f.; Güde (1995), S. 190.

33 Vgl. Schierenbeck/Hölscher (1998), S. 841; Meyer/Isenmann (1993), S. 175.

34 Die Anwendung des § 272 HGB wird durch die Bestimmungen des § 340a Abs. 2 HGB nicht ausgeschlossen. Zudem bestehen keine Sonderregelungen durch die RechKredV. Vgl. Meyer/Isenmann (1993), S. 175.

35 Vgl. Boos (1997), S. 119; Karg/Lindemann (1997), S. 123.

36 Vgl. Boos (1997), S. 119.

37 Vgl. Schierenbeck/Hölscher (1998), S. 135.

38 Vgl. Hörter (1998), S. 66.

haftende Eigenkapital seinerseits besteht wiederum aus dem Kernkapital und dem Ergänzungskapital.[39] Die einzelnen Kapitalklassen beinhalten folgende Komponenten:[40]

Kernkapital - Anerkennung unbeschränkt

- Eingezahltes Kapital,
- Kapitalrücklagen,
- Gewinnrücklagen,
- Gewinnvortrag,
- Einlagen stiller Gesellschafter,
- Sonderposten für allgemeine Bankrisiken nach § 340g HGB,
- Nachgewiesene Zwischengewinne.

Ergänzungskapital - Anerkennung der Klassen I und II auf insgesamt maximal 100 % des Kernkapitals beschränkt

a) Klasse I
- Vorsorgereserven nach § 340f HGB,
- Neubewertungsreserven (bei Grundstücken zu 45 %, bei Wertpapieren und Fondsanteilen zu 35 %),
- Kumulative Vorzugsaktien mit fester Laufzeit,
- Hybride Finanzierungsinstrumente,[41]
- Rücklagen nach § 6b EStG (bis zu 45 %).

b) Klasse II - Anerkennung auf maximal 50 % des Kernkapitals beschränkt
- Längerfristige nachrangige Verbindlichkeiten mit einer Mindestursprungslaufzeit von fünf Jahren,
- Haftsummenzuschlag.

Drittrangmittel - Anerkennung bis zu 250 % des Kernkapitals, aber nur zur Unterlegung von Marktrisiken zulässig

- Die bei Glattstellung aller Handelsbuchpositionen entstehenden Nettogewinne,[42]
- Kurzfristige nachrangige Verbindlichkeiten mit einer Mindestursprungslaufzeit von zwei Jahren. Die Verbindlichkeiten dürfen jedoch kein vorzeitiges Kündigungsrecht

---

39 Vgl. Schierenbeck/Hölscher (1998), S. 121; Karg/Lindemann (1997), S. 128.

40 Vgl. dazu ausführlich Schierenbeck/Hölscher (1998), S. 121-134; weiter Boos (1997), S. 122 f.; Karg/Lindemann (1997), S. 128. Die Eigenmitteldefinition beruht im wesentlichen auf der Konzeption des Basler Ausschusses. Vgl. dazu Schierenbeck (1999b), S. 302 f.

41 Unter hybriden Finanzierungsinstrumenten werden Positionen verstanden, die sowohl Eigen- als auch Fremdkapitalcharakter aufweisen, wie z. B. Genußscheinkapital. Vgl. dazu Schierenbeck (1999b), S. 304.

42 Zur Begriffsdefinition von Nettogewinnen vgl. Karg/Lindemann (1997), S. 129.

besitzen und müssen eine *Lock-in-Klausel* aufweisen, wonach weder Zins- noch Tilgungszahlungen geleistet werden dürfen, falls hierdurch die Eigenmittelanforderungen nicht erfüllt wären.

Zu den allgemeinen Positionen, die von den Eigenmitteln in Abzug zu bringen sind, zählen - bereits auf Ebene des Kernkapitals - eventuell vorhandene Bilanzverluste und Firmenwerte sowie - auf Ebene des haftenden Eigenkapitals - bestimmte Beteiligungen.[43]

5.2.1.2.2 Rechtsformspezifische Besonderheiten bei Kapitalbanken

Bei den Kapitalbanken ist zu berücksichtigen, daß das Kernkapital um den Nennwert eigener Aktien oder Geschäftsanteile und um die in § 10 Abs. 2a Satz 2 Nr. 4 KWG genauer spezifizierten Kredite an Gesellschafter, denen mehr als 25 % der Kapitalanteile oder der Stimmrechte gehören, zu bereinigen ist. Des weiteren wird bei Aktienbanken der Nennwert der kumulativen Vorzugsaktien vom Kernkapital abgezogen und dem Ergänzungskapital der Klasse I zugerechnet.[44]

5.2.1.2.3 Rechtsformspezifische Besonderheiten bei Privatbankiers

Wurde bei den Privatbankiers das freie Vermögen des Inhabers oder der persönlich haftenden Gesellschafter zuvor durch den § 10 Abs. 6 KWG auf Antrag dem Kernkapital zugerechnet, so ist diese Vorschrift mit Einführung der 6. KWG-Novelle entfallen.[45] Für Kreditinstitute, die bereits vor dem 1.1.1998 über eine Erlaubnis nach § 32 KWG verfügten, kann das freie Vermögen gemäß § 64e Abs. 5 KWG aber weiterhin als Kernkapital angerechnet werden. Generell ist dabei zu beachten, daß das Bundesaufsichtsamt für das Kreditwesen das freie Vermögen in der Regel nur bis zur Höhe des bilanziell ausgewiesenen Eigenkapitals anerkennt.[46]

Da die persönlich haftenden Gesellschafter jederzeit Vermögensgegenstände aus dem Kreditinstitut entnehmen können, muß jede Entnahme erfaßt und vom Kernkapital abgezogen werden. Zudem sind Kredite an diese Personengruppe vom Kernkapital in Abzug zu bringen (§ 10 Abs. 2a Satz 1 Nr. 1 KWG).

---

[43] Vgl. Schierenbeck/Hölscher (1998), S. 123 und S. 132.
[44] Vgl. Boos (1997), S. 122.
[45] Vgl. Boos (1997), S. 122.
[46] Vgl. Regnery (1994), S. 164 f.

5.2.1.2.4 Rechtsformspezifische Besonderheiten bei Kreditgenossenschaften

Vergleichbar dem anerkannten freien Vermögen der Privatbankiers, kann das haftende Eigenkapital auch bei den Genossenschaftsbanken durch außerhalb der Unternehmenssphäre befindliches Privatvermögen erhöht werden. So ist der für diese Rechtsform typische Haftsummenzuschlag nach § 10 Abs. 2b Satz 1 Nr. 8 KWG dem Ergänzungskapital der Klasse II zuzurechnen. Neben der bankaufsichtsrechtlichen Begrenzung, wonach diese Eigenmittelkategorie nur bis zu einem Höchstbetrag von 50 % des Kernkapitals zu berücksichtigen ist, sind die Vorschriften der Zuschlagsverordnung[47] zu beachten. § 1 Abs. 1 Nr. 1 Zuschlagsverordnung bestimmt, daß bei einer beschränkten Nachschußpflicht ein Zuschlag von drei Viertel des Gesamtbetrages der Haftsummen festgesetzt wird. Gemäß § 1 Abs. 3 Zuschlagsverordnung ist der Zuschlag seit 1995 auf 25 % des ohne den Zuschlag vorhandenen haftenden Eigenkapitals begrenzt.[48]

Bereits gekündigte Geschäftsguthaben ausscheidender Genossen sind vom Kernkapital abzuziehen (§ 10 Abs. 2a Satz 1 Nr. 3 KWG).

5.2.1.2.5 Rechtsformspezifische Besonderheiten bei öffentlich-rechtlichen Kreditinstituten

Gemäß Art. 4 Abs. 2 der EG-Eigenmittelrichtlinie dürfen die von den Mitgliedsstaaten gegenüber den öffentlichen Banken gewährten Garantien nicht mit in die Eigenmittelberechnung dieser Institute einfließen. Somit führen Anstaltslast und Gewährträgerhaftung zu keiner Verbreiterung der Eigenmittelbasis. Begründet wurde die Nichtanerkennung der Garantien mit einer ansonsten befürchteten Wettbewerbsverzerrung.[49]

Auch wenn die Eigenkapitalbeschaffung öffentlicher Banken und hier insbesondere der Sparkassen in der Regel über eine Thesaurierung der erzielten Gewinne erfolgt, so steht es den Gewährträgern dennoch prinzipiell offen, die Eigenkapitalbasis durch die Zuführung von Dotationskapital zu erhöhen.[50] Hierbei ist jedoch zu beachten, daß die Bereitstellung der Mittel seitens des Gewährträgers nicht direkt oder indirekt durch das Kreditinstitut refinanziert werden darf. Ein ansonsten vorliegender *geschlossener Kreislauf* hätte zur Folge, daß das Bundesaufsichtsamt für das Kreditwesen die Kapitalzufuhr nicht als Erhöhung des haftenden Eigenkapitals anerkennen würde.[51]

---

47 Verordnung über die Festsetzung eines Zuschlages für die Berechnung des haftenden Eigenkapitals von Kreditinstituten in der Rechtsform der eingetragenen Genossenschaft (Zuschlagsverordnung).

48 Vgl. zu diesem Abschnitt Schierenbeck/Hölscher (1998), S. 131.

49 Vgl. dazu Regnery (1994), S. 246.

50 Vgl. Gaumert (1997), S. 163.

51 Vgl. zu diesem Abschnitt Regnery (1994), S. 175.

5.2.2 Berechnung der notwendigen Eigenmittel zur Einhaltung der bankaufsichtsrechtlichen Vorschriften

Wie bereits zuvor erwähnt, sind im Zuge der 6. KWG-Novelle und der Neufassung des Grundsatzes I neben den bereits bisher berücksichtigten Ausfallrisiken auch die Preisrisiken mit Eigenmitteln zu unterlegen.[52] Für die Berechnung der notwendigen Eigenmittelunterlegung werden die mit Ausfallrisiken behafteten Geschäfte in bilanzwirksame und nicht bilanzwirksame Geschäfte unterschieden. Bei letzteren wird weiter nach traditionellen (z. B. Garantien, Kreditzusagen) und nach innovativen Geschäften (OTC-Derivate mit Zins-, Wechselkurs- und sonstigen Preisrisiken) differenziert. Die Berechnung der notwendigen Eigenmittelunterlegung erfolgt für alle mit Ausfallrisiken behafteten Geschäfte anhand der in Abbildung 5.1 dargestellten Berechnungsmethode.[53]

Bemessungs-grundlage des Geschäfts	x	Umrechnungs-faktor	x	Bonitäts-gewichte	=	Anrechnungs-pflichtiger Betrag	x	Solvabiltiäts-koeffizient	=	Eigenmittel-anforderung

Abb. 5.1: Berechnung der erforderlichen Eigenmittelunterlegung

Die Bemessungsgrundlage für das bilanzwirksame Geschäft sind die Nominal- oder die Buchwerte.[54] Der Umrechnungsfaktor beträgt durchgehend 100 %.[55] Aus dem Produkt der Bemessungsgrundlage und des Umrechnungsfaktors resultiert der Kreditrisikobetrag. Dieser ist mit Bonitätsgewichtungsfaktoren zu multiplizieren. Je nach Kontrahentengruppe werden sechs verschiedene Bonitätsklassen (Bonitätsgewichtungsfaktoren: 0 %, 10 %, 20 %, 50 %, 70 %, 100 %) unterschieden.[56] Der anrechnungspflichtige Betrag ergibt sich aus dem bonitätsgewichteten Kreditrisikobetrag.

Das bilanzunwirksame Geschäft ist in Kreditrisikoäquivalente zu transformieren.[57] Dabei gibt es für die traditionellen und für die innovativen Geschäfte unterschiedliche Umrechnungsfaktoren. Die traditionellen Geschäfte werden einer von vier Risikoklassen zugeteilt. Anschließend wird die Bemessungsgrundlage, in der Regel der Buchwert, mit dem jeweiligen Umrechnungsfaktor (0 %, 20 %, 50 %, 100 %) multipliziert.[58] Die den innovativen Geschäften entsprechenden Risikoäquivalente sind

---

52 Hierbei gibt es Erleichterungen für sogenannte Nicht-Handelsbuchinstitute. Vgl. dazu die Übersicht bei Karg/Lindemann (1997), S. 125.

53 In Anlehnung an Schulte-Mattler/Traber (1997), S. 38. Vgl. auch Schulte-Mattler/Traber (1997), S. 43 und S. 51.

54 Vgl. Schulte-Mattler/Traber (1997), S. 38.

55 Vgl. Schierenbeck (1999b), S. 337.

56 Vgl. dazu ausführlich Schulte-Mattler/Traber (1997), S. 31-37; auch die Übersicht bei Schierenbeck (1999b), S. 338.

57 Vgl. Schulte-Mattler/Traber (1997), S. 38.

58 Vgl. Schulte-Mattler/Traber (1997), S. 39; Schierenbeck (1999b), S. 338.

mit Hilfe der Laufzeit- oder der Marktbewertungsmethode zu ermitteln.[59] Die Laufzeitmethode errechnet das Risikoäquivalent aus dem Produkt der Bemessungsgrundlage, in der Regel ein in Geldeinheiten ausgedrückter Anspruch auf Lieferung oder Zahlung, und einem laufzeitabhängigen Umrechnungsfaktor.[60] Bei der Marktbewertungsmethode setzt sich der Äquivalenzbetrag hingegen aus dem aktuellen Eindeckungsaufwand (current exposure) und einem Zuschlag (potential exposure) zusammen. Die erste Komponente kennzeichnet die Wiederbeschaffungskosten, die bei einem Ausfall des Vertragspartners entstehen würden; bei der zweiten Komponente handelt es sich um einen von der Restlaufzeit abhängigen Risikozuschlag.[61] Sowohl bei den traditionellen als auch bei den innovativen bilanzunwirksamen Geschäften wird der anrechnungspflichtige Betrag aus dem Produkt der Risikoäquivalente und den bereits vorgestellten kontrahentenspezifischen Bonitätsgewichtungsfaktoren ermittelt.[62] Hierbei ist aber zu beachten, daß der Gewichtungsfaktor bei den innovativen bilanzunwirksamen Geschäften auf maximal 50 % begrenzt wurde.[63] Im Ergebnis resultiert aus diesen Berechnungsvorgaben das dem Ausfallrisiko ausgesetzte Risikovolumen.

Für die einzelnen den Preisrisiken zuzuordnenden Risikofaktorkategorien (Risiken aus Zinspositionen, Aktienpositionen usw.) sind sogenannte Meßgrößen zu ermitteln. Diese Werte sollen das den Geschäften innewohnende Risiko widerspiegeln.[64] Die Ermittlung der Meßgrößen erfolgt derzeit noch mit Hilfe von extern vorgegebenen Standardverfahren, langfristig ist jedoch auch der Einsatz von internen Berechnungsverfahren vorgesehen.[65] Die Darstellung dieser Verfahren würde den hier gesetzten Rahmen sprengen. Es wird daher auf die einschlägige Literatur verwiesen.[66] Die einzelnen Meßgrößen sind auf Gesamtbankebene zu aggregieren.[67] Damit eine numerische Verknüpfung zwischen den Eigenmittelanforderungen aufgrund der Ausfallrisiken und der Preisrisiken erfolgen kann, ist die Summe der Meßgrößen mit 12,5 zu multiplizieren.[68] Dieser Multiplikator entspricht dem Kehrwert des Solvabilitätskoeffizienten von 8 %.

In einem weiteren Schritt sind die mit dem Ausfallrisiko behafteten risikogewichteten Aktiva und die für das Preisrisiko berechnete Größe zu addieren. Der sich so ergebende Gesamtbetrag ist mit 8 % Eigenmitteln zu unterlegen.[69] Hierbei sind die jeweils geltenden Begrenzungen für die einzelnen Eigenmittelbestandteile zu beachten.

---

59 Zur Darstellung der Methoden vgl. Schulte-Mattler/Traber (1997), S. 46-51; Schierenbeck (1999b), S. 340-349.
60 Vgl. Schulte-Mattler/Traber (1997), S. 51.
61 Vgl. Schierenbeck (1999b), S. 341 f.
62 Vgl. Schierenbeck (1999b), S. 339.
63 Vgl. Schierenbeck (1998), S. 144.
64 Vgl. Schierenbeck (1999b), S. 318.
65 Vgl. Schierenbeck (1999b), S. 353.
66 Vgl. dazu ausführlich Schierenbeck (1999b), S. 318-334.
67 Vgl. Schierenbeck (1999b), S. 318.
68 Vgl. Schierenbeck (1999b), S. 304 f.
69 Vgl. Schierenbeck (1999b), S. 305 f.

5.2.3 Bedeutung der bankaufsichtsrechtlichen Unterlegungspflicht für die Bestimmung des entziehbaren Free-Cash-Flow

Die vorangegangenen Ausführungen verdeutlichen, daß die Entwicklung des Geschäftsvolumens im Kreditgewerbe nicht losgelöst von der Entwicklung der bankaufsichtsrechtlich anerkannten Eigenmittel betrachtet werden kann.[70] Dies ist nicht nur bei der Festlegung einer Gesamtbankstrategie, sondern auch bei der Bestimmung der bewertungsrelevanten Zielbeiträge zu beachten. So ist die gesetzliche Unterlegungspflicht bei der Erstellung der Planbilanzen und der Plan-GuV explizit in jedes einzelne Planungsjahr mit einzubeziehen.[71] Anhand einer Kontrollrechnung ist zu überprüfen, ob die aus den Planbilanzen resultierende notwendige Eigenmittelunterlegung unter Berücksichtigung des beabsichtigten Ausschüttungsbetrages durch die vorhandenen bankaufsichtsrechtlich anerkannten Eigenmittelpositionen abgedeckt ist. Ist diese Bedingung nicht erfüllt, so ist im einfachsten Fall eine entsprechende Anpassung der Ausschüttungsquote vorzunehmen. Reicht möglicherweise jedoch auch eine Vollthesaurierung nicht aus, so wird die Zuführung von Eigenmitteln erforderlich. Handelt es sich dabei notwendigerweise um handelsrechtliches Eigenkapital, so sind diese Beträge als negative Zielbeiträge im Bewertungskalkül zu berücksichtigen. Hieraus folgt, daß bei der Festlegung des beabsichtigten Ausschüttungsbetrages nicht nur betriebswirtschaftliche, sondern auch bankaufsichtsrechtliche Aspekte zu berücksichtigen sind. Zudem ist gegebenenfalls die zusätzliche Zuführung von Eigenkapital erforderlich.

5.3 Berücksichtigung von gesetzlichen und satzungsmäßigen Gewinnverwendungsvorschriften

5.3.1 Rechtsgrundlagen bei Kapitalbanken

Die Rechtsgrundlagen betreffend die Verwendung des Jahresüberschusses sind für die AG und die KGaA in den §§ 58 und 150 AktG geregelt.[72] Nach § 150 Abs. 2 AktG sind 5 % des um einen eventuellen Verlustvortrag geminderten Jahresüberschusses in die gesetzliche Rücklage einzustellen. Dies gilt solange, bis die gesetzliche Rücklage und die Kapitalrücklage zusammen 10 % des Grundkapitals erreichen. Die Satzung kann jedoch auch einen höheren Anteil am Grundkapital vorsehen.

Stellen - wie im Regelfall - Vorstand und Aufsichtsrat den Jahresabschluß fest, so können sie nach § 58 Abs. 2 AktG in Verbindung mit § 58 Abs. 1 Satz 3 AktG bis zu 50 % des um die Zuführung zur gesetzlichen Rücklage und um einen eventuellen Verlustvortrag geminderten Jahresüberschusses den anderen Gewinnrücklagen zuführen.

---

70 Vgl. Schierenbeck/Wiedemann (1992), S. 350.

71 Vgl. Adolf/Cramer/Ollmann (1989b), S. 546 f.; Strutz (1993), S. 89 f.; Tegeder (1996), S. 260.

72 Gemäß § 278 Abs. 3 AktG gelten die Vorschriften des ersten Buches des AktG auch für die KGaA.

In der jeweiligen Satzung kann ein höherer oder ein geringerer Prozentsatz vorgesehen werden (§ 58 Abs. 2 Satz 2 AktG).

Die Hauptversammlung, die über die Verwendung des Bilanzgewinns entscheidet, kann nach § 58 Abs. 3 AktG weitere Beträge in die Gewinnrücklagen einstellen oder als Gewinn auf neue Rechnung vortragen.[73]

Die Verwendung des Jahresüberschusses ist für die GmbH weit weniger reglementiert. Die entsprechenden Vorschriften sind die §§ 29 und 30 GmbHG. Hiernach haben die Gesellschafter Anspruch auf den Jahresüberschuß bzw. bei teilweiser Gewinnverwendung auf den Bilanzgewinn (§ 29 Abs. 1 GmbHG). Nach Abs. 2 dieser Vorschrift können die Gesellschafter im Rahmen des Ergebnisverwendungsbeschlusses Beträge in die Gewinnrücklagen einstellen oder als Gewinn vortragen. Ist im Gesellschaftsvertrag nichts Gegenteiliges formuliert, so erfolgt die Verteilung des Jahresüberschusses bzw. des Bilanzgewinns gemäß dem Verhältnis der Kapitalbeteiligung (§ 29 Abs. 3 GmbHG). Nach § 30 Abs. 1 GmbHG darf das das Stammkapital bildende Vermögen nicht ausgezahlt werden.

5.3.2 Rechtsgrundlagen bei Privatbankiers

Definiert man den Begriff der Gewinnverwendung als Aufteilung des Jahresüberschusses auf die Bereiche *Zuführung zu offenen Rücklagen* und *Gewinnverteilung*,[74] so ist festzustellen, daß es für Einzelunternehmen und Personengesellschaften keine gesetzlichen Gewinnverwendungsvorschriften gibt.[75] Die erwirtschafteten Gewinne unterliegen somit keiner gesetzlichen Ausschüttungsrestriktion. Dies bedeutet nicht, daß in der individuellen Unternehmenssatzung keine Gewinnthesaurierungen vorgesehen sein können. Die Festlegung derartiger Regelungen obliegt jedoch den Gesellschaftern.[76]

Das HGB sieht jedoch - zum Teil aufbauend auf Regelungen des BGB - Vorschriften für die Gewinnverteilung bei Personengesellschaften vor, falls hierzu keine gesellschaftsrechtlichen Vereinbarungen bestehen.[77] Zu prüfen ist nun, ob diese Vorschriften Einfluß auf die Höhe der bewertungsrelevanten Zielbeiträge nehmen können.

---

73 Da ein Gewinnvortrag in den Bilanzgewinn der nächsten Periode einfließt, bleibt er in der Verfügungsgewalt der Hauptversammlung. Dies gilt hingegen nicht für die Verwendung der Gewinnrücklagen. Vgl. dazu Baetge (1996), S. 425-433.

74 Vgl. Bormann/Hellberg (1997), S. 2416.

75 Vgl. Baetge (1996), S. 60.

76 Vgl. Bormann/Hellberg (1997), S. 2416.

77 Vgl. Bormann/Hellberg (1997), S. 2417.

Nachfolgend sollen beispielhaft die diesbezüglichen Gesetzesregelungen für die OHG kurz skizziert werden.[78]

Ergänzend zu den Vorschriften des HGB gelten nach § 105 Abs. 3 HGB für die OHG auch die Vorschriften des BGB. Demzufolge sind die Gesellschafter gemäß § 705 BGB zur Leistung des im Gesellschaftsvertrag festgelegten Beitrages verpflichtet. Diese Beiträge gehen in das gemeinsame Vermögen der Gesellschaft (§ 718 Abs. 1 BGB) über. Der einzelne Gesellschafter kann über seinen Anteil am Gesellschaftsvermögen (Kapitalanteil) nicht verfügen (§ 719 Abs. 1 BGB).

Die maßgeblichen gesetzlichen Regelungen für die Ermittlung und Verteilung des Gewinns sind in den §§ 120 bis 122 HGB kodifiziert. Nach § 120 Abs. 2 HGB wird der einem Gesellschafter zukommende Gewinn seinem Kapitalanteil zugeschrieben. Ein eventuell vorhandener Verlust oder die während des Jahres getätigten Entnahmen sind hiervon abzuziehen. Bei der Gewinnverteilung erhält jeder Gesellschafter zunächst einen Anteil von 4 % seines Kapitalanteils (§ 121 Abs. 1 HGB). Der überschüssige Restbetrag bzw. ein möglicherweise existierender Verlust wird nach Köpfen verteilt. Ist also im Gesellschaftsvertrag keine andere Regelung vorgesehen, so werden die erwirtschafteten Gewinne mit den Kapitalkonten der Gesellschafter verrechnet. Die Gewinne fließen den Gesellschaftern somit zunächst nicht zu. Jeder Gesellschafter hat aber gemäß § 122 HGB ein Entnahmerecht. Führt dies nicht zum *offenbaren Schaden* der Gesellschaft,[79] so können alle Beträge, die den im Gesellschaftsvertrag bezeichneten Anteil übersteigen, entnommen werden.

In der Praxis kann jedoch davon ausgangen werden, daß die gesetzlichen Gewinnverteilungsvorschriften nur sehr selten zum Zuge kommen. Die Gesellschafter werden vielmehr im Rahmen eines Gesellschaftsvertrages individuelle Regelungen treffen.[80] Unterstellt man den Gesellschaftern rationales Verhalten, so ist zu vermuten, daß die Faktoren eingebrachtes Kapital, Privatvermögen und persönlicher Arbeitseinsatz die entscheidenden Stellgrößen für die Gewinnverteilung darstellen.

5.3.3 Rechtsgrundlagen bei Kreditgenossenschaften

Nach § 7 Nr. 2 GenG muß das Statut der Kreditgenossenschaft angeben, welcher Teil des Jahresüberschusses in die gesetzliche Rücklage einzustellen ist. Weiter ist nach dieser Vorschrift der Mindestbetrag der Gewinnrücklagen festzuschreiben, bis zu welchem die Einstellung zu erfolgen hat.

---

78 Die Vorschriften für die OHG gelten nach § 161 Abs. 2 HGB grundsätzlich auch für die KG. Auf die Sonderregelungen für Kommanditisten soll hier nicht näher eingegangen werden. Vgl. dazu die §§ 167 bis 169 HGB.

79 Eine Interpretation des Begriffes *offenbarer Schaden* findet sich bei Bormann/Hellberg (1997), S. 2416.

80 Vgl. Bormann/Hellberg (1997), S. 2418.

In den Mustersatzungen für Kreditgenossenschaften (im folgenden kurz MuSaKG)[81] regelt jeweils § 38 Abs. 2 MuSaKG, daß mindestens 10 % des Jahresüberschusses zuzüglich eines eventuellen Gewinnvortrages bzw. abzüglich eines eventuellen Verlustvortrages in die gesetzliche Rücklage einzustellen ist. Dies gilt solange, bis diese Position 5 % der Bilanzsumme erreicht. Weiter ist nach § 39 MuSaKG eine andere Ergebnisrücklage in Höhe von jährlich mindestens 10 % des Jahresüberschusses zuzüglich eines eventuellen Gewinnvortrages bzw. abzüglich eines eventuellen Verlustvortrages zu bilden.

Über die Verwendung der gesetzlichen Rücklage entscheidet die Vertreterversammlung (§ 38 Abs. 3 MuSaKG), über die Verwendung der anderen Ergebnisrücklagen der Vorstand und der Aufsichtsrat in gemeinsamer Sitzung (§ 39 MuSaKG).

Nach § 19 Abs. 1 GenG ist der sich bei Feststellung des Jahresabschlusses ergebende Gewinn oder Verlust auf die Genossen zu verteilen. Für die Bemessung der Verteilung ist im ersten Jahr die Einzahlung auf den Geschäftsanteil, für die folgende Jahre das fortgeführte Geschäftsguthaben maßgebend. Die Verteilung geschieht hierbei durch Zuschreibung oder Abschreibung auf das Geschäftsguthaben. Die Zuschreibung erfolgt solange, bis die Höhe des gezeichneten Geschäftsanteils erreicht ist (§ 19 Abs. 1 Satz 3 GenG). Erst danach erhalten die Genossen die Gewinnanteile bar ausgezahlt.[82]

Ferner kann gemäß § 20 GenG statuarisch festgelegt werden, daß die Gewinne nicht verteilt, sondern der gesetzlichen Rücklage oder den anderen Ergebnisrücklagen zugewiesen werden. Da aber auch die Kreditgenossenschaften im Wettbewerb um die knappe Ressource Eigenkapital stehen und die Genossenschaftsmitglieder eine adäquate Verzinsung ihres eingesetzten Kapitals erwarten, machen die Institute von dieser Option grundsätzlich keinen Gebrauch.[83]

5.3.4 Rechtsgrundlagen bei öffentlich-rechtlichen Kreditinstituten

Die Gewinnverwendungsvorschriften für die öffentlich-rechtlichen Sparkassen befinden sich in der Regel in den jeweiligen Sparkassengesetzen der einzelnen Bundesländer.[84] In den diesbezüglichen Vorschriften wird im allgemeinen vorgesehen, den überwiegenden Anteil des erwirtschafteten Überschusses in die Sicherheits- bzw. freie

---

[81] Für Kreditgenossenschaften gelten in Abhängigkeit von der Bilanzsumme zwei geringfügig unterschiedliche Mustersatzungen. Die offiziellen Bezeichnungen lauten: Satzung für Kreditgenossenschaften mit Vertreterversammlung, deren Bilanzsumme 300 Mio. DM übersteigt bzw. nicht übersteigt. Im folgenden wird zwischen den Satzungen nicht mehr differenziert, da die für diese Untersuchung relevanten Regelungen identisch sind.

[82] Vgl. Dorner (1991), S. 52.

[83] Vgl. zu diesem Abschnitt Schöffling (1992), S. 225-228.

[84] Zu den gesetzlichen Ausschüttungsregelungen bei öffentlich-rechtlichen Sparkassen vgl. die Übersicht bei Gaumert (1997), S. 166 f.

Rücklage einzustellen. So sind die Vorstände durchweg ermächtigt, die Rücklagen durch eine Vorwegzuführung in Höhe von zumeist 50 % oder 75 % des erwirtschafteten Überschusses zu erhöhen. Der Verwaltungsrat entscheidet anschließend über die Verwendung des Restbetrages. Das Ausschüttungspotential ist dabei abhängig vom Erreichen bestimmter Verhältniszahlen. Abgestellt wird in der Regel auf die Relation der vorhandenen Sicherheitsrücklagen zur Bilanzsumme bzw. zu den Risikoaktiva gemäß Grundsatz I. Da die Referenzwerte auf relativ hohem Niveau liegen, sind die in der Praxis zu beobachtenden Ausschüttungsquoten äußerst niedrig. Dies war in der Vergangenheit auch durchaus so gewollt.[85] In einzelnen Bundesländern sind jedoch Gesetzesänderungen verabschiedet worden, die den Sparkassen zukünftig höhere Ausschüttungen an die Gewährträger ermöglichen.[86]

5.4 Bedeutung der Gewinnbesteuerung

5.4.1 Grundlegung

In der Bewertungstheorie und zunehmend auch in der Bewertungspraxis herrscht weitgehend Einigkeit darüber, daß eine Unternehmensbewertung auf Basis einer Nachsteuerbetrachtung zu erfolgen hat.[87] Die definitive Belastung mit Steuern auf Unternehmens- sowie auf Anteilseignerebene verringert den bewertungsrelevanten Zielbeitrag (= Zähler des Bewertungskalküls).[88] Wird jedoch der Zähler um die geleisteten Steuerzahlungen bereinigt, so ist auch im Nenner (= Kapitalisierungszinssatz) mit einer Nachsteuergröße zu rechnen.[89] Hierzu ist auf die Besteuerung der Alternativinvestition abzustellen.[90]

Die Einbeziehung von Steuern ist im Rentenmodell nur dann irrelevant, wenn sich die in Zähler und Nenner einfließenden Steuerterme aus dem Bewertungskalkül herauskürzen.[91] Aufgrund der zum 1.1.2001 in Kraft getretenen Vorschriften des Steuersenkungsgesetzes hinsichtlich der Besteuerung von Einkünften aus Gewinnausschüttungen körperschaftsteuerpflichtiger Unternehmen und der pauschalen Anrechenbarkeit der Gewerbeertragsteuer auf die individuelle Einkommensteuer bei Einkünften aus Gewerbebetrieb werden die beiden sich im Zähler bzw. Nenner widerspiegelnden Investitionsmöglichkeiten - bei der üblicherweise als Alternative unterstellten Finanzinvestition - unterschiedlich besteuert. Eine Vernachlässigung von Steuern ist somit

---

85 Vgl. Güde (1995), S. 191; Mauerer (1998), S. 950.

86 Vgl. Padberg/Werner (1999), S. 738 f.; Hirschberger (1999), S. 776.

87 Vgl. Wagner/Rümmele (1995), S. 433 m. w. N.; Siepe (1997), S. 43; König/Zeidler (1996), S. 1098.

88 Vgl. Ballwieser (1995c), S. 30.

89 Vgl. Ballwieser (1995c), S. 20.

90 Vgl. Leuthier (1988), S. 513 f. Auf diese Thematik wird ausführlich in Kapitel 6.1.5 eingegangen.

91 Vgl. Siepe (1997), S. 4; König/Zeidler (1996), S. 1098; Siegel (1997), S. 2389.

selbst im Rentenmodell grundsätzlich nicht bewertungsneutral.[92] Diese Erkenntnis gilt auch für das praxisnähere Nichtrentenmodell, wo die Irrelevanz von Steuern bereits vor Einführung des Halbeinkünfteverfahrens, und somit bei regelmäßig gleicher Besteuerungssystematik von Zähler und Nenner des Kalküls, an sehr restriktive Bedingungen geknüpft war.[93] Die Vernachlässigung der Steuerkomponente führt daher in der Regel zu fehlerhaften Unternehmenswerten.[94]

Nachfolgend wird das deutsche Ertragsteuersystem in seinen Grundzügen dargelegt, wobei zunächst die Besteuerung von Kapitalbanken im Vordergrund steht. Anschließend wird auf die Besonderheiten eingegangen, die für die anderen Institutsgruppen gelten.

5.4.2 Darstellung der Grundzüge des deutschen Ertragsteuersystems am Beispiel der Kapitalbanken

Nach dem Wegfall der Vermögen- sowie der Gewerbekapitalsteuer sind die Substanzsteuern für den Planungsprozeß einer zukunftsbezogenen Unternehmensbewertung bedeutungslos geworden.[95] Von einer Darstellung dieser Größen wird daher abgesehen.[96] In den Bewertungskalkül sind aber weiterhin die Ertragsteuern einzubeziehen. Dazu zählen die Gewerbeertrag-, die Körperschaft- und die Einkommensteuer. Andere Steuern, wie die Kirchensteuer oder der Solidaritätszuschlag, werden hier hingegen vernachlässigt.[97] Weiter wird im Regelfall von einer Berücksichtigung der Kapitalertragsteuer abgesehen, da es sich hierbei grundsätzlich nur um eine Vorauszahlung auf die persönliche Steuerschuld des Anteilseigners handelt, die weder eine definitive noch eine quasidefinitive Belastung darstellt. Eine Einbeziehung dieser Steuerart erfolgt nur bei den öffentlich-rechtlichen Kreditinstituten, da es hier zu einer Definitivbelastung auf Ebene des kommunalen Trägers kommt.[98]

Bei der Bestimmung des bewertungsrelevanten Zielbeitrages sind zunächst die Steuern auf Unternehmensebene anhand der steuerlichen Bemessungsgrundlage zu ermitteln und vom Periodenerfolg abzuziehen.[99]

---

92 Vgl. Siepe/Dörschell/Schulte (2000), S. 958.
93 Vgl. zu diesen Bedingungen Ballwieser (1995c), S. 20.
94 Vgl. Wagner/Rümmele (1995), S. 440.
95 Die Vermögensteuer wurde zum 1.1.1997, die Gewerbekapitalsteuer zum 1.1.1998 aufgehoben.
96 Zur Berücksichtigung von Substanzsteuern im Rahmen einer Vergangenheitsanalyse vgl. Drukarczyk (2001), S. 31-33.
97 Die Kirchensteuer und der Solidaritätszuschlag können durch eine multiplikative Verknüpfung in den Ertragsteuersatz integriert werden. Eine Einbeziehung der beiden Komponenten ändert somit nichts an der grundsätzlichen Vorgehensweise. Vgl. Wagner/Rümmele (1995), S. 439.
98 Vgl. dazu die Ausführungen in Kapitel 5.4.5.
99 Vgl. Siepe (1997), S. 2 f.

- Mit der Gewerbeertragsteuer wird die Bank unabhängig von ihrer Rechtsform direkt als Steuersubjekt belastet. Die Bemessungsgrundlage für die Gewerbeertragsteuer bildet der Gewerbeertrag. Ausgangspunkt für dessen Ermittlung ist das zu versteuernde Einkommen im Sinne des Einkommen- bzw. des Körperschaftsteuergesetzes (§ 7 GewStG). Dieser Wert ist um bestimmte Hinzurechnungen nach § 8 GewStG und Kürzungen nach § 9 GewStG zu korrigieren. Zudem ist zu beachten, daß die Gewerbeertragsteuer eine Betriebsausgabe darstellt und somit ihre eigene Bemessungsgrundlage mindert.[100] Die Gewerbeertragsteuer wird mit Hilfe einer Steuermeßzahl (m) und eines Steuerhebesatzes (h) berechnet. Die Steuermeßzahl beträgt in der Regel 5 % (§ 11 Abs. 2 GewStG), der Steuerhebesatz ist hingegen vom Standort der Bank abhängig, da er von der jeweiligen Gemeinde festgesetzt wird. Der Gewerbeertragsteuersatz (s_{Ge}) errechnet sich wie folgt:[101]

$$s_{Ge} = \frac{m \cdot h}{1 + m \cdot h} = \frac{0{,}05 \cdot h}{1 + 0{,}05 \cdot h}. \tag{5.3}$$

Bei einem Hebesatz von z. B. 400 % beträgt der effektive Gewerbeertragsteuersatz demzufolge 16,67 %. Hierbei ist bereits berücksichtigt, daß die zu leistende Gewerbeertragsteuer ihre eigene Bemessungsgrundlage kürzt. Vereinfachend wird im folgenden unterstellt, daß die Bemessungsgrundlage für die Berechnung der Gewerbeertragsteuer vor Berücksichtigung ihrer eigenen Abzugsfähigkeit dem zu versteuernden Einkommen im Sinne des EStG bzw. des KStG vor Berücksichtigung der Gewerbeertragsteuer entspricht.

- Die Bemessungsgrundlage für die Körperschaftsteuer ist nach § 7 Abs. 1 KStG das zu versteuernde Einkommen. Im Rahmen der Unternehmenssteuerreform zum 1.1.2001 wurde der bis dahin geltende Ansatz unterschiedlicher Tarifsätze auf ausgeschüttete bzw. thesaurierte Gewinne aufgehoben. Unabhängig von der Gewinnverwendung gilt seitdem gemäß § 23 Abs. 1 KStG ein einheitlicher Körperschaftsteuersatz von 25 %. Bei der Körperschaftsteuer handelt es sich somit um eine Definitivbelastung.[102]

Nachdem die Steuern auf Unternehmensebene berücksichtigt wurden, hat anschließend eine Betrachtung auf Anteilseignerebene zu erfolgen. Bei den öffentlich-rechtlichen Banken wird auf die Ebene der Träger abgestellt.

- Die Gewinnausschüttungen der Kapitalbanken werden zusätzlich auf Ebene der nicht körperschaftsteuerpflichtigen Anteilseigner besteuert.[103] Befinden sich die Bankanteile im Privatvermögen, so stellen die Dividenden Einkünfte aus Kapital-

[100] Vgl. Drukarczyk (2001), S. 35.
[101] Vgl. Wagner/Rümmele (1995), S. 434.
[102] Vgl. Krawitz (2000), S. 1722.
[103] Schüttet eine Kapitalgesellschaft Gewinne an eine andere Kapitalgesellschaft aus, so sind diese Einkünfte gemäß § 8b KStG steuerfrei.

vermögen nach § 20 Abs. 1 Nr. 1 EStG dar und unterliegen seit dem 1.1.2001 einem maximalen Spitzensteuersatz von 48,5 %. In die Bemessungsgrundlage für die Ermittlung der Steuerlast werden die Gewinnausschüttungen jedoch nur hälftig einbezogen (§ 3 Nr. 40 EStG). Falls die Bankanteile hingegen zum Betriebsvermögen einer Personengesellschaft oder eines Einzelunternehmers zählen, so erhöhen die Dividenden die Einkünfte aus Gewerbebetrieb nach § 15 EStG. Auch hier fließen sie nur zur Hälfte in die steuerliche Bemessungsgrundlage ein. So ist für jeden Gesellschafter der Gewinnanteil zu ermitteln, der nach § 3 Nr. 40 EStG zu besteuern ist.[104] Aufgrund des Wegfalles der Tarifbegrenzung des § 32c Abs. 4 EStG unterliegen sie ebenfalls einem Maximalsteuersatz von 48,5 %.

5.4.3 Besonderheiten bei der Besteuerung von Privatbankiers

Kreditinstitute in der Rechtsform des Einzelunternehmens oder der Personengesellschaft unterliegen auf Unternehmensebene nur der Gewerbeertragsteuer.[105] Für die Ermittlung der Einkommensteuer wird auf Unternehmensebene lediglich der steuerliche Gewinn einheitlich festgestellt und der entsprechende Anteil dem jeweiligen Gesellschafter gesondert zugewiesen (§§ 179 und 180 AO). Der einzelne Gesellschafter - hier annahmegemäß eine natürliche Person - versteuert den ihm zuzurechnenden Gewinn mit seinem individuellen Steuersatz. Die Gesellschafter kommen seit dem 1.1.2001 gemäß § 35 EStG in den Genuß einer pauschalen Anrechnung der Gewerbeertragsteuer auf ihre tarifliche Einkommensteuer. Letztere vermindert sich dabei um das 1,8fache des anteilig festgesetzten Gewerbesteuer-Messbetrages, der vereinfachend mit 5 % des Gewerbeertrages angesetzt werden kann (§ 11 Abs. 2 GewStG).[106] So ergibt sich eine Reduzierung des individuellen Einkommensteuersatzes um 9 %.[107]

5.4.4 Besonderheiten bei der Besteuerung von Kreditgenossenschaften

Bei der Besteuerung der Kreditgenossenschaften kann grundsätzlich auf die Ausführungen zu den Kapitalbanken verwiesen werden. Eine Besonderheit ergibt sich jedoch aus der Behandlung der genossenschaftlichen Zinsrückvergütung. Auf Genossenschaftsebene handelt es sich um einen nachträglichen Preisnachlaß, der gemäß § 22 Abs. 1 KStG als Betriebsausgabe anerkannt wird, wenn der dafür verwendete Betrag im Mitgliedergeschäft erwirtschaftet wurde und den Genossen auch zugeflossen ist. Die Zinsrückvergütung unterliegt somit auf Unternehmensebene nicht der Körper-

---

104 Vgl. Crezelius (2001), S. 224.

105 Vgl. Philipowski (1993), S. 1046.

106 Genau betrachtet unterliegt der Gewerbesteuer-Messbetrag gemäß § 11 Abs. 2 GewStG einer vom Gewerbeertrag abhängigen Staffelung (1 % bis 5 %). Bereits ab einem Gewerbeertrag von 96.000 DM bzw. 48.000 Euro gilt jedoch für jeden weiteren Betrag die Steuermeßzahl von 5 %.

107 Zu einem Berechnungsbeispiel vgl. Herzig/Lochmann (2000), S. 1728 f.

schaftsteuer. Zudem führt sie auch zu einer Verringerung der Gewerbeertragsteuer, da sie als Betriebsausgabe den Gewerbeertrag mindert und § 8 GewStG keine Hinzurechnung vorsieht.

Auf Ebene der Genossenschaftsmitglieder hängt die Besteuerung der Zinsrückvergütung davon ab, ob die Geschäftsanteile im Betriebsvermögen einer Personengesellschaft bzw. eines Einzelunternehmers oder im Privatvermögen einer natürlichen Person gehalten werden. Nur im zweiten Fall wird die Zinsrückvergütung von der Besteuerung ausgenommen.[108] Ansonsten zählt sie in der Regel zu den Einkunftsarten der §§ 13, 15 oder 18 EStG und unterliegt der persönlichen Einkommensteuer des einzelnen Genossen.[109]

Weiter ist zu beachten, daß die Kapitalbeteiligungsdividende steuerrechtlich bei den Mitgliedern auch dann als zugeflossen gilt, wenn sie nicht bar ausgezahlt, sondern den Geschäftsanteilskonten gutgeschrieben wird. Voraussetzung dafür ist jedoch, daß das Genossenschaftsmitglied durch die Gutschrift von einer Einzahlungsverpflichtung entbunden wird.[110]

5.4.5 Besonderheiten bei der Besteuerung von öffentlich-rechtlichen Kreditinstituten

Öffentlich-rechtliche Banken zählen zu den Betrieben gewerblicher Art im Sinne des § 4 KStG mit eigener Rechtspersönlichkeit. Grundsätzlich kann hinsichtlich der Besteuerung auf Unternehmensebene auf die Ausführungen zu den Kapitalbanken verwiesen werden. Ein wesentlicher Unterschied besteht jedoch darin, daß auf Ebene der Trägerschaften keine Einkommensteuer, dafür seit dem 1.1.2001 aber eine nicht erstattungsfähige und somit definitive Kapitalertragsteuer in Höhe von 10 % auf die Ausschüttungen anfällt (§ 43a Abs. 1 Nr. 5 und 6 EStG i. V. m. § 43 Abs. 1 Nr. 7b und 7c EStG).[111] Die Kapitalertragsteuer ist daher zwingend im Bewertungskalkül zu berücksichtigen.

5.5 Bedeutung und Problematik der Restwertermittlung

An anderer Stelle wurde bereits darauf hingewiesen, daß eine explizite Planung des zukünftigen FCF2 über den gesamten, theoretisch unendlichen Bewertungszeitraum

---

108 Vgl. dazu Westphal (1998), S. 72.

109 Seltener wird der Genossenschaftsanteil von einer Kapitalgesellschaft gehalten. In diesem Fall unterliegt die Zinsrückvergütung auf Unternehmensebene der Körperschaftsteuer.

110 Vgl. zu diesem Abschnitt Zenthöfer/Schulze zur Wiesche (1999), S. 726.

111 Vgl. Thieme (2000), S. 1076 f.

nicht möglich ist.[112] Aus diesem Grund sind am Ende des Planungshorizontes vereinfachende Annahmen zu treffen. Hierzu wird in der Literatur die Verwendung eines konstanten bzw. eines um einen vorgegebenen Wachstumsfaktor ansteigenden FCF2 vorgeschlagen.[113] Der Anteil am Unternehmenswert, der auf den Zeitraum jenseits des Planungshorizontes entfällt (Restwert), wird als Barwert einer vereinfachten FCF2-Größe ermittelt.

Die Bedeutung dieser FCF2-Größe wird erkennbar, wenn man den prozentualen Anteil der hierauf basierenden diskontierten Zahlungsreihe am Unternehmenswert betrachtet.[114] Tabelle 5.3 gibt darüber einen Überblick: Aufbauend auf einen unendlich uniformen FCF2 wird der prozentuale Anteil des Restwertes anhand einiger beispielhaft ausgewählter Diskontierungsraten und Planungshorizonte veranschaulicht.

	Planungshorizont in Jahren			
i	3	5	7	10
0,07	81,63 %	71,30 %	62,27 %	50,83 %
0,08	79,38 %	68,06 %	58,35 %	46,32 %
0,09	77,22 %	64,99 %	54,70 %	42,24 %
0,10	75,13 %	62,09 %	51,32 %	38,55 %

Tab. 5.3: Prozentualer Anteil des Restwertes am Unternehmenswert (eigene Berechnungen)[115]

Die Problematik eines derart vereinfachten FCF2 umfaßt im wesentlichen zwei Teilbereiche:

1. Berücksichtigung der vorgeschriebenen Gewinnthesaurierungen,

2. Annahme des Rentenmodells.

Zu 1.: Werden die vorgeschriebenen Gewinnthesaurierungen auch in die Restwertermittlung einbezogen, so stellt sich die Frage, ob die einbehaltenen Beträge überhaupt bewertungsrelevant sind. Aus Sicht der Anteilseigner wäre die Frage zu verneinen, wenn eine Ausschüttung zu keinem Zeitpunkt beabsichtigt ist.[116] Es muß also gewährleistet sein, daß der Zufluß bei den Anteilseignern zu irgendeinem Zeitpunkt vorgesehen ist.[117]

---

[112] Vgl. Kapitel 4.3.4.2.

[113] Vgl. Hörter (1998), S. 157 f.; Strutz (1993), S. 94 f.; Adolf/Cramer/Ollmann (1989b), S. 548; Steiner/Tebroke (1997), S. 139.

[114] Steiner/Tebroke veranschlagen den Restwert bei Bankbewertungen auf etwa zwei Drittel. Vgl. Steiner/Tebroke (1997), S. 139.

[115] Für den prozentualen Anteil des Restwertes am Unternehmenswert (A) gilt: $A = \frac{1}{(1+i)^T}$.

[116] Vgl. Kruschwitz/Löffler (1998), S. 1041.

[117] Vgl. zu diesem Problembereich die Ausführungen in Kapitel 5.8.

Ist eine Ausschüttung zu einem späteren Zeitpunkt vorgesehen, so ist als nächstes zu klären, wie derartige Gewinnthesaurierungen auf den Bankwert wirken. Wie bereits an anderer Stelle erwähnt, kommt es hierbei unter Vernachlässigung von steuerlichen Gesichtspunkten auf das Verhältnis von interner zu externer Verzinsung an.[118] Bei Übereinstimmung dieser beiden Größen bleibt der Unternehmenswert von Thesaurierungen unbeeinflußt. Liegt der interne Satz oberhalb des externen, so wird Wert geschöpft et vice versa. Zu klären ist, welche Relation plausibel erscheint.

- Möglichkeit 1: interne Verzinsung > externe Verzinsung. Ist eine Gewinnthesaurierung ausschließlich auf rechtliche Vorschriften zurückzuführen, so ist eine solche Konstellation eher abwegig. Zu fragen wäre sonst, warum die zusätzliche Investition nicht bereits mittels einer freiwillig erfolgten Thesaurierung durchgeführt wurde.

- Möglichkeit 2: interne Verzinsung = externe Verzinsung. Diese Konstellation ist zumindest für die Investition kleinerer Thesaurierungsbeträge denkbar. Unterstellt man, daß sich das Management bei der Gewinnverwendungspolitik an investitionstheoretischen Kriterien orientiert, so wird sie alle Investitionen tätigen, die einen positiven Kapitalwert erwarten lassen. Projekten, die genau die Kapitalkosten erzielen, steht das Management indifferent gegenüber.[119] Werden diese Projekte zunächst nicht durchgeführt, so könnte es anschließend doch zu einer Realisierung kommen, die durch rechtliche Thesaurierungsvorschriften ausgelöst wurden. Für die Verwendung größerer Thesaurierungsbeträge erscheint es aber fraglich, ob ein ausreichendes Kontingent an derartigen Investitionsobjekten vorhanden ist.[120]

- Möglichkeit 3: interne Verzinsung < externe Verzinsung. Eine derartige Konstellation scheint - zumindest für größere Thesaurierungsbeträge - die größte Wahrscheinlichkeit aufzuweisen.[121] Investitionsprojekte, die genau die Kapitalkosten erzielen, sind nicht unbegrenzt vorhanden, so daß die Beträge in die nächstbeste Alternative fließen. Hierdurch werden Investitionen mit negativem Kapitalwert realisiert.

Zu 2.: Das Rentenmodell stellt eine starke Vereinfachung der Realität dar. In Abhängigkeit von der jeweiligen Branche unterliegen die realiter anzutreffenden FCF2 unterschiedlichen Schwankungsbreiten. Aus den dargestellten Gründen muß aber am Ende des Planungshorizontes ein FCF2 unterstellt werden, der diese Schwankungen in einer einzigen uniformen Zahlungsreihe erfaßt. Als Ansatzpunkt bietet sich ein

---

118 Vgl. Kapitel 5.1.2.

119 Da viele Bankmanager auf ein Wachstum der Bilanzsumme fokussiert sind, ist in der Regel davon auszugehen, daß derartige Investitionsobjekte durchgeführt würden. Der Grund für dieses Streben nach Größe wird neben dem reinen Machtgedanken dadurch unterstützt, daß in einzelnen Bankengruppen die Entlohnung des Managements unter anderem an die Höhe der Bilanzsumme gekoppelt ist. Dies gilt z. B. für den Sparkassensektor. Vgl. Langschied (1993), S. 169.

120 Vgl. Coenenberg/Schultze (1998), S. 294.

121 Vgl. Bühner/Weinberger (1991), S. 193.

Rückgriff auf den Plan-FCF2 des letzten Jahres der Detailprognoseperiode an, da von diesem Zeitpunkt an nicht mehr von einer Generierung von Überrenditen ausgegangen wird. Ohne weitere Korrekturen würde der Restwert jedoch stark von den getätigten Investitionen der letzten Periode beeinflußt. Ein geringes Investitionsvolumen würde zu einer Überschätzung, ein hohes Investitionsvolumen zu einer Unterschätzung des Restwertes führen. Aus diesem Grund erscheint eine Korrektur auf einen durchschnittlichen Investitionsbetrag sinnvoll. Durch die Glättung der zukünftigen Investitionsbeträge nähert man sich zwar wieder dem Begriff des handelsrechtlichen Gewinns,[122] trotzdem erscheint die hieraus resultierende Verzerrung des Bankwertes geringer als bei einer einfachen Fortschreibung des Letztjahreserfolges zu sein.

Die Erweiterung des Rentenmodells, die die Integration eines konstanten Wachstumsfaktors für den FCF2 vorsieht, steht und fällt mit einer nicht unproblematischen Annahme. Ein mit einem konstanten Wachstumsfaktor ansteigender FCF2 erfordert die systematische Generierung von Überrenditen.[123] Wird jedoch ein vollkommener Markt unterstellt, so ist die Erzielung von Überrenditen langfristig nicht möglich. Banken, die Renditen erzielen, die über den Kapitalkosten liegen, veranlassen andere Wettbewerber zum Markteintritt. Überkapazitäten und Preiswettbewerb führen zu sinkenden Renditen. Investitionen erwirtschaften dann nur noch die zu tragenden Kapitalkosten.[124] Die Wachstumsrate des FCF2 tendiert in diesem Fall gegen null.[125]

Gegen die These, daß andere Wettbewerber in den Markt eintreten, spricht hingegen die stark rückläufige Anzahl der in Deutschland zugelassenen Kreditinstitute.[126] Dies könnte an der starken Regulierung seitens des Bundesaufsichtsamtes für das Kreditwesen liegen.[127] Andererseits strömen immer mehr sogenannte Non-Banks und Near-Banks in die weniger stark regulierten Geschäftsbereiche der Kreditinstitute, so daß sich der Wettbewerb durch Konkurrenten aus verwandten bzw. zum Teil auch aus anderen Branchen verstärkt.[128] Zudem wird die systematische Generierung von Überrenditen dadurch erschwert, daß die bereits bestehenden Banken ihre Produktpalette sofort anpassen, falls ein Konkurrent ein erfolgreiches neues Produkt anbietet.[129]

---

122 Vgl. Löhr (1994), S. 280.

123 Da bei der Generierung von Überrenditen auf die Ebene Unternehmen - Umwelt (= FCF1) abgestellt wird, setzt diese Schlußfolgerung einen gleichbleibenden Ausschüttungssatz voraus.

124 Vgl. dazu kritisch Bühner/Weinberger (1991), S. 193. Die Autoren verweisen auf empirische Untersuchungen und sehen die Gefahr, daß die jenseits des Planungshorizontes realisierten Renditen unterhalb der Kapitalkosten liegen.

125 Vgl. zu diesem Abschnitt Rappaport (1999), S. 50; Strutz (1993), S. 95; Kümmel (1995), S. 112.

126 Vgl. Deutsche Bundesbank Monatsbericht September 2000, S. 74. Aufgrund der in diesen Statistiken nicht separat ausgewiesenen Anzahl an Verschmelzungen kann die Anzahl der Neugründungen nicht abgelesen werden.

127 Vgl. Eichhorn (1996), S. 466.

128 Vgl. Tebroke (1993), S. 12; Strutz (1993), S. 9.

129 Vgl. Süchting/Paul (1998), S. 233.

5.6 Weitere bewertungsrelevante Problembereiche

5.6.1 Nicht betriebsnotwendiges Vermögen

Zum Zwecke der Unternehmensbewertung wird in der Fachliteratur verschiedentlich vorgeschlagen, die Vermögensgegenstände des zu bewertenden Unternehmens in betriebsnotwendige und nicht betriebsnotwendige Positionen zu unterscheiden. Das nicht betriebsnotwendige Vermögen wird definiert als diejenigen Vermögensgegenstände, die nicht zur Aufrechterhaltung der originären Geschäftstätigkeit erforderlich sind. Der Unternehmenswert setzt sich aus dem Ertragswert des betriebsnotwendigen Vermögens und dem Marktwert des nicht betriebsnotwendigen Vermögens bei unterstellter Veräußerung zusammen. Das nicht betriebsnotwendige Vermögen ist dabei gesondert zu erfassen.[130]

Dieser Auffassung soll hier nicht gefolgt werden. Ob ein Vermögensgegenstand betriebsnotwendig ist oder nicht, hängt von dem Nutzen ab, den er den Anteilseignern stiftet.[131] Wird allein auf die finanziellen Vorteilsströme abgestellt, so ist entscheidend, aus welcher Verwertung der höchste Barwert resultiert.[132] Ein Ansatz zum Liquidationswert ist nur dann rational, wenn dieser höher ist als der erwartete Barwert aus der derzeitigen Verwendung. Dies gilt generell für sämtliche Vermögensgegenstände. So ist z. B. der Verkauf einer nicht dem Geschäftsbetrieb dienenden Beteiligung irrational, wenn der Barwert der erwarteten Ausschüttungen über dem Marktpreis liegt.[133] Andererseits kann es sinnvoll sein, Vermögensgegenstände, die zur Aufrechterhaltung eines strategischen Geschäftsfeldes zwingend erforderlich sind, zu veräußern. Dies gilt für den Fall, daß der Liquidationswert dieser Vermögensgegenstände höher ist als der Barwert der aus dem Geschäftsfeld resultierenden Zahlungsüberschüsse. Betriebswirtschaftlich sinnvoll ist der Abbau dieses Geschäftsfeldes. Was als nicht betriebsnotwendiger Vermögensgegenstand zu deklarieren ist, entscheidet demzufolge das Kriterium der bestmöglichen Verwertbarkeit.[134]

Der Problembereich des nicht betriebsnotwendigen Vermögens ist für die Bestimmung der bewertungsrelevanten Zielbeiträge bei Banken von nicht zu unterschätzender Bedeutung. Insbesondere die großen börsennotierten Aktienbanken, aber auch einzelne Spitzeninstitute des öffentlich-rechtlichen Sektors verfügen über erhebliche Industriebeteiligungen. Insbesondere die durch den Shareholder-Value-Ansatz ausgelöste *Konzentration auf die Kernkompetenzen* hat dazu geführt, daß auch im Bankensektor die Beteiligungsportfolios verstärkt auf ihre optimale Verwertbarkeit hin überprüft

---

130 Vgl. zu diesem Abschnitt Bühner (1990), S. 36 f.; Tegeder (1996), S. 259; Pape (1999), S. 57.

131 Vgl. Adolf/Cramer/Ollmann (1989a), S. 490.

132 Vgl. Wildgruber (1998), S. 59.

133 Dies würde jedoch auf ein Ungleichgewicht des Marktes hindeuten. Bei fungiblen Vermögensgegenständen, die an einem funktionierenden (Kapital-)Markt gehandelt werden, kann von einer solchen Fehlbewertung regelmäßig nicht ausgegangen werden.

134 Dies wird auch in der Bewertungspraxis so gesehen. Vgl. IDW (2000), S. 831.

werden.[135] Entscheidet sich die Unternehmensleitung zu einer (schrittweisen) Veräußerung dieser Vermögensgegenstände, so ist dies bei der Cash-Flow-Planung zu berücksichtigen.

Die hieraus resultierenden Zahlungsüberschüsse sind auf strategischer Geschäftsfeldebene gesondert auszuweisen und auf Gesamtbankebene in die periodenmäßige Erfolgsgrößenplanung zu integrieren. Einerseits wird dadurch gewährleistet, daß in der Cash-Flow-Planung veräußerungsbedingte Sondereffekte erkennbar bleiben. Bei einer kurzen Detailprognosephase und einer ausschließlichen Betrachtung des Gesamterfolges könnten ansonsten leicht falsche Schlußfolgerungen über die zukünftige Entwicklung der bewertungsrelevanten Zielbeiträge gezogen werden. Dies würde wiederum zu erheblichen Fehlern bei der Restwertermittlung führen. Andererseits sichert eine Einbeziehung derartiger Sondereffekte auf Gesamtbankebene eine korrekte Berücksichtigung der handels- und steuerrechtlichen Auswirkungen.

5.6.2 Vorsorgereserven für allgemeine Bankrisiken

Die für alle Kaufleute geltenden Bewertungsvorschriften des § 253 HGB werden für Kreditinstitute durch den § 340f HGB ergänzt. Nach Abs. 1 dieser Spezialvorschrift besteht die Möglichkeit, bestimmte reservefähige Vermögensgegenstände mit einem niedrigeren als dem nach § 253 Abs. 1 Satz 1 bzw. Abs. 3 HGB vorgeschriebenen oder zugelassenen Wert anzusetzen. Zu den reservefähigen Vermögensgegenständen zählen Forderungen gegenüber Kreditinstituten, Forderungen gegenüber Kunden und Wertpapiere der Liquiditätsreserve.[136] Die Bemessung der Abschreibungsbeträge erfolgt dabei gemäß § 340f Abs. 1 Satz 1 HGB nach *vernünftiger kaufmännischer Beurteilung*. Es kann daher nicht verwundern, daß die Vorsorgereserven in der Literatur auch als *Willkürreserven* bezeichnet werden.[137] Der Gesamtbetrag der Vorsorgereserven ist aber auf 4 % der nach § 253 Abs. 1 Satz 1 bzw. Abs. 3 HGB bewerteten reservefähigen Vermögensgegenstände beschränkt (§ 340f Abs. 1 Satz 2 HGB). Nach § 340f Abs. 3 HGB dürfen die gebildeten Vorsorgereserven mit den in dieser Vorschrift explizit genannten Erträgen und Aufwendungen verrechnet werden. Sie gehen mit in die Position 7 *Abschreibungen und Wertberichtigungen auf Forderungen und bestimmte Wertpapiere sowie Zuführungen zu Rückstellungen im Kreditgeschäft* der gemäß Formblatt 2 der RechKredV zu gliedernden GuV ein[138] und sind daher im einzelnen für Außenstehende nicht erkennbar.[139] Inwiefern § 340f HGB gegen das

---

135 Vgl. Hörter (1998), S. 316.

136 Vgl. Waschbusch (1994), S. 167.

137 Vgl. Wildgruber (1998), S. 140.

138 § 2 RechKredV bestimmt für Kreditinstitute, daß für die Gliederung der GuV nicht die Vorschriften des § 275 HGB, sondern das Formblatt 2 (Kontoform) oder 3 (Staffelform) anzuwenden ist.

139 Vgl. Höhmann (1998), S. 52; Waschbusch (1994), S. 167.

Gebot des *true and fair view* im Sinne des § 264 Abs. 2 HGB verstößt (zutreffendes Bild der Vermögens-, Finanz- und Ertragslage), soll hier nicht näher erörtert werden.

Im Gegensatz zu den aufgrund der allgemeinen Bewertungsvorschriften des § 253 HGB vorgenommenen Abschreibungen wird die Bildung von Vorsorgereserven steuerlich nicht anerkannt.[140] Für die Bestimmung der bewertungsrelevanten Zielbeiträge bedeutet dies, daß die Bildung von Vorsorgereserven zu keiner Reduzierung der Steuerbemessungsgrundlage (= Steuerbilanzgewinn) führt, wohl aber die Bemessungsgrundlage der handelsrechtlichen Gewinnverwendung (= Jahresüberschuß) mindert. In der Literatur wird die Auffassung vertreten, daß die Bildung der Vorsorgereserven aufgrund ihrer steuerlichen Irrelevanz und ihrer willkürlichen Festlegung als Bestandteil der Gewinnverwendungspolitik anzusehen ist[141] und sich eine Prognose dieser Größe erübrigt.[142]

Die Bildung und Auflösung von Vorsorgereserven ermöglicht den Banken eine Ergebnisglättung und eröffnet ihnen hierdurch die Chance, auch kurzfristig, das heißt im Verlauf einer Rechnungsperiode, unerwarteten Ergebnisentwicklungen entgegenzuwirken.[143] Da die Richtung der Ergebnisabweichungen gerade nicht abschätzbar ist, erscheint eine diesbezügliche mehrperiodige Planung nicht möglich. Aus diesem Grund bleiben Vorsorgereserven bei der Bestimmung der bewertungsrelevanten Zielbeiträge in der vorliegenden Untersuchung unberücksichtigt.

5.7 Rechtsformspezifische Beispiele zur Bestimmung der bewertungsrelevanten Zielbeiträge unter Berücksichtigung von Nebenbedingungen

5.7.1 Grundlegende Annahmen

5.7.1.1 Status quo und Strategieentwicklung

Nachfolgend werden die bewertungsrelevanten Zielbeiträge aus Eignersicht für fünf verschiedene Beispielbanken ermittelt. Im ersten Fall wird das Kreditinstitut als reines Investitionsobjekt betrachtet. Erzielte Zahlungsüberschüsse werden am Ende der Periode ausgeschüttet. Bankaufsichtsrechtliche Unterlegungspflicht und rechtsformspezifische Ausschüttungsvorschriften bleiben unberücksichtigt. Diese Annahme gilt nicht für die sich anschließende Betrachtung der verbleibenden vier Beispielbanken, die die hier vorgestellten Rechtsformgruppen repräsentieren. Dabei wird erkennbar,

140 Vgl. Waschbusch (1994), S. 167.
141 Vgl. Gaumert (1997), S. 324; Wildgruber (1998), S. 140.
142 Vgl. Wildgruber (1998), S. 140.
143 Vgl. Manewald (1988), S. 53; Krumnow (1993), S. 66.

wie die einzuhaltenden Randbedingungen die Höhe der bewertungsrelevanten Zielbeiträge determinieren.

Die Ausgangssituation ist durch das folgende Rahmenszenario gekennzeichnet: Es wird über die gesamte Detailprognosephase ein leichtes Ansteigen des Zinsniveaus erwartet. Steigende Zinsen führen in der Regel zu einem Anstieg der Gesamtzinsspanne.[144] Dies läßt sich damit begründen, daß die Anpassung an das gestiegene Zinsniveau im Aktivgeschäft in der Regel schneller erfolgt als im Passivgeschäft.[145] In den folgenden Beispielen wird indes angenommen, daß sich die jeweilige Beispielbank aufgrund der aggressiven Preispolitik der Konkurrenz künftig zu einer schnelleren Anpassung der Passivzinssätze gezwungen sieht, falls sie nicht größere Marktanteile verlieren will. Des weiteren wird unterstellt, daß das allgemeine Zinsniveau im Passivgeschäft durch den Markteintritt von neuen Konkurrenten (Direktbanken, Non-Banks, Near-Banks usw.) stärker ansteigt als im Aktivgeschäft. Hieraus resultiert eine abnehmende Gesamtzinsspanne, wodurch das bilanzwirksame Geschäft zunehmend an Attraktivität verliert. Eine von der jeweiligen Beispielbank in Auftrag gegebene Untersuchung zeigt hingegen, daß insbesondere das sonstige Dienstleistungsgeschäft großes Wertsteigerungspotential aufweist.

Vor diesem Hintergrund entwickeln die Entscheidungsträger der jeweiligen Beispielbank folgende grundsätzliche - hier nur oberflächlich formulierte - Gesamtbankstrategie: Der aggressiven Preispolitik einzelner Mitbewerber im bilanzwirksamen Geschäft will die jeweilige Beispielbank nur bedingt folgen. Im Gegensatz zu vielen Konkurrenzinstituten wird keine Ausweitung, sondern nur eine Sicherung der Marktanteile angestrebt. Die Entwicklung der Bilanzsumme soll daher der allgemeinen Marktentwicklung folgen. Es wird eine konstante Wachstumsrate von jährlich 5 % geplant. Ausgebaut werden soll hingegen das sonstige Dienstleistungsgeschäft. Geplant ist, den Ergebnisanteil am Rohertrag (= Zinsergebnis plus Provisionsergebnis) aus diesem Geschäftsbereich von 18 % in 00 dauerhaft auf ca. 30 % ab 06 zu erhöhen. Zudem soll eine Erweiterung des Controlling-Systems eine verbesserte Abwicklung des Risikomanagements gewährleisten.

5.7.1.2 Ausgangsbeispiel

Die Bestimmung des bewertungsrelevanten Zielbeitrages erfolgt zunächst für die körperschaftsteuerpflichtige Allgemeine Bank (A-Bank). Dabei wird unterstellt, daß der FCF1, der dem periodenmäßigen Zahlungsüberschuß auf Unternehmensebene entspricht, ausgeschüttet wird. Die Berechnung des FCF1 baut auf einem Beispiel von

---

144 Unter der Gesamtzinsspanne wird die Relation zwischen Zinsüberschuß und Bilanzsumme bzw. Geschäftsvolumen verstanden. Vgl. Büschgen (1998), S. 723.

145 Vgl. Goebel/Schumacher/Sievi (1998), S. 334.

STEINER/TEBROKE auf,[146] wobei jedoch für die nachfolgende Untersuchung einige Verfeinerungen notwendig sind.

STEINER/TEBROKE ermitteln einerseits explizit eine auszuschüttende Dividende und andererseits eine davon abweichende unternehmenswertbestimmende FCF-Größe. Bei der Bestimmung des bewertungsrelevanten Zielbeitrages stellen die beiden Autoren ausschließlich auf den Zahlungsüberschuß auf Unternehmensebene ab; die angegebenen Ausschüttungen bleiben bei der Wertfeststellung gänzlich unberücksichtigt.[147] Da Steuern auf Eignerebene in dem von STEINER/TEBROKE gewählten Beispiel nicht mit in den Bewertungskalkül einfließen, stellt sich die Frage, warum nicht die den Eigentümern zufließende Dividende die bewertungsrelevante Größe darstellt.

Tabelle 5.4 zeigt die Plan-GuV inklusive der FCF-Überleitungen der A-Bank für den Zeitraum 01 bis 07 ff.[148] Für die Detailprognosephase von 01 bis 06 erfolgt eine explizite Planung der jährlichen Erfolgsgrößen, wobei sich die Punktschätzer bereits als Ergebnis einer Anwendung der Szenario-Technik ergeben.[149] Im Rahmen der Restwertermittlung wird die vereinfachende Annahme eines konstanten FCF1 jenseits der Planungsphase getroffen. Dabei wird von einem Nullwachstum der einzelnen Bilanzpositionen ausgegangen. Da die Generierung von Überrenditen ab diesem Zeitpunkt definitionsgemäß nicht mehr möglich ist, erfolgen auch nur noch Ersatz- und keine Erweiterungsinvestitionen mehr.[150] Wird weiter eine Vollausschüttung des FCF1 unterstellt, so resultiert hieraus unter Berücksichtigung eines typisierten Einkommensteuersatzes der Investoren ceteris paribus ein unendlich uniformer FCF2.

---

146 Vgl. Steiner/Tebroke (1997), S. 140.
147 Vgl. die Wertermittlung bei Steiner/Tebroke (1997), S. 144.
148 Geringfügige betragliche Abweichungen resultieren in allen Berechnungen dieses Kapitels aus der Rundungsproblematik.
149 Vgl. Kapitel 4.3.3.3.
150 Vgl. Rappaport (1999), S. 51.

Periode	01	02	03	04	05	06	07 ff.
Zinsertrag	58.425	61.857	64.950	68.761	73.383	78.295	78.295
- Zinsaufwand	-40.898	-43.965	-46.700	-50.162	-54.446	-59.032	-59.032
= Zinsergebnis	17.528	17.893	18.251	18.599	18.938	19.263	19.263
+ Provisionsergebnis	3.800	4.332	5.068	5.930	6.938	8.118	8.118
- Personalaufwand	-12.000	-12.720	-12.974	-13.234	-13.499	-13.769	-13.769
+/- Nettoertrag aus Finanzgeschäften	500	525	551	579	608	638	638
- Abschreibungen auf Sachanlagen	-1.450	-1.650	-1.850	-2.050	-2.200	-2.450	-2.450
- Abschreibungen, Wertbericht. bei Krediten	-1.400	-1.456	-1.514	-1.575	-1.638	-1.703	-1.703
- Abschreibungen, Wertbericht. bei Wertpapieren	-660	-693	-728	-764	-802	-842	-842
= Ergebnis vor Steuern	6.317	6.231	6.804	7.486	8.345	9.255	9.255
- Gewerbeertragsteuer (16,67 %)	-1.053	-1.039	-1.134	-1.248	-1.391	-1.543	-1.543
- Körperschaftsteuer (25 %)	-1.316	-1.298	-1.417	-1.559	-1.738	-1.928	-1.928
= Ergebnis nach Steuern	3.948	3.894	4.252	4.678	5.215	5.784	5.784
Ergebnis nach Steuern	3.948	3.894	4.252	4.678	5.215	5.784	5.784
+ Abschreibungen, Wertbericht. bei Krediten	1.400	1.456	1.514	1.575	1.638	1.703	1.703
+ Abschreibungen, Wertbericht. bei Wertpapieren	660	693	728	764	802	842	842
+ Abschreibungen auf Sachanlagen	1.450	1.650	1.850	2.050	2.200	2.450	2.450
= Operating Cash-Flow (brutto)	7.458	7.693	8.344	9.067	9.855	10.780	10.780
- echte Kreditausfälle	-1.400	-1.456	-1.514	-1.575	-1.638	-1.703	-1.703
- Ersatz-Inv. Sachanlagen (kapazitätsbezogen)	-1.200	-1.200	-1.200	-1.200	-1.650	-2.000	-2.450
= Operating Cash-Flow (netto)	4.858	5.037	5.630	6.292	6.568	7.076	6.626
- Erweit.-Inv. Sachanlagen	-1.000	-800	-800	-200	-150	-250	0
- Netto-Ausweitung bei Krediten	-35.000	-36.750	-38.588	-40.517	-42.543	-44.670	-44.670
- marktpreisänd. Buchwertabschr. auf Wertpapiere	-660	-693	-728	-764	-802	-842	-842
- Netto-Ausweitung bei Wertpapieren	-12.500	-13.125	-13.781	-14.470	-15.194	-15.954	-15.954
+ Netto-Zufluß Einlagen und sonstiges FK	47.500	49.875	52.369	54.987	57.737	60.623	60.623
= ZÜ auf UN-Ebene = FCF1	3.198	3.544	4.102	5.328	5.615	5.984	5.784
Ergebnis nach Steuern	3.948	3.894	4.252	4.678	5.215	5.784	5.784
davon ausgeschüttet	*3.198*	*3.544*	*4.102*	*5.328*	*5.615*	*5.984*	*5.784*
davon thesauriert	*750*	*350*	*150*	*-650*	*-400*	*-200*	*0*
Ausschüttung	3.198	3.544	4.102	5.328	5.615	5.984	5.784
- Steuern auf Anteilseignerebene (Steuersatz 35 %)	-560	-620	-718	-932	-983	-1.047	-1.012
= ZÜ auf Eignerebene = FCF2	2.639	2.924	3.384	4.396	4.633	4.937	4.772

Tab. 5.4: Plan-GuV mit FCF1- bzw. FCF2-Überleitung der A-Bank[151]

Der Zinsertrag bzw. Zinsaufwand errechnet sich aus der durchschnittlichen Höhe der relevanten Bilanzposition (= Vorjahreswert plus hälftige Erhöhung des laufenden Jahres) und dem jeweiligen Periodendurchschnittszins (Perioden 01 bis 06 für Aktiva: 6 %, 6,05 %, 6,05 %, 6,1 %, 6,2 %, 6,3 %, Perioden 01 bis 06 für Passiva: 4,2 %, 4,3 %, 4,35 %, 4,45 %, 4,6 %, 4,75 %). Bei den relevanten Bilanzpositionen (Kredite, Wertpapiere sowie Einlagen) wird für die Detailprognosephase eine Wachstumsrate von jährlich 5 % unterstellt.

151 Legende: Wertbericht. = Wertberichtigungen, Ersatz-Inv. = Ersatzinvestitionen, Erweit.-Inv. = Erweiterungsinvestitionen, marktpreisänd. Buchwertabschr. = marktpreisänderungsbedingte Buchwertabschreibungen, ZÜ = Zahlungsüberschuß, UN-Ebene = Unternehmensebene.

Durch den Ausbau des sonstigen Dienstleistungsgeschäfts steigt das Provisionsergebnis im ersten Jahr um 14 % und in den Folgejahren um jeweils 17 %. In 06 soll es einen Anteil von rund 30 % am Rohertrag erreichen. Eng mit dem Ausbau dieses Geschäftsbereiches verbunden ist der starke Anstieg der Personalkosten in 01 und 02 um jährlich 6 %,[152] der durch die erforderliche Einstellung hochqualifizierter Arbeitskräfte bedingt ist. Ab 03 steigen die Personalkosten nur noch unterproportional um jährlich 2 %. Möglich wird dies über einen Arbeitsplatzabbau im Mengengeschäft, wobei jedoch ausschließlich die natürliche Fluktuation ausgenutzt wird. Zudem verursacht der Ausbau des sonstigen Dienstleistungsgeschäfts und die Erweiterung des Controlling-Systems von 01 bis 03 hohe Erweiterungsinvestitionen, deren Umfang erst ab 04 spürbar rückläufig ist.

Die Berechnung des Ergebnisses vor Steuern beruht auf einer vereinfachten Plan-GuV. Zur Ermittlung der Steuerlast wird auf die Ausführungen zu den Grundzügen des deutschen Ertragsteuersystems - und hier insbesondere auf die einschlägigen Vorschriften für die Kapitalbanken - verwiesen.[153] Bei der Berechnung der Gewerbeertragsteuer ist zu beachten, daß diese ihre eigene Bemessungsgrundlage mindert. Bei einem Hebesatz von 400 % errechnet sich eine effektive Gewerbeertragsteuer von 16,67 %. Der Körperschaftsteuersatz beträgt 25 %, bezogen auf das Ergebnis nach Gewerbeertragsteuer.

Weiterhin wird davon ausgegangen, daß der handelsrechtliche Jahresüberschuß der steuerlichen Bemessungsgrundlage entspricht. Dies setzt voraus, daß keine Vorsorgereserven im Sinne des § 340f HGB gebildet werden.

Bei der Überleitung vom Ergebnis nach Steuern zum FCF1 sind folgende Annahmen zu beachten: Die Abschreibungen bei Krediten entsprechen den echten Ausfällen, die Wertberichtigungen bei Wertpapieren werden durch Marktpreisänderungen und nicht durch Ausfälle veranlaßt.[154] Das Auseinanderfallen der Abschreibungen auf Sachanlagen und der diesbezüglichen Investitionsbeträge dient zur Verdeutlichung der daraus resultierenden Unterschiede zwischen handelsrechtlicher und investitionstheoretischer Erfolgsgröße. Auf die in praxi vorzufindenden weiteren Beispiele für ein derartiges Auseinanderfallen wird hier aus Gründen der Übersichtlichkeit verzichtet.

Zum Ergebnis nach Steuern werden zunächst die nicht zahlungswirksamen Abschreibungen und Wertberichtigungen addiert (= Operating Cash-Flow (brutto)), bevor in einem zweiten Schritt die Ersatzinvestitionen und die echten Kreditausfälle in Abzug gebracht werden (= Operating Cash-Flow (netto)). Wird diese Größe um weitere Beträge, insbesondere die bislang noch nicht berücksichtigten Erweiterungsinvestitionen in Sachanlagen sowie die Nettoveränderungen bei Krediten, Wertpapieren

152 Im Jahr 00 beliefen sich die Personalkosten annahmegemäß auf Euro 11.320.

153 Vgl. Kapitel 5.4.2.

154 Vgl. Steiner/Tebroke (1997), S. 140.

und Einlagen korrigiert, so erhält man den FCF1. Jener Wert entspricht dem Zahlungsüberschuß auf Unternehmensebene.

In einem weiteren Schritt wird der Übergang zum Zahlungsüberschuß auf Eignerebene vollzogen. Letztere erhalten in vorliegendem Beispiel in jeder Periode eine Ausschüttung in Höhe des FCF1. Dieser unterscheidet sich von dem Ergebnis nach Steuern aufgrund des betraglichen Auseinanderfallens von handelsrechtlicher Abschreibung und zahlungswirksamer Erweiterungsinvestition. Der FCF1 ist in der ersten Periode um 750 Euro geringer als das Ergebnis nach Steuern. Die Differenz resultiert daraus, daß die zu Beginn des Jahres 01 getätigte Erweiterungsinvestition in Sachanlagen in Höhe von 1.000 Euro nur mit ihrem handelsrechtlichen Abschreibungsbetrag in die Plan-GuV einfließt. Bei einer voraussichtlichen Nutzungsdauer von 4 Jahren beträgt die lineare Abschreibung folglich 250 Euro. Während in den Jahren 01 bis 03 zunächst die Ersatz- und Erweiterungsinvestitionen auf Sachanlagen höher als die dazugehörigen Abschreibungen sind, ergibt sich für die Jahre 04 bis 06 ein umgekehrtes Bild. Erst im Rahmen der Restwertermittlung wird von einer Deckungsgleichheit beider Größen ausgegangen. Aus diesem Grund weichen die Größen Ergebnis vor Steuern und FCF1 in allen Perioden der Detailprognosephase voneinander ab. In den Perioden, in denen das handelsrechtliche Ergebnis größer als der FCF1 ist, erfolgt somit nur eine Teilausschüttung des handelsrechtlichen Gewinns. Die thesaurierten Beträge werden in die anderen Gewinnrücklagen eingestellt, so daß sich diese Bilanzposition bis zum Jahre 03 kontinuierlich aufbaut. In den Folgeperioden, in denen der FCF1 das Ergebnis nach Steuern übertrifft, wird der handelsrechtliche Gewinn als Ausschüttungsmasse um die anderen Gewinnrücklagen ergänzt. Dazu werden die Gewinnrücklagen in Höhe des jeweils fehlenden Differenzbetrages aufgelöst.

Nachdem der Ausschüttungsbetrag festgelegt wurde, müssen zur Ermittlung des Zahlungsüberschusses auf Eignerebene die individuellen Steuersätze der Investoren bekannt sein. Wird ein typisierter Einkommensteuersatz von z. B. 35 % angenommen, so kann die zu leistende Steuerlast errechnet werden. Hierbei ist zu berücksichtigen, daß die den Investoren zufließenden Gewinnausschüttungen gemäß dem Halbeinkünfteverfahren nur noch hälftig in die steuerliche Bemessungsgrundlage einfließen. Aufgund der zusätzlichen Besteuerung der Investoren fallen die Zahlungsüberschüsse auf Eigner- und auf Unternehmensebene auseinander.

Tabelle 5.5 zeigt die Entwicklung der Plan-Bilanzen der A-Bank. Die Veränderungen der anderen Gewinnrücklagen basieren ausschließlich auf der Annahme, daß in jedem Jahr genau der auf Unternehmensebene erzielte Zahlungsüberschuß ausgeschüttet werden soll. Es sei jedoch darauf hingewiesen, daß es sich hier nur um einen buchungstechnischen Vorgang handelt. Den Zuführungen zu den anderen Gewinnrücklagen standen in der Vergangenheit keine finanziellen Zuflüsse gegenüber. Sie resultieren vielmehr aus den Unterschieden zwischen einer zahlungsstromorientierten Investitionsrechnung und den handelsrechtlichen Abschreibungsmöglichkeiten.

Bilanz zum Bewertungsstichtag 31.12.00

Barreserve	34.000	Einlagen	950.000
Kredite	700.000	sonst. Vblk.	10.000
Wertpapiere	250.000	Eigenkapital	
Sachanlagen	6.000	gez. Kapital	40.000
sonst. Vgg.	10.000	KRL	0
		GRL	
		gesetzl. RL	0
		andere GRL	0
	1.000.000		1.000.000

Plan-Bilanz 31.12.01

Barreserve	33.250	Einlagen	997.500
Kredite	735.000	sonst. Vblk.	11.750
Wertpapiere	262.500	Eigenkapital	
Sachanlagen	6.750	gez. Kapital	40.000
sonst. Vgg.	12.500	KRL	0
		GRL	
		gesetzl. RL	0
		andere GRL	750
	1.050.000		1.050.000

Plan-Bilanz 31.12.02

Barreserve	32.900	Einlagen	1.047.375
Kredite	771.750	sonst. Vblk.	14.025
Wertpapiere	275.625	Eigenkapital	
Sachanlagen	7.100	gez. Kapital	40.000
sonst. Vgg.	15.125	KRL	0
		GRL	
		gesetzl. RL	0
		andere GRL	1.100
	1.102.500		1.102.500

Plan-Bilanz 31.12.03

Barreserve	32.750	Einlagen	1.099.744
Kredite	810.338	sonst. Vblk.	16.631
Wertpapiere	289.406	Eigenkapital	
Sachanlagen	7.250	gez. Kapital	40.000
sonst. Vgg.	17.881	KRL	0
		GRL	
		gesetzl. RL	0
		andere GRL	1.250
	1.157.625		1.157.625

Plan-Bilanz 31.12.04

Barreserve	33.400	Einlagen	1.154.731
Kredite	850.854	sonst. Vblk.	20.175
Wertpapiere	303.877	Eigenkapital	
Sachanlagen	6.600	gez. Kapital	40.000
sonst. Vgg.	20.775	KRL	0
		GRL	
		gesetzl. RL	0
		andere GRL	600
	1.215.506		1.215.506

Plan-Bilanz 31.12.05

Barreserve	33.800	Einlagen	1.212.467
Kredite	893.397	sonst. Vblk.	23.614
Wertpapiere	319.070	Eigenkapital	
Sachanlagen	6.200	gez. Kapital	40.000
sonst. Vgg.	23.814	KRL	0
		GRL	
		gesetzl. RL	0
		andere GRL	200
	1.276.282		1.276.282

Plan-Bilanz 31.12.06

Barreserve	34.000	Einlagen	1.273.091
Kredite	938.067	sonst. Vblk.	27.005
Wertpapiere	335.024	Eigenkapital	
Sachanlagen	6.000	gez. Kapital	40.000
sonst. Vgg.	27.005	KRL	0
		GRL	
		gesetzl. RL	0
		andere GRL	0
	1.340.096		1.340.096

Plan-Bilanz 31.12.07 ff.

Barreserve	34.000	Einlagen	1.273.091
Kredite	938.067	sonst. Vblk.	27.005
Wertpapiere	335.024	Eigenkapital	
Sachanlagen	6.000	gez. Kapital	40.000
sonst. Vgg.	27.005	KRL	0
		GRL	
		gesetzl. RL	0
		andere GRL	0
	1.340.096		1.340.096

Tab. 5.5: Planbilanzen der A-Bank für die Jahre 00 bis 07 ff.[155]

155 Legende: sonst. Vgg. = sonstige Vermögensgegenstände, sonst. Vblk. = sonstige Verbindlichkeiten, gez. Kapital = gezeichnetes Kapital, KRL = Kapitalrücklagen, GRL = Gewinnrücklagen, gesetzl. RL = gesetzliche Rücklage. Von der Möglichkeit des § 265 Abs. 8 HGB (Weglassen von Positionen, die keinen Betrag ausweisen) wurde der besseren Vergleichbarkeit wegen kein Gebrauch gemacht.

5.7.2 Der bewertungsrelevante Zielbeitrag einer Kapitalbank

Nachfolgend wird die Ermittlung der bewertungsrelevanten Zielbeiträge für eine fiktive B-Bank AG dargestellt. Es gelten die gesetzlichen Bestimmungen zur Gewinnverwendung und zur Rücklagenbildung des AktG. Die Tabellen 5.6 und 5.7 zeigen die Plan-GuV mit den dazugehörigen FCF-Überleitungen und die Plan-Bilanzen der B-Bank AG. Das Ergebnis nach Steuern und die Überleitungen zum FCF1 unterscheiden sich nicht von den Werten der A-Bank. Es kann daher auf die entsprechenden Ausführungen und Berechnungen verwiesen werden.

Periode	01	02	03	04	05	06	07 ff.
..	..	..	..	..	..	..	..
..	..	..	..	..	..	..	..
= Ergebnis vor Steuern	6.317	6.231	6.804	7.486	8.345	9.255	9.255
- Gewerbeertragsteuer (16,67 %)	-1.053	-1.039	-1.134	-1.248	-1.391	-1.543	-1.543
- Körperschaftsteuer (25 %)	-1.316	-1.298	-1.417	-1.559	-1.738	-1.928	-1.928
= Ergebnis nach Steuern	3.948	3.894	4.252	4.678	5.215	5.784	5.784
Thesaurierung	2.073	2.034	2.126	2.339	2.608	2.892	0
in gesetzliche Rücklagen	*197*	*173*	*0*	*0*	*0*	*0*	*0*
in andere Rücklagen	*1.876*	*1.861*	*2.126*	*2.339*	*2.608*	*2.892*	*0*
Ergebnis nach Steuern	3.948	3.894	4.252	4.678	5.215	5.784	5.784
+ Abschreibungen, Wertbericht. bei Krediten	1.400	1.456	1.514	1.575	1.638	1.703	1.703
+ Abschreibungen, Wertbericht. bei Wertpapieren	660	693	728	764	802	842	842
+ Abschreibungen auf Sachanlagen	1.450	1.650	1.850	2.050	2.200	2.450	2.450
= Operating Cash-Flow (brutto)	7.458	7.693	8.344	9.067	9.855	10.780	10.780
- echte Kreditausfälle	-1.400	-1.456	-1.514	-1.575	-1.638	-1.703	-1.703
- Ersatz-Inv. Sachanlagen (kapazitätsbezogen)	-1.200	-1.200	-1.200	-1.200	-1.650	-2.000	-2.450
= Operating Cash-Flow (netto)	4.858	5.037	5.630	6.292	6.568	7.076	6.626
- Erweit.-Inv. Sachanlagen	-1.000	-800	-800	-200	-150	-250	0
- Netto-Ausweitung bei Krediten	-35.000	-36.750	-38.588	-40.517	-42.543	-44.670	-44.670
- marktpreisänd. Buchwertabschr. auf Wertpapiere	-660	-693	-728	-764	-802	-842	-842
- Netto-Ausweitung bei Wertpapieren	-12.500	-13.125	-13.781	-14.470	-15.194	-15.954	-15.954
+ Netto-Zufluß Einlagen und sonstiges FK	47.500	49.875	52.369	54.987	57.737	60.623	60.623
= ZÜ auf UN-Ebene = FCF1	3.198	3.544	4.102	5.328	5.615	5.984	5.784
Thesaurierungserfordernis	2.073	2.034	2.126	2.339	2.608	2.892	0
auf Zahlungsüberschußebene	*750*	*350*	*150*	*-650*	*-400*	*-200*	*0*
bankaufsichtsrechtlich bedingt	*0*	*0*	*0*	*1.570*	*2.079*	*2.182*	*0*
gesetzlich und/oder durch Satzung bedingt	*2.073*	*2.034*	*2.126*	*2.339*	*2.608*	*2.892*	*0*
FCF1 - Ausschüttung	1.323	1.684	1.976	2.989	3.008	3.092	0
Ausschüttung = min (FCF1; Erg. n. St. - Thes.erford.)	1.875	1.860	2.126	2.339	2.607	2.892	5.784
- Steuern auf Anteilseignerebene (Steuersatz 35 %)	-328	-326	-372	-409	-456	-506	-1.012
= ZÜ auf Eignerebene = FCF2	1.547	1.535	1.754	1.930	2.151	2.386	4.772

Tab. 5.6: Plan-GuV mit FCF1- bzw. FCF2-Überleitung der B-Bank AG[156]

[156] Legende: Erg. n. St. = Ergebnis nach Steuern, Thes.erford. = Thesaurierungserfordernis.

Anders als bei der A-Bank soll die B-Bank AG jedoch nicht mehr als reines Investitionsobjekt betrachtet werden. Bevor der FCF1 dem Ausschüttungsbetrag gleichgesetzt wird, ist zu prüfen, ob diesem Vorgehen Ausschüttungsrestriktionen entgegenstehen.[157]

Bankaufsichtsrechtlich ist in jeder Periode ein bestimmtes Mindestniveau an Haftkapital vorzuhalten. Vereinfachend soll angenommen werden, daß zur Unterlegung der Ausfallrisiken aus den bilanzwirksamen Geschäften ein durchschnittlicher Anrechnungssatz von 40 % der Aktivpositionen gilt. Zudem beträgt das Risikoäquivalent der aus den bilanzunwirksamen Geschäften resultierenden Marktrisiken annahmegemäß durchschnittlich 2,75 % der Aktivpositionen. Bezogen auf die Risikoaktiva errechnet sich somit ein durchschnittlicher Anrechnungssatz von 42,75 % pro Periode. Der daraus abzuleitende Gesamtbetrag der risikogewichteten Aktiva ist mit 8 % Eigenmitteln zu unterlegen. Zur Erfüllung der Unterlegungspflicht soll bei der B-Bank AG ausschließlich auf die bilanziellen Eigenkapitalpositionen zurückgegriffen werden. Ausgehend von einem Eigenkapital in Höhe von 40.000 Euro zum Bewertungszeitpunkt 31.12.00 ist eine bankaufsichtsrechtlich bedingte Thesaurierung erst ab 04 notwendig. Das aus der bankaufsichtsrechtlichen Unterlegungspflicht resultierende Thesaurierungserfordernis bezieht sich über den gesamten Planungszeitraum auf eine isolierte Betrachtung dieser Problematik. Es handelt sich um eine bestandsgrößenabhängige Ausschüttungsrestriktion. Das bedeutet, daß jede potentielle Bilanzsummenveränderung eine Überprüfung der Eigenkapitalunterlegung hervorruft und gegebenenfalls bereits im Vorfeld die Zuführung von Eigenkapital bzw. die Thesaurierung von Gewinnanteilen erforderlich macht.[158]

Weiter können Thesaurierungen durch gesetzliche oder satzungsmäßige Bestimmungen hervorgerufen werden. Für die B-Bank AG gehören hierzu insbesondere die bereits beschriebenen Vorschriften der §§ 58 und 150 AktG. Wie Tab. 5.6 zu entnehmen ist, setzt sich das gesetzliche Thesaurierungserfordernis aus der Einstellung in die gesetzliche Rücklage (5 % des handelsrechtlichen Gewinns nach § 150 Abs. 2 AktG) und der Einstellung in die anderen Rücklagen zusammen. Hierbei ist zu beachten, daß die gesetzliche Rücklage nur solange aufzufüllen ist, bis die Kapitalrücklage und die gesetzliche Rücklage 10 % des Grundkapitals erreichen (§ 150 Abs. 2 AktG). Aus diesem Grund entspricht die Zuführung zur gesetzlichen Rücklage in 02 auch weniger als 5 % des handelsrechtlichen Gewinns und entfällt ab 03 vollständig. Bei der Zuführung zu den anderen Gewinnrücklagen wird unterstellt, daß diese 50 % des um die Einstellung in die gesetzliche Rücklage verminderten handelsrechtlichen Gewinns beträgt. Dies kann entweder durch die Satzung veranlaßt sein (§ 58 Abs. 1 AktG) oder

[157] Aus Gründen der Komplexitätsreduktion bleibt die Berücksichtigung der Ausschüttungsrestriktionen für alle hier dargestellten Beispielbanken auf die Detailprognosephase beschränkt. Danach wird von einer Vollausschüttung des FCF1 ausgegangen.

[158] Die Eigenkapitalunterlegung ist am Ende eines jeden Geschäftstages zu erfüllen. Dementsprechend reicht es daher in der Praxis nicht aus, am Ende des Geschäftsjahres bestimmte Teilbeträge des Periodenerfolges zu thesaurieren. Derartige Detailgenauigkeiten sollen jedoch nachfolgend vernachlässigt werden.

durch die Entscheidung des Managements (§ 58 Abs. 2 AktG). Bei der Berechnung des gesetzlichen Thesaurierungserfordernisses handelt es sich um eine Stromgrößenbetrachtung, die grundsätzlich unabhängig vom jeweiligen Eigenkapitalbestand gilt.[159]

Ein drittes Thesaurierungserfordernis kann aus der Betrachtung der Zahlungsüberschußebene resultieren. Ist der handelsrechtliche Gewinn größer als der Zahlungsüberschuß auf Unternehmensebene und wird letzterer - wie hier unterstellt - als Maximalwert für eine zahlungsstromorientierte Ausschüttung angesetzt, so kommt es annahmegemäß zu einer Thesaurierung des überschüssigen Betrages.

Zur Bestimmung der periodenmäßigen Ausschüttung ist zu prüfen, welches Thesaurierungserfordernis bindend ist. Für die B-Bank AG ist dies über die gesamte Detailprognosephase ausschließlich das gesetzlich bedingte Thesaurierungserfordernis. Aufgrund dieser Thesaurierungen wird die bankaufsichtsrechtliche Unterlegungspflicht in allen Perioden übererfüllt. Die zu ermittelnde Ausschüttung ergibt sich aus dem Minimum des FCF1 und des um das gesetzliche Thesaurierungserfordernis verminderten handelsrechtlichen Gewinns. Analog zur A-Bank erfolgt anschließend die Ermittlung der typisierten Steuerlast auf Investorenebene. Im Ergebnis erhält man den Zahlungsüberschuß auf Eignerebene.

Die Plan-Bilanzen der B-Bank AG weisen die Zuführungen zu den Gewinnrücklagen aus. Anzumerken ist, daß für sämtliche Beispielbanken zunächst die etwas realitätsferne Annahme getroffen wird, daß die laufende Geschäftsentwicklung unabhängig von den zwischenzeitlich thesaurierten Beträgen verläuft. Dies impliziert, daß einbehaltene Mittel keine zusätzlichen Erfolgsbeiträge generieren. Die Auswirkungen dieser Annahme werden jedoch im Rahmen der Ausführungen zur Unternehmenswertermittlung in Kapitel 5.8 genauer untersucht.

---

[159] Eine Ausnahme bildet die beschriebene Kappungsgrenze für die Auffüllung der gesetzlichen Rücklage im Rahmen der Vorwegzuführung.

Bilanz zum Bewertungsstichtag 31.12.00

Barreserve	34.000	Einlagen	950.000
Kredite	700.000	sonst. Vblk.	10.000
Wertpapiere	250.000	Eigenkapital	
Sachanlagen	6.000	gez. Kapital	36.700
sonst. Vgg.	10.000	KRL	2.000
		GRL	
		gesetzl. RL	1.300
		andere GRL	0
	1.000.000		1.000.000

Plan-Bilanz 31.12.01

Barreserve	33.250	Einlagen	997.500
Kredite	735.000	sonst. Vblk.	10.427
Wertpapiere	262.500	Eigenkapital	
Sachanlagen	6.750	gez. Kapital	36.700
sonst. Vgg.	12.500	KRL	2.000
		GRL	
		gesetzl. RL	1.497
		andere GRL	1.876
	1.050.000		1.050.000

Plan-Bilanz 31.12.02

Barreserve	32.900	Einlagen	1.047.375
Kredite	771.750	sonst. Vblk.	11.018
Wertpapiere	275.625	Eigenkapital	
Sachanlagen	7.100	gez. Kapital	36.700
sonst. Vgg.	15.125	KRL	2.000
		GRL	
		gesetzl. RL	1.670
		andere GRL	3.737
	1.102.500		1.102.500

Plan-Bilanz 31.12.03

Barreserve	32.750	Einlagen	1.099.744
Kredite	810.338	sonst. Vblk.	11.648
Wertpapiere	289.406	Eigenkapital	
Sachanlagen	7.250	gez. Kapital	36.700
sonst. Vgg.	17.881	KRL	2.000
		GRL	
		gesetzl. RL	1.670
		andere GRL	5.863
	1.157.625		1.157.625

Plan-Bilanz 31.12.04

Barreserve	33.400	Einlagen	1.154.731
Kredite	850.854	sonst. Vblk.	12.203
Wertpapiere	303.877	Eigenkapital	
Sachanlagen	6.600	gez. Kapital	36.700
sonst. Vgg.	20.775	KRL	2.000
		GRL	
		gesetzl. RL	1.670
		andere GRL	8.202
	1.215.506		1.215.506

Plan-Bilanz 31.12.05

Barreserve	33.800	Einlagen	1.212.467
Kredite	893.397	sonst. Vblk.	12.634
Wertpapiere	319.070	Eigenkapital	
Sachanlagen	6.200	gez. Kapital	36.700
sonst. Vgg.	23.814	KRL	2.000
		GRL	
		gesetzl. RL	1.670
		andere GRL	10.810
	1.276.282		1.276.282

Plan-Bilanz 31.12.06

Barreserve	34.000	Einlagen	1.273.091
Kredite	938.067	sonst. Vblk.	12.933
Wertpapiere	335.024	Eigenkapital	
Sachanlagen	6.000	gez. Kapital	36.700
sonst. Vgg.	27.005	KRL	2.000
		GRL	
		gesetzl. RL	1.670
		andere GRL	13.702
	1.340.096		1.340.096

Plan-Bilanz 31.12.07 ff.

Barreserve	34.000	Einlagen	1.273.091
Kredite	938.067	sonst. Vblk.	12.933
Wertpapiere	335.024	Eigenkapital	
Sachanlagen	6.000	gez. Kapital	36.700
sonst. Vgg.	27.005	KRL	2.000
		GRL	
		gesetzl. RL	1.670
		andere GRL	13.702
	1.340.096		1.340.096

Tab. 5.7: Plan-Bilanzen der B-Bank AG für die Jahre 00 bis 07 ff.

5.7.3 Der bewertungsrelevante Zielbeitrag eines Privatbankiers

Im Gegensatz zu den bisher beschriebenen Beispielbanken kann bei der Bestimmung der bewertungsrelevanten Zielbeiträge dieser Rechtsformgruppe nicht strikt zwischen Unternehmens- und Eignerebene unterschieden werden. Während die Gewerbeertragsteuer noch auf Unternehmensebene festgesetzt wird, erfolgt die Bestimmung der zu leistenden Einkommensteuer auf Eignerebene. Die Steuerlast bemißt sich hierbei - unter Berücksichtigung der anzurechnenden Gewerbeertragsteuer - nach dem individuellen Steuersatz des Eigners. Für diesen wird ebenfalls ein typisierter Einkommensteuersatz von 35 % angenommen. Die Überleitung vom Ergebnis nach Steuern zum FCF1 erfolgt analog zu den bisher betrachteten Beispielbanken (Tab. 5.8).[160]

Periode	01	02	03	04	05	06	07 ff.
..	..	..	..	..	..	..	..
..	..	..	..	..	..	..	..
= Ergebnis vor Steuern	6.317	6.231	6.804	7.486	8.345	9.255	9.255
- Gewerbeertragsteuer (16,67 %)	-1.053	-1.039	-1.134	-1.248	-1.391	-1.543	-1.543
= Ergebnis nach Unternehmenssteuern	5.264	5.192	5.670	6.238	6.954	7.712	7.712
- Einkommensteuer auf Gesellschafterebene	-1.369	-1.350	-1.474	-1.622	-1.808	-2.005	-2.005
tarifliche Einkommensteuer (35 %)	-1.843	-1.817	-1.984	-2.183	-2.434	-2.699	-2.699
Tarifermäßigung nach § 35 EStG	474	467	510	561	626	694	694
= Ergebnis nach sämtlichen Steuern	3.896	3.842	4.196	4.616	5.146	5.707	5.707
= Ergebnis nach Steuern	3.896	3.842	4.196	4.616	5.146	5.707	5.707
+ Abschreibungen, Wertbericht. bei Krediten	1.400	1.456	1.514	1.575	1.638	1.703	1.703
+ Abschreibungen, Wertbericht. bei Wertpapieren	660	693	728	764	802	842	842
+ Abschreibungen auf Sachanlagen	1.450	1.650	1.850	2.050	2.200	2.450	2.450
= Operating Cash-Flow (brutto)	7.406	7.641	8.287	9.005	9.786	10.702	10.702
- echte Kreditausfälle	-1.400	-1.456	-1.514	-1.575	-1.638	-1.703	-1.703
- Ersatz-Inv. Sachanlagen (kapazitätsbezogen)	-1.200	-1.200	-1.200	-1.200	-1.650	-2.000	-2.450
= Operating Cash-Flow (netto)	4.806	4.985	5.573	6.230	6.498	6.999	6.549
- Erweit.-Inv. Sachanlagen	-1.000	-800	-800	-200	-150	-250	0
- Netto-Ausweitung bei Krediten	-35.000	-36.750	-38.588	-40.517	-42.543	-44.670	-44.670
- marktpreisänd. Buchwertabschr. auf Wertpapiere	-660	-693	-728	-764	-802	-842	-842
- Netto-Ausweitung bei Wertpapieren	-12.500	-13.125	-13.781	-14.470	-15.194	-15.954	-15.954
+ Netto-Zufluß Einlagen und sonstiges FK	47.500	49.875	52.369	54.987	57.737	60.623	60.623
= fiktiver ZÜ auf UN-Ebene = FCF1	3.146	3.492	4.046	5.266	5.546	5.907	5.707
Thesaurierungserfordernis	0	0	0	0	1.949	2.382	0
auf Zahlungsüberschußebene	*750*	*350*	*150*	*-650*	*-400*	*-200*	*0*
bankaufsichtsrechtlich bedingt	*0*	*0*	*0*	*0*	*1.549*	*2.182*	*0*
gesetzlich und/oder durch Satzung bedingt	*0*	*0*	*0*	*0*	*0*	*0*	*0*
FCF1 vor Berücksichtigung des Thes. erford.	3.146	3.492	4.046	5.266	5.546	5.907	5.707
- (FCF1 - Ausschüttung)	0	0	0	0	1.949	2.382	0
= ZÜ auf Eignerebene = FCF2	3.146	3.492	4.046	5.266	3.597	3.525	5.707

Tab. 5.8: Plan-GuV mit FCF1- bzw. FCF2-Überleitung der C-Bank OHG

160 Die Einkommensteuer auf Gesellschafterebene wird annahmegemäß in jedem Jahr aus dem Unternehmen entnommen.

Für die Berechnung des Thesaurierungserfordernisses wird unterstellt, daß es neben der fehlenden gesetzlichen Vorschrift auch keine satzungsmäßige Vereinbarung gibt. Restriktiv wirkt jedoch die bankaufsichtsrechtliche Unterlegungspflicht. In diesem Zusammenhang wird angenommen, daß die C-Bank OHG über ein **anerkanntes freies Vermögen von 1.500 Euro** verfügt. Dies ist bei der Addition der bilanziellen Eigenkapitalpositionen der C-Bank OHG im Hinblick auf die zu erfüllende Unterlegungspflicht zu berücksichtigen (Tab. 5.9).

Bei einer isolierten Betrachtung der Unterlegungspflicht entsteht ein Thesaurierungserfordernis von 1.549 Euro in 05 bzw. 2.182 Euro in 06. Zudem sind auch die Veränderungen auf Zahlungsüberschußebene zu berücksichtigen. So erhöht sich das Eigenkapital in den ersten drei Perioden um den den FCF1 übersteigenden Betrag des Ergebnisses nach Steuern. Erst in 04 kommt es bei einer geplanten Vollausschüttung des FCF1 zu einer Auskehrung der zuvor gebildeten Rücklagen in Höhe von 650 Euro. Die Unterlegungspflicht ist jedoch weiterhin erfüllt. Für die beiden darauffolgenden Jahre ist das bankaufsichtsrechtliche Thesaurierungserfordernis hingegen um 400 Euro bzw. 200 Euro zu erhöhen, da sich das Eigenkapital bei einer isolierten Betrachtung der Zahlungsüberschußebene genau um diese Beträge kürzt.

Bilanz zum Bewertungsstichtag 31.12.00

Barreserve	34.000	Einlagen	950.000
Kredite	700.000	sonst. Vblk.	10.000
Wertpapiere	250.000	Eigenkapital	
Sachanlagen	6.000	gez. Kapital	15.000
sonst. Vgg.	10.000	KRL	25.000
		GRL	
		gesetzl. RL	0
		andere GRL	0
	1.000.000		1.000.000

Plan-Bilanz 31.12.01

Barreserve	33.250	Einlagen	997.500
Kredite	735.000	sonst. Vblk.	12.500
Wertpapiere	262.500	Eigenkapital	
Sachanlagen	6.750	gez. Kapital	15.000
sonst. Vgg.	12.500	KRL	25.000
		GRL	
		gesetzl. RL	0
		andere GRL	750
	1.050.000		1.050.000

Plan-Bilanz 31.12.02

Barreserve	32.900	Einlagen	1.047.375
Kredite	771.750	sonst. Vblk.	15.125
Wertpapiere	275.625	Eigenkapital	
Sachanlagen	7.100	gez. Kapital	15.000
sonst. Vgg.	15.125	KRL	25.000
		GRL	
		gesetzl. RL	0
		andere GRL	1.100
	1.102.500		1.102.500

Plan-Bilanz 31.12.03

Barreserve	32.750	Einlagen	1.099.744
Kredite	810.338	sonst. Vblk.	17.881
Wertpapiere	289.406	Eigenkapital	
Sachanlagen	7.250	gez. Kapital	15.000
sonst. Vgg.	17.881	KRL	25.000
		GRL	
		gesetzl. RL	0
		andere GRL	1.250
	1.157.625		1.157.625

Plan-Bilanz 31.12.04

Barreserve	33.400	Einlagen	1.154.731
Kredite	850.854	sonst. Vblk.	20.775
Wertpapiere	303.877	Eigenkapital	
Sachanlagen	6.600	gez. Kapital	15.000
sonst. Vgg.	20.775	KRL	25.000
		GRL	
		gesetzl. RL	0
		andere GRL	600
	1.215.506		1.215.506

Plan-Bilanz 31.12.05

Barreserve	33.800	Einlagen	1.212.467
Kredite	893.397	sonst. Vblk.	21.665
Wertpapiere	319.070	Eigenkapital	
Sachanlagen	6.200	gez. Kapital	15.000
sonst. Vgg.	23.814	KRL	25.000
		GRL	
		gesetzl. RL	0
		andere GRL	2.149
	1.276.282		1.276.282

Plan-Bilanz 31.12.06

Barreserve	34.000	Einlagen	1.273.091
Kredite	938.067	sonst. Vblk.	22.674
Wertpapiere	335.024	Eigenkapital	
Sachanlagen	6.000	gez. Kapital	15.000
sonst. Vgg.	27.005	KRL	25.000
		GRL	
		gesetzl. RL	0
		andere GRL	4.331
	1.340.096		1.340.096

Plan-Bilanz 31.12.07 ff.

Barreserve	34.000	Einlagen	1.273.091
Kredite	938.067	sonst. Vblk.	22.674
Wertpapiere	335.024	Eigenkapital	
Sachanlagen	6.000	gez. Kapital	15.000
sonst. Vgg.	27.005	KRL	25.000
		GRL	
		gesetzl. RL	0
		andere GRL	4.331
	1.340.096		1.340.096

Tab. 5.9: Plan-Bilanzen der C-Bank OHG für die Jahre 00 bis 07 ff.

5.7.4 Der bewertungsrelevante Zielbeitrag einer Kreditgenossenschaft

Zur Bestimmung der bewertungsrelevanten Zielbeiträge der D-Bank eG sind zunächst folgende Annahmen zu treffen.

- Die Geschäftsguthaben der Genossen betragen zum Bewertungsstichtag 27.000 Euro und entsprechen in ihrer Höhe dem Gesamtbetrag der Geschäftsanteile. Somit ist gewährleistet, daß die Kapitalbeteiligungsdividende in jeder Periode an die Genossen bar ausgeschüttet wird.

- Bei der Ermittlung der haftenden Eigenmittel ist zu berücksichtigen, daß die Satzung der D-Bank eG einen begrenzten Haftsummenzuschlag in Höhe des Geschäftsanteilswertes vorsieht. Im Rahmen der bankaufsichtsrechtlichen Unterlegungspflicht sind daher die Bestimmungen der Zuschlagsverordnung zu beachten.[161]

- Bei der Gewinnverwendung strebt die D-Bank eG folgende Politik an: Zunächst wird eine gesetzliche Rücklage von jährlich 10 % des handelsrechtlichen Gewinns gebildet. Darüber hinaus soll eine jährliche Kapitalbeteiligungsdividende von 5,6 % für 01 und 02, von 5,8 % für 03 und 04 und von 6 % für 05 und 06 ausgeschüttet werden. Ein verbleibender Restbetrag wird in voller Höhe den anderen Ergebnisrücklagen zugeführt.

- Die D-Bank eG gewährt keine Zinsrückvergütungen. Diese Annahme wird getroffen, um einen sinnvollen Vergleich zwischen den Unternehmenswerten der einzelnen Beispielbanken zu gewährleisten.

Tabelle 5.10 ist zu entnehmen, daß die periodenspezifischen FCF1-Größen den Werten der A-Bank und der B-Bank AG entsprechen. Da der Haftsummenzuschlag mit in die Berechnung der haftenden Eigenmittel einzubeziehen ist, wirkt sich die bankaufsichtsrechtliche Unterlegungspflicht in keiner Periode restriktiv auf das Ausschüttungsvolumen aus. Wie bei der B-Bank AG wird das Thesaurierungserfordernis ausschließlich durch gesetzliche bzw. satzungsmäßige Vorschriften determiniert.

Wird die auf Unternehmensebene zur Ausschüttung gelangende Kapitalbeteiligungsdividende um die Steuerlast auf Eignerebene bereinigt, so erhält man den FCF2.

[161] Vgl. die Ausführungen in Kapitel 5.2.1.2.4.

Periode	01	02	03	04	05	06	07 ff.
..	..	..	..	..	..	..	..
..	..	..	..	..	..	..	..
= Ergebnis vor Steuern	6.317	6.231	6.804	7.486	8.345	9.255	9.255
- Gewerbeertragsteuer (16,67 %)	-1.053	-1.039	-1.134	-1.248	-1.391	-1.543	-1.543
- Körperschaftsteuer (25 %)	-1.316	-1.298	-1.417	-1.559	-1.738	-1.928	-1.928
= Ergebnis nach Steuern	3.948	3.894	4.252	4.678	5.215	5.784	5.784
Einstellung in gesetzliche Rücklagen	395	389	425	468	522	578	0
Einstellung in andere Ergebnisrücklagen	2.041	1.993	2.261	2.644	3.074	3.586	0
Kapitalbeteiligungsdividende = Ausschüttung	1.512	1.512	1.566	1.566	1.620	1.620	5.784
= Ergebnis nach Steuern	3.948	3.894	4.252	4.678	5.215	5.784	5.784
+ Abschreibungen, Wertbericht. bei Krediten	1.400	1.456	1.514	1.575	1.638	1.703	1.703
+ Abschreibungen, Wertbericht. bei Wertpapieren	660	693	728	764	802	842	842
+ Abschreibungen auf Sachanlagen	1.450	1.650	1.850	2.050	2.200	2.450	2.450
= Operating Cash-Flow (brutto)	7.458	7.693	8.344	9.067	9.855	10.780	10.780
- echte Kreditausfälle	-1.400	-1.456	-1.514	-1.575	-1.638	-1.703	-1.703
- Ersatz-Inv. Sachanlagen (kapazitätsbezogen)	-1.200	-1.200	-1.200	-1.200	-1.650	-2.000	-2.450
= Operating Cash-Flow (netto)	4.858	5.037	5.630	6.292	6.568	7.076	6.626
- Erweit.-Inv. Sachanlagen	-1.000	-800	-800	-200	-150	-250	0
- Netto-Ausweitung bei Krediten	-35.000	-36.750	-38.588	-40.517	-42.543	-44.670	-44.670
- marktpreisänd. Buchwertabschr. auf Wertpapiere	-660	-693	-728	-764	-802	-842	-842
- Netto-Ausweitung bei Wertpapieren	-12.500	-13.125	-13.781	-14.470	-15.194	-15.954	-15.954
+ Netto-Zufluß Einlagen und sonstiges FK	47.500	49.875	52.369	54.987	57.737	60.623	60.623
= ZÜ auf UN-Ebene = FCF1	3.198	3.544	4.102	5.328	5.615	5.984	5.784
Thesaurierungserfordernis	2.436	2.382	2.686	3.112	3.595	4.164	0
auf Zahlungsüberschußebene	*750*	*350*	*150*	*-650*	*-400*	*-200*	*0*
bankaufsichtsrechtlich bedingt	*0*	*0*	*0*	*0*	*0*	*0*	*0*
gesetzlich und/oder durch Satzung bedingt	*2.436*	*2.382*	*2.686*	*3.112*	*3.595*	*4.164*	*0*
FCF1 - Ausschüttung	1.686	2.032	2.536	3.762	3.995	4.364	0
Ausschüttung	1.512	1.512	1.566	1.566	1.620	1.620	5.784
- Steuern auf Anteilseignerebene (Steuersatz 35 %)	-265	-265	-274	-274	-284	-284	-1.012
= ZÜ auf Eignerebene = FCF2	1.247	1.247	1.292	1.292	1.337	1.337	4.772

Tab. 5.10: Plan-GuV und FCF1- bzw. FCF2-Überleitung der D-Bank eG

Tab. 5.11 zeigt die Entwicklung der Plan-Bilanzen der D-Bank eG. Bei einem konstanten Geschäftsguthaben der Genossen von 27.000 Euro werden die Ergebnisrücklagen jährlich um die ermittelten Thesaurierungsbeträge aufgestockt.

Bilanz zum Bewertungsstichtag 31.12.00

Barreserve	34.000	Einlagen	950.000
Kredite	700.000	sonst. Vblk.	10.000
Wertpapiere	250.000	Eigenkapital	
Sachanlagen	6.000	Gg. d. Gen.	27.000
sonst. Vgg.	10.000	KRL	0
		ERL	
		gesetzl. RL	3.000
		andere ERL	10.000
	1.000.000		1.000.000

Plan-Bilanz 31.12.01

Barreserve	33.250	Einlagen	997.500
Kredite	735.000	sonst. Vblk.	10.064
Wertpapiere	262.500	Eigenkapital	
Sachanlagen	6.750	Gg. d. Gen.	27.000
sonst. Vgg.	12.500	KRL	0
		ERL	
		gesetzl. RL	3.395
		andere ERL	12.041
	1.050.000		1.050.000

Plan-Bilanz 31.12.02

Barreserve	32.900	Einlagen	1.047.375
Kredite	771.750	sonst. Vblk.	10.307
Wertpapiere	275.625	Eigenkapital	
Sachanlagen	7.100	Gg. d. Gen.	27.000
sonst. Vgg.	15.125	KRL	0
		ERL	
		gesetzl. RL	3.784
		andere ERL	14.034
	1.102.500		1.102.500

Plan-Bilanz 31.12.03

Barreserve	32.750	Einlagen	1.099.744
Kredite	810.338	sonst. Vblk.	10.377
Wertpapiere	289.406	Eigenkapital	
Sachanlagen	7.250	Gg. d. Gen.	27.000
sonst. Vgg.	17.881	KRL	0
		ERL	
		gesetzl. RL	4.209
		andere ERL	16.295
	1.157.625		1.157.625

Plan-Bilanz 31.12.04

Barreserve	33.400	Einlagen	1.154.731
Kredite	850.854	sonst. Vblk.	10.158
Wertpapiere	303.877	Eigenkapital	
Sachanlagen	6.600	Gg. d. Gen.	27.000
sonst. Vgg.	20.775	KRL	0
		ERL	
		gesetzl. RL	4.677
		andere ERL	18.940
	1.215.506		1.215.506

Plan-Bilanz 31.12.05

Barreserve	33.800	Einlagen	1.212.467
Kredite	893.397	sonst. Vblk.	9.602
Wertpapiere	319.070	Eigenkapital	
Sachanlagen	6.200	Gg. d. Gen.	27.000
sonst. Vgg.	23.814	KRL	0
		ERL	
		gesetzl. RL	5.199
		andere ERL	22.013
	1.276.282		1.276.282

Plan-Bilanz 31.12.06

Barreserve	34.000	Einlagen	1.273.091
Kredite	938.067	sonst. Vblk.	8.629
Wertpapiere	335.024	Eigenkapital	
Sachanlagen	6.000	Gg. d. Gen.	27.000
sonst. Vgg.	27.005	KRL	0
		ERL	
		gesetzl. RL	5.777
		andere ERL	25.599
	1.340.096		1.340.096

Plan-Bilanz 31.12.07 ff.

Barreserve	34.000	Einlagen	1.273.091
Kredite	938.067	sonst. Vblk.	8.629
Wertpapiere	335.024	Eigenkapital	
Sachanlagen	6.000	Gg. d. Gen.	27.000
sonst. Vgg.	27.005	KRL	0
		ERL	
		gesetzl. RL	5.777
		andere ERL	25.599
	1.340.096		1.340.096

Tab. 5.11: Plan-Bilanzen der D-Bank eG für die Jahre 00 bis 07 ff.[162]

[162] Legende: Gg. d. Gen. = Geschäftsguthaben der Genossen, ERL = Ergebnisrücklagen.

5.7.5 Der bewertungsrelevante Zielbeitrag eines öffentlich-rechtlichen Kreditinstitutes

Abschließend wird die Berechnung des FCF2 für die S-Sparkasse dargestellt. Die Plan-GuV sind Tabelle 5.12 zu entnehmen. Bei der S-Sparkasse werden die Möglichkeiten zur Gewinnverwendung durch die gesetzlichen Vorschriften bestimmt. Wie in Kapitel 5.3.4 kurz skizziert, sind diese von Bundesland zu Bundesland verschieden. Im folgenden wird auf die Regelungen des Hessischen Sparkassengesetzes (HSpkG) zurückgegriffen, weil die diesbezüglichen Vorschriften eine im Vergleich zu anderen Bundesländern relativ hohe Ausschüttung an die Gewährträger zulassen.

Periode	01	02	03	04	05	06	07 ff.
..	..	..	..	..	..	..	..
..	..	..	..	..	..	..	..
= Ergebnis vor Steuern	6.317	6.231	6.804	7.486	8.345	9.255	9.255
- Gewerbeertragsteuer (16,67 %)	-1.053	-1.039	-1.134	-1.248	-1.391	-1.543	-1.543
- Körperschaftsteuer (25 %)	-1.316	-1.298	-1.417	-1.559	-1.738	-1.928	-1.928
= Ergebnis nach Steuern	3.948	3.894	4.252	4.678	5.215	5.784	5.784
Thesaurierung	2.961	2.921	3.189	3.509	3.912	4.338	0
Ausschüttung	987	974	1.063	1.170	1.304	1.446	5.784
Ausschüttung an den Gewährträger	987	974	1.063	1.170	1.304	1.446	5.784
= Ergebnis nach Steuern	3.948	3.894	4.252	4.678	5.215	5.784	5.784
+ Abschreibungen, Wertbericht. bei Krediten	1.400	1.456	1.514	1.575	1.638	1.703	1.703
+ Abschreibungen, Wertbericht. bei Wertpapieren	660	693	728	764	802	842	842
+ Abschreibungen auf Sachanlagen	1.450	1.650	1.850	2.050	2.200	2.450	2.450
= Operating Cash-Flow (brutto)	7.458	7.693	8.344	9.067	9.855	10.780	10.780
- echte Kreditausfälle	-1.400	-1.456	-1.514	-1.575	-1.638	-1.703	-1.703
- Ersatz-Inv. Sachanlagen (kapazitätsbezogen)	-1.200	-1.200	-1.200	-1.200	-1.650	-2.000	-2.450
= Operating Cash-Flow (netto)	4.858	5.037	5.630	6.292	6.568	7.076	6.626
- Erweit.-Inv. Sachanlagen	-1.000	-800	-800	-200	-150	-250	0
- Netto-Ausweitung bei Krediten	-35.000	-36.750	-38.588	-40.517	-42.543	-44.670	-44.670
- marktpreisänd. Buchwertabschr. auf Wertpapiere	-660	-693	-728	-764	-802	-842	-842
- Netto-Ausweitung bei Wertpapieren	-12.500	-13.125	-13.781	-14.470	-15.194	-15.954	-15.954
+ Netto-Zufluß Einlagen und sonstiges FK	47.500	49.875	52.369	54.987	57.737	60.623	60.623
= ZÜ auf UN-Ebene = FCF1	3.198	3.544	4.102	5.328	5.615	5.984	5.784
Thesaurierungserfordernis	2.961	2.921	3.189	3.509	3.912	4.338	0
auf Zahlungsüberschußebene	*750*	*350*	*150*	*-650*	*-400*	*-200*	0
bankaufsichtsrechtlich bedingt	*0*	*0*	*0*	*1.571*	*2.079*	*2.182*	0
gesetzlich und/oder durch Satzung bedingt	*2.961*	*2.921*	*3.189*	*3.509*	*3.912*	*4.338*	0
FCF1 - Ausschüttung	2.211	2.571	3.039	4.159	4.312	4.538	0
Ausschüttung an den Gewährträger	987	974	1.063	1.170	1.304	1.446	5.784
- definitive Kapitalertragsteuer (10 %)	-99	-97	-106	-117	-130	-145	-578
= ZÜ auf Gewährträgerebene = FCF2	888	876	957	1.053	1.173	1.301	5.206

Tab. 5.12: Plan-GuV mit FCF1- bzw. FCF2-Überleitung der S-Sparkasse

§ 16 Abs. 2 HSpkG ermöglicht eine Vorwegzuführung zur Sicherheits- oder zur freien Rücklage in Höhe von 75 % des Jahresüberschusses. Die Vorwegzuführung zur freien Rücklage darf dabei höchstens 50 % der Vorwegzuführung zur Sicherheitsrücklage betragen (§ 16 Abs. 1 HSpkG). Das mögliche Ausschüttungsvolumen ist gemäß § 16 Abs. 3 HSpkG auf 25 % des Bilanzgewinns vor Vorwegzuführungen begrenzt, falls der Anteil der Sicherheitsrücklage an der Bilanzsumme mindestens 4 % beträgt. Es erhöht sich auf 50 %, wenn diese Relation 6 % übersteigt. Erreicht der Anteil der Sicherheitsrücklage nicht 4 % der Bilanzsumme, so ist keine Ausschüttung möglich.

Für den weiteren Verlauf der Untersuchung wird unterstellt, daß das Sparkassenmanagement und der Verwaltungsrat ein höchstmögliches Ausschüttungsvolumen anstreben. Von Vorwegzuführungen wird daher abgesehen. Die Plan-Bilanzen sind so gewählt, daß die Relation Sicherheitsrücklage zu Bilanzsumme in jeder Periode 4 % erreicht und somit eine Ausschüttung von 25 % des Bilanzgewinns erfolgt. Da Ausschüttungen in dieser Bankengruppe zwar nicht mit Einkommensteuer, dafür aber mit einer definitiven Kapitalertragsteuer in Höhe von 10 % belegt werden, ist der abgeführte Ausschüttungsbetrag zur Ermittlung des FCF2 um jene Steuer zu kürzen.

Tabelle 5.13 zeigt die Entwicklung der Plan-Bilanzen der S-Sparkasse. Aufgrund der gesetzlichen Gewinnverwendungsvorschriften erfolgen bei dieser Beispielbank die größten Gewinnthesaurierungen. Dies führt in jeder Periode zu einer deutlichen Übererfüllung der bankaufsichtsrechtlichen Unterlegungspflicht.

Bilanz zum Bewertungsstichtag 31.12.00

Barreserve	34.000	Einlagen	950.000
Kredite	700.000	sonst. Vblk.	10.000
Wertpapiere	250.000	Eigenkapital	
Sachanlagen	6.000	gez. Kapital	
sonst. Vgg.	10.000	KRL	
		GRL	
		SRL	40.000
		andere GRL	
	1.000.000		1.000.000

Plan-Bilanz 31.12.01

Barreserve	33.250	Einlagen	997.500
Kredite	735.000	sonst. Vblk.	9.539
Wertpapiere	262.500	Eigenkapital	
Sachanlagen	6.750	gez. Kapital	
sonst. Vgg.	12.500	KRL	
		GRL	
		SRL	42.961
		andere GRL	
	1.050.000		1.050.000

Plan-Bilanz 31.12.02

Barreserve	32.900	Einlagen	1.047.375
Kredite	771.750	sonst. Vblk.	9.243
Wertpapiere	275.625	Eigenkapital	
Sachanlagen	7.100	gez. Kapital	
sonst. Vgg.	15.125	KRL	
		GRL	
		SRL	45.882
		andere GRL	
	1.102.500		1.102.500

Plan-Bilanz 31.12.03

Barreserve	32.750	Einlagen	1.099.744
Kredite	810.338	sonst. Vblk.	8.810
Wertpapiere	289.406	Eigenkapital	
Sachanlagen	7.250	gez. Kapital	
sonst. Vgg.	17.881	KRL	
		GRL	
		SRL	49.071
		andere GRL	
	1.157.625		1.157.625

Plan-Bilanz 31.12.04

Barreserve	33.400	Einlagen	1.154.731
Kredite	850.854	sonst. Vblk.	8.196
Wertpapiere	303.877	Eigenkapital	
Sachanlagen	6.600	gez. Kapital	
sonst. Vgg.	20.775	KRL	
		GRL	
		SRL	52.580
		andere GRL	
	1.215.506		1.215.506

Plan-Bilanz 31.12.05

Barreserve	33.800	Einlagen	1.212.467
Kredite	893.397	sonst. Vblk.	7.323
Wertpapiere	319.070	Eigenkapital	
Sachanlagen	6.200	gez. Kapital	
sonst. Vgg.	23.814	KRL	
		GRL	
		SRL	56.491
		andere GRL	
	1.276.282		1.276.282

Plan-Bilanz 31.12.06

Barreserve	34.000	Einlagen	1.273.091
Kredite	938.067	sonst. Vblk.	6.176
Wertpapiere	335.024	Eigenkapital	
Sachanlagen	6.000	gez. Kapital	
sonst. Vgg.	27.005	KRL	
		GRL	
		SRL	60.829
		andere GRL	
	1.340.096		1.340.096

Plan-Bilanz 31.12.07 ff.

Barreserve	34.000	Einlagen	1.273.091
Kredite	938.067	sonst. Vblk.	6.176
Wertpapiere	335.024	Eigenkapital	
Sachanlagen	6.000	gez. Kapital	
sonst. Vgg.	27.005	KRL	
		GRL	
		SRL	60.829
		andere GRL	
	1.340.096		1.340.096

Tab. 5.13: Plan-Bilanzen der S-Sparkasse für die Jahre 00 bis 07 ff.[163]

163 Legende: SRL = Sicherheitsrücklagen.

5.8 Wertermittlung und Interpretation der Ergebnisse

Voraussetzung für die Durchführung der Wertermittlung ist die Kenntnis der bewertungsrelevanten Zielbeiträge und des anzusetzenden Kapitalisierungszinssatzes. Auf die Bestimmung der letztgenannten Größe und der damit einhergehenden Problematik wird in Kapitel 6 detailliert eingegangen. Vorweg soll für die Bewertung der Beispielbanken ein einheitlicher risikoäquivalenter Kapitalisierungszinssatz vor sämtlichen Steuern (r_{VSt}) von 12,69 % angenommen werden. Wird als Alternativinvestition eine Anlage in festverzinsliche Wertpapiere unterstellt, so ergibt sich bei einem angenommenen Einkommensteuersatz der Investoren (s_{ESt}) von 35 % ein Kapitalisierungszinssatz nach Steuern (r_{NSt}) von 8,25 %. Dieser wird wie folgt berechnet:

$$\begin{aligned} r_{NSt} &= r_{VSt} \cdot (1 - s_{ESt}) \\ &= 0{,}1269 \cdot (1 - 0{,}35) = 0{,}0825. \end{aligned} \tag{5.4}$$

Der bewertungsrelevante Zielbeitrag wird grundsätzlich durch den FCF2, den Zahlungsüberschuß auf Eignerebene, dargestellt. Tabelle 5.14 weist die FCF2-Barwerte der einzelnen Beispielbanken aus.

A-Bank	B-Bank AG	C-Bank OHG	D-Bank eG	S-Sparkasse
52.933	44.404	60.511	41.853	43.902

Tab. 5.14: FCF2-Barwerte der Beispielbanken

Es bleibt jedoch zu klären, ob die Barwerte der FCF2 schon den Gesamtwert der Bank widerspiegeln oder ob noch andere Komponenten ergänzend zu berücksichtigen sind. Hierbei ist z. B. an den Barwert der thesaurierten Beträge zu denken, die den Eigenkapitalkonten der Beispielbanken zugeführt wurden. Nicht zu vernachlässigen ist in diesem Zusammenhang, daß bei den körperschaftsteuerpflichtigen Kreditinstituten im Falle einer Ausschüttung auf Ebene der Anteilseigner eine unter Berücksichtigung des Halbeinkünfteverfahrens zu ermittelnde Einkommensteuer (privatrechtliche Institute) bzw. eine definitive Kapitalertragsteuer (öffentlich-rechtliche Institute) anfällt. Die Barwerte lassen sich errechnen, indem die das Anfangskapital von 40.000 Euro übersteigenden institutsspezifischen Eigenkapitalzuführungen um die Steuerlast auf Anteilseignerebene bereinigt und auf den Bewertungsstichtag abgezinst werden. Tabelle 5.15 sind sowohl die Eigenkapitalzuführungen der einzelnen Beispielbanken als auch die um die Steuern bereinigten Barwerte zu entnehmen.

	A-Bank	B-Bank AG	C-Bank OHG	D-Bank eG	S-Sparkasse
Eigenkapitalzuführung	0	14.072	4.331	18.376	20.829
Barwert dieser Zuführung	0	6.665	2.487	8.704	10.763

Tab. 5.15: Eigenkapitalzuführungen und deren Barwerte

So wird der Barwert für die D-Bank eG z. B. wie folgt ermittelt:

$$BW = \frac{18.376 - \left(18.376 \cdot \frac{0,35}{2}\right)}{1,0825^7} = 8.704. \quad (5.5)$$

Fraglich ist nun, ob diese Barwerte eine Komponente des Bankwertes verkörpern. Mehrfach wurde bereits festgestellt, daß grundsätzlich nur das bewertungsrelevant ist, was den Eignern auch tatsächlich zufließt. Entscheidend ist also, ob eine Auskehrung der thesaurierten Beträge zu einem späteren Zeitpunkt beabsichtigt ist. Bei den Privatbankiers und den Kapitalbanken mit begrenzter Eignerzahl kann diese Annahme - unter der Voraussetzung, daß die bankaufsichtsrechtliche Unterlegungspflicht auch weiterhin erfüllt wird - noch relativ unproblematisch getroffen werden, da die Entscheidung hierüber letztlich in der Hand der Eigentümer liegt. Zur Unterlegung der risikogewichteten Aktiva kann das bilanzielle Eigenkapital oftmals auch durch andere Eigenmittelkomponenten, wie z. B. Genußrechtskapital, nachrangige Verbindlichkeiten usw., substituiert werden. Bei Aktienbanken muß zusätzlich berücksichtigt werden, daß die Vorschriften über die Verwendung der gesetzlichen Rücklage und der Kapitalrücklage gemäß § 150 Abs. 3 und 4 AktG zu beachten sind. Kritischer ist die Annahme einer späteren Gewinnauskehrung bei den Kreditgenossenschaften und den öffentlichen Banken zu betrachten. Für die Kreditgenossenschaften besteht zwar nach § 73 Abs. 3 GenG die Möglichkeit, ausscheidende Genossen an den gebildeten Rücklagen zu beteiligen. Dies ist aber nur dann möglich, wenn das Statut die Bildung einer entsprechenden Ergebnisrücklage vorsieht. In der Praxis wird hiervon aber regelmäßig kein Gebrauch gemacht.[164] Auch bei den Sparkassen ist unter Berücksichtigung der derzeitigen Rechtslage davon auszugehen, daß eine Auskehrung der thesaurierten Beträge zu einem späteren Zeitpunkt grundsätzlich nicht vorgesehen ist. Gerade in dieser Bankengruppe wurden aber in jüngerer Zeit neue Ausschüttungsmodelle diskutiert,[165] so daß hier eventuell Veränderungen bevorstehen.[166] Eine allgemeingültige Aussage, ob diese Beträge Teil des Bankwertes der jeweiligen Institutsgruppe sind oder nicht, kann somit nicht getroffen werden. Es ist daher auf den Einzelfall abzustellen.

Eine weitere Komponente, die gegebenenfalls Bestandteil des Bankwertes ist, ergibt sich aus der internen Verzinsung der thesaurierten Beträge.[167] Dazu ist die in Gliederungspunkt 5.7.2 getroffene Annahme, daß die Geschäftsentwicklung unabhängig von der Höhe der thesaurierten Beträge ist, aufzuheben. Diese Annahme wurde ausschließlich aus didaktischen Gründen getroffen. Generell sind die Geschäfts- und die Eigenkapitalentwicklung hingegen simultan zu planen. Da dies für die hier dargestellten Beispiele aus besagtem Grund nicht erfolgte, ist an dieser Stelle zu untersuchen, welche Veränderung die Erfolgsbeiträge durch die interne Verzinsung der

---

164 Vgl. Schöffling (1992), S. 48 und S. 234.

165 Vgl. o. V., HB v. 25.11.1998, Nr. 228, S. 23; dazu kritisch Mauerer (1998).

166 So argumentiert z. B. die Landesregierung Sachsen, daß die Kernkapitalquote der Sparkassen im Freistaat mit 9,7 % für 1997 zu hoch sei. Ausreichend wäre eine Quote von 5,5 %. Vgl. Mauerer (1998), S. 947.

167 Vgl. Hax (1969), S. 362 f.

thesaurierten Beträge erfahren. Wie bereits dargestellt ist davon auszugehen, daß sich zwangsweise thesaurierte Mittel innerhalb der Bank nicht höher verzinsen wie außerhalb der Unternehmenssphäre.[168] Für den internen Verzinsungssatz gilt somit als untere Grenze bei einer Nachsteuerbetrachtung ein Wert von 0 % und als obere Grenze die Höhe der Eigenkapitalkosten mit 8,25 %. Tabelle 5.16 weist die oberen Grenzwerte für die Barwerte der zusätzlichen Zahlungsüberschüsse aus, die sich aus der internen Verzinsung des zahlungswirksamen Anteils der thesaurierten Beträge ergeben.

A-Bank	B-Bank AG	C-Bank OHG	D-Bank eG	S-Sparkasse
0	1.865	305	2.377	3.081

Tab. 5.16: Barwertige Erfolgsbeiträge aus der internen Anlage von thesaurierten liquiden Mitteln bei einem internen Verzinsungssatz von 8,25 %

Die Barwerte werden gemäß folgender Formel berechnet:

$$BW_L = \sum_{t=1}^{T} \frac{L_t \cdot i_{V,\,NSt}}{\left(1+r_{NSt}\right)^{t+1}} \tag{5.6}$$

mit: BW_L = Barwert der zusätzlichen Erfolgsbeiträge aus der internen Anlage von thesaurierten liquiden Mitteln,

$i_{V,\,NSt}$ = interner Verzinsungssatz nach Steuern = 8,25 %,

r_{NSt} = Kapitalisierungszinssatz nach Steuern = 8,25 %,

L_t = Summe der thesaurierten liquiden Mittel **am Ende** der Periode t.

So gilt bspw. für die B-Bank AG:

$$\begin{aligned} BW = {} & \frac{1.323 \cdot 0{,}0825}{1{,}0825^2} + \frac{3.007 \cdot 0{,}0825}{1{,}0825^3} + \frac{4.983 \cdot 0{,}0825}{1{,}0825^4} + \\ & \frac{7.972 \cdot 0{,}0825}{1{,}0825^5} + \frac{10.980 \cdot 0{,}0825}{1{,}0825^6} + \frac{14.072 \cdot 0{,}0825}{1{,}0825^7} = 1.865. \end{aligned}$$

Grundlage der Berechnung dieser zusätzlichen Erfolgsbeiträge ist der Teilbetrag, der vom Zahlungsüberschuß auf Unternehmensebene nicht ausgeschüttet wird (= FCF1 - Ausschüttung). In den Bewertungskalkül fließen die kumulierten Werte der jeweiligen Perioden ein. Diese Größen können auch aus der Veränderung einzelner Bilanzpositionen gegenüber ihrem Wert zu Beginn der Periode 1 abgelesen werden: So ist die Veränderung der sonstigen Vermögensgegenstände um die Veränderung der Barreserve zu erhöhen und um die Veränderung der sonstigen Verbindlichkeiten zu kürzen. Diese drei Positionen spiegeln die durch die Thesaurierung hervorgerufene Veränderung der liquiden Mittel wider.

[168] Vgl. die Ausführungen in Kapitel 5.5.

Werden diese drei Barwertgrößen addiert (Tab. 5.14 bis 5.16), so ergeben sich folgende Werte (Tab. 5.17).

A-Bank	B-Bank AG	C-Bank OHG	D-Bank eG	S-Sparkasse
52.933	52.933	63.303	52.934	57.745

Tab. 5.17: Zusammenfassung der Barwertgrößen

Die jetzt noch bestehenden Bewertungsunterschiede sind auf abweichende Besteuerungsgrundlagen zurückzuführen. Aufgrund der rechtsformspezifischen Besteuerung der Privatbankiers und der öffentlich-rechtlichen Kreditinstitute gelangen diese beiden Institutsgruppen in den Genuß von Steuervorteilen, die werterhöhend wirken und im folgenden dargestellt werden.

Zunächst wird die C-Bank OHG betrachtet. Als Personengesellschaft entfällt für sie die Körperschaftsteuer auf Unternehmensebene, weshalb ihre Investoren mit ihren aus dieser Beteiligung erzielten operativen Einkünften auch nicht dem Halbeinkünfteverfahren unterliegen. Zusätzlich gelangen sie in den Genuß einer pauschalen Anrechnung der Gewerbeertragsteuer. Obwohl für alle privatrechtlich organisierten Kreditinstitute ein einheitlicher Einkommensteuersatz der Investoren von 35 % unterstellt wurde, erzielen die Gesellschafter der C-Bank OHG in jeder einzelnen Periode aufgrund der unterschiedlichen Besteuerungssystematik einen Steuervorteil. Anders ausgedrückt bedeutet dies, daß die zu zahlenden Ertragsteuern der Gesellschafter der C-Bank OHG in jeder Periode geringer sind als die Ertragsteuern auf Unternehmens- und Investorenebene der anderen privatrechtlich organisierten Kreditinstitutsgruppen. Beispielhaft wird in Tab. 5.18 nachfolgend die Ertragsteuerbelastung der Privatbankiers mit der der Investoren der vollausschüttenden A-Bank verglichen.

	01	02	03	04	05	06	07
Ertragsteuern C-Bank OHG	-2.422	-2.389	-2.608	-2.870	-3.199	-3.548	-3.548
Ertragsteuern A-Bank	-2.929	-2.957	-3.270	-3.740	-4.112	-4.518	-4.483
Differenz Ertragsteuern	507	568	661	870	913	970	935

Tab. 5.18: Differenz der jährlichen Ertragsteuerbelastung

Der Barwert dieser unterschiedlichen Ertragsteuerbelastung beträgt bei einem Kapitalisierungszinssatz von 8,25 % 10.370 und spiegelt somit genau die Bewertungsunterschiede entsprechend Tab. 5.17 wider.

Ähnlich ist der Sachverhalt bei den öffentlich-rechtlichen Kreditinstituten. Im Gegensatz zu den anderen körperschaftsteurpflichtigen Institutsgruppen fällt auf Trägerebene keine Einkommensteuer an. Sowohl die jährlichen Ausschüttungen als auch die eventuellen Auskehrungen der zuvor thesaurierten Gewinne bzw. der aus der Thesaurierung der liquiden Mittel resultierenden zusätzlichen Erfolgsbeiträge unterliegen lediglich einer definitiven Kapitalertragsteuer in Höhe von 10 %. Dies führt zu einer vergleichsweise niedrigen Besteuerung auf Ebene der Trägerschaften. Hinsichtlich der jährlichen Ausschüttungen stellt Tab. 5.19 die tatsächliche Steuerbelastung auf Trägerebene einer fiktiven Besteuerung gemäß dem Halbeinkünfteverfahren bei einem Einkommensteuersatz von 35 % gegenüber.

Periode	01	02	03	04	05	06	07
Kapitalertragsteuer S-Sparkasse	-99	-97	-106	-117	-130	-145	-578
fiktive Einkommensteuer	-173	-170	-186	-205	-228	-253	-1.012
Differenz Steuerbeträge	74	73	80	88	98	108	434

Tab. 5.19: Vergleich der Steuerbelastung auf die jährlichen Ausschüttungen

Der Barwert der Zahlungsreihe gemäß Tab. 5.19 beträgt bei einem Kalkulationszinsfuß von 8,25 % 3.658. In die Berechnung des gesamten steuerlichen Barwertvorteils ist zudem noch zu berücksichtigen, daß sowohl die möglichen Auskehrungen der thesaurierten Eigenkapitalzuführungen als auch die Auskehrungen der zusätzlichen Erfolgsbeiträge gemäß Tab. 5.16 einer geringeren Steuerbelastung unterliegen. Diese Beträge belaufen sich auf 897[169] bzw. 257[170]. Zusammen betragen die Steuervorteile 4.812. Dies entspricht genau dem in Tab. 5.17 ausgewiesenen Differenzbetrag zwischen den Barwertgrößen der S-Sparkasse und den anderen körperschaftsteuerpflichtigen Institutsgruppen.

Es muß jedoch erwähnt werden, daß die auf den drei Barwertgrößen basierenden Bankwerte gemäß Tabelle 5.17 auf Annahmen beruhen, die so in der Bewertungspraxis regelmäßig nicht vorzufinden sind. Unterstellt man realistischerweise, daß die zuvor thesaurierten Beträge zu keinem Zeitpunkt ausgeschüttet werden und der interne Verzinsungssatz dieser Mittel z. B. lediglich 4 % beträgt, so werden die aus den unterschiedlichen Thesaurierungsvorschriften bzw. -annahmen resultierenden Bankwerte deutlich. Hierbei wird vereinfachend unterstellt, daß die aus den thesaurierten Mitteln resultierenden Erfolgsbeiträge voll zur Ausschüttung gelangen. Die institutsspezifischen Barwertgrößen und die jeweiligen Bankwerte sind Tabelle 5.20 zu entnehmen.

	A-Bank	B-Bank AG	C-Bank OHG	D-Bank eG	S-Sparkasse
FCF2-Barwerte	52.933	44.404	60.511	41.853	43.902
Barwertgröße 2	0	0	0	0	0
Barwertgröße 3	0	1.096	148	1.118	1.660
Bankwerte	52.933	45.499	60.659	42.970	45.562

Tab. 5.20: Bankwerte und ihre jeweiligen Komponenten

Die Barwertgröße 2 beträgt bei allen Banken null, da die thesaurierten Mittel annahmegemäß nicht zur Ausschüttung vorgesehen sind. Die institutsspezifische Barwertgröße

169 Geht man vereinfachend davon aus, daß das Halbeinkünfteverfahren zu einem halbierten Einkommensteuersatz führt, dann läßt sich der Steuervorteil wie folgt ermitteln:

$$\left(\frac{20.829\cdot(0{,}175-0{,}1)}{1{,}0825^7}\right)=897.$$

170 Für den Steuervorteil bei einer Auskehrung der thesaurierten liquiden Mittel gilt analog:

$$\left(\frac{3.081\cdot(0{,}175-0{,}1)}{0{,}9}\right)=257.$$

3 wurde gemäß Formel 5.5 berechnet. Bei einem internen Verzinssatz von 4 % nach Steuern gilt bspw. für die S-Sparkasse:

$$BW = \frac{2.211 \cdot 0{,}04}{1{,}0825^2} + \frac{4.782 \cdot 0{,}04}{1{,}0825^3} + \frac{7.821 \cdot 0{,}04}{1{,}0825^4} + \frac{11.980 \cdot 0{,}04}{1{,}0825^5} + \frac{16.292 \cdot 0{,}04}{1{,}0825^6} + \frac{20.829 \cdot 0{,}04}{1{,}0825^7} = 1.660.$$

Zusammenfassend kann festgehalten werden, daß im Rahmen der Bewertungslehre nur das bewertungsrelevant ist, was den Eignern an finanziellen Vorteilsströmen zufließt. Dazu zählt zunächst der Barwert der Ausschüttungen. Ist eine Ausschüttung der thesaurierten Beträge zu einem späteren Zeitpunkt beabsichtigt, so ist der Barwert dieser Größe gegebenenfalls bewertungsrelevant. In der Mehrzahl der praktisch relevanten Fälle muß aber wohl davon ausgegangen werden, daß es nur selten zu einer späteren Ausschüttung kommt. Der Barwert der aus den Thesaurierungen resultierenden zusätzlichen Erfolgsbeiträge hängt von den internen Investitionsmöglichkeiten der Bank ab. Da die thesaurierten Beträge in der Regel nicht ungenutzt bleiben, kann unterstellt werden, daß sich die Mittel innerbetrieblich zumindest zu einem Renditesatz größer null verzinsen. Der daraus resultierende Barwert ist - eine spätere Ausschüttung vorausgesetzt - somit ebenfalls bewertungsrelevant. In der hier aus Gründen der Veranschaulichung gewählten Darstellungsweise ergibt sich der Bankwert bei Erfüllung der genannten Voraussetzungen aus den dargestellten drei Barwertgrößen. Es sei jedoch betont, daß dies nur für die oben gewählten Beispiele gilt. In der Bewertungspraxis hat die Planung der Geschäfts- und der Eigenkapitalentwicklung grundsätzlich simultan zu erfolgen. Sämtliche Thesaurierungen und spätere Auskehrungen sind dann bereits in den Planungsprozeß einzubeziehen. Die Entwicklung der Zielbeiträge beinhaltet bereits alle aus der Thesaurierung resultierenden zusätzlichen Zahlungsströme. Die drei Barwertgrößen reduzieren sich somit auf eine einzelne.

In den Kapiteln 3 bis 5 wurde unter Beachtung einer bestimmten Institutsgruppenzugehörigkeit ein möglicher Ansatz zur Unternehmensbewertung von Banken vorgestellt. Damit der Blick für den eigentlichen Planungs- und Bewertungsprozeß nicht versperrt wurde, blieben zwei Themenbereiche bislang ausgespart. Dies betrifft zum einen die Zusammensetzung und die explizite Bestimmung des Kapitalisierungszinssatzes und zum anderen die Berücksichtigung der rechtsformspezifischen Haftungserweiterung im Bewertungskalkül. Beide Problemkomplexe werden in den nachfolgenden Kapiteln 6 und 7 aufgegriffen und ausführlich behandelt.

6 Bestimmung des Kapitalisierungszinssatzes

6.1 Kapitalisierungszinssatz auf Gesamtbankebene

6.1.1 Grundlegung

Im Rahmen des Kapitalisierungsprozesses werden die periodenspezifischen Zielbeiträge zu einem Bankwert verdichtet. Der Kapitalisierungszinssatz übernimmt dabei zwei Funktionen. Zum einen dient er finanzmathematisch als Diskontierungssatz für die Barwertermittlung der Zahlungsüberschußreihe,[1] womit wiederum dem Zeitwert des Geldes Rechnung getragen wird:[2] Bekanntlich schätzen Investoren einen Euro heute höher ein als einen Euro morgen.[3] Zum anderen spiegelt er die Vergleichsrendite für andere risikoäquivalente Alternativinvestitionen wider.[4] Bestehen diese aus der Realisation von Realgüterinvestitionen bzw. Finanzanlagen, so entspricht der Kapitalisierungszinssatz den jeweiligen Opportunitätskosten, die sich im internen Zinsfuß bzw. in der Effektivverzinsung der Alternative manifestieren.[5] Aus Sicht des potentiellen Käufers, dessen Interesse der Bestimmung des maximal zu zahlenden Höchstpreises gilt, ist der Zinssatz zugrunde zu legen, der der ungünstigsten aus seinem Basisprogramm[6] verdrängten Alternativinvestition entspricht.[7] Wird zum Erwerb der Bank hingegen Fremdkapital benötigt bzw. unterbleibt ansonsten die Rückführung von Krediten, so ist der aufzubringende Fremdkapitalkostensatz bei der Bestimmung des Kalkulationszinsfußes zu berücksichtigen. Bei einer Mischfinanzierung sind die Opportunitätskosten beider Finanzierungsarten mit in die Renditeberechnung einzubeziehen.[8]

Die Bestimmung des internen Zinssatzes der alternativen Realgüterinvestition setzt voraus, daß deren Preis bekannt ist.[9] Diese Bedingung ist aber in praxi zumeist nicht erfüllt. Zur Problembewältigung werden die betrachteten Investitionsalternativen, insbesondere in der deutschsprachigen Literatur zur Bewertungstheorie, oftmals auf Finanzinvestitionen - und dabei zumeist auf die Tätigung von Finanzanlagen -

---

1 Vgl. Ballwieser (1993), S. 159; Freygang (1993), S. 174; Serfling/Pape (1995a), S. 816.

2 Vgl. Höhmann (1998), S. 147 f.

3 Vgl. Rappaport (1999), S. 21; Behm (1993), S. 96.

4 Vgl. Ballwieser (1993), S. 159; Popp (1997), S. 70; Sieben (1993), Sp. 4323; Jaeckel (1988), S. 554.

5 Vgl. Bühner (1994), S. 22; Wildgruber (1998), S. 62.

6 Das Basisprogramm beinhaltet diejenigen Investitionsobjekte, die realisiert werden, wenn der Entscheidungsträger vom Erwerb des Investitionsobjektes *Bank* absieht. Vgl. Wagner (1973), S. 567.

7 Vgl. Wagner (1973), S. 567. Dies gilt nur für den potentiellen Käufer. Der potentielle Verkäufer zieht hingegen stets den besten internen Zinsfuß seiner Alternativinvestitionen hinzu, da er den Mindestpreis der Bank bestimmen will. Vgl. Wagner (1973), S. 569.

8 Vgl. Wildgruber (1998), S. 62; Ballwieser (1993), S. 159; Freygang (1993), S. 176.

9 Vgl. Ballwieser (1995b), Sp. 1870; Wildgruber (1998), S. 63.

reduziert.[10] In einem ersten Schritt wird zunächst auf den landesüblichen Zinssatz für festverzinsliche Wertpapiere als Basiszins zurückgegriffen.[11] Hierbei handelt es sich um den gewogenen Durchschnitt quasi-sicherer Staatspapiere verschiedener Laufzeitstrukturen.[12]

Eine Investition in festverzinsliche Wertpapiere ist mit anderen Risiken behaftet als der Erwerb eines Unternehmens. Neben dem Risikoäquivalenzprinzip[13] fordert der ökonomische Sachverstand eines rational handelnden Investors, daß in einen Vorteilhaftigkeitsvergleich zwischen mehreren Investitionsobjekten auch das zu übernehmende Risiko mit einzubeziehen ist.[14] Im Rahmen der Planung des Zahlungsüberschusses wurde die Unsicherheit bisher nur insofern berücksichtigt, als dadurch Anhaltspunkte für eine mögliche Entnahmeverteilung gewonnen werden konnten. Die Verteilungsannahme ließ sich anschließend mittels der entsprechenden Eintrittswahrscheinlichkeit jeder einzelnen Realisationsmöglichkeit zu einem Erwartungswert verdichten.[15] Im vorliegenden Kapitel ist zu prüfen, welche Auswirkungen die Unsicherheit auf die Kapitalisierung der Zielbeiträge hat. Grundsätzlich kann festgehalten werden, daß die Unsicherheit entweder im Zähler, über einen Abschlag von den geplanten Entnahmeerwartungen, **oder** im Nenner, über einen Zuschlag zum quasi-sicheren Basiszins, Berücksichtigung findet.[16] Zähler und Nenner weisen dann die gleiche Risikodimension auf.

6.1.2 Bestimmung des Basiszinses

Als Basiszins wäre grundsätzlich die Rendite eines risikolosen Wertpapiers zugrunde zu legen. Da aber ein derartiges Wertpapier in der Praxis nicht existiert, wird in der Literatur regelmäßig vorgeschlagen, die Rendite festverzinslicher Wertpapiere von Emittenten bester Bonität als Basiszins anzusetzen.[17] Hierzu zählen insbesondere Anleihen des Bundes, die ein zu vernachlässigendes Ausfallrisiko besitzen und daher auch als quasi-sicher bezeichnet werden.[18]

Teilweise kontrovers wird die Frage diskutiert, ob der Basiszins aus dem Zins des Bewertungsstichtages[19] oder aus dem prognostizierten Zins zukünftiger Perioden abzu-

---

10 Vgl. Ballwieser (1995b), Sp. 1870; Wildgruber (1998), S. 66; Freygang (1993), S. 177.

11 Vgl. Moxter (1983), S. 146; Ballwieser (1993), S. 159; Sieben (1993), Sp. 4324.

12 Vgl. Drukarczyk (2001), S. 347.

13 Vgl. Ballwieser/Leuthier (1986), S. 608; Sieben (1993), Sp. 4325.

14 Es sei daran erinnert, daß Risiko im Rahmen dieser Arbeit immer in seiner Ausprägung als Unsicherheit verstanden wird. Vgl. Kapitel 4.4.1.

15 Vgl. Kapitel 4.4.3.1.

16 Vgl. Freygang (1993), S. 177 f.; Sieben (1993), Sp. 4325.

17 Vgl. Drukarczyk (2001), S. 343; Bühner (1994), S. 23 f.; Freygang (1993), S. 177.

18 Moxter weist darauf hin, daß nur *Quasi-Sicherheit* besteht, da auch bei Schuldnern bester Bonität das Ausfallrisiko nicht ganz ausgeschlossen werden kann. Vgl. Moxter (1983), S. 146.

19 Vgl. Ballwieser (1981), S. 113; Jaeckel (1988), S. 563; Schwetzler (1996a), S. 1962; Drukarczyk (2001), S. 343.

leiten ist.[20] Die Autoren, die für den zukünftig zu erzielenden Zins plädieren, glauben, daß nur so dem Zukunftsbezogenheitsprinzip Rechnung getragen werden kann.[21] Diese Begründung beruht jedoch auf einem Mißverständnis dieses Begriffes, da in erster Linie der Stichtagszins die aus der Alternativinvestition resultierenden Zahlungsüberschüsse zukünftiger Perioden bestimmt.[22] Zudem, so argumentieren die Befürworter des Stichtagszinses, beinhaltet dieser bereits die Erwartungen der Marktteilnehmer über die künftige Entwicklung des Zinsniveaus.[23] Daneben weist JÄCKEL nach, daß Wertgrößen, die mit Hilfe des Zinses zukünftiger Perioden ermittelt werden, nicht zur Grenzpreisermittlung führen. So wird z. B. der Unternehmenswert in einer Phase, in der allgemein ein Absinken des Zinsniveaus erwartet wird, überzeichnet.[24] Der Zins zukünftiger Perioden ist somit unter Einhaltung der - nachfolgend noch zu erklärenden - Laufzeitäquivalenz für die Unternehmenswertermittlung irrelevant.[25]

Aufgrund der m. E. zutreffenden Begründung wird für den weiteren Verlauf der Untersuchung der Stichtagszins als bewertungsrelevanter Basiszins verwendet.[26]

Hinsichtlich der Laufzeit müssen die Zahlungen aus der Realgüterinvestition *Bank* und der Finanzinvestition äquivalent sein.[27] Wird z. B. eine unendliche Lebensdauer der Bank unterstellt, so ist der Basiszins strenggenommen aus einer Anleihe mit kongruenter Laufzeit abzuleiten.[28] Nur so ist gewährleistet, daß beide Anlageformen auf eine eventuelle Zinsänderung zu einem späteren Zeitpunkt gleichermaßen reagieren.[29] Plant der potentielle Investor z. B. einen späteren Verkauf der Bank unter einer weiterhin bestehenden Going-Concern-Prämisse, so trägt er bei nicht erfüllter Laufzeitäquivalenz ein Wiederverkaufsrisiko.[30] Besteht keine Möglichkeit am Markt eine Anleihe mit unendlicher Laufzeit zu erwerben, so wird als pragmatische Lösung die Rendite der Anleihe zum Ansatz empfohlen, welche die längste Laufzeit aufweist.[31]

Die Verwendung eines periodenkonstanten Basiszinses erscheint in Phasen einer flachen Zinsstruktur legitim.[32] Herrscht hingegen eine normale oder inverse Zinsstruktur, so wird in der Theorie vereinzelt auch der Einsatz von Spot Rates empfohlen.[33] Diese kennzeichnen die laufzeitdifferenzierten Zinssätze, welche die Renditen von

---

20 Vgl. Hetzel (1988), S. 727; Piltz (1994), S. 173.
21 Vgl. Hetzel (1988), S. 725; Piltz (1994), S. 173.
22 Vgl. dazu die Erläuterungen bei Schwetzler (1996a), S. 1962.
23 Vgl. Jaeckel (1988), S. 562; Schwetzler (1996b), S. 1094; Höhmann (1998), S. 154.
24 Vgl. Jaeckel (1988), S. 556-560.
25 Vgl. Schwetzler (1996a), S. 1962.
26 Zur intensiveren Auseinandersetzung mit diesem Themenkomplex wird auf die vorstehende Literatur verwiesen.
27 Vgl. Ballwieser (1995b), Sp. 1870; Drukarczyk (2001), S. 343.
28 Vgl. Jaeckel (1988), S. 555.
29 Vgl. Schwetzler (1996a), S. 1966; Drukarczyk (2001), S. 343.
30 Vgl. Drukarczyk (2001), S. 346.
31 Vgl. Drukarczyk (2001), S. 344 f.
32 Vgl. Volkart/Nadig (1995), S. 129.
33 Vgl. Drukarczyk (2001), S. 346; dagegen Volkart (1998), S. 187.

Nullkuponanleihen widerspiegeln.[34] DRUKARCZYK weist darauf hin, daß in Phasen einer nicht flachen Zinsstruktur der Ansatz eines periodenkonstanten Kalkulationszinsfußes in der Regel zu einer fehlerhaften Grenzpreisermittlung führt.[35] Die Ermittlung der Spot Rates wird in der Praxis jedoch dadurch erschwert, daß derzeit auf dem deutschen Kapitalmarkt nur wenige langfristige Nullkuponanleihen emittiert sind. Eine Einbeziehung von Spot Rates in den Bewertungskalkül ist daher nur sehr begrenzt möglich.

Da im Vordergrund dieses Kapitels die grundsätzliche Bestimmung des Kapitalisierungszinssatzes im Rahmen einer Bankbewertung steht, wird im folgenden von einer flachen Zinsstrukturkurve und einem periodenkonstanten Basiszins ausgegangen.[36]

6.1.3 Verfahren zur Berücksichtigung der Unsicherheit

6.1.3.1 Risikozuschlags- und Sicherheitsäquivalenzmethode

In der deutschsprachigen Literatur zur Bewertungstheorie erfolgt die Herstellung der Risikoäquivalenz zwischen der Zähler- und der Nennergröße traditionell über die Risikozuschlags- oder über die Sicherheitsäquivalenzmethode.[37] Bei der Risikozuschlagsmethode wird der quasi-sichere Basiszins (i) um einen Risikozuschlag (z) erhöht. Wird zunächst der einperiodige Fall betrachtet, so läßt sich der Unternehmenswert mit Hilfe der Risikozuschlagsmethode wie folgt ermitteln:[38]

$$\text{UW} = \frac{E}{(1+i+z)^1} \qquad (6.1)$$

mit: E = Erwartungswert der Verteilungsannahme.

Alternativ zur Risikozuschlagsmethode ist auch die Verwendung eines Sicherheitsäquivalents (SÄ) möglich. Das Sicherheitsäquivalent ist der sichere Betrag, der vom Entscheidungsträger dem unsicheren Erwartungswert nutzenmäßig gleichgeschätzt wird. Für den Unternehmenswert im Einperiodenmodell gilt bei Anwendung der Sicherheitsäquivalenzmethode:[39]

---

34 Vgl. Volkart/Nadig (1995), S. 127.

35 Vgl. dazu und zum folgenden Drukarczyk (2001), S. 346-349.

36 So auch Schwetzler (1996a), S. 1962.

37 Die vorwiegend von Siegel propagierte Risikoprofilmethode bleibt ansonsten in der Fachliteratur weitgehend unberücksichtigt und wird hier nicht näher erläutert. Vgl. zu diesem Ansatz Siegel (1992), S. 24-26; Siegel (1994), S. 468-474.

38 Vgl. zu diesem Abschnitt Drukarczyk (2001), S. 326.

39 Vgl. Ballwieser (1993), S. 156.

$$\text{UW} = \frac{SÄ}{(1+i)^1}. \tag{6.2}$$

Zwischen der Risikozuschlags- und Sicherheitsäquivalenzmethode besteht folgende definitorische Wechselbeziehung:[40]

$$\text{UW} = \frac{E}{(1+i+z)^1} = \frac{SÄ}{(1+i)^1}. \tag{6.3}$$

Da diese Zusammenhänge für einen speziellen Problembereich des Kapitels 7.2.2 von zentraler Bedeutung sind, werden die vorstehenden Ausführungen anhand eines einfachen Beispiels verdeutlicht.[41] Es gelten folgende Annahmen:

- Der Investor verfügt über eine periodenkonstante Risikonutzenfunktion in der Form von: u(ZÜ) = ln ZÜ.
- Der sichere Zinssatz beträgt 7 % p. a.
- Es gelte folgende Verteilung der zu entnehmenden Zahlungsüberschüsse der ersten Periode: Mit einer Wahrscheinlichkeit von jeweils 50 % wird ein Zahlungsüberschuß von 80 bzw. 120 Euro erwartet.

Daraus folgt für den Erwartungsnutzen der zu entnehmenden Zahlungsüberschüsse $\left(E\left(u\left[ZÜ\right]\right)\right)$:[42]

$$E\left(u\left[ZÜ\right]\right) = 0{,}5 \cdot \ln 80 + 0{,}5 \cdot \ln 120 = 4{,}584. \tag{6.4}$$

Demzufolge gilt für das Sicherheitsäquivalent:[43]

$$\text{SÄ} = \left\{E\left(u\left[ZÜ\right]\right)\right\}^{-1} = e^{4{,}584} = 97{,}98. \tag{6.5}$$

Für den Unternehmenswert gemäß Formel 6.2 folgt hieraus:

$$\text{UW} = \frac{97{,}98}{1{,}07} = 91{,}57.$$

Der risikoäquivalente Risikozuschlag kann durch eine Auflösung von Gleichung 6.3 nach z ermittelt werden. Der aus dem Einperiodenmodell ermittelte Risikozuschlag z wird nachfolgend mit z^* gekennzeichnet.

---

40 Vgl. Drukarczyk (2001), S. 326.

41 Auch wenn das Beispiel trivial erscheint, so trägt es an späterer Stelle doch wesentlich zum Verständnis der Ausführungen bei.

42 Vgl. Drukarczyk (2001), S. 327.

43 Vgl. Drukarczyk (2001), S. 327.

$$z = z^* = \frac{E \cdot (1+i)}{SÄ} - (1+i) = \frac{100 \cdot 1{,}07}{97{,}98} - 1{,}07 = 0{,}022.$$

Fügt man den Risikozuschlag z* in Formel 6.1 ein, so erhält man für den mit Hilfe der Risikozuschlagsmethode ermittelten Unternehmenswert das gleiche Ergebnis:

$$UW = \frac{100}{1{,}092} = 91{,}57.$$

Wird nun der Mehrperiodenfall betrachtet, so gelten im Rentenmodell für den Unternehmenswert unter Berücksichtigung der Risikozuschlagsmethode bzw. der Sicherheitsäquivalenzmethode folgende Formeln (6.6) bzw. (6.7):

$$UW = \frac{E}{i+z}. \tag{6.6}$$

$$UW = \frac{SÄ}{i}. \tag{6.7}$$

Auch im Rentenmodell muß die definitorische Wechselbeziehung zwischen den beiden Ansätzen der Risikoberücksichtigung im Sinne von Formel 6.3 gelten:[44]

$$UW = \frac{SÄ}{i} = \frac{E}{i+z}. \tag{6.8}$$

Werden nun die Unternehmenswerte mit Hilfe der Formeln 6.6 und 6.7 bestimmt, so ergeben sich unter Berücksichtigung der im Einperiodenfall ermittelten Werte für den Risikozuschlag und das Sicherheitsäquivalent folgende Ergebnisse:

$$UW = \frac{100}{0{,}092} = 1.086{,}96. \tag{6.6}$$

$$UW = \frac{97{,}98}{0{,}07} = 1.399{,}71. \tag{6.7}$$

Die Wechselbeziehung gemäß Formel 6.8 ist somit nicht erfüllt. Es ist zu klären, woraus diese Differenz resultiert. Die Lösung liegt in den implizit eingegangenen Annahmen hinsichtlich der zeitlichen Verknüpfung der Verteilungen der zu entnehmenden Zahlungsüberschüsse. Die Integration eines aus dem Einperiodenfall abgeleiteten Risikozuschlags z* in Formel 6.6 unterstellt, daß die Verteilungen der Entnahmen über die Perioden nicht unabhängig voneinander sind. Vielmehr hängt die Verteilung der Periode t von bestimmten Umweltzuständen der Vorperioden ab. Das

[44] Vgl. Ballwieser (1981), S. 102.

Risiko reduziert sich von Periode zu Periode. Im Gegensatz dazu impliziert Formel 6.7 mit der Verwendung eines über die Perioden gleichbleibenden Sicherheitsäquivalents, daß die Verteilungen über die Zeit hinweg unabhängig sind. Die Verteilungen sind nicht abhängig von den Umweltzuständen der Vorperioden, das Risiko löst sich somit schlagartig in der Periode t auf.[45]

In der betriebswirtschaftlichen Literatur zur Unternehmensbewertung werden regelmäßig über die Perioden unabhängige Verteilungen unterstellt.[46] Unter dieser Annahme spiegelt die mit Hilfe von Formel 6.7 errechnete Größe den korrekten Unternehmenswert wider. Möchte man nun den Risikozuschlag ermitteln, der zum gleichen Ergebnis führt wie die Verwendung des Sicherheitsäquivalents, so hat der Bewertende die die definitorische Wechselbeziehung widerspiegelnde Formel 6.8 nach z aufzulösen und die entsprechenden Werte einzusetzen. Es gilt:

$$z = \frac{E \cdot i}{SÄ} - i = \frac{100 \cdot 0{,}07}{97{,}98} - 0{,}07 = 0{,}00144.$$

Die Formeln 6.6 und 6.7 führen unter diesen Bedingungen (Unabhängigkeit der Verteilungen, periodenkonstante Risikonutzenfunktion der Investoren) und bei Verwendung des Risikozuschlags z zum gleichen Ergebnis.

Nachfolgend wird nun auf einige grundsätzliche Charakteristika bzw. Problembereiche der beiden Verfahren eingegangen. Die Risikozuschlagsmethode kann zunächst dahingehend unterschieden werden, ob die Höhe der Risikoprämie weitgehend pauschal oder logisch fundiert festgelegt wird. Letztere Vorgehensweise setzt die Kenntnis der Sicherheitsäquivalente voraus.[47] Ist das Sicherheitsäquivalent bekannt, so ist die Bestimmung einer logisch fundierten Risikoprämie jedoch überflüssig, da der Unternehmenswert mit Hilfe der Sicherheitsäquivalenzmethode berechnet werden kann.[48]

Die Verwendung von Risikozuschlägen, im verbleibenden Fall pauschaler Art, steht also nur dann zur Diskussion, wenn die Sicherheitsäquivalente dem Bewertenden gerade nicht bekannt sind.[49] Insbesondere die Willkür, die mit der Verwendung von pauschalen Risikozuschlägen verbunden ist, spricht gegen diesen Ansatz.[50] Hieraus kann aber nicht darauf geschlossen werden, daß ihm in der Bewertungspraxis keine Bedeutung zukommt.[51] Inwiefern die pauschale Festlegung eines Risikozuschlags akzeptabel erscheinen mag, hängt m. E. auch davon ab, wer den Risikozuschlag für welchen Anlaß bestimmt. Setzt ein potentieller Investor einen pauschalen Zuschlag im

---

45 Vgl. zu diesem Abschnitt Schwetzler (2000), S. 473; Drukarczyk (2001), S. 327 f.
46 Vgl. Drukarczyk (2001), S. 328; Siegel (1992), S. 23.
47 Vgl. Wildgruber (1998), S. 70.
48 Vgl. Ballwieser (1995b), Sp. 1872; Wildgruber (1998), S. 70.
49 Vgl. Schneider (1992), S. 522.
50 Vgl. Siegel (1994), S. 464; Ballwieser (1990), S. 176.
51 Vgl. Ballwieser (1990), S. 171; Siegel (1994), S. 463.

Rahmen seines individuellen Bewertungskalküls fest, so wird hiermit sicherlich gegen kein Gerechtigkeitspostulat verstoßen. Der Ansatz eines pauschalen Zuschlags verbietet sich hingegen für Bewertungsanlässe, bei denen Dritte einen Unternehmenswert für eine Vielzahl von Investoren ermitteln. Insbesondere bei Abfindungen von Minderheitsgesellschaftern kann ansonsten eine Prämie festgesetzt werden, die in erster Linie die Interessen des Abfindenden berücksichtigt.[52]

Soll die Herstellung der Risikoäquivalenz hingegen durch den Einsatz der Sicherheitsäquivalenzmethode erfolgen, so benötigt der Bewertende die subjektive Risikonutzenfunktion seines Auftraggebers.[53] Diese Voraussetzung ist in der Bewertungspraxis im allgemeinen nicht erfüllt, insbesondere dann nicht, wenn für eine Vielzahl von Investoren ein Unternehmenswert zu bestimmen ist. Eine pauschale Schätzung des Sicherheitsäquivalents würde der gleichen Kritik unterliegen wie die Festsetzung eines pauschalen Risikozuschlags.[54] Die Sicherheitsäquivalenzmethode ermöglicht es aber zumindest, eine Bandbreite für mögliche Risikozuschläge anzugeben und die festgelegte Höhe auf ihre Plausibilität hin zu überprüfen.[55] Dazu benötigt der Bewertende zwei Angaben:[56]

1. Die Wahrscheinlichkeitsverteilung der zukünftigen Entnahmeerwartungen und
2. den für den Planungszeitraum angenommenen landesüblichen Zinssatz.

Ansatzpunkt für die Bestimmung der Bandbreite möglicher Risikozuschläge ist die schon dargestellte definitorische Wechselbeziehung zwischen den beiden Verfahren gemäß Formel 6.8. Da das Sicherheitsäquivalent eines risikoaversen Investors stets in der Bandbreite zwischen dem Mindestwert der Verteilungsannahme (M) und dem Erwartungswert der Verteilungsannahme liegt, gilt folgender Zusammenhang:[57]

$$\mathrm{M} \leq \mathrm{SÄ} < \mathrm{E}. \qquad (6.9)$$

Der maximale Risikozuschlag (z_{max}) läßt sich im Rentenmodell durch Umformung von Gleichung (6.8) und unter Einbeziehung von Gleichung (6.9) bestimmen:[58]

$$z_{max} = \left(\frac{E - M}{M}\right) \cdot i. \qquad (6.10)$$

52 Vgl. zur Problematik der Minderheitenabfindung Wenger/Hecker (1995), S. 65-71.
53 Vgl. Ballwieser (1990), S. 176.
54 Vgl. Ballwieser (1990), S. 171 f.; Freygang (1993), S. 179 f.; Siegel (1994), S. 466.
55 Vgl. Ballwieser (1990), S. 172; Drukarczyk (2001), S. 338.
56 Vgl. Ballwieser (1990), S. 173.
57 Vgl. Ballwieser (1993), S. 156; Ballwieser (1995b), Sp. 1872.
58 Vgl. Ballwieser (1995b), Sp. 1872 f.

Der Ansatz des maximalen Risikozuschlags wäre nicht plausibel, da in diesem Fall das Sicherheitsäquivalent dem Mindestwert der erwarteten Periodenerfolge entspräche und somit alle *Chancen* auf die höheren Periodenerfolge unberücksichtigt blieben.[59]

Gibt man die Annahme des Rentenmodells auf und betrachtet periodenspezifische Zielbeiträge, so fällt die Herleitung eines maximalen Risikozuschlags ungleich schwieriger aus. Ausgangspunkt der Überlegung ist auch im Nichtrentenmodell die definitorische Wechselbeziehung zwischen der Sicherheitsäquivalenz- und der Risikozuschlagsmethode:[60]

$$\text{UW} = \sum_{t=1}^{T} \frac{S\ddot{A}_t}{(1+i)^t} = \sum_{t=1}^{T} \frac{E_t}{\left(1+i+z_t\right)^t}. \tag{6.11}$$

Beschränkt man sich auf diese Beziehung, so kann der auf Basis von Sicherheitsäquivalenten ermittelte Unternehmenswert mit einer beliebigen Anzahl von z_t-Kombinationen hergeleitet werden.[61] Um eindeutige z_t-Werte zu bestimmen, muß daher zusätzlich gelten:[62]

$$\frac{S\ddot{A}_t}{(1+i)^t} = \frac{E_t}{\left(1+i+z_t\right)^t}. \tag{6.12}$$

Unter den hier getroffenen Annahmen, daß Investoren eine periodenkonstante Risikonutzenfunktion aufweisen und die Entnahmeverteilungen über die Perioden unabhängig sind, führt nur der Einsatz eines periodenkonstanten Sicherheitsäquivalents zu einer korrekten Unternehmenswertermittlung.[63] Dies impliziert im Zeitablauf sinkende Risikozuschläge.[64] Würde man weiterhin mit im Zeitablauf konstanten Risikozuschlägen z^* arbeiten, so wäre dies gleichbedeutend mit im Zeitablauf sinkenden Sicherheitsäquivalenten, was wiederum der Annahme einer über die Perioden unabhängigen Entnahmeverteilung widerspräche.[65] Der periodenspezifische und im Zeitablauf abnehmende Risikozuschlag z_t kann unter Berücksichtigung der Gleichungen (6.11) und (6.12) wie folgt berechnet werden:[66]

$$z_t = \left[\left(\frac{E_t}{S\ddot{A}_t}\right)^{\frac{1}{t}} - 1\right] \cdot (1+i). \tag{6.13}$$

---

59 Vgl. Ballwieser/Leuthier (1986), S. 609; Wildgruber (1998), S. 71.

60 Vgl. Ballwieser (1995b), Sp. 1873; Hachmeister (2000), S. 257.

61 Vgl. Ballwieser (1993), S. 157 f.

62 Vgl. Ballwieser (1995b), Sp. 1873; Hachmeister (2000), S. 257 f.

63 Vgl. Drukarczyk (2001), S. 330 f.

64 Vgl. Ballwieser (1990), S. 171; Drukarczyk (2001), S. 331.

65 Vgl. Ballwieser (1993), S. 158.

66 Vgl. Ballwieser/Leuthier (1986), S. 610; Drukarczyk (2001), S. 330.

Da die Risikonutzenfunktion des Investors in der Bewertungspraxis regelmäßig nicht bekannt ist, gilt es aus Gleichung (6.13) und unter Einbeziehung von Gleichung (6.9) den Maximalwert für periodenspezifische Risikozuschläge ($z_{t,\max}$) zu ermitteln:[67]

$$z_{t,\max} = \left[\left(\frac{E_t}{M_t} \right)^{\frac{1}{t}} - 1 \right] \cdot (1+i) . \qquad (6.14)$$

Mit dieser Größe können gewählte Risikozuschläge auch im Bereich der periodenspezifischen Zielbeiträge zumindest einer Plausibitätskontrolle unterzogen werden.[68]

6.1.3.2 Ableitung einer Risikoprämie aus dem Kapitalmarktmodell

Insbesondere in den angelsächsischen Publikationen zum Shareholder-Value-Ansatz, aber oftmals auch in der deutschsprachigen Literatur zur Bewertungslehre, erfolgt die Bestimmung eines risikoadjustierten Kapitalisierungszinses mit Hilfe des Kapitalmarktmodells.[69] Aufbauend auf den Überlegungen von MARKOWITZ[70] zur Portfoliotheorie entwickelten vor allem SHARPE, LINTNER und MOSSIN ein vereinfachendes Gleichgewichtsmodell zur Beschreibung und Analyse von Preisbildungsprozessen am Kapitalmarkt bzw. zur Bestimmung von Gleichgewichtsrenditen riskanter Vermögensanlagen.[71] Zum Verständnis der weiteren Untersuchung werden im folgenden die Grundgedanken des CAPM dargelegt. Eine ausführliche Darstellung des Modells befindet sich heute nahezu in jedem Lehrbuch zur Unternehmensfinanzierung. Es sei daher auch auf die entsprechende Literatur verwiesen.[72]

Im Rahmen der Kapitalmarkttheorie wird das Risiko einer Aktie aufgegliedert in eine systematische und eine unsystematische Komponente. Das unsystematische Risiko beinhaltet Renditeschwankungen, die unabhängig vom Gesamtmarkt zustande kommen und somit von unternehmensspezifischen Faktoren abhängen. Da der Erwartungswert der Summe der unsystematischen Risiken aller risikobehafteten Anlageformen null ist, kann dieses Risiko durch Diversifikation eliminiert werden. Das systematische Risiko läßt sich hingegen nicht beseitigen, da es genau den Risikozusammenhang der einzelnen Aktie mit dem gesamten Marktportfolio wiedergibt. Dieser Risikozusammenhang spiegelt sich im Beta-Faktor einer Aktie wider, welcher ein Maß für die Risikoklasse des Investitionsobjektes darstellt und zugleich die Mindestrendite

67 Vgl. Ballwieser (1995b), Sp. 1873; Drukarczyk (2001), S. 339.

68 Zur Aussagekraft dieser Größe vgl. kritisch die Ausführungen im Gliederungspunkt 6.1.3.3.

69 Vgl. Lonergan (1992), S. 47; Pape (1999), S. 111; speziell für Banken Strutz (1993), S. 90; Schmittmann/Penzel/Gehrke (1996), S. 648; Höhmann (1998), S. 165.

70 Vgl. Markowitz (1952).

71 Vgl. Sharpe (1964); Lintner (1965); Mossin (1966).

72 Vgl. Drukarczyk (1993), S. 234-257; Franke/Hax (1999), S. 342-348; Schmidt/Terberger (1997), S. 341-359. Eine komprimierte Darstellung findet sich bei Wenger (1991), S. 85-87.

der Aktie determiniert.[73] Da gemäß der Kapitalmarkttheorie grundsätzlich jeder Investor das unsystematische Risiko durch eine breite Streuung seines Vermögens eliminieren kann, erhält er auch nur für die Übernahme der systematischen Risikokomponente eine Prämie.[74]

Der Kapitalisierungszinssatz, der gleichzeitig die Renditeforderung der Eigenkapitalgeber widerspiegelt, ergibt sich aus der Marktrendite risikofreier Wertpapiere plus dem Marktpreis des Risikos, multipliziert mit dem systematischen Risiko des Unternehmens.[75] Als Formel für den Kapitalisierungszinssatz gilt:[76]

$$r_{EK} = E(r_a) = i + \left(E(r_m) - i\right) \cdot \beta_a \tag{6.15}$$

mit: $E(r_a)$ = Erwartungswert der Rendite des Wertpapiers a,
$E(r_m)$ = Erwartungswert der Rendite des Marktportfolios m,
β_a = Beta-Faktor = Maß für das systematische Risiko des Wertpapiers a.

Formel (6.15) verdeutlicht, daß die Renditeforderung der Eigenkapitalgeber proportional mit dem übernommenen Risiko des Wertpapiers wächst.[77] Der so unterstellte lineare Zusammenhang zwischen der geforderten Eigenkapitalrendite $(E(r_a))$ und dem systematischen Risiko (β_a) wird durch die Wertpapierlinie gekennzeichnet und läßt sich graphisch wie folgt darstellen (Abb. 6.1):[78]

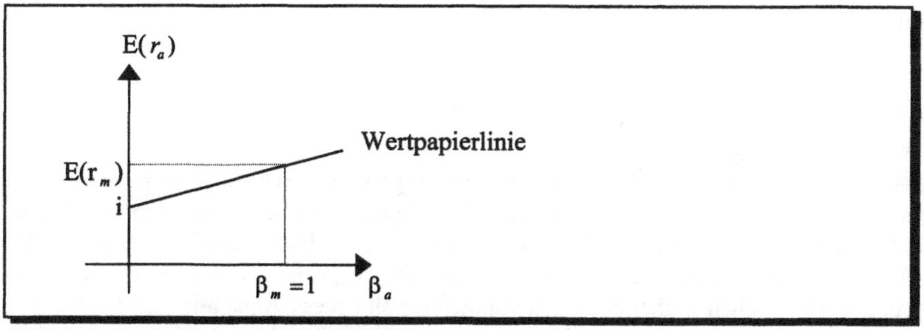

Abb. 6.1: Capital Asset Pricing Modell

[73] Vgl. zu diesem Abschnitt Sharpe (1964), S. 438 f.; Rudolph (1986), S. 892 f.; Drukarczyk (1993), S. 246; Baetge/Krause (1994), S. 437 f.

[74] Vgl. Perridon/Steiner (1999), S. 264.

[75] Vgl. Möller (1988), S. 781; Steiner/Bauer (1992), S. 347; Schneider (1992), S. 513; Copeland/ Koller/Murrin (2000), S. 214.

[76] Vgl. Serfling/Marx (1990), S. 426; Steiner/Bauer (1992), S. 347; Schneider (1992), S. 515; Freygang (1993), S. 210.

[77] Vgl. Weber/Schiereck (1993), S. 137; Süchting (1995), S. 375.

[78] Vgl. Sharpe (1970), S. 110; Drukarczyk (1993), S. 241; Perridon/Steiner (1999), S. 267.

Das Marktportfolio setzt sich in der Theorie aus der Gesamtheit aller risikobehafteten Vermögensanlagen zusammen. Da ein solches Portfolio in der Realität nicht existiert, werden bei empirischen Überprüfungen des Modells näherungsweise Aktienindizes verwendet.[79]

Die Marktrendite wird aus den Änderungen der Marktwerte und den eventuell zufließenden Dividenden und Bezugsrechtsveräußerungen hergeleitet.[80] Der Beta-Faktor (β_a) zeigt, wie das Wertpapier a auf Änderungen der Marktwerte reagiert. Er wird errechnet aus dem Verhältnis der Kovarianz der Rendite des Wertpapiers a zur Rendite des Marktportfolios m $(\operatorname{cov}(r_a,r_m))$, bezogen auf die Varianz der Rendite des Marktportfolios m $(\operatorname{var}(r_m))$:[81]

$$\beta_a = \frac{\operatorname{cov}(r_a,r_m)}{\operatorname{var}(r_m)}. \tag{6.16}$$

Der Beta-Faktor des Marktportfolios (β_m) beträgt immer 1, er ist unabhängig von der Schwankungsintensität des Gesamtmarktes. Liegt der Beta-Faktor eines Wertpapiers über 1, z. B. bei 1,3, so reagiert das Wertpapier auf eine 10 %-ige Änderung der Marktwerte des Marktportfolios mit einer 13 %-igen Änderung seines Marktwertes.[82]

Der Beta-Faktor einer verschuldeten Bank, das sogenannte Asset-Beta (β_{Asset}), setzt sich aus der mit dem jeweiligen Anteil am Gesamtkapital gewichteten Summe der Beta-Faktoren für das Eigen- (β_{EK}) und für das Fremdkapital (β_{FK}) zusammen. Es gilt:[83]

$$\beta_{Asset} = \beta_{EK} \cdot \left(\frac{EK}{GK}\right) + \beta_{FK} \cdot \left(\frac{FK}{GK}\right). \tag{6.17}$$

Das Asset-Beta wird durch das Investitionsprogramm vorgegeben und determiniert somit die möglichen Beta-Werte für das Eigen- und das Fremdkapital.[84] Aus didaktischen Gründen wird in der Literatur für den Beta-Faktor des Fremdkapitals des häufigeren zunächst ein Wert von null unterstellt.[85] Aufgrund der bestehenden institutsgruppenspezifischen Sicherungseinrichtungen scheint diese Annahme - zumindest aus Sicht eines privaten Fremdkapitalgebers - auch für den durch einen hohen

79 Vgl. ausführlich Sharpe (1970), S. 117-122; zu den damit verbundenen Problemen Steiner/Kleeberg (1993), S. 171-182; ferner Bischoff (1994), S. 121; Süchting (1995), S. 374.

80 Vgl. Höfner/Pohl (1993), S. 54; Baetge/Krause (1994), S. 441.

81 Vgl. zu diesem Abschnitt Sharpe (1970), S. 109; Möller (1988), S. 781; Drukarczyk (1993), S. 240-242; Süchting (1995), S. 374.

82 Vgl. Steiner/Bauer (1992), S. 348; Coenenberg/Sautter (1988), S. 704.

83 Vgl. dazu Weber/Schiereck (1993), S. 144; Schmidt/Terberger (1997), S. 372.

84 Vgl. Schmidt/Terberger (1997), S. 372.

85 Vgl. Weber/Schiereck (1993), S. 144; Kruschwitz/Milde (1996), S. 1123; Schmidt/Terberger (1997), S. 372.

Verschuldungsgrad gekennzeichneten Bankensektor in der Regel akzeptabel.[86] Ein Fremdkapital-Beta von null führt zum Wegfall des Terms $\beta_{FK} \cdot \left(\frac{FK}{GK}\right)$ aus Gleichung (6.17). Das um den Verschuldungsgrad bereinigte leistungswirtschaftliche Risiko einer Bank, welches aus der operativen Tätigkeit resultiert, kann somit aus der in Gleichung (6.17) verbliebenen Beziehung zwischen (β_{Asset}) und (β_{EK}) abgeleitet werden. Hierzu sind lediglich das (β_{EK}) aus den Kapitalmarktdaten und der bankspezifische Verschuldungsgrad, welcher das finanzielle Risiko widerspiegelt, zu ermitteln. Die praktische Relevanz dieser Maßnahme wird an anderer Stelle in diesem Gliederungspunkt dargelegt.

Definitionsgemäß handelt es sich bei den in das Modell eingehenden Variablen um zukünftige Größen. Bei empirischen Untersuchungen zur Gültigkeit des CAPM kann aber nur auf Vergangenheitswerte zurückgegriffen werden. Aus diesem Grund wird die erwartete Rendite des Marktportfolios durch die historische Rendite eines Aktienindexes ersetzt. Die Risikoprämie entspricht hier der historischen Überrendite, die aus einem möglichst langfristigen Vergleich zwischen Aktienindexrendite und quasisicherem Zins ermittelt wird. Für den deutschen Kapitalmarkt liegt nach einer Arbeit von STEHLE/HARTMOND das geometrische Mittel der Risikoprämie für einen Zeitraum von 1954 bis 1988 bei 4,6 %. Dies ergibt sich aus einem Vergleich zwischen der Rendite aller zum amtlichen Handel zugelassenen Stamm- und Vorzugsaktien der Frankfurter Wertpapierbörse und der Umlaufrendite langfristiger Wertpapiere.[87]

Die Berechnung des Beta-Faktors erfolgt in der Bewertungspraxis regelmäßig auf Basis von Vergangenheitswerten. Dies ermöglicht ex-post eine einfache Berechnung mittels statistischer Verfahren. Dazu werden in einer Regressionsanalyse den historischen Aktienrenditen des Unternehmens die historischen Indexrenditen gegenübergestellt und entsprechend ausgewertet.[88] Bevorzugt erfolgt die Ermittlung von Beta-Werten für einen Zeitraum von 250 Börsentagen, welche sich aus den Wertepaaren der letzten 50 Wochen ergeben (1-Jahres-Beta).[89]

Um die dargestellten Überlegungen zu verdeutlichen, soll beispielhaft der Kapitalisierungszinssatz der börsennotierten XY-Bank AG ermittelt werden. Das 1-Jahres-Beta der Gesellschaft betrage annahmegemäß 1,2391, der landesübliche Zinssatz 7,5 % und als Risikoprämie des Marktes werden die schon erwähnten 4,6 % unterstellt:

---

86 Zu den Sicherungseinrichtungen der einzelnen Bankengruppen vgl. Kapitel 7.2.1 und die dort angegebene Literatur.

87 Vgl. Stehle/Hartmond (1991). Hier insbesondere S. 380 und S. 402 f. Eine grundsätzliche Auseinandersetzung hinsichtlich der Bestimmung von empirischen Risikoprämien findet sich bei Hecker (2000), S. 166-184.

88 Vgl. Sharpe (1964), S. 438 f.; Rudolph (1986), S. 893; Freygang (1993), S. 219-223; Rappaport (1999), S. 48; Baetge/Krause (1994), S. 439.

89 Vgl. Bauer (1992), S. 125; Beiker (1993), S. 66.

$$r_{EK} = i + (E(r_m) - i) \cdot \beta_{XY} = 0{,}075 + (0{,}046) \cdot 1{,}2391 = 0{,}132\,.$$

Die Renditeforderungen der Eigenkapitalgeber betragen somit 13,2 %.

Für die überwiegende Mehrzahl der hier untersuchten Kreditinstitute ist eine Kotierung bereits aufgrund ihrer Rechtsform ausgeschlossen. Eine direkte Ermittlung von Beta-Werten ist deshalb für diese Banken nicht möglich. Die Literatur schlägt für diesen Problembereich eine näherungsweise Ermittlung der Beta-Werte vor. Hierzu bieten sich zwei alternative Verfahren an:[90]

- Die Analogie-Methode und
- die Accounting-Methode.

Bei der Analogie-Methode wird der Beta-Faktor der zu bewertenden Bank A aus dem Beta-Faktor einer börsennotierten Vergleichsbank B oder aus dem gewogenen Mittel der Beta-Faktoren mehrerer Banken der gleichen Branche (Branchen-Beta) abgeleitet.[91] Wie bereits erwähnt, spiegelt der Beta-Faktor einer Bank sowohl das finanzielle Risiko als auch das leistungswirtschaftliche Risiko wider.[92] Um den individuellen Verschuldungsgrad der zu bewertenden Bank A bei der Ableitung des Beta-Faktors zu berücksichtigen, muß daher in einem ersten Schritt der am Kapitalmarkt zu beobachtende Beta-Wert der Vergleichsbank (β^B_{EK}) um das finanzielle Risiko (Verschuldungsgrad der Vergleichsbank B) wie folgt bereinigt werden:

$$\beta^B_{Asset} = \beta^B_{EK} \cdot \left(\frac{EK^B}{GK^B}\right). \tag{6.18}$$

Man erhält so die Beta-Werte für das leistungswirtschaftliche Risiko der Gesellschaften bei ausschließlicher Eigenfinanzierung. Unter der noch zu diskutierenden Annahme, daß das leistungswirtschaftliche Risiko innerhalb einer Branche annähernd gleich ist, gilt: $\beta^A_{Asset} \cong \beta^B_{Asset}$. In einem zweiten Schritt wird dieser Wert um die institutsspezifische Verschuldung der Bank A modifiziert:[93]

$$\beta^A_{EK} = \beta^A_{Asset} \cdot \left(\frac{GK^A}{EK^A}\right). \tag{6.19}$$

---

90 Vgl. Bühner (1994), S. 25.

91 Vgl. Weber/Schiereck (1993), S. 146; Bühner (1994), S. 25; Suckut (1992), S. 70; Pape (1999), S. 194.

92 Zur Aufgliederung des Beta-Faktors vgl. Rudolph (1986), S. 894; Steiner/Bauer (1992), S. 349-351; Freygang (1993), S. 208; Weber/Schiereck (1993), S. 143-146; Drukarczyk (1993), S. 277-279.

93 Vgl. zu diesem Abschnitt Copeland/Koller/Murrin (2000), S. 308 f.; Serfling/Marx (1990), S. 427 f.

Der so mit Hilfe der Analogie-Methode ermittelte Beta-Faktor β_{EK}^{A} kann anschließend zur Ermittlung des Kapitalisierungszinssatzes in Formel 6.15 eingesetzt werden.

Bei der Accounting-Methode wird der Beta-Wert mit Hilfe einer Regressionsanalyse aus buchhalterischen Unternehmensdaten abgeleitet. In der Literatur wird dazu regelmäßig ein Rückgriff auf den Jahresüberschuß vorgeschlagen. Hierbei werden den Daten des betrachteten Unternehmens die durchschnittlichen Werte eines Marktportfolios gegenübergestellt. Unter der Annahme, daß die unternehmensinternen Daten stark mit den Marktdaten korreliert sind, lassen sich Ersatzwerte für das leistungswirtschaftliche Risiko einer Unternehmung ermitteln.[94] Für das Accounting-Beta der Bank A $\left(\beta_{Acc.}^{A}\right)$ gilt:[95]

$$\beta_{Acc.}^{A} = \frac{\operatorname{cov}\left(\Delta J\ddot{U}_{A};\Delta J\ddot{U}_{m}\right)}{\operatorname{var}(\Delta J\ddot{U}_{m})} \tag{6.20}$$

mit: $\operatorname{cov}\left(\Delta J\ddot{U}_{A};\Delta J\ddot{U}_{m}\right)$ = Kovarianz der Veränderung des Jahresüberschusses der zu bewertenden Bank A zur Veränderung des Jahresüberschusses des Marktportfolios,

$\operatorname{var}\left(\Delta J\ddot{U}_{m}\right)$ = Varianz der Veränderung des Jahresüberschusses des Marktportfolios.

6.1.3.3 Würdigung der alternativen Ansätze

Die Sicherheitsäquivalenzmethode bietet in den Fällen, in denen der Bewertende das Sicherheitsäquivalent der Wahrscheinlichkeitsverteilung nicht benennen kann, kein geschlossenes Konzept zur Berücksichtigung der Unsicherheit. Der Auffassung von SCHMIDT, wonach die Kombination von Sicherheitsäquivalenz- und Risikozuschlagsmethode eine ausreichende Unsicherheitsberücksichtigung ermöglicht,[96] wird hier nicht uneingeschränkt gefolgt. Nimmt die Wahrscheinlichkeitsverteilung der geplanten Entnahmeerwartungen eine große Bandbreite ein, so liefert der mit Hilfe der Sicherheitsäquivalenzmethode gewonnene Rahmen möglicher Risikozuschläge aufgrund seiner hohen Obergrenze keine ökonomisch relevanten Informationen. Nur wenn die Bandbreite möglicher Zielbeiträge relativ eng gefaßt werden kann, gibt die Sicherheitsäquivalenzmethode einen Anhaltspunkt, ob die Wahl des Risikozuschlags zumindest einer Plausibilitätskontrolle standhält. Überzeugende Resultate können mit der Sicherheitsäquivalenzmethode letztlich nur dann erzielt werden, wenn die Risikonutzen-

---

94 Vgl. zu diesem Abschnitt insbesondere Steiner/Bauer (1992), S. 353-363; auch Coenenberg/Sautter (1988), S. 706; Bühner (1994), S. 26; kritisch zu den so gewonnenen Ergebnissen Hachmeister (2000), S. 201 f.

95 Vgl. Steiner/Bauer (1992), S. 356.

96 Vgl. Schmidt (1995), S. 1106.

funktion des Investors bekannt ist und in den Bewertungskalkül einbezogen werden kann.

Mit dem Kapitalmarktmodell besteht in der Theorie ein geschlossenes Konzept zur Ableitung eines Kapitalisierungszinssatzes bzw. zur Bestimmung einer Risikoprämie. Für die Beurteilung der Güte ist aber auf die Übertragbarkeit des Modells auf die Bewertungspraxis abzustellen: Im Gegensatz zur Ermittlung des risikolosen Zinssatzes ist die Bestimmung der Marktprämie und des Unternehmens-Betas mit größeren Schwierigkeiten verbunden. Werden beide Werte für die Zukunft geschätzt, so verbleibt zum einen ein Ermessensspielraum für den Bewertenden und zum anderen hängt das Ergebnis stark von der Qualität der Schätzung ab. Wird hingegen auf Vergangenheitswerte zurückgegriffen, so verläuft auch deren Bestimmung nicht ganz so reibungslos, wie dies vielleicht im Rahmen der Modellbeschreibung den Anschein erweckt. Neben der bereits angeführten Studie von STEHLE/HARTMOND gibt es weitere empirische Untersuchungen zur historischen Risikoprämie von Aktienanlagen am deutschen Kapitalmarkt. Je nach Auswertungszeitraum und zugrunde gelegtem Aktienindex liegen die Ergebnisse in einer Bandbreite zwischen -4,82 % p. a. und 7,72 % p. a.[97] Für einen langen Auswertungszeitraum spricht, daß Verzerrungen aufgrund von besonderen Ereignissen (Börsencrashs, Rezessionen usw.) weitestgehend eliminiert werden. Kurze Zeiträume bieten den Vorteil, daß die aktuelle Situation erfaßt wird und Strukturbrüche nicht enthalten sind.[98]

Neben dem Auswertungszeitraum und dem ausgewählten Aktienindex hängt die Marktrendite vom angewandten Rechenverfahren ab. Hierbei ist zwischen dem geometrischen und dem arithmetischen Mittel zu differenzieren. Ersteres Verfahren errechnet die jährliche Rendite mit Hilfe einer Wurzeloperation unter Berücksichtigung der Periodenanzahl aus der Wertentwicklung (Differenz zwischen Anfangs- und Endwert) einer Aktie oder eines Indexes innerhalb eines Zeitintervalls.[99] Letzteres Verfahren bildet einen einfachen Mittelwert aus den jährlichen Renditen.[100] Beide Vorgehensweisen liefern nur bei jährlich uniformen Renditen den gleichen Durchschnittswert. Das arithmetische Mittel ist hingegen bei nicht uniformen jährlichen Renditen immer größer als das geometrische Mittel.[101] Insbesondere bei der Berechnung von historischen Aktienrenditen führt der arithmetische Ansatz aufgrund der regelmäßig zu beobachtenden hohen Volatilität der jährlichen Einzelrenditen zu einer Überzeichnung der Durchschnittsrendite: Kommt es z. B. in zwei aufeinanderfolgenden Jahren zunächst zu einem 50 %-igen Kursverlust und anschließend zu einem 100 %-igen Kursanstieg, so steht dem geometrischen Mittel von 0 % p. a. ein durchschnittlicher Zu-

---

97 Vgl. Baetge/Krause (1994), S. 452 m. w. N.

98 Vgl. zu diesem Abschnitt Copeland/Koller/Murrin (2000), S. 217; Ballwieser (1995a), S. 124.

99 Vgl. Bourier (1999), S. 84 f.

100 Vgl. Bourier (1999), S. 77 f.

101 Vgl. zu diesem Abschnitt Copeland/Koller/Murrin (2000), S. 218 f.; Hachmeister (2000), S. 180 f.; Baetge/Krause (1994), S. 450 f.

wachs von 25 % p. a. bei arithmetischer Berechnung gegenüber.[102] Das Vermögen hat sich jedoch am Ende der Periode 2 gegenüber dem Wert zu Beginn der Periode 1 nicht verändert. In der Literatur wird daher überwiegend dem geometrischen Mittels der Vorzug gegeben.[103]

Ähnliche Probleme bereitet die Bestimmung des Beta-Faktors. Neben den bereits vorgestellten 1-Jahres-Betas auf Basis von Wochenrenditen lassen sich auch Beta-Werte für kürzere oder längere Zeiträume auf Basis von Tages- oder Monatsrenditen berechnen. Die Frage nach der Stabilität der Beta-Werte im Zeitablauf ist von doppelter Bedeutung. Unterliegen diese im Zeitablauf starken Schwankungen, so spielt nicht nur der Auswertungszeitraum eine gewichtige Rolle, sondern es stellt sich zudem die Frage, ob die aus Vergangenheitsdaten ex-post ermittelten Werte geeignete Schätzgrößen für die zukünftigen *wahren* Beta-Werte sind.[104] Empirische Untersuchungen hierzu kamen zu keinem eindeutigen Ergebnis. In der Mehrzahl wurde die Annahme stabiler Beta-Werte für einzelne Unternehmens-Betas eher abgelehnt, für diversifizierte Portfolio-Betas hingegen teilweise jedoch auch akzeptiert.[105]

Verläßt man den Bereich der börsennotierten Banken, so stellt sich die Frage, ob der Beta-Faktor einer Konkurrenzbank oder ein Branchen-Beta eine geeignete Schätzgröße für den Beta-Wert der zu bewertenden Bank darstellt. Dies gilt insbesondere, wenn aus den Beta-Faktoren von börsennotierten Banken Rückschlüsse auf das leistungswirtschaftliche Risiko von Sparkassen und Kreditgenossenschaften gezogen werden sollen. Aufgrund ihrer flächendeckenden Präsenz und dem damit einhergehenden großen Fixkostenblock ist davon auszugehen, daß sich das leistungswirtschaftliche Risiko dieser Kreditinstitute oftmals signifikant von dem vieler börsennotierter Kapitalbanken unterscheidet. Hier ist m. E. im Einzelfall zu prüfen, ob die das leistungswirtschaftliche Risiko beeinflussenden Komponenten (Bilanzsumme, Kostenstruktur, Marktpositionierung, Zielkundensegment, Unternehmensstruktur usw.) miteinander vergleichbar sind. Nur wenn hierin weitgehende Übereinstimmung herrscht, ist es sinnvoll, einen Beta-Faktor näherungsweise aus den entsprechenden Werten von anderen Banken abzuleiten.

Daneben ist zu beachten, daß das CAPM vor dem Hintergrund einer Aktienbewertung entwickelt wurde und eine Übertragung auf die Bewertung ganzer Unternehmen Pro-

---

102 Geometrisches Mittel: $\sqrt[2]{0{,}5 \cdot 2} - 1 = 0$; arithmetisches Mittel: $\frac{(-0{,}5 + 1)}{2} = 0{,}25$.

103 Vgl. Hachmeister (2000), S. 181 mit weiteren Nachweisen; hingegen Copeland/Koller/Murrin (2000), S. 217-219, die im Vergleich zu ihrer letzten Auflage einen Meinungswechsel vollzogen und sich nun für die Verwendung des arithmetischen Mittels aussprechen, da durch diese Methodik die Zukunftsbezogenheit der Erwartungen der Marktteilnehmer besser zum Ausdruck käme.

104 Vgl. zu diesem Abschnitt Baetge/Krause (1994), S. 444-448.

105 Vgl. Drukarczyk (1993), S. 250 f. m. w. N. Auf zum Teil andere Forschungsergebnisse verweisen Hachmeister (2000), S. 190 m. w. N.; Coenenberg/Sautter (1988), S. 705; Weber (1991), S. 230 f.

bleme mit sich führen kann. Die wenigsten potentiellen Käufer werden die Unternehmen, die sie zu kaufen beabsichtigen, anschließend in einem gut diversifizierten Portfolio halten. In der Praxis müssen sie vielmehr einen Großteil ihres Vermögens für den Erwerb des Unternehmens aufbringen und sind somit nicht in der Lage, daß unsystematische Risiko zu beseitigen.[106] Erfolgt die Ableitung des Kapitalisierungszinssatzes in diesem Fall mit Hilfe des CAPM, so ist dieser aus Sicht der potentiellen Käufer zu gering.[107]

Trotz der skizzierten Probleme des CAPM handelt es sich m. E. um einen Ansatz, der Anhaltspunkte über das leistungswirtschaftliche Risiko einer Bank geben kann und in den Bewertungsprozeß eingebunden werden sollte.[108] Die teilweise in der Literatur vorzufindende Auffassung, daß bei Verwendung des CAPM dem Bewertenden kein Entscheidungsspielraum verbleibt,[109] wird hier - aufgrund der vorstehend skizzierten Probleme - nicht geteilt.[110]

Zusammenfassend wird folgendes festgehalten: Die Anwendung der Sicherheitsäquivalenzmethode bietet sich nur dann an, wenn

a) der Bewertungskalkül eines Einzelnen oder einer kleinen Gruppe von Investoren untersucht wird[111]
UND ENTWEDER
b1) die individuellen Risikonutzenfunktionen der Investoren[112] bekannt sind
ODER
b2) die aus der geplanten Entnahmeverteilung resultierende Obergrenze für den Risikozuschlag ökonomisch relevante Informationen beinhaltet.

Hieraus folgt, daß sich der Einsatz der Sicherheitsäquivalenzmethode insbesondere für den traditionellen Bewertungsanlaß *Kauf einer ganzen Bank oder eines bedeutenden Anteils* durch einen einzelnen Investor eignet.

Die Bestimmung des Kalkulationszinsfußes mit Hilfe des CAPM erscheint hingegen dann vorteilhaft, wenn ein Bankwert für eine große Anzahl von Investoren ermittelt wird und somit ein gewisses Maß an intersubjektiver Nachprüfbarkeit bezüglich der

---

106 Vgl. Milgrom/Roberts (1992), S. 522; Wildgruber (1998), S. 80.
107 Vgl. zu diesem Abschnitt Maul (1992), S. 1259; Schmidt (1995), S. 1107.
108 Gleicher Auffassung Ballwieser (1995a), S. 126; Pape (1999), S. 122 f.; Drukarczyk (2001), S. 350; a. A. Gerling (1985), S. 275; Wildgruber (1998), S. 81.
109 So Jonas (1995), S. 96.
110 Gleicher Auffassung Hachmeister (2000), S. 192.
111 Vgl. Bischoff (1994), S. 120; Pape (1999), S. 150 f.
112 Sind mehrere Risikonutzenfunktionen zu berücksichtigen, so ergeben sich in Abhängigkeit von dieser individuellen Größe unterschiedliche Bankwerte. Ein einheitlicher Grenzpreis für eine Vielzahl von Investoren kann in diesem Fall nicht ermittelt werden. Vgl. Drukarczyk (2001), S. 338.

Wertermittlung erforderlich ist. Bei den hier untersuchten Bewertungsanlässen ist dabei insbesondere an Bankenfusionen und an die wertorientierte Unternehmensführung zu denken.[113]

6.1.4 Einbeziehung der Geldentwertung

Nachfolgend soll zunächst die grundsätzliche Problematik der Geldentwertung im Rahmen einer Unternehmensbewertung dargestellt werden. Anschließend wird die spezielle Problematik, die daraus resultiert, daß Kreditinstitute stark im Zinsgeschäft engagiert sind, diskutiert. Für die weiteren Ausführungen ist es zweckmäßig, die Komplexität soweit zu reduzieren, als daß eine Geldentwertungsrate (alternativ Preissteigerungsrate) unterstellt wird, die in ihrer Höhe sicher und über die Zeit konstant ist.[114]

Eine Unternehmensbewertung kann grundsätzlich sowohl auf Basis einer Nominal- als auch auf Basis einer Realwertrechnung erfolgen. Zu beachten ist, daß Zähler und Nenner in der gleichen Dimension definiert sein müssen. Bei korrekter Rechnung führen beide Verfahren zum selben Ergebnis. Ob der Bewertungskalkül nominal oder real definiert wird, hängt somit in erster Linie von den Präferenzen des Bewerters bzw. des Investors ab.[115]

Der Zusammenhang zwischen einer Nominal- und einer Realwertrechnung läßt sich am einfachsten verdeutlichen, wenn man ein mehrperiodiges Investitionsobjekt betrachtet, dessen sichere Zahlungsüberschüsse (ZÜ) bereits in nominalen Größen feststehen.[116] Folgendes Beispiel soll gelten:

t	1	2	3	4	BW
ZÜ	70	80	90	100	278,35

Tab. 6.1: Zahlungsreihe eines mehrperiodigen Investitionsobjektes in nominalen Größen

Wird als nominaler Kalkulationszinsfuß ein quasi-sicherer Basiszins (i) von z. B. 8 % angesetzt, so ergibt sich ein Barwert der Zahlungsreihe (BW) von 278,35 Euro. Präferiert der Bewertende hingegen eine Rechnung auf Realwertbasis, so müssen sowohl die Zahlungsüberschüsse als auch der Kalkulationszinsfuß um die Preis-

113 Vgl. zu diesem Abschnitt Heurung (1997), S. 892; Freygang (1993), S. 190 f.

114 Zur Einbeziehung von unsicheren und periodenspezifischen Geldentwertungsraten in den Bewertungskalkül vgl. Ballwieser (1988), S. 803-810.

115 Vgl. zu diesem Abschnitt Drukarczyk (2001), S. 429.

116 Das Problem unsicherer Zahlungsüberschüsse soll im folgenden ausgeklammert werden. Vgl. dazu Drukarczyk (2001), S. 435-438.

steigerungsrate (g) bereinigt werden. Für die Bestimmung der realen Zahlungsüberschüsse gilt:[117]

$$Z\ddot{U}_t^r = Z\ddot{U}_t^n \cdot (1+g)^{-t} \tag{6.21}$$

mit: $Z\ddot{U}_t^r$ = Zahlungsüberschuß in realer Größe der Periode t,

$Z\ddot{U}_t^n$ = Zahlungsüberschuß in nominaler Größe der Periode t.

Bei der Bestimmung des realen Kalkulationszinsfußes (i_r) ist zu beachten, daß der nominale Satz nicht einfach um die Geldentwertungsrate zu kürzen ist. Es gilt vielmehr:[118]

$$i_r = \frac{1+i}{1+g} - 1 = \frac{i-g}{1+g}. \tag{6.22}$$

Wird eine sichere und über die Zeit konstante Preissteigerungsrate in Höhe von 2 % unterstellt, resultiert hieraus die folgende Zahlungsreihe in realen Größen:

t	1	2	3	4	BW
ZÜ	68,63	76,89	84,81	92,38	278,35

Tab. 6.2: Zahlungsreihe eines mehrperiodigen Investitionsobjektes in realen Größen

Für den realen Kalkulationszinsfuß ergibt sich ein Wert von 1,0588 %, woraus ein Barwert für das Investitionsobjekt auf Realwertbasis von ebenfalls 278,35 Euro resultiert. Beide Berechnungsmethoden führen somit zum gleichen Ergebnis.

In der Bewertungspraxis ist die Einbeziehung der Geldentwertung in den Bewertungskalkül oftmals schwieriger als es das vorstehende Beispiel vermuten läßt. Das eigentliche Problem der Inflationsberücksichtigung ist im dargestellten Sachverhalt nämlich schon gelöst, da die Zahlungsüberschüsse bereits in nominalen Größen fixiert sind. In praxi ist dagegen bereits im Planungsprozeß abzuschätzen, inwieweit die Preissteigerungsrate die Entwicklung der einzelnen Cash-Flow-Komponenten beeinflußt. Entscheidend ist, ob das zu bewertende Kreditinstitut in der Lage ist, die Preiserhöhungen der Produktionsfaktoren an die Kunden durch höhere Verkaufspreise weiterzugeben.[119] Hierbei unterscheidet DRUKARCZYK drei mögliche Konstellationen:[120]

---

117 Vgl. Drukarczyk (2001), S. 430.

118 Vgl. Drukarczyk (2001), S. 429.

119 Vgl. dazu Siegel (1991), S. 234; Mandl/Rabel (1997), S. 156.

120 Vgl. Drukarczyk (2001), 431 f.

1. Das Unternehmen kann die Preissteigerungen in vollem Umfang auf die Kunden überwälzen. Wachsen alle Cash-Flow-Komponenten jährlich in Höhe der konstanten Preissteigerungsrate, so wächst auch die hieraus resultierende Zahlungsüberschußreihe um diesen Faktor. Somit gilt: Wachstumsrate der nominalen Zahlungsüberschüsse (w) = Preissteigerungsrate (g).

2. Das Unternehmen ist lediglich in der Lage die Preiserhöhungen insofern weiterzugeben, als daß die nominalen Zahlungsüberschüsse gegenüber einer Welt ohne Inflation unverändert bleiben. DRUKARCZYK spricht von einer „entnahmeneutralen Überwälzbarkeit"[121]. Der Investor erleidet in diesem Fall reale Einbußen. Es gilt: w = 0.[122]

3. Hierzu zählen alle weiteren Formen der Überwälzbarkeit. Steigen die nominalen Zahlungsüberschüsse z. B. unterproportional mit der Preissteigerungsrate, so gilt: w < g.

Für eine korrekte Wertermittlung ist es somit notwendig, den Grad der Überwälzbarkeit von Preissteigerungen richtig abzuschätzen.[123] Bei nominaler Rechnung unter Sicherheit errechnet sich der Unternehmenswert einer Bank mit Hilfe der Summenformel für geometrisch wachsende Reihen. Es gilt:[124]

$$\mathrm{UW} = \frac{Z\ddot{U}_0 \cdot (1+w)}{i-w} = \frac{Z\ddot{U}_1}{i-w}. \tag{6.23}$$

Bei einer Realwertrechnung ist zunächst die nominale Wachstumsrate der Zahlungsüberschüsse (w) in eine reale Wachstumsrate (w_r) zu transformieren. Es gilt:[125]

$$w_r = \frac{1+w}{1+g} - 1. \tag{6.24}$$

Hieraus folgt für den Unternehmenswert der Bank auf Realwertbasis:[126]

$$\mathrm{UW} = \frac{Z\ddot{U}_0 \cdot (1+w_r)}{i_r - w_r}. \tag{6.25}$$

Es wird deutlich, daß zur Beurteilung der Frage, inwieweit die Preissteigerungsrate die Höhe des Bankwertes beeinflußt, auf die Überwälzbarkeit der Preissteigerungen abzu-

---

121 Drukarczyk (2001), S. 431 (im Originaltext ebenfalls in Anführungszeichen).
122 Vgl. Drukarczyk (2001), S. 434.
123 Vgl. Drukarczyk (2001), S. 434.
124 Vgl. Ballwieser (1988), S. 801; Drukarczyk (2001), S. 433.
125 Vgl. Drukarczyk (2001), S. 433.
126 Vgl. Drukarczyk (2001), S. 433.

stellen ist.[127] Für einen regelmäßigen Inflationsabschlag in Höhe von g ist hingegen kein Platz.[128] Eine Bereinigung des Diskontierungsfaktors in dieser Höhe ist nur dann zulässig, wenn bei einer Nominalwertrechnung die Bedingung w = g (= Fall 1) erfüllt ist. Bei diesem Sachverhalt gilt für die Realwertrechnung, daß w_r den Wert null annimmt und somit aus Formel 6.25 eliminiert wird.[129]

Wird die Geldentwertungsproblematik vor dem Hintergrund einer Bankbewertung betrachtet, so sind die Besonderheiten der bankbetrieblichen Leistungserstellung zu berücksichtigen. Einerseits werden Dienstleistungen erbracht, zu deren Erstellung Produktionsfaktoren wie Personal und Sachmittel benötigt werden. Zur Thematik, inwiefern sich gestiegene Bezugspreise durch höhere Verkaufspreise (= Provisionen und Gebühren) auf die Kunden abwälzen lassen, kann auf die vorstehenden Überlegungen verwiesen werden, da sich keine Besonderheiten für diesen Leistungsbereich gegenüber anderen Branchen ergeben. Generelle Aussagen zur Überwälzbarkeit der Preissteigerungsrate sind aber auch hier nicht möglich. Andererseits erwirtschaften Banken einen Großteil ihrer Erfolgsbeiträge immer noch im Zinsgeschäft. Dieser Leistungsbereich erfordert - wie nachfolgend zu zeigen ist - eine differenzierte Analyse.

Industrieunternehmen können ihre Preise grundsätzlich frei festsetzen. Unter der Annahme einer konstanten Preissteigerungsrate $g_{konst.}$ und einer vollständigen Überwälzbarkeit der Preissteigerungsrate (w = g) gilt für den nominalen Verkaufspreis der Periode t:

$$VP_t^n = VP_0^r \cdot (1+g_1) \cdot (1+g_2) \cdot \ldots\ldots \cdot (1+g_t) = VP_o^r \cdot (1+g_{konst.})^t \qquad (6.26)$$

mit: VP_t^n = nominaler Verkaufspreis der Periode t,
VP_0^r = realer Verkaufspreis der Periode null,
$g_1 = g_2 = \ldots = g_T = g_{konst.}$.

Diese Art einer multiplikativen Verknüpfung der jährlichen Preissteigerungsraten in Form einer geometrischen Reihe gibt es bei der Bestimmung des nominalen Zinssatzes der Periode t (i_t) hingegen nicht. Durch Umstellung von Formel 6.22 erhält man hierfür vielmehr:

$$i_t = i_t^r + g_t \cdot \left(1 + i_t^r\right).$$

Dies gilt zumindest bei einer formalen Betrachtung. Da der Realzins nicht direkt aus den Marktdaten abgelesen werden kann, wird er mit Hilfe der beobachtbaren Größen

---

127 Vgl. Siegel (1991), S. 234. Kleinere Rechenoperationen zur Veranschaulichung werden bei Drukarczyk durchgeführt. Vgl. Drukarczyk (2001), S. 432-435.

128 Vgl. Drukarczyk (2001), S. 434 f.

129 Vgl. dazu Drukarczyk (2001), S. 438.

Nominalzins und Preissteigerungsrate gemäß Formel 6.22 hergeleitet. Unterstellt man daher zur Vereinfachung einen konstanten Realzins,[130] so bleibt auch der Nominalzins bei einer konstanten und sicheren Preissteigerungsrate über die Zeit gleich, da die einzelnen jährlichen Preissteigerungsraten bei der Bestimmung des Nominalzinses weder multiplikativ noch additiv miteinander verknüpft werden. Im Gegensatz zu den Industrieunternehmen führt eine positive konstante Geldentwertungsrate bei Kreditinstituten selbst bei vollständiger Überwälzbarkeit somit nicht zu einer inflationsbedingten Veränderung der nominalen Zahlungsüberschüsse aus dem zugrundeliegenden bilanzwirksamen Geschäft. Aus diesem Grund ist auch - zumindest für das bilanzwirksame Geschäft - kein Platz für einen Geldentwertungsabschlag im Nenner des Bewertungskalküls. Da das bilanzwirksame Geschäft derzeit den noch wichtigsten Geschäftsbereich der meisten Kreditinstitute darstellt, wird hier die Auffassung vertreten, daß eine Bankbewertung auf Basis von nominalen Größen durchgeführt werden sollte. Bei der Prognose für Zinssätze zukünftiger Perioden handelt es sich somit regelmäßig um nominale Größen, welche die erwartete Geldentwertungsrate bereits berücksichtigen.

Weiter spricht für eine Bankbewertung auf Nominalwertbasis, daß zur Bestimmung der steuerlichen Bemessungsgrundlage und im Rahmen der Einhaltung der bankaufsichtsrechtlichen Eigenmittelunterlegungspflicht immer auf Nominalwerte abzustellen ist.[131]

6.1.5 Einbeziehung von Steuern

Während in Kapitel 5.4 die Bedeutung der Gewinnbesteuerung für die Bestimmung der bewertungsrelevanten Zielbeiträge (= Zähler des Barwertkalküls) dargestellt wurde, ist es vorrangige Aufgabe dieses Gliederungspunktes zu klären, welchen Einfluß Steuern auf die Höhe des Kapitalisierungszinssatzes (= Nenner des Barwertkalküls) haben. Da eine formale Darstellung der Integration von Steuern in den Bewertungskalkül bisher nicht erfolgte, soll dies zudem im folgenden nachgeholt werden.

Ausgangspunkt der weiteren Überlegungen ist das Rentenmodell, wobei nachfolgend unterstellt wird, daß der Zahlungsüberschuß vor Steuern auf Unternehmensebene mit der steuerlichen Bemessungsgrundlage übereinstimmt und nach Abzug der zu leistenden Steuern vollständig zur Ausschüttung gelangt. Weiter wird zunächst davon ausgegangen, daß das Kreditinstitut körperschaftsteuerpflichtig ist und es sich bei der Alternativinvestition um eine Finanzanlage in festverzinsliche Wertpapiere handelt. Somit gilt:[132]

---

[130] Für den Zeitraum nach 1980 scheint diese Annahme zumindest für Deutschland mit den empirischen Ergebnissen annähernd vereinbar. Vgl. die Abbildung bei Bofinger/Hefeker/Pfleger (1997), S. 38.

[131] Vgl. zu diesem Abschnitt Drukarczyk (2001), S. 430; IdW (2000), S. 834.

[132] Vgl. Hötzel/Beckmann (2000), S. 699.

$$UW^{NSt} = \frac{ZÜ^{VSt} \cdot (1 - s_{Ge}) \cdot (1 - s_{KSt}) \cdot (1 - 0{,}5 \cdot s_{ESt})}{r \cdot (1 - s_{ESt})} \quad (6.27)$$

mit: UW^{NST} = Unternehmenswert der Bank nach Steuern,
$ZÜ^{VSt}$ = Zahlungsüberschuß vor Steuern,
s_{KSt} = Körperschaftsteuersatz auf Unternehmensebene.

Formel 6.27 verdeutlicht, daß eine Herauskürzung der Steuerterme nicht möglich ist. Im Gegensatz zu den Einkünften aus der zu bewertenden Bank (Zähler des Kalküls) unterliegen die Einkünfte aus der alternativen Finanzanlage (Nenner des Kalküls) nicht dem Halbeinkünfteverfahren und werden daher auf Ebene der Investoren in voller Höhe mit dem individuellen Einkommensteuersatz s_{ESt} besteuert. Da hier zudem unterstellt wird, daß die Alternativinvestition einem Privatvermögen zuzurechnen ist, fällt hierauf keine Gewerbeertragsteuer an.

Wird das sich im Zähler des Bewertungskalkül widerspiegelnde Bewertungsobjekt durch eine Personengesellschaft ersetzt, so gilt Formel 6.28:

$$UW^{NSt} = \frac{ZÜ^{VSt} \cdot (1 - s_{Ge}) \cdot (1 - s_{ESt/kor.})}{r \cdot (1 - s_{ESt})} \quad (6.28)$$

mit: $s_{ESt/kor.}$ = (um die pauschale Anrechenbarkeit der Gewerbertragsteuer) korrigierter Einkommensteuersatz auf Investorenebene.

Auch ist diesem Fall kürzen sich die Steuerterme nicht aus dem Bewertungskalkül heraus. Einerseits sind die Einkünfte aus den festverzinslichen Wertpapieren nach wie vor gewerbeertragsteuerfrei und andererseits ist bei der Ermittlung des Einkommensteuersatzes im Zähler des Bewertungskalküls die pauschale Anrechnung der Gewerbeertragsteuer zu berücksichtigen.[133] $(1 - s_{ESt/kor.})$ und $(1 - s_{ESt})$ fallen somit auseinander.

So kann als Zwischenergebnis festgehalten werden, daß selbst im Rentenmodell bei einer unterstellten Finanzanlage als Alternativinvestition die Vernachlässigung der Steuerkomponente nicht bewertungsneutral ist, da Zähler und Nenner des Bewertungskalküls nicht gleichermaßen besteuert werden. Dies gilt umso mehr für periodenspezifische Zahlungsüberschüsse, wo die Irrelevanz von Steuern auch bei gleicher Besteuerungssystematik in Zähler und Nenner an sehr viele strengere Bedingungen gebunden ist.[134]

133 So führt die pauschale Anrechnung der Gewerbeertagsteuer von 9 % bei einem typisierten Einkommensteuersatz von 35 % zu einem korrigierten Wert von 26 %. Vgl. Siepe/Dörschell/Schulte (2000), S. 959.

134 Vgl. dazu die Ausführungen in Kapitel 5.4.1 und die dort angegebenen Literaturverweise.

Es stellt sich aber die Frage, warum die Betrachtung der Alternativinvestitionen auf Finanzanlagen beschränkt bleiben soll. Denkbar wäre auch die Tilgung von Krediten bzw. die Realisation einer anderen Sachinvestition.[135] Ersteres stellt aus Sicht des Bankeigentümers die Rückzahlung von Kundeneinlagen dar. Da die Aufnahme eben dieser Kundeneinlagen aber zur originären Geschäftstätigkeit der Kreditinstitute zählt, soll diese Handlungsalternative daher außer Betracht bleiben. Bei der zweiten Möglichkeit, der Realisation einer anderen Sachanlage, ist zwischen einer körperschaftsteuerpflichtigen und einer nicht körperschaftsteuerpflichtigen Alternativinvestition zu unterscheiden. Entsprechend ist der im Nenner der Formeln 6.27 und 6.28 auftretende Term $(1 - s_{ESt})$ in Abhängigkeit von der Alternativinvestition entweder durch den Term $(1 - s_{Ge}) \cdot (1 - s_{KSt}) \cdot (1 - 0{,}5 \cdot s_{ESt})$ oder durch den Term $(1 - s_{Ge}) \cdot (1 - s_{ESt/kor.})$ zu ersetzen. Hieraus ergibt sich für die Bewertungskalküle, daß diese entweder im Zähler und Nenner die gleiche Besteuerungsstruktur aufweisen oder daß lediglich eine Seite des Quotienten ein körperschaftsteuerpflichtiges Investitionsobjekt widerspiegelt.

Wenngleich sicherlich Ausnahmetatbestände zu konstruieren sind, unter denen eine Vernachlässigung der Steuerkomponente bewertungsneutral ist, so gilt dies nicht für die Mehrheit der praktisch relevanten Fälle. Dies resultiert bereits daraus, daß selbst im Rentenmodell und bei gleicher Besteuerungsstruktur im Zähler und Nenner die Gewerbeertragsteuersätze regelmäßig divergieren, da nicht davon auszugehen ist, daß die Alternativinvestition dem gleichen gewerbeertragsteuerlichen Hebesatz unterliegt wie das Investitionsobjekt. Zudem ist im Nichtrentenmodell die Vernachlässigung von Steuern grundsätzlich nicht bewertungsneutral. Somit kann festgehalten werden, daß eine Integration der Steuerkomponente in den Bewertungskalkül zwingend zu erfolgen hat.

6.2 Kapitalisierungszinssatz auf Geschäftsfeldebene

Die Bestimmung der Geschäftsfeldwerte dient im Rahmen der wertorientierten Unternehmensführung der Planung und Steuerung der Gesamtbank.[136] Wertkreierende Geschäftsfelder sind auszubauen, wertvernichtende hingegen zu restrukturieren oder abzubauen. Die Wertbestimmung einzelner SGF ist weiter erforderlich, wenn die Trennung von unrentablen oder nicht zu den Kernkompetenzen zählenden Unternehmensbereichen angestrebt wird. Nicht zu vernachlässigen ist in diesem Zusammenhang auch die Ausgliederung eines Unternehmensbereiches als eigene Rechtsperson zwecks späterer Börseneinführung. Die Wertfeststellung bildet hierbei die Grundlage für die Prognose des möglichen Emissionserlöses.

---

135 Vgl. Leuthier (1988), S. 514.
136 Vgl. Strutz (1993), S. 47.

Damit der Wert einzelner SGF bestimmt werden kann, sind geschäftsfeldspezifische Kapitalisierungszinssätze zu ermitteln. Die Kapitalisierung der zukünftigen Zielbeiträge mittels eines Gesamtbankkalkulationszinsfußes würde zu fehlerhaften Geschäftsfeldwerten führen, da der den einzelnen Geschäftsbereichen innewohnende unterschiedliche Risikogehalt unberücksichtigt bliebe.[137] Hierdurch könnten Fehlentscheidungen hinsichtlich der grundlegenden Geschäftspolitik hervorgerufen werden. Geschäftsfelder, bei denen eine Desinvestition angebracht wäre, würden möglicherweise ausgebaut et vice versa. Dies hätte die Fehlallokation von Eigenkapital zur Folge.[138]

Zur Berechnung der geschäftsfeldspezifischen Kapitalisierungszinssätze kann grundsätzlich auf die Ausführungen des Kapitels 6.1 zur Bestimmung des Gesamtbankkalkulationszinsfußes verwiesen werden. Im Vordergrund der Überlegungen steht auch hier die Bestimmung einer - in diesem Fall geschäftsfeldspezifischen - Risikoprämie.

Als erste Möglichkeit, die Risikoprämie zu ermitteln, wird die Herleitung über die Analogie-Methode vorgeschlagen.[139] Wie bereits an anderer Stelle für die Bestimmung der Risikoprämie bei nicht börsennotierten Banken erläutert, wird hierzu auf den Beta-Faktor von börsennotierten Vergleichsbanken abgestellt. Gesucht werden Kreditinstitute, deren Geschäftstätigkeit mit dem SGF der zu bewertenden Bank weitgehend übereinstimmt. Lassen sich entsprechende Vergleichswerte eruieren, so müssen diese noch der jeweiligen Finanzierungsstruktur angepaßt werden.[140] Hierzu ist es notwendig, daß den einzelnen SGF Eigenkapital zugewiesen wird. Die Literatur schlägt dazu unterschiedliche Ansätze vor. Eine Zuordnung gemäß der bankaufsichtsrechtlichen Unterlegungspflicht wird regelmäßig abgelehnt, da in diesem Fall für die Passivgeschäfte kein Eigenkapital vorzuhalten wäre.[141] Ein Kreditinstitut, das ausschließlich Passivgeschäfte tätigen würde, bräuchte jedoch genau wie jedes andere Unternehmen auch Eigenkapital, da sich ansonsten keine Fremdkapitalgeber finden ließen. Alternativ wird der Ansatz einer über alle Geschäftsfelder konstanten Eigenkapitalquote[142] oder die Verwendung einer auf Marktwerten beruhenden Zielkapitalstruktur empfohlen.[143] Die erste Möglichkeit überzeugt aufgrund ihrer Willkür nicht. Da auch hier grundsätzlich eine marktwertorientierte Unternehmensbewertung angestrebt wird, ist daher letzterem Vorschlag der Vorzug zu geben.

Liegt das Betätigungsfeld des SGF hingegen in einem Bereich, für den keine Daten aus dem Kapitalmarkt gewonnen werden können, weil z. B. keine börsennotierten Banken in diesem Sektor existieren, so kann nur auf buchhalterische Daten zurückgegriffen

---

137 Vgl. Strutz (1993), S. 92; Hörter (1998), S. 148; Hachmeister (2000), S. 195.
138 Vgl. Süchting (1996), S. 415.
139 Vgl. Süchting (1996), S. 415; Hörter (1998), S. 148.
140 Vgl. zu diesem Abschnitt die Ausführungen in Kapitel 6.1.3.2.
141 Vgl. Adolf/Cramer/Ollmann (1989b), S. 547; Schmittmann/Penzel/Gehrke (1996), S. 650.
142 Vgl. Adolf/Cramer/Ollmann (1989b), S. 548.
143 Vgl. Strutz (1993), S. 94.

werden.[144] Alternativ zur Analogie-Methode wird deshalb in der Literatur vorgeschlagen, die Risikoprämie aus der Volatilität der Geschäftsfeldergebnisse abzuleiten.[145] Ansatzpunkt für die in dieser Arbeit vorgestellte Methodik ist zunächst der Zahlungsüberschuß des jeweiligen SGF, der wiederum um die anteiligen Steuerzahlungen zu kürzen ist.[146] Die verbleibende Größe entspricht einem FCF1 auf Geschäftsfeldebene. Danach wird die Standardabweichung anhand der Veränderung des FCF1 des jeweiligen Geschäftsfeldes berechnet. Dabei ist zu beachten, daß Schwankungen des geschäftsfeldspezifischen FCF1, die aus trendmäßigen Veränderungen des Volumens resultieren, zu eliminieren sind.[147] Dies erfolgt über eine Korrektur des geschäftsfeldspezifischen FCF1 der Periode t ($FCF1_{SGF,t}$) mittels einer durchschnittlichen Wachstumsrate des Volumens (w_v) und läßt sich formal wie folgt darstellen:[148]

$$kFCF1_{SGF,t} = FCF1_{SGF,t} - FCF1_{SGF,t} \cdot \left[(1 + w_v)^{t-1} - 1 \right] \tag{6.29}$$

mit: $kFCF1_{SGF,t}$ = korrigierter geschäftsfeldspezifischer FCF1 der Periode t.

Anschließend werden die geschäftsfeldspezifischen Risikoprämien über ein Gleichungssystem bestimmt. Dabei ist sicherzustellen, daß der Gesamtbankkalkulationszinsfuß dem gewogenen Durchschnitt aller SGF-Kalkulationszinsfüße entspricht.[149] Die Risikoprämien der einzelnen SGF werden ermittelt, indem die Relation der Standardabweichungen zweier SGF der Relation der jeweiligen Risikoprämien gleichgesetzt wird (6.30):[150]

$$\frac{FCF1_{GB}}{1 + r + z_{GB}} = \sum_{n=1}^{N} \frac{FCF1_{SGF(n)}}{1 + r + z_{SGF(n)}}, \quad \frac{\sigma_c}{\sigma_d} = \frac{z_c}{z_d} \tag{6.30}$$

mit: $FCF1_{GB}$ = FCF1 auf Gesamtbankebene,
$FCF1_{SGF(n)}$ = FCF1 des SGF n,
z_{GB} = Risikoprämie auf Gesamtbankebene,
$z_{SGF(n)}$ = Risikoprämie des jeweiligen SGF, z. B. c bzw. d,
$\sigma_{c/d}$ = Standardabweichung des SGF c bzw. d,
n = Geschäftsfeldindex (mit N = Anzahl der Geschäftsfelder).

144 Vgl. Hörter (1998), S. 149.
145 Vgl. Adolf/Cramer/Ollmann (1989b), S. 552; Strutz (1993), S. 92; Süchting (1996), S. 416.
146 Vgl. Kapitel 4.1.5.
147 Vgl. dazu Adolf/Cramer/Ollmann (1989b), S. 553; Strutz (1993), S. 92 f.
148 Vgl. Adolf/Cramer/Ollmann (1989b), S. 553; Strutz (1993), S. 93.
149 Vgl. Strutz (1993), S. 92; Lottner (1997), S. 198.
150 Vgl. Adolf/Cramer/Ollmann (1989b), S. 553; Strutz (1993), S. 93.

Um zu den Diskontierungsfaktoren auf Geschäftsfeldebene zu gelangen, wird der quasi-sichere Basiszins um die ermittelten geschäftsfeldspezifischen Risikoprämien erhöht. Durch die sich anschließende Kapitalisierung der geschäftsfeldspezifischen FCF1-Werte erfolgt die Bestimmung der jeweiligen strategischen Geschäftsfeldwerte.

7 Berücksichtigung der rechtsformspezifischen Haftungserweiterung

7.1 Grundlegung

Die Haftung der Eigenkapitalgeber ist bei den Kapitalbanken regelmäßig auf das bilanzielle Eigenkapital begrenzt.[1] Im Gegensatz dazu übernehmen die Gesellschafter der übrigen Institutsgruppen eine über ihr eingezahltes Kapital hinausgehende Haftungsverpflichtung. Es ist zu betonen, daß im Rahmen der nachfolgenden Betrachtung nur die wirtschaftliche Haftungserweiterung und nicht die Anerkennung im Rahmen der bankaufsichtsrechtlichen Eigenmittelunterlegung von Bedeutung ist. Die institutsgruppenspezifische Haftungserweiterung stellt sich wie folgt dar:

- Die Komplementärgesellschafter der Privatbankiers haften mit ihrem gesamten Privatvermögen.
- Die Kreditgenossenschaften vereinbaren mit ihren Mitgliedern einen in der Regel beschränkten Haftsummenzuschlag, der gemäß § 119 GenG mindestens der Höhe des gezeichneten Geschäftsanteils entsprechen muß.
- Die Rechtsinstitute Anstaltslast und Gewährträgerhaftung erweitern die Haftung der öffentlich-rechtlichen Banken über ihre Gewährträger theoretisch bis ins Unendliche.

Zu klären ist, ob und wie die erweiterte Haftungsübernahme in den Bewertungskalkül integriert werden kann. In der Fachliteratur blieb dieser Problemkomplex bisher weitgehend unberücksichtigt.[2] Eine Ausnahme bildet die Untersuchung von GÖPPL/KREMER, die sich bereits Mitte der achtziger Jahre im Rahmen des Haftsummenzuschlags bei Kreditgenossenschaften mit dem Thema der Haftungserweiterung beschäftigt haben.[3] Die wesentlichen Aussagen dieser Arbeit werden in Kapitel 7.2.1 dargelegt und hinsichtlich ihrer Nutzbarkeit im Rahmen der Bewertungslehre kritisch analysiert. Aufbauend auf den dabei gewonnenen Erkenntnissen wird im darauffolgenden Gliederungspunkt ein eigener Ansatz zur Berücksichtigung der erweiterten Haftung vorgestellt (Kapitel 7.2.2).

---

1 Die Sonderfälle der freiwilligen Vereinbarung einer Nachschußpflicht für die Gesellschafter einer GmbH nach § 26 GmbHG und die Haftung der Komplementärgesellschafter einer KGaA bleiben nachfolgend aufgrund ihrer geringen empirischen Relevanz unberücksichtigt.

2 Ohne auf dieses Thema näher einzugehen, verweisen Mandl/Rabel darauf, daß bei einer persönlichen Haftung ein Zuschlag zum Kalkulationszinsfuß zu berücksichtigen sei. Die Autoren unterbreiten leider keinen Vorschlag zu dessen Bestimmung. Vgl. Mandl/Rabel (1997), S. 218.

3 Vgl. Göppl/Kremer (1985).

7.2 Wege der Berücksichtigung

7.2.1 Einbeziehung der Ergebnisse von GÖPPL/KREMER

GÖPPL/KREMER veröffentlichten ihre Abhandlung Mitte der achtziger Jahre. Der Gesetzgeber hatte soeben entschieden, die bankaufsichtsrechtliche Anerkennung des Haftsummenzuschlags als haftendes Eigenkapital ab dem 1.1.1985 stufenweise bis zum Jahre 1995 von 50 % des haftenden Eigenkapitals auf nur noch 25 % zu reduzieren. Vor diesem Hintergrund - aber losgelöst von der bankaufsichtsrechtlichen Anerkennung - untersuchen GÖPPL/KREMER, wie sich der bei Kreditgenossenschaften übliche Haftsummenzuschlag auf die Risikoposition des Eigenkapitals dieser Bankengruppe auswirkt.

Zunächst definieren die Autoren Risiko als Standardabweichung der Eigenkapitalrendite[4] und zeigen anhand eines mehrperiodigen Beispiels, daß das Risiko mit steigendem Verschuldungsgrad wächst.[5] Es gilt folgender Zusammenhang:[6]

$$\sigma_{EKR} = \sigma_{RA} \cdot \left(1 + \frac{FK}{EK}\right) \qquad (7.1)$$

mit: σ_{EKR} = Standardabweichung der Eigenkapitalrendite,
σ_{RA} = Standardabweichung der Rendite der Aktiva,
$\frac{FK}{EK}$ = Verschuldungsgrad.

Aus Formel 7.1 kann abgelesen werden, daß eine Erhöhung der Eigenkapitalbasis durch einen abnehmenden Verschuldungsgrad zu einer Reduzierung des Risikos führt.[7]

Die Autoren untersuchen anschließend, welche Bedeutung ein Haftsummenzuschlag in Höhe von 100 % des vorhandenen Eigenkapitals für den Verschuldungsgrad der Bank hat. Hierzu unterstellen sie zunächst, daß der Haftsummenzuschlag wie eine gleich hohe Eigenkapitalzuführung behandelt werden kann. Dies führt nach Ansicht von GÖPPL/KREMER ceteris paribus zu einer Halbierung des Verschuldungsgrades und zu einer Verringerung des Risikos. Kapitalmarkttheoretisch kann dieser Zusammenhang mit Hilfe der bereits bekannten Aufgliederung des Beta-Faktors dargestellt werden. Es gilt:[8]

4 Vgl. Göppl/Kremer (1985), S. 246.
5 Vgl. Göppl/Kremer (1985), S. 244.
6 Vgl. Göppl/Kremer (1985), S. 245.
7 Vgl. Göppl/Kremer (1985), S. 246.
8 Vgl. zu diesem Abschnitt Göppl/Kremer (1985), S. 247.

$$\beta_{EK} = \beta_{Asset} \cdot \left(1 + \frac{FK}{EK}\right). \quad (7.2)$$

GÖPPL/KREMER vertreten die Auffassung, der Haftsummenzuschlag wirke „zweifellos wie eine Verringerung des Verschuldungsgrades risikomindernd.“[9] Im Anschluß diskutieren sie die Plausibilität der zunächst getroffenen Annahme, daß der Haftsummenzuschlag in voller Höhe wie Eigenkapital behandelt wurde.[10] Es wird darauf hingewiesen, daß das Privatvermögen, aus dem eine eventuelle Nachschußverpflichtung geleistet würde, nicht aus risikolosen Wertpapieren besteht und somit selbst einem Ausfallrisiko unterliegt.[11] Da der durchschnittliche Haftsummenzuschlag je Geschäftsanteil nur einen Bruchteil des statistischen Durchschnittsvermögens eines privaten Haushaltes ausmacht, besitzt die Summe aller Nachschußverpflichtungen einen Risikofaktor von nahezu null. Im Ergebnis resultiere daraus, daß der Verschuldungsgrad einer Kreditgenossenschaft mit einem vereinbarten Haftsummenzuschlag in Höhe von 100 % des Geschäftsanteils näherungsweise dem Verschuldungsgrad einer Bank anderer Rechtsform entspräche, wenn deren Eigenkapital den doppelten Betrag des bilanziellen Eigenkapitals der Kreditgenossenschaft umfaßt.[12] M. a. W.: Für die Bestimmung der Risikoposition einer Kreditgenossenschaft könne der Haftsummenzuschlag nahezu in voller Höhe als Eigenkapital angesehen werden.

Überträgt man diese Ergebnisse auf die Kapitalkostenproblematik, so führt die Haftungserweiterung über einen abnehmenden Verschuldungsgrad zu einem sinkenden Beta-Faktor und damit zu geringeren Eigenkapitalkosten.[13] Anstelle einer Risikoprämie fordern die Genossenschaftsmitglieder demzufolge eine geringere Rendite als ohne Berücksichtigung der Haftungserweiterung.[14] Ein solches Ergebnis kann jedoch nicht befriedigen, widerspricht es doch der Erwartungshaltung eines rational handelnden Investors. Fraglich ist nun, welche Annahme bzw. Überlegung möglicherweise einen Ansatz zur Kritik bietet. Hier wird die Meinung vertreten, daß eine Haftungserweiterung - entgegen der Auffassung von GÖPPL/KREMER - zu keiner Verringerung des Verschuldungsgrades führt. Dies wird wie folgt begründet:

Im Rahmen der modernen Finanzierungstheorie wird unter dem finanziellen Risiko die „Belastung des Unternehmens mit vertraglich fixierten, erfolgsunabhängigen Auszahlungen wie Zinsen und Tilgung“[15] verstanden. Erwirtschaftet eine Unternehmung einen bestimmten Bruttozahlungsüberschuß (= Zahlungsüberschuß vor Zins und Tilgung), so hängt das Residualeinkommen der Eigenkapitalgeber (= Zahlungsüberschuß nach Zins

---

9 Göppl/Kremer (1985), S. 249.

10 Vgl. Göppl/Kremer (1985), S. 249.

11 Vgl. Göppl/Kremer (1985), S. 250.

12 Vgl. Göppl/Kremer (1985), S. 251.

13 Zur Berechnung der Eigenkapitalkosten vgl. Formel 6.15 in Kapitel 6.1.3.2.

14 Hierbei ist zu berücksichtigen, daß sich die geforderte Eigenkapitalverzinsung nur auf das tatsächlich eingelegte Kapital bezieht.

15 Drukarczyk (1993), S. 121.

und Tilgung) von der Höhe des Kapitaldienstes ab: Je geringer der Verschuldungsgrad, desto höher ist ceteris paribus das absolute Residualeinkommen. Da der unsichere Bruttozahlungsüberschuß eine Erwartungswertgröße ist, geht die relative Schwankungsbreite des Residualeinkommens mit sinkender Verschuldung zurück.[16] Unter der Voraussetzung, daß die Gesamtrendite den Fremdkapitalkostensatz übersteigt, folgt hieraus, daß sich die geforderte Eigenkapitalrendite mit abnehmendem Verschuldungsgrad reduziert et vice versa.[17] Entscheidend ist hierbei, daß es zu einer **Substitution von Fremd- durch Eigenkapital** kommt.[18] Dieser Zusammenhang wird didaktisch anschaulich in einigen Lehrbüchern zur Unternehmensfinanzierung anhand eines Zahlenbeispiels dargestellt.[19] Wird hierbei die Annahme getroffen, daß das Fremdkapital keinem Ausfallrisiko unterliegt, so sind die Renditeforderungen der Fremdkapitalgeber unabhängig vom Verschuldungsgrad der Gesellschaft.[20] In diesem Fall können die Renditeforderungen der Eigenkapitalgeber graphisch als lineare Funktion des Verschuldungsgrades dargestellt werden (Abb. 7.1):

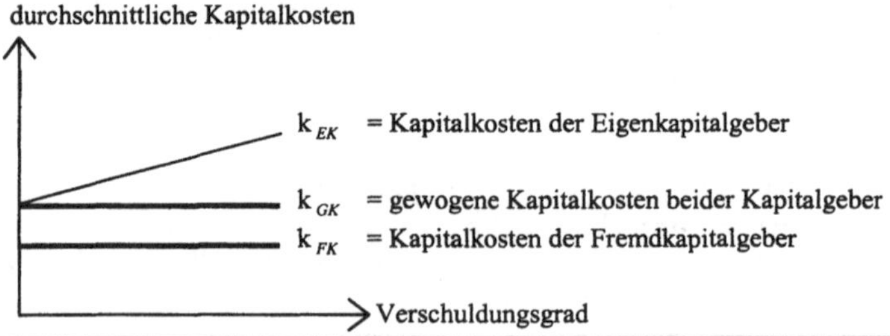

Abb. 7.1: Kapitalkostenverläufe bei einer Ausfallwahrscheinlichkeit des Fremdkapitals von null[21]

Vor diesem theoretischen Hintergrund wird deutlich, daß die Haftungserweiterung zu keiner Reduzierung des Verschuldungsgrades führt, **da durch die Anerkennung des Haftsummenzuschlags kein Fremdkapital substituiert wird**. Das finanzielle Risiko - im Sinne der zuvor genannten Definition - bleibt somit genauso unverändert wie das den Eigenkapitalgebern zustehende Residualeinkommen. Wird der Haftsummenzuschlag bei der Ermittlung des Verschuldungsgrades dennoch wie eine Erhöhung des bilanziellen Eigenkapitals betrachtet, so verstößt dies gegen die von GÖPPL/KREMER selbst getroffene Annahme, daß der gesamte Kapitaleinsatz der Bank gleich der Summe ihrer Aktiva ist.[22] Dem als Passivposten betrachteten Haftsummenzuschlag steht aber kein entsprechender Posten auf der Aktivseite gegenüber.

16 Vgl. Franke/Hax (1999), S. 467.
17 Vgl. Perridon/Steiner (1999), S. 473.
18 Vgl. Schmidt/Terberger (1997), S. 239.
19 Vgl. Perridon/Steiner (1999), S. 474; Drukarczyk (1993), S. 142.
20 Vgl. Franke/Hax (1999), S. 468.
21 Vgl. Drukarczyk (1993), S. 134; Perridon/Steiner (1999), S. 475.
22 Vgl. Göppl/Kremer (1985), S. 243.

Die Überlegungen von GÖPPL/KREMER laufen eher darauf hinaus, daß sich durch die Haftungserweiterung das Ausfallrisiko der Fremdkapitaltitel reduziert. So führen die beiden Autoren aus, daß eine Verbreiterung der Eigenkapitalbasis die Einlagen schützt. Indem GÖPPL/KREMER in ihrer Untersuchung jedoch einen linearen Zusammenhang zwischen den Renditeforderungen der Eigenkapitalgeber und dem Verschuldungsgrad bzw. dem Beta-Faktor der Gesellschaft unterstellen, schließen sie das Ausfallrisiko der Fremdkapitalgeber implizit aus.[23] Die Renditeforderungen der Fremdkapitalgeber bleiben daher von einer Erhöhung der Haftmasse unbeeinflußt.[24] Für den Kreditsektor entspricht die Annahme, daß die Fremdkapitaltitel kein Ausfallrisiko beinhalten, zudem nahezu den realiter anzutreffenden Gegebenheiten. Alle Institutsgruppen verfügen über verbandseigene Sicherungseinrichtungen, die entweder die Aufrechterhaltung der Zahlungsfähigkeit der angeschlossenen Kreditinstitute gewährleisten (= Institutssicherung bei Kreditgenossenschaften und Sparkassen) oder die Rückzahlung der Einlagen von Nichtbanken bis zu einer Höhe von 30 % des haftenden Eigenkapitals der Bank je Kunden garantieren (= Einlagensicherung bei Kapitalbanken und Privatbankiers).[25]

Festzuhalten bleibt, daß die Einbeziehung der Ergebnisse von GÖPPL/KREMER keine Fortschritte hinsichtlich der Integration einer institutsspezifischen Haftungserweiterung in den Bewertungskalkül bringt. Nachfolgend wird deshalb ein Ansatz entwickelt, der es ermöglicht, die Haftungserweiterung bereits bei der Berechnung des Erwartungswertes für den Zahlungsüberschuß zu berücksichtigen.

7.2.2 Einbeziehung einer veränderten Verteilungsannahme

Vereinfachend wird weiterhin angenommen, daß das Ergebnis vor Steuern dem Zahlungsüberschuß vor Steuern entspricht und daß zum Zwecke der Zahlungsüberschußplanung zunächst die Szenario-Technik zum Einsatz kommt. Tabelle 7.1 gibt die aus den einzelnen Szenarien abgeleiteten alternativen Zahlungsüberschußgrößen (ZÜ) in Euro und die dazugehörigen subjektiven Eintrittswahrscheinlichkeiten (p) wider:

ZÜ	-220	-190	-140	-30	10	30	50	90	200	250	280
p	0,014	0,02	0,026	0,04	0,1	0,6	0,1	0,04	0,026	0,02	0,014

Tab. 7.1: Alternative Zahlungsüberschüsse und subjektive Eintrittswahrscheinlichkeiten

Als erstes wird die öffentlich-rechtliche S-Sparkasse betrachtet. Banken dieser Institutsgruppe zeichnen sich durch eine unbeschränkte Haftung aus und verfügen

---

23 Vgl. zu diesem Abschnitt die Ausführungen bei Göppl/Kremer (1985), S. 245-247.

24 Vgl. Schmidt/Terberger (1997), S. 250.

25 Zu den Sicherungseinrichtungen der einzelnen Institutsgruppen vgl. Betge (1996), S. 110-117; Schierenbeck/Hölscher (1998), S. 354-358.

annahmegemäß über eine unbegrenzte Haftmasse. Für die S-Sparkasse errechnet sich aus den gewichteten, unsicheren Zahlungsüberschüssen ein Erwartungswert von 30 Euro. Aufgrund der unbegrenzten Haftung fließt jede einzelne Realisationsmöglichkeit mit in die Erwartungswertbildung ein. Dies gilt hingegen nicht für die anderen Beispielbanken. Hier nimmt die individuelle Haftungsbegrenzung Einfluß auf die Höhe des Erwartungswertes. Unterstellt man bspw., daß die zu untersuchenden Kreditinstitutsgruppen über ein bilanzielles Eigenkapital in Höhe von jeweils 100 Euro verfügen, so ergeben sich in Abhängigkeit von der entsprechenden Rechtsformzugehörigkeit unterschiedliche Haftungslimitierungen. Zur Verdeutlichung der weiteren Überlegungen sollen nachfolgend individuelle Haftungsgrenzen für die einzelnen Beispielbanken definiert werden:

- Bei der B-Bank AG ist die Haftung auf die Höhe des Eigenkapitals begrenzt. Dieses beträgt annahmegemäß 100 Euro.
- Für das Bankhaus C-Bank OHG wird ein periodenkonstantes Privatvermögen von 50 Euro unterstellt. Die Haftmasse erweitert sich somit auf 150 Euro.
- Bei der D-Bank eG soll von einer Nachschußverpflichtung in Höhe der voll eingezahlten Geschäftsanteile ausgegangen werden. Die Summe der Geschäftsanteile beträgt 100 Euro. Ergebnisrücklagen sind nicht vorhanden. Die Haftmasse beträgt somit 200 Euro.

Bei der Berechnung der jeweiligen Erwartungswerte für den Zahlungsüberschuß ist das individuelle maximale Verlustpotential der einzelnen Beispielbank zu berücksichtigen. So können zwar einzelne Zahlungsüberschußausprägungen das maximale Verlustpotential der jeweiligen Eigenkapitalgebergruppe überschreiten, aus deren Sicht ist der übersteigende Betrag jedoch irrelevant, da sie hierfür nicht haften. Tabelle 7.2 zeigt die den einzelnen Haftungsbegrenzungen angepaßten Verteilungen aus Eigenkapitalgebersicht, die dazugehörigen Eintrittswahrscheinlichkeiten und die daraus resultierenden Erwartungswerte für den jeweiligen Zahlungsüberschuß (E(ZÜ)) in Euro.

B-Bank AG	*ZÜ (in Euro)*			-100	-30	10	30	50	90	200	250	280
E(ZÜ) = 34,52	*p (in %)*			0,06	0,04	0,1	0,6	0,1	0,04	0,026	0,02	0,014
C-Bank OHG	*ZÜ (in Euro)*		-150	-140	-30	10	30	50	90	200	250	280
E(ZÜ) = 31,78	*p (in %)*		0,034	0,026	0,04	0,1	0,6	0,1	0,04	0,026	0,02	0,014
D-Bank eG	*ZÜ (in Euro)*	-200	-190	-140	-30	10	30	50	90	200	250	280
E(ZÜ) = 30,28	*p (in %)*	0,014	0,02	0,026	0,04	0,1	0,6	0,1	0,04	0,026	0,02	0,014
S-Sparkasse	*ZÜ (in Euro)*	-220	-190	-140	-30	10	30	50	90	200	250	280
E(ZÜ) = 30	*p (in %)*	0,014	0,02	0,026	0,04	0,1	0,6	0,1	0,04	0,026	0,02	0,014

Tab. 7.2: Relevante Zahlungsüberschußverteilung aus Sicht der jeweiligen Eigenkapitalgebergruppe

Tabelle 7.2 ist zu entnehmen, daß die Erwartungswerte für den Zahlungsüberschuß - bei den hier unterstellten Realisationsmöglichkeiten - mit zunehmender Haftungserweiterung sinken.[26] Da die Erwartungswerte bekanntlich die Grundlage für den Kapitalisierungsprozeß bilden, führen geringere Erwartungswerte ceteris paribus zugleich auch zu geringeren Unternehmenswerten.

Da mit Hilfe der Szenario-Technik jedoch nur ein kleiner Ausschnitt der möglichen FCF-Realisationen abgebildet werden kann, stellt sich die Frage, ob es nicht möglich ist, eine stetige Verteilungsannahme in den Bewertungskalkül zu integrieren. Ausgangspunkt ist hierbei die Überlegung, daß der Zahlungsüberschuß auf Unternehmensebene durch eine Vielzahl von Zufallsvariablen determiniert wird. Daher kann man sich die Erkenntnis des zentralen Grenzwertsatzes zunutze machen. Hiernach ist die Summe von identisch verteilten unabhängigen Zufallsvariablen annähernd normalverteilt, ohne daß die einzelnen Zufallsvariablen selbst normalverteilt sein müssen.[27] Demzufolge kann davon ausgegangen werden, daß auch der zukünftige Zahlungsüberschuß auf Unternehmensebene annähernd normalverteilt ist.[28] Es gilt:

$$ZÜ = X \sim N(\mu; \sigma^2). \qquad (7.3)$$

Es wird somit eine Normalverteilung für den Zahlungsüberschuß (X) mit dem Erwartungswert (μ) und der Varianz (σ^2) angenommen.

Abb. 7.2 zeigt die Dichtefunktion der Standardnormalverteilung.

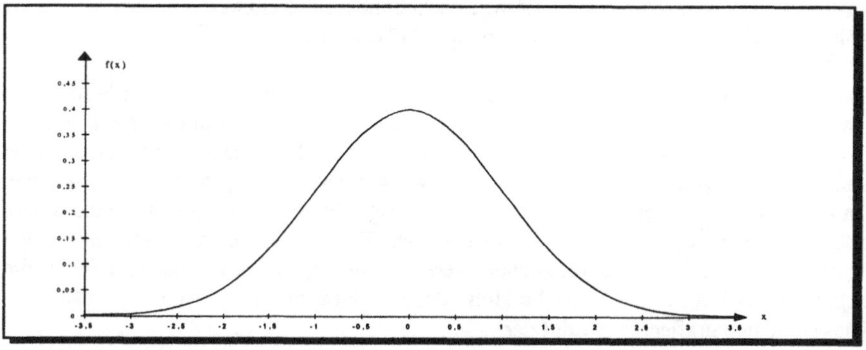

Abb. 7.2: Dichtefunktion der Standardnormalverteilung

---

26 Die Erwartungswerte für die Zahlungsüberschüsse bleiben von einer Haftungserweiterung unberührt, wenn keine Szenarien angenommen werden, deren negativer Cash-Flow größer als 100 % des Eigenkapitals ist.

27 Vgl. Schlittgen (1998), S. 239.

28 Vgl. Kruschwitz/Milde (1996), S. 1118.

Der Erwartungswert einer normalverteilten Zufallsvariablen E (X) entspricht aufgrund der Symmetrie der Verteilung zugleich deren dichtestem Wert (μ). Die formale Darstellung des Erwartungswertes lautet:[29]

$$E(X) = \int_{-\infty}^{+\infty} x \cdot f(x) dx = \int_{-\infty}^{+\infty} \frac{x}{\sigma \cdot \sqrt{2 \cdot \pi}} \cdot e^{-\frac{(x-\mu)^2}{2\sigma^2}} dx. \tag{7.4}$$

Auch hier wird zunächst wieder die öffentlich-rechtliche S-Sparkasse betrachtet. Aufgrund ihrer unbegrenzten Haftungserweiterung existiert somit für alle Zufallsvariablen im Intervall - ∞ bzw. + ∞ eine positive Eintrittswahrscheinlichkeit. In diesem Fall entspricht der Erwartungswert dem (in der Theorie regelmäßig vorgegebenen) μ-Wert der Verteilung. Bei einer unterstellten Verteilung X ~ N (30; 5550) beträgt der Erwartungswert demzufolge 30 Euro.

Im folgenden ist zu untersuchen, wie sich der Erwartungswert für den Zahlungsüberschuß bei den anderen Beispielbanken verändert. Bekanntlich ist hier das maximale Haftvolumen auf einen individuellen Höchstbetrag limitiert. Die maximale Haftmasse wird im Rahmen einer Dichtefunktion durch die untere Integralgrenze a beschrieben. Während es für die öffentlichen Banken aufgrund ihrer unbegrenzten Haftung keine untere Integralgrenze a gibt, beträgt sie bei den anderen Beispielbanken in Abhängigkeit von der jeweiligen Haftmasse -100, -150 bzw. -200 Euro. Für alle Zahlungsüberschußrealisationen, die den institutsspezifischen unteren Grenzwert a unterschreiten (= höherer Verlust), gilt somit a als maximales Haftvolumen.

Der Sachverhalt, daß die hier vorliegende Verteilungsfunktion nur für ein bestimmtes Variablenintervall Gültigkeit hat, ansonsten aber der Normalverteilung folgt, wird in der Statistik als gestutzte bzw. abgeschnittene Normalverteilung bezeichnet. Dabei kann zwischen einer einseitigen und einer zweiseitigen Stutzung differenziert werden. Im Gegensatz zur zweiseitigen weist die einseitige Stutzung entweder nur eine untere oder eine obere Grenze auf.[30] Im vorliegenden Fall handelt es sich um linksseitige Stutzung, da die Höhe der möglichen Verluste aus Eigenkapitalgebersicht durch die begrenzte Haftung beschränkt, die Höhe der Gewinne hingegen nach oben offen ist. Dies stellt sich grafisch wie folgt dar:[31]

---

29 Vgl. Schlittgen (1998), S. 128 und S. 230.

30 Vgl. zu diesem Abschnitt Rasch (1995), S. 100 f.

31 Vgl. zu diesem Abschnitt Hartung (1999), S. 150.

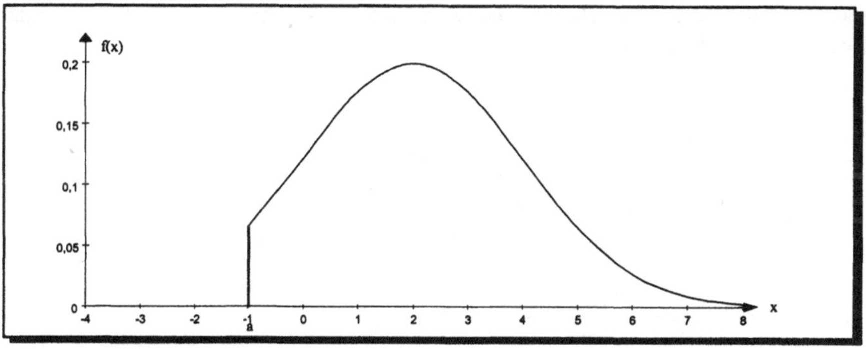

Abb. 7.3: Dichtefunktion einer linksseitig gestutzten Normalverteilung mit einer unteren Grenze a

Für den Erwartungswert einer gestutzten Normalverteilung gilt:[32]

$$E(x) = \mu + \frac{\varphi(y_a) - \varphi(y_b)}{\Phi(y_b) - \Phi(y_a)} \cdot \sigma. \tag{7.5}$$

Hierbei kennzeichnet $\varphi(y)$ die Dichtefunktion der standardisierten Normalverteilung. Es gilt:[33]

$$\varphi(y) = \frac{1}{\sqrt{2 \cdot \pi}} \cdot e^{-\frac{y^2}{2}}, \qquad \text{mit } y = \frac{x - \mu}{\sigma}. \tag{7.6}$$

Weiter sind $y_a = \frac{a-\mu}{\sigma}$ und $y_b = \frac{b-\mu}{\sigma}$ die standardisierten Stutzungspunkte der Verteilung.[34]

Bei $\Phi(y)$ handelt es sich um die Verteilungsfunktion der standardisierten Normalverteilung, deren Werte tabelliert und in nahezu jedem Statistiklehrbuch nachschlagbar sind.[35]

Bei einer linksseitig gestutzten Normalverteilung nimmt der Ausdruck $\varphi(y_b)$ für $y_b \to \infty$ den Wert 0 und der Ausdruck $\Phi(y_b)$ für $y_b \to \infty$ den Wert 1 an. Diese Ergebnisse sind bei der Berechnung eines Erwartungswertes in Formel (7.5) einzusetzen.

---

32 Vgl. Rasch (1995), S. 102; Hartung (1999), S. 149.
33 Vgl. Schlittgen (1998), S. 230.
34 Vgl. Rasch (1995), S. 102; Hartung (1999), S. 149.
35 Vgl. Schlittgen (1998), S. 464 f.

Nachfolgend wird die Berechnung des Erwartungswertes für den Zahlungsüberschuß der B-Bank AG dargestellt.

1a. $\varphi(y_a) = \frac{1}{\sqrt{2 \cdot \pi}} \cdot e^{-\frac{y_a^2}{2}} = 0{,}08704$, mit $y_a = \frac{-100-30}{74{,}5} = -1{,}745$,

1b. $\Phi(y_a) = \Phi\left(\frac{a-\mu}{\sigma}\right) = \Phi\left(\frac{-100-30}{74{,}5}\right) = \Phi(-1{,}745) = 0{,}0405$,[36]

1c. $E(X_A) = 30 + \frac{0{,}08704}{1-0{,}0405} \cdot 74{,}5 = 36{,}76$.

Für die beiden anderen Institutsgruppen werden die Erwartungswerte wie folgt berechnet:

2c. C-Bank OHG $E(X_B) = 30 + \frac{0{,}02154}{1-0{,}00785} \cdot 74{,}5 = 31{,}62$.

3c. D-Bank eG $E(X_C) = 30 + \frac{0{,}00339827}{1-0{,}001} \cdot 74{,}5 = 30{,}25$.

Da im Rahmen einer Unternehmensbewertung regelmäßig eine mehrperiodige Betrachtung der zu erwartenden Zahlungsströme von Interesse ist, stellt sich die Frage, ob die mit Hilfe von Formel 7.5 ermittelten Erwartungswerte als Zählergröße in ein Bewertungskalkül, z. B. in das Rentenmodell, einfließen können. Hierbei ist zu beachten, daß die getroffene Annahme einer Unabhängigkeit der Verteilungen nicht mehr gewahrt ist, wenn aus einzelnen Realisationen die Insolvenz eines Kreditinstitutes folgt. Kommt es bspw. in der Periode t-1 zu einer Insolvenz, so ist der Erwartungswert der Verteilung in der Periode t gleich null. Das Risiko löst sich bei einer derartigen Verteilung nicht mehr im Zeitpunkt t vollständig auf, sondern reduziert sich in den einzelnen Vorperioden.[37] Unterstellt man eine periodenkonstante Risikonutzenfunktion des Investors, so ist für den Fall, daß die Unabhängigkeit der Verteilungen nicht mehr gegeben ist, mit einem periodenkonstanten Risikozuschlag z^* im Sinne von Kapitel 6.1.3.1 zu arbeiten.[38] Dem über die Zeit gleichbleibenden Risikozuschlag z^* entsprechen im Zeitablauf sinkende Sicherheitsäquivalente.[39] Hiermit wird auch methodisch dem Sachverhalt Rechnung getragen, daß bei einer positiven Insolvenz-

36 Die Werte für $\Phi(y)$ wurden unter Hinzuziehung der tabellierten nächstkleineren bzw. -größeren Werte durch lineare Interpolation gewonnen. Auf die Verwendung von genaueren Verfahren kann verzichtet werden, da die hieraus resultierende Ergebnisveränderung den damit verbundenen Mehraufwand nicht aufwiegt.

37 Vgl. Drukarczyk (2001), S. 328; Schwetzler (2000), S. 475.

38 Vgl. Drukarczyk (2001), S. 333 f.; Schwetzler (2000), S. 484.

39 Vgl. Drukarczyk (2001), S. 335; Schwetzler (2000), S. 472.

wahrscheinlichkeit der aus der Verteilung resultierende Erwartungswert der jeweiligen Periode über die Zeit sinkt.

Hinsichtlich der potentiellen Möglichkeit einer Insolvenz ist zwischen den öffentlichen Banken und den Kreditgenossenschaften einerseits und den Kapitalbanken und den Privatbankiers andererseits zu unterscheiden. Es wurde bereits erwähnt, daß die beiden erstgenannten Institutsgruppen über verbandseigene Sicherungseinrichtungen verfügen, die die Aufrechterhaltung der Zahlungsfähigkeit der angeschlossenen Kreditinstitute sichern (Institutssicherung). Eine Insolvenz ist daher grundsätzlich ausgeschlossen. Bei den Privatbankiers und den Kapitalbanken, bei denen nur die Einlagen von Nichtbanken bis zu einem vom haftenden Eigenkapital der Bank abhänigigen Höchstbetrag garantiert sind, ist hingegen eine Insolvenz möglich. Hieraus folgt für die Annahme der Unabhängigkeit von Verteilungen:

- Die zu erwartenden Ergebnisse bei den öffentlichen Kreditinstituten folgen aufgrund der unbeschränkten Haftung nicht der Annahme einer gestutzten Normalverteilung. Da das Insolvenzrisiko aufgrund der Institutssicherung ausgeschlossen ist, ist die Unabhängigkeit der Verteilungen im vorliegenden Fall gegeben. Insofern kann der aus der (*nicht gestutzten!*) Normalverteilung gewonnene Erwartungswert, im Beispiel 30 Euro, unter der Gültigkeit einer periodenkonstanten Verteilung dem Kapitalisierungsprozeß in Form einer ewigen Rente zugrunde gelegt werden. Die Kapitalisierung erfolgt hierbei mit einem periodenkonstanten Risikozuschlag z, der hinsichtlich der Barwertermittlung zum gleichen Ergebnis führt wie ein periodenkonstantes Sicherheitsäquivalent.

- Bei den Kreditgenossenschaften garantiert die verbandseigene Sicherungseinrichtung eine Institutssicherung unabhängig von der Höhe des jeweiligen Verlustes. Auch bei einem die Haftmasse, hier 200 Euro, übersteigenden Verlust folgt daraus keine Insolvenz des verlusterwirtschaftenden Kreditinstitutes. Die Unabhängigkeit der Verteilungen über die Zeit ist daher gewahrt. Der oben ermittelte Erwartungswert von 30,25 Euro kann somit - unter der Gültigkeit einer periodenkonstanten Verteilung - dem Kapitalisierungsprozeß in Form einer ewigen Rente zugrunde gelegt werden. Auch in diesem Fall ist die Verwendung eines periodenkonstanten Risikozuschlags z zulässig.

- Bei den Kapitalbanken und den Privatbankiers ist eine Insolvenz hingegen nicht auszuschließen. Übersteigen die Verluste die jeweilige Haftmasse, so zieht dies - von gesamtwirtschaftlich veranlaßten Stützungsmaßnahmen einmal abgesehen - die Insolvenz der entsprechenden Bank nach sich. Das Risiko löst sich somit über die Zeit auf, die Unabhängigkeit der Verteilungen ist nicht mehr gegeben. Bei der Kapitalisierung der für den Einperiodenfall bestimmten Erwartungswerte von 36,76 Euro bzw. 31,62 Euro ist daher mit einem periodenkonstanten Risikozuschlag z^* zu arbeiten.

Die Bestimmung des Risikozuschlags z^* ist in der Praxis jedoch mit einigen Schwierigkeiten verbunden. Da der Mindestwert der Verteilung bei der hier unterstellten gestutzten Normalverteilung negativ ist, kann keine ökonomisch sinnvolle Obergrenze für z^* berechnet werden.[40] Zur Bestimmung des Risikozuschlags z^* ist daher das Sicherheitsäquivalent der Periode 1 zu berechnen. Hierzu ist aber die Kenntnis der Risikonutzenfunktion des Investors notwendig. Aus diesem Grund ist es mit Hilfe der hier beschriebenen Vorgehensweise nur möglich, den Unternehmenswert (jeweils) aus Sicht eines einzelnen Investors zu ermitteln. Soll ein Bankwert für eine Vielzahl von anonymen Investoren berechnet werden, so kann die Bestimmung eines Risikozuschlags z^* bzw. von Sicherheitsäquivalenten nur weitgehend pauschal erfolgen.

Generell ist bei der Verwendung der gestutzten Normalverteilung zu beachten, daß dem Kapitalisierungszins **keine Prämie mehr für die individuelle Haftungserweiterung** zugerechnet wird, da dieser Aspekt bereits in die FCF1-Planung einzubeziehen ist.

Zum Schluß dieses Gliederungspunktes sollen noch einzelne Aspekte aufgegriffen werden, die hinsichtlich einer Übertragung des vorgestellten Modells auf die Bewertungspraxis zu diskutieren sind.

Die Annahme, daß sich im Rahmen der Szenario-Technik eine Zahlungsüberschußverteilung auf Gesamtbankebene herausbildet, die einzelnen Szenarien, deren negative Erfolgsbeiträge die Insolvenz der Bank nach sich ziehen würden, eine positive Eintrittswahrscheinlichkeit beimißt, ruft möglicherweise Kritik hervor. Es könnte argumentiert werden, daß eine derartige Verteilungserwartung in der Praxis zu einer Änderung der Geschäftsstrategie führen würde. Hierzu sei aber angemerkt, daß ein starkes Engagement im Derivatebereich durchaus mit exorbitanten Risiken verbunden sein kann. Insbesondere für Kreditinstitute, die in diesem Geschäftsbereich stark engagiert sind, resultieren hieraus - zumindest theoretisch - unbegrenzte Verlustmöglichkeiten.

Des weiteren sind die für die Anwendung der gestutzten Normalverteilung benötigten Parameter Erwartungswert und Standardabweichung in der Bewertungspraxis nicht vorgegeben. Die Erarbeitung einer möglichen FCF1-Verteilung ist vielmehr eine der primären Aufgaben des Bewertungsprozesses. Die Lösung des Problems ist aber denkbar einfach: Zunächst wird im Rahmen der Szenario-Technik eine erste Verteilungsannahme hinsichtlich der zu erwartenden FCF1-Größen entwickelt. Anschließend erfolgt in einem zweiten Schritt mit Hilfe der dabei gewonnenen Werte die Ableitung der benötigten Parameter.

Ein weiteres Argument, das möglicherweise gegen den Einsatz der gestutzten Normalverteilung im Rahmen der Unternehmensbewertung ins Feld geführt werden könnte,

40 Vgl. Ballwieser (1995b), Sp. 1873.

soll hier noch erwähnt werden: Unterschreitet das dreifache zentrale Schwankungsintervall nicht den unteren Grenzwert a,[41] so kann näherungsweise mit der Normalverteilung gerechnet werden, weil auch $\varphi(y_a)$ gegen null strebt. Da die Schwankungsintensität der Zahlungsüberschüsse auf Gesamtbankebene im Kreditsektor nicht aus den öffentlich zugänglichen Informationsquellen erkennbar ist, kann die Frage, inwiefern die Anwendung der gestutzten Normalverteilung von praktischer Relevanz ist, nicht allgemeingültig beantwortet werden. Es ist vielmehr auf den Einzelfall abzustellen.

Hier wird die Auffassung vertreten, daß mit Hilfe der gestutzten Normalverteilung - zumindest in der Theorie - ein Konzept besteht, das individuelle Haftvolumen eines Kreditinstitutes mit in den Bewertungskalkül zu integrieren. In der Praxis ist jedoch anhand der vorliegenden Gegebenheiten bzw. der individuellen Parameter über die Vorteilhaftigkeit des Einsatzes einer gestutzten Normalverteilung zu entscheiden.

---

[41] Es gilt somit: $\mu - k \cdot \sigma \geq a$, mit k = 3. Zum zentralen Schwankungsintervall vgl. Schlittgen (1998), S. 148 und S. 233 f.

8 Schlußbetrachtung

Aufgabe dieses abschließenden Kapitels ist es, die wichtigsten Forschungsresultate kurz herauszuarbeiten und einen Abgleich zwischen den zu Beginn der Arbeit formulierten Zielen und den im Rahmen der Untersuchung gewonnenen Ergebnissen durchzuführen.

In **Kapitel 2** wurde gezeigt, daß sich die Struktur des deutschen Kreditwesens aus Marktteilnehmern unterschiedlicher Rechtsformzugehörigkeit zusammensetzt, deren angestammte Geschäftsbereiche oftmals große Überlappungen aufweisen. Bei den hier in die Untersuchung eingegangenen Universalbanken bestehen keine wesentlichen Unterschiede hinsichtlich der angebotenen Bankleistungen. In Abhängigkeit von der Größe und der Rechtsformzugehörigkeit erfolgt aber oftmals eine Konzentration auf das Mengen- oder das Individualkundengeschäft.

Die einzelnen Bankengruppen verfügen - zumindest bei einer formalen Betrachtung - über heterogene Zielsysteme. Insbesondere bei den Kreditgenossenschaften und den öffentlich-rechtlichen Banken beinhaltet das jeweilige Zielsystem sowohl monetäre als auch nicht-monetäre Zielelemente. Im Rahmen einer auf Geldeinheiten beruhenden Unternehmensbewertung kann die Erfüllung von nicht-monetären Zielelementen aber nicht werterhöhend berücksichtigt werden. Die aus der Verfolgung dieser Ziele resultierenden Auszahlungen sind hingegen zwingend als negative Erfolgsbeiträge im Rahmen der Wertermittlung zu erfassen. Bei der der Unternehmensbewertung zugrunde gelegten Gesamtbankstrategie dürfen nicht-monetäre Ziele daher nicht einfach ausgeblendet werden. Dies würde zu fehlerhaften Vorstellungen hinsichtlich der Planung der zukünftigen Zahlungsüberschüsse führen. Es wurde jedoch auch festgestellt, daß die Gewinnerzielung in den Zielsystemen aller Institutsgruppen einen bedeutenden Stellenwert einnimmt. Hierfür sind unterschiedliche Faktoren, wie die Einhaltung der bankaufsichtsrechtlichen Unterlegungspflicht oder ein sich verschärfender Wettbewerb, ausschlaggebend. Aus diesem Grund scheint es zulässig, allen Institutsgruppen zum Zwecke der Unternehmensbewertung in Bezug auf die Strategiefestlegung eine Gewinn- bzw. Kapitalwertmaximierung unter Nebenbedingungen zu unterstellen. In Abhängigkeit von der jeweiligen Bankengruppe kommt den zu beachtenden Restriktionen dabei unterschiedliche Bedeutung zu.

Zu Beginn von **Kapitel 3** wurde gezeigt, daß bestimmte Vorgänge, die für Banken mit erwerbswirtschaftlicher Zielausrichtung eine auf der Investitionstheorie basierende Unternehmensbewertung auslösen, für Institute anderer Gruppenzugehörigkeit hingegen keinen Bewertungsanlaß darstellen. Für Kreditgenossenschaften und öffentlich-rechtliche Banken gilt dies bspw. für die Veräußerung von Eigenkapitalanteilen oder für die Verschmelzung mehrerer Kreditinstitute. Aufgrund der sich derzeit abzeichnenden Veränderungsprozesse (Bildung einer Holding öffentlich-rechtlicher Kreditinstitute in Leipzig, Überlegungen zur Verschmelzung einer Kreditgenossenschaft mit einer Sparkasse in Oberfranken, beabsichtigter Verkauf eines bedeutenden Anteils an der Landesbank Hessen-Thüringen usw.) ist aber nicht auszuschließen, daß investitionstheoretische Bewertungsgutachten zukünftig auch bei den zuvor genannten Bankengruppen an Bedeutung gewinnen werden.

Aufgrund der Notwendigkeit zur verstärkten Rentabilitätsorientierung wurde hier die Auffassung vertreten, daß eine wertorientierte Unternehmensführung grundsätzlich mit den Zielsystemen sämtlicher Bankengruppen kompatibel ist. Insofern gibt es zumindest einen für alle Bankengruppen zutreffenden Bewertungsanlaß. Dabei wurde davon ausgegangen, daß eine wertorientierte Unternehmensführung auf den gleichen in der Literatur herausgearbeiteten *Grundprinzipien* beruht wie eine Unternehmensbewertung im Rahmen der Beratungsfunktion.

Des weiteren wurde im dritten Kapitel kurz auf die einzelnen Ansätze einer investitionstheoretischen Unternehmensbewertung eingegangen. Dabei konnte dargelegt werden, warum es zum Zwecke einer Unternehmensbewertung von Banken sinnvoll erscheint, auf einen Nettoinvestitionskalkül zurückzugreifen. Ausschlaggebend hierfür ist insbesondere die Erkenntnis, daß die Hereinnahme von Kundeneinlagen nicht nur als reiner Finanzierungsvorgang interpretiert werden kann, sondern Bestandteil des operativen Bankgeschäfts ist. Weiter wurde die Ansicht vertreten, daß sich die jeweiligen Nettoansätze in erster Linie hinsichtlich einzelner Detailfragen unterscheiden. Als Ergebnis konnte festgehalten werden, daß kein Grund zu einem Methodenstreit besteht, solange konsequent auf die Zahlungsstromebene abgestellt wird.

Da der zukünftige bewertungsrelevante Zielbeitrag nicht losgelöst von der Entwicklung des operativen Bankgeschäfts prognostiziert werden kann, wurde in **Kapitel 4** ein Ansatz zur Ermittlung des erwarteten Zahlungsüberschusses auf Unternehmensebene vorgestellt. Es wurde dargelegt, warum die Planung der zukünftigen Cash-Flow-Größen bereits auf strategischer Geschäftsfeldebene einzusetzen hat. Im Rahmen des Planungsprozesses muß daher die eher die grundsätzliche Ausrichtung bestimmende Gesamtbankstrategie mittels konkreter Handlungsanweisungen auf die einzeln steuerbaren Geschäftsfelder heruntergebrochen werden.

Hinsichtlich der Planung zukünftiger Cash-Flow-Größen ist festzustellen, in welchen Leistungsbereichen diese anfallen und wie sie den jeweiligen strategischen Geschäftsfeldern verursachungsgerecht zugerechnet werden können. In der Literatur wird zunächst eine Unterteilung der bankbetrieblichen Bereichsgliederung in die Sektoren Marktbereich und Betriebsbereich vorgeschlagen. Die Zurechnung der einzelnen Erfolgsbeiträge erfolgt anschließend mittels der aus der Bankbetriebslehre bekannten Verfahren der Marktzinsmethode für den Marktbereich und der prozeßorientierten Standardeinzelkostenrechnung für den Betriebsbereich.

Einer zukunftsorientierten geschäftsfeldbezogenen Cash-Flow-Planung sollte zunächst eine Vergangenheitsanalyse vorausgehen. Dabei sind die Einflußfaktoren zu ermitteln, welche die unterschiedlichen Cash-Flow-Komponenten in den vergangenen Perioden entscheidend geprägt haben. Es wurde herausgearbeitet, daß der Zins die wichtigste Einflußgröße für die Entwicklung der zukünftigen Zahlungsüberschüsse darstellt. Aber auch anderen Erfolgsdeterminanten, wie die Entwicklung der Tarifgehälter, das allgemeine Investitionsklima oder die Anzahl der Insolvenzen, kommt bei der Ergebnisplanung große Bedeutung zu. Kann davon ausgegangen werden, daß die Ursache-Wirkung-Relation der eruierten Größen voraussichtlich auch zukünftig in diesem Maße gilt, so wird unter Zugrundelegung einer unveränderten Gesamtbankstrategie eine erste Ergebnisprojektion durchgeführt. Erst in der sich anschließenden Cash-Flow-Planung wird die Annahme einer konstanten Geschäftsstrategie aufgegeben und unter Berücksichtigung der Unsicherheit eine wertmaximierende Gesamtbankstrategie entwickelt.

Im Rahmen dieses Planungsabschnittes hat eine Risikointegration zu erfolgen, wodurch mehrwertige Ergebnisentwicklungen abgebildet werden. Auch bei einer dem Zukunftsbezogenheitsprinzip folgenden Unternehmensbewertung ist eine Berücksichtigung des Ausfallrisikos in der Regel lediglich durch segmentspezifische und somit vergangenheitsorientierte Kalkulationsverfahren möglich. Daß individuelle Verfahren nicht zum Einsatz kommen, liegt im Ansatz selbst begründet, da die dafür benötigten kundenspezifischen Daten im Vorfeld nicht zur Verfügung stehen. Des weiteren wurde festgestellt, daß sowohl das Währungsrisiko als auch das Kursrisiko aus Geschäften resultiert, die zum Eigenhandel des jeweiligen Kreditinstitutes zählen. Da dieser Bereich bei den meisten Banken keinen Geschäftsschwerpunkt bildet, wird von einer formalen Integration dieser Risikokomponenten in die Cash-Flow-Planung abgesehen. Dies gilt hingegen nicht für das Zinsänderungsrisiko. Hierzu werden mit Hilfe des Elastizitätskonzeptes für unterschiedliche Zinsannahmen die dazugehörigen Erfolgsszenarien entwickelt und mit den jeweiligen Eintrittswahrscheinlichkeiten gewichtet. Unter sonst gleichen Annahmen kann so die zinsänderungsbedingte Schwankungsbreite der Erfolgsbeiträge ermittelt werden.

Nachdem die Cash-Flow-Planung auf Geschäftsfeldebene vollzogen wurde, sind die einzelnen Erfolgskomponenten auf Gesamtbankebene zu aggregieren. Dies erfolgt vor dem Hintergrund, daß auf Basis von disaggregierten Größen keine Bemessungsgrundlage zur Berechnung der Steuerlast, zur Ermittlung der maximal zulässigen Gewinnausschüttung bzw. zur Überprüfung der bankaufsichtsrechtlichen Unterlegungspflicht gegeben ist. Die Bestimmung dieser Größen ist jedoch zur Festlegung eines Zahlungsüberschusses auf Anteilseignerebene notwendig.

Ein weiterer Schwerpunkt dieses vierten Kapitels war die Herausarbeitung rechtsformspezifischer Besonderheiten bei der Planung des FCF auf Unternehmensebene. Hierbei wurde gezeigt, welchen Einfluß die jeweiligen Zielsysteme für die Festlegung einer Gesamtbankstrategie haben. Die strategische Ausrichtung der Kapitalbanken sollte sich in erster Linie an den monetären Zielen der Anteilseigner orientieren. Insbesondere bei den (börsennotierten) Kapitalbanken hat die Maximierung des Eigenkapitalmarktwertes im Vordergrund der unternehmerischen Zielsetzung zu stehen. Bei den anderen Institutsgruppen sind hingegen die sich aus den nicht-monetären Zielen ergebenden Auswirkungen in die FCF1-Planung einzubeziehen. Aufgrund des zunehmenden Wettbewerbes ist aber keine Bankengruppe in der Lage, dauerhaft auf Wertsteigerungspotentiale zu verzichten.

Auf diesen Erkenntnissen aufbauend wurden Schlußfolgerungen für die Planung der Leistungskomponenten bzw. der Risikoposition gezogen. Hinsichtlich der Entwicklung der Mengenkomponente konnte festgestellt werden, daß die Expansionsmöglichkeiten für Kreditinstitute, die dem Regionalprinzip unterworfen sind bzw. die Probleme bei der Beschaffung von zusätzlichen Eigenmitteln haben, weitestgehend eingeschränkt sind. Dies gilt insbesondere für Kreditinstitute aus dem Genossenschafts- oder Sparkassensektor, aber auch für kleinere Privatbankiers. Die Entwicklung der Mengenkomponente hängt bei den (börsennotierten) Kapitalbanken hingegen eher vom eigenen Akquisitionsgeschick bzw. von der realisierten Eigenkapitalverzinsung ab. Bei der Entwicklung der Wertkomponente ist zwischen dem bilanzwirksamen und dem nicht bilanzwirksamen Geschäft zu differenzieren. Das bilanzwirksame Geschäft wird bei allen Institutsgruppen durch die externe Erfolgsdeterminante Zins bestimmt. Signifikante Unterschiede zwischen den einzelnen Bankengruppen sind daher nicht zu verzeichnen. Im beratungsintensiven bilanzunwirksamen Geschäft kann hingegen, z. B. bei entsprechenden Erfolgen in der Vergangenheit, eine über dem Branchendurchschnitt liegende Wertkomponente realisiert werden. Dies gilt z. B. für Beratungs- und Vermittlungsentgelte im Bereich Mergers & Acquisitions.

Hinsichtlich der Risikoposition der einzelnen Institutsgruppen bleibt festzuhalten, daß die überregional tätigen Kapitalbanken eine bessere Möglichkeit zur Risikodiversifikation ihres Kreditportfolios haben als kleinere, ausschließlich auf lokaler Ebene agierende Banken. Zum einen besteht das Portfolio einer großen Kapitalbank aus einer höheren Anzahl von Einzelkrediten, zum anderen kommt diese Institutsgruppe durch die regionalen Strukturunterschiede in den Genuß eines branchenübergreifenden Risikoausgleiches. Nicht zu vernachlässigen sind aber die Verlustgefahren bei der Vergabe von großvolumigen Kreditbeträgen.

In **Kapitel 5** wurde die Betrachtungsebene gewechselt. Stand zuvor der Zahlungsüberschuß auf Unternehmensebene im Vordergrund der Untersuchung, so erfolgte an dieser Stelle die Überleitung auf die Ebene der Anteilseigner. Aufgrund der notwendigen Eigenmittelunterlegung sowie den rechtsformspezifischen Gewinnverwendungsvorschriften kann bei der Bestimmung des bewertungsrelevanten Zielbeitrages im Rahmen einer Bankbewertung im Regelfall nicht mit der Vollausschüttungshypothese gearbeitet werden. Es lassen sich zwar Annahmen treffen, unter denen der Bankwert unabhängig von der Ausschüttungsquote bleibt. Diese Bedingungen sind aber in der Bewertungspraxis allenfalls zufällig erfüllt. Des weiteren ist die Steuerkomponente in den Bewertungskalkül aufzunehmen, da die Vernachlässigung dieser Komponente in der Regel nicht bewertungsneutral ist.

Den Schwerpunkt des fünften Kapitels bildeten die Ausführungen zur Ermittlung der bewertungsrelevanten Zielbeiträge für einzelne, die jeweilige Rechtsformgruppe repräsentierende Beispielbanken. Unter Beachtung der Eigenmittelunterlegungspflicht und den individuellen Ausschüttungsbestimmungen konnte gezeigt werden, daß sich für jedes Kreditinstitut unterschiedliche Zielbeiträge ergeben. Hierauf aufbauend wurden in einem weiteren Schritt die dazugehörigen Barwerte errechnet. Fließen nur die zunächst ausgeschütteten Beträge in die Unternehmenswertermittlung ein, so resultieren hieraus unterschiedliche Bankwerte. Es wurden aber auch Bedingungen herausgearbeitet, unter denen die Kalküle um weitere Barwertgrößen, die aus Eigenkapitalzuführungen bzw. aus der Anlage thesaurierter liquider Mittel entstehen, zu erhöhen sind. Unter diesen sehr restriktiven, lediglich zur Analyse der Bewertungsdifferenzen unterstellten Annahmen lassen sich die einzelnen Bankwerte ineinander überführen. In der Bewertungspraxis ist hingegen regelmäßig von einem Auseinanderfallen der Bankwerte auszugehen.

In **Kapitel 6** wurde zunächst die Zusammensetzung des Kapitalisierungszinssatzes erläutert. Als Basiszins ist dabei der laufzeitäquivalente Zins der durchschnittlichen Umlaufrendite öffentlicher Anleihen zum Zeitpunkt des Bewertungsprozesses anzusetzen. Während der im Nenner des Bewertungskalküls stehende Basiszins eine quasisichere Größe darstellt, ist der im Zähler auftretende bewertungsrelevante Zielbeitrag grundsätzlich unsicher. Aus diesem Grund muß eine Risikoäquivalenz zwischen Zähler und Nenner hergestellt werden. Dabei wurde die Ansicht vertreten, daß die Anwendung der Sicherheitsäquivalenzmethode nur dann empfohlen werden kann, wenn der Grenzpreis für eine kleine Anzahl von Entscheidungsträgern zu ermitteln ist und bestimmte zusätzliche Voraussetzungen erfüllt sind. Die kapitalmarktorientierte Ermittlung einer Risikoprämie bietet sich hingegen dann an, wenn ein Unternehmenswert für eine Vielzahl von Investoren gesucht wird. Insbesondere für managergeleitete Banken mit einer breiteren Eignerstruktur ist es im Rahmen der wertorientierten Unternehmensführung zweckmäßig, auf die Erkenntnisse der Kapitalmarkttheorie zurückzugreifen.

Als weiterer Problembereich der Bewertungslehre wurde die Berücksichtigung der Geldentwertung behandelt. Grundsätzlich ist eine Rechnung sowohl auf Nominalwert- als auch auf Realwertbasis möglich. Hier wurde die Auffassung vertreten, daß aufgrund der dargestellten Überlegungen im Rahmen der Unternehmensbewertung von Kreditinstituten der Ansatz einer Nominalwertrechnung vorzuziehen ist. Wurde bereits in Kapitel 5 darauf hingewiesen, daß eine Einbeziehung der Steuerkomponente in den Bewertungskalkül zwingend zu erfolgen hat, so erfolgte in Kapitel 6 die Darstellung der formalen Integration. Hierbei wurde anhand der derzeit geltenden Steuersystematik aufgezeigt, warum eine Vernachlässigung der Steuerkomponente in der Regel nicht bewertungsneutral ist.

Im Anschluß daran wurde gezeigt, wie ein Kapitalisierungszinssatz auf Geschäftsfeldebene zur Diskontierung der geschäftsfeldspezifischen Ergebnisbeiträge ermittelt werden kann. Die Bestimmung einer derartigen Größe ist erforderlich, weil nur so dem Risikogehalt jedes einzelnen Geschäftsfeldes Rechnung getragen werden kann. Bliebe das geschäftsfeldspezifische Risiko unberücksichtigt, könnten hieraus falsche Entscheidungen hinsichtlich der Geschäftspolitik resultieren. Zu denken wäre dabei an den Aufbau von wertvernichtenden bzw. den Abbau von werterzeugenden Geschäftsfeldern.

Ein weiteres wesentliches Ziel dieser Arbeit bestand in der Entwicklung eines Ansatzes zur Berücksichtigung der über das bilanzielle Eigenkapital hinausgehenden Haftungserweiterung einzelner Bankengruppen (**Kapitel 7**). So ist es mit Hilfe der gestutzten Normalverteilungsannahme möglich, dem individuellen Haftungsumfang entsprechende Ergebnisverteilungen bzw. Erwartungswerte zu bestimmen. Die Bedeutung dieses Ansatzes für die Bewertungspraxis hängt von der Schwankungsintensität der erwarteten Zahlungsströme ab. Nur wenn diesbezüglich von einer starken Volatilität ausgegangen werden kann, resultieren hieraus spürbare Effekte auf die Höhe des Bankwertes.

Die Überlegungen hinsichtlich einer Integration der gestutzten Normalverteilung in den Bewertungskalkül gelten vom Grundsatz her nicht nur für die Bewertung von Kreditinstituten. Sie lassen sich vielmehr auch auf die Wertermittlung von Industrieunternehmen, die nicht in einer haftungsbegrenzenden Rechtsform geführt werden, übertragen.

Die vorstehende Untersuchung ist ein erster Versuch, rechtsformspezifische Besonderheiten im Rahmen der Unternehmensbewertung von Kreditinstituten zu berücksichtigen. Im Vordergrund stand dabei weniger die detaillierte Ausleuchtung einzelner Teilaspekte. Dies bleibt weiterführenden Abhandlungen vorbehalten. Ich hoffe aber, den Grundstein für nachfolgende wissenschaftliche Diskussionen zu diesem von der Literatur bisher eher vernachlässigten Problemkomplex geliefert und den Anstoß zu weiteren Forschungsarbeiten gegeben zu haben.

LITERATUR- UND QUELLENVERZEICHNIS

Adolf, Rüdiger/Cramer, Jürgen/Ollmann, Michael (1989a): Die Bewertung von Kreditinstituten, in: Die Bank, Heft 9, S. 485-492

Adolf, Rüdiger/Cramer, Jürgen/Ollmann, Michael (1989b): Die Bewertung von Kreditinstituten - ein Modell zur Ermittlung des Ertragswertes, in: Die Bank, Heft 10, S. 546-554

Amely, Tobias (1997): Shareholder-value als strategisches Steuerungsinstrument?, in: Sparkasse, Heft 6, S. 277-281

Arbeitskreis (1976): = Arbeitskreis „Unternehmensbewertung im Rahmen der unternehmerischen Zielsetzung“ (1976): Unternehmensbewertung als Grundlage unternehmerischer Entscheidungen, in: ZfbF, S. 99-121

Aschhoff, Gunther/Henningsen, Eckart (1995): Das deutsche Genossenschaftswesen, 2. Aufl., Frankfurt am Main

Auge-Dickhut, Stefanie/Moser, Ulrich/Widmann, Bernd (2000): Die geplante Reform der Unternehmensbesteuerung - Einfluss auf die Berechnung und die Höhe des Werts von Unternehmen, in: Finanz Betrieb, Heft 6, S. 362-371

Baetge, Jörg (1996): Bilanzen, 4. Aufl., Düsseldorf

Baetge, Jörg/Krause, Clemens (1994): Die Berücksichtigung des Risikos bei der Unternehmensbewertung, in: BFuP, Heft 5, S. 433-456

Ballwieser, Wolfgang (1981): Die Wahl des Kalkulationszinsfußes bei der Unternehmensbewertung unter der Berücksichtigung von Risiko und Geldentwertung, in: BFuP, Heft 2, S. 97-114

Ballwieser, Wolfgang (1988): Unternehmensbewertung bei unsicherer Geldentwertung, in: ZfbF, Heft 9, S. 798-812

Ballwieser, Wolfgang (1990): Unternehmensbewertung und Komplexitätsreduktion, 3. Aufl., Wiesbaden

Ballwieser, Wolfgang (1993): Methoden der Unternehmensbewertung, in: Gebhardt, Günther/Gerke, Wolfgang/Steiner, Manfred (Hrsg.): Handbuch des Finanzmanagements: Instrumente und Märkte der Unternehmensfinanzierung, München, S. 151-176

Ballwieser, Wolfgang (1994): Adolf Moxter und der Shareholder Value-Ansatz, in: Ballwieser, Wolfgang u. a. (Hrsg.): Bilanzrecht und Kapitalmarkt, Düsseldorf, S. 1377-1405

Ballwieser, Wolfgang (1995a): Aktuelle Aspekte der Unternehmensbewertung, in: WPg, Heft 4-5, S. 119-129

Ballwieser, Wolfgang (1995b): Unternehmensbewertung, in: Gerke, Wolfgang/ Steiner, Manfred (Hrsg.): Handwörterbuch des Finanz- und Bankwesens, 2. Aufl., Stuttgart, Sp. 1867-1882

Ballwieser, Wolfgang (1995c): Unternehmensbewertung und Steuern, in: Elschen, Rainer/Siegel, Theodor/Wagner, Franz W. (Hrsg.): Unternehmenstheorie und Besteuerung, Wiesbaden, S. 15-37

Ballwieser, Wolfgang (1998): Unternehmensbewertung mit Discounted Cash Flow-Verfahren, in: WPg, Heft 3, S. 81-92

Ballwieser, Wolfgang/Leuthier, Rainer (1986): Grundprinzipien, Verfahren und Probleme der Unternehmensbewertung, in: DStR, Heft 16-17 und Heft 18, S. 545-551 und S. 604-610

Bamberg, Günter/Coenenberg, Adolf (2000): Betriebswirtschaftliche Entscheidungslehre, 10. Aufl., München

Bauer, Christoph (1992): Das Risiko von Aktienanlagen: die fundamentale Analyse und Schätzung von Aktienrisiken, Köln

Baxmann, Ulf (1991): Daten zur Konzentration im Sparkassenwesen, in: Sparkasse, Heft 11, S. 508-514

Becker, Christoph (1995): Zielsetzungen, Auswirkungen und Zielbeeinträchtigungen bei Fusionen von mittelständischen Genossenschaftsbanken, Münster

Becker-Birck, Hans-Henning (1994): Die Kommunen und ihre Sparkassen, in: ZfgK, Heft 17, S. 837-839

Behm, Ulrich (1994): Shareholder-Value und Eigenkapitalkosten von Banken, Bern u. a.

Beiker, Hartmut (1993): Überrenditen und Risiken kleiner Aktiengesellschaften: eine theoretische und empirische Analyse des deutschen Kapitalmarktes von 1966-1989, Köln

Benner, Wolfgang (1978): Der liquiditätsmäßig-finanzielle Bereich (LFB) als Gegenstand der wissenschaftlichen Bankbetriebslehre, in: Deppe, Hans-Dieter (Hrsg.): Bankbetriebliches Lesebuch: Ludwig Mühlhaupt zum 65. Geburtstag, Stuttgart, S. 341-390

Betge, Peter (1996): Bankbetriebslehre, Berlin u. a.

Bischoff, Jörg (1994): Das Shareholder-Value-Konzept: Darstellung-Probleme-Handlungsmöglichkeiten, Wiesbaden

Black, Fisher/Scholes, Myron (1972): The Valuation of Option Contracts and a Test of Market Efficiency, in: JoF, Vol. 27, S. 399-418

Black, Fisher/Scholes, Myron (1973): The Pricing of Options and Corporate Liabilities, in: Journal of Political Economy, Vol. 81, S. 637-654

Bofinger, Peter/Hefeker, Carsten/Pfleger, Kai (1997): Stabilitätskultur in Europa. Theoretische Grundlagen, empirische Befunde, Bedeutung für die EWU, Stuttgart

Boos, Karl-Heinz (1997): Entwurf einer Sechsten KWG-Novelle, in: Die Bank, Heft 2, S. 119-125

Bormann, Michael/Hellberg, Claus (1997): Ausgewählte Probleme der Gewinnverteilung in der Personengesellschaft, in: DB, Heft 48, S. 2415-2421

Börsig, Clemens (1993): Unternehmenswert und Unternehmensbewertung, in: ZfbF, Heft 1, S. 79-91

Bourier, Günther (1999): Beschreibende Statistik, 3. Aufl., Wiesbaden

Brammertz, Willi/Spillmann, Martin (1991): Zinselastizität: ein unstabiles Maß, in: Die Bank, Heft 7, S. 386-390

Brandt, Hans-Dieter (1993): Wem gehören die Sparkassen?, in: Sparkasse, Heft 2, S. 54 f.

Bretzke, Wolf-Rüdiger (1988): Risiken in der Unternehmensbewertung, in: ZfbF, Heft 9, S. 813-823

Breuer, Wolfgang (1997): Kreditgenossenschaften, Managementsteuerung und der Markt für Unternehmenskontrolle, in: KuK, Heft 2, S. 219-249

Bühner, Rolf (1990): Das Management-Wert-Konzept - Strategien zur Schaffung von mehr Wert im Unternehmen, Stuttgart

Bühner, Rolf (1994): Der Shareholder-Value-Report: Erfahrungen, Ergebnisse, Entwicklungen, Landsberg/Lech

Bühner, Rolf/Weinberger, Hans-Joachim (1991): Cash-Flow und Shareholder Value, in: BFuP, Heft 3, S. 187-208

Burgmeier, Stefanie (1999): Kleine Schritte, in: Wirtschaftswoche v. 4.3.1999, Nr. 10, S. 70 f.

Burmeister, Joachim (1989): Ist die Unternehmensverfassung der Stadt- und Kreissparkassen als öffentliche Anstalten noch funktionsgerecht?, in: Eichhorn, Peter (Hrsg.): Unternehmensverfassung in der privaten und öffentlichen Wirtschaft, S. 225-247

Büschgen, Hans (1983a): Strategische Planung im marktorientierten Bankbetrieb, in: Die Bank, Heft 6, S. 260-270

Büschgen, Hans (1983b): Strategische Bankunternehmensplanung und Geschäftsfeldplanung, in: B. Bl., Heft 8, S. 274-279

Büschgen, Hans (1994): Bankbetriebslehre, 3. Aufl., Stuttgart, Jena

Büschgen, Hans (1998): Bankbetriebslehre: Bankgeschäfte und Bankmanagement, 5. Aufl., Wiesbaden

Busse von Colbe, Walther (1966): Unternehmensbewertung als Investitionskalkül, in: DU, Heft 2, S. 49-61

BVR (1999): Bericht, Zahlen ´98, Bonn

Coenenberg, Adolf G./Sautter, Michael T. (1988): Strategische und finanzielle Bewertung von Unternehmensakquisitionen, in: DBW, Heft 6, S. 691-710

Coenenberg, Adolf G./Schultze, Wolfgang (1998): Unternehmensbewertung anhand von Entnahme- oder Einzahlungsüberschüssen: Die Discounted Cash Flow-Methode, in: Matschke, Manfred Jürgen/Schildbach, Thomas (Hrsg.): Unternehmensbewertung und Wirtschaftsprüfung, Stuttgart, S. 269-299

Copeland, Tom/Koller, Tim/Murrin, Jack (2000): Valuation: Measuring and Managing the Value of Companies, 3. Aufl., New York u. a.

Crezelius, Georg (2001): Dogmatische Grundstrukturen der Unternehmenssteuerreform, in: DB, Heft 5, S. 221- 229

Dehmer, Hans (1996): Umwandlungsgesetz - Umwandlungssteuergesetz, 2. Aufl., München

Deppe, Hans-Dieter (1978): Eine Konzeption wissenschaftlicher Bankbetriebslehre in drei Doppelstunden, in: Deppe, Hans-Dieter (Hrsg.): Bankbetriebliches Lesebuch: Ludwig Mühlhaupt zum 65. Geburtstag, Stuttgart, S. 3-98

Deutsche Bundesbank Monatsberichte: Verschiedene Ausgaben der Jahre 1997-2001

Dieckhöner, Bruno (1995): Betriebswirtschaftliche Analyse der Fusionen in der genossenschaftlichen Bankengruppe, in: BI/GF, Heft 4, S. 10-14

Dierolf, Günther (1990): Instrumente der strategischen Planung in Kreditgenossenschaften, in: ZfgG, S. 27-40

Dierolf, Günther (1994): Tendenz zum Rechtsformwechsel bei Kreditgenossenschaften?, in: ZfgK, Heft 15, S. 737-742

Dirrigl, Hans (1988): Die Bewertung von Beteiligungen an Kapitalgesellschaften: betriebswirtschaftliche Methoden und steuerlicher Einfluß, Hamburg

Dirrigl, Hans (1994): Konzepte, Anwendungsbereiche und Grenzen einer strategischen Unternehmensbewertung, in: BFuP, Heft 4, S. 409-432

Dirrigl, Hans/Wagner, Franz W. (1993): Ausschüttungspolitik unter Berücksichtigung der Besteuerung, in: Gebhardt, Günther/Gerke, Wolfgang/Steiner, Manfred (Hrsg.): Handbuch des Finanzmanagements: Instrumente und Märkte der Unternehmensfinanzierung, München, S. 261-286

Döhring, Jens (1996): Gesamtrisiko-Management von Banken, München, Wien

Dorner, Karin (1991): Die Gewinnverwendungspolitik der Genossenschaftsbanken, Nürnberg

Drukarczyk, Jochen (1993): Theorie und Politik der Finanzierung, 2. Aufl., München

Drukarczyk, Jochen (1995): DCF-Methoden und Ertragswertmethode - einige klärende Anmerkungen, in: WPg, Heft 10, S. 329-334

Drukarczyk, Jochen (2001): Unternehmensbewertung, 3. Aufl., München

Eichhorn, Franz-Josef (1995): Die Privatbankiers in Franken - atypisch und erfolgreich, in: Die Bank, Heft 6, S. 372-375

Eichhorn, Franz-Josef (1996): Märkte für Privatbankiers, in: Die Bank, Heft 8, S. 462-466

Eichhorn, Peter (1992): Privatisierung von Sparkassen: Wachsende Bankenmacht, in: ZfgK, Heft 24, S. 1129-1134

Faber, Martin (1996): Entwicklung einer allgemeinen Controlling-Konzeption und ihre Ausrichtung auf die öffentlich-rechtlichen Sparkassen, Würzburg

Faust, Martin/Richard, Jörg (1998): Shareholder-Value-Ansatz: neue Aspekte zur Privatisierung von Öffentlich-rechtlichen?, in: ZfgK, Heft 7, S. 321-326

Feige, Helmut/Schäfer, Bernhard (1981): Die Beurteilung des strukurell bedingten Kreditrisikos, in: B. Bl., Heft 2, S. 49-55

Fischer, Reinfried (1992): Sparkassenstruktur und Privatisierung, in: Sparkasse, Heft 12, S. 567-571

Flesch, Johann Rudolf (1996): Richtige Allokation von Risikokapital, in: BI/GF, Heft 10, S. 8-12

Franke, Günter/Hax, Herbert (1999): Finanzwirtschaft des Unternehmens und Kapitalmarkt, 4. Aufl., Berlin u. a.

Freygang, Winfried (1993): Kapitalallokation in diversifizierten Unternehmen: Ermittlung divisionaler Eigenkapitalkosten, Wiesbaden

Frischknecht, Martin (1996): Strategische Planung globaler Universalbanken - Ein praxisorientiertes Konzept unter Berücksichtigung neuer Potentiale der Informations- und Telekommunikationstechnologie, Bern u. a.

Gaida, Stefan (1998): Bewertung von Krediten mit Optionspreisansätzen, in: Die Bank, Heft 3, S. 180-184

Gaumert, Uwe (1997): Eigenkapital-Management in deutschen Kreditinstituten: bankbetriebliche Risikopolitik im Lichte des neuen Aufsichtsrechts, Berlin

Gerdsmeier, Stefan/Krob, Bernhard (1994): Kundenindividuelle Bewertung des Ausfallrisikos mit dem Optionspreismodell, in: Die Bank, Heft 8, S. 469-475

Gerling, Claus (1985): Unternehmensbewertung in den USA, Bergisch-Gladbach

Glaser, Roman (1992): Gewinnerzielung und Gewinnverteilung in Genossenschaftsbanken, in: ZfgG, S. 138-142

Gleske, Christoph L. (1996): Wettbewerb öffentlicher und privater Kreditinstitute in Deutschland, Baden-Baden

Goebel, Ralf/Schumacher, Matthias/Sievi, Christian (1998): Bilanzstrukturen mit Performance-Konzept steuern, in: B. BL., Heft 7, S. 332-347

Gold, Christoph (1997): Gebietsreformbeeinflußte Fusionen bayerischer Sparkassen - Empirische Analyse betriebswirtschaftlicher Effekte, Göttingen

Göppl, Hermann (1980): Unternehmensbewertung und Capital-Asset-Pricing-Theorie, in: WPg, Heft 9, S. 237-245

Göppl, Hermann/Kremer, Egon (1985): Die Nachschußverpflichtung genossenschaftlicher Kreditinstitute und ihre Bedeutung für die Risikoposition des Eigenkapitals, in: Guthardt, Helmut u. a. (Hrsg.): Aspekte bankwirtschaftlicher Forschung und Praxis, Frankfurt am Main, S. 233-253

Gröschel, Ulrich (1992): Wettbewerbspolitische Aspekte einer Privatisierung von Sparkassen, in: Sparkasse, Heft 11, S. 519-526

Güde, Udo (1995): Geschäftspolitik der Sparkassen: Grundlagen und aktuelle Probleme, 6. Aufl., Stuttgart

Haasis, Heinrich (1997): Die Sparkassen: zeitgemäße Interpretation des öffentlichen Auftrags, in: Hummel, Detlev/Bühler, Wilhelm/Schuster, Leo (Hrsg.): Banken in globalen und regionalen Umbruchsituationen, Stuttgart, S. 343-353

Hachmeister, Dirk (1996a): Die Abbildung der Finanzierung im Rahmen verschiedener Discounted Cash Flow-Verfahren, in: ZfbF, Heft 3, S. 251-277

Hachmeister, Dirk (1996b): Der Discounted Cash Flow als Unternehmenswert, in: WISU, Heft 4, S. 357-366

Hachmeister, Dirk (2000): Der Discounted Cash Flow als Maß der Unternehmenswertsteigerung, 4. Aufl., Frankfurt am Main u. a.

Hahn, Dietger u. a. (1999): Kapitalwertorientierte Geschäftsfeldplanung im Konzern, in: Hahn, Dietger/Taylor, Bernard (Hrsg.): Strategische Unternehmensplanung - strategische Unternehmensführung, 8. Aufl., Heidelberg, S. 546-578

Hahn, Oswald (1995): Optimale Betriebsgröße von Sparkassen - eine kritische Überlegung, in: ZfgK, Heft 9, S. 442-447

Handelsblatt: Verschiedene Ausgaben der Jahre 1998 bis 2001

Hartung, Joachim (1999): Statistik: Lehr- und Handbuch der angewandten Statistik, 12. Aufl., München, Wien

Haßkamp, Peter/Lehmann, Arno (1994): Aspekte der Eigenkapitalbeschaffung, in: Bodin, Manfred/Hübl, Lothar (Hrsg.): Banken in gesamtwirtschaftlicher Verantwortung, Stuttgart, S. 261-275

Haun, Burkhard (1996): Fusionseffekte bei Sparkassen: empirische Analyse der Zielerreichung, Wiesbaden

Hax, Herbert (1969): Der Einfluß der Investitions- und Ausschüttungspolitik auf den Zukunftserfolgswert der Unternehmung, in: Busse von Colbe, Walther/Sieben, Günter (Hrsg.): Betriebswirtschaftliche Information, Entscheidung und Kontrolle, Wiesbaden, S. 359-380

Hecker, Renate (2000): Regulierung von Unternehmensübernahmen und Konzernrecht, Wiesbaden

Helbling, Carl (1993): DCF-Methode und Kapitalkostensatz in der Unternehmensbewertung - Discounted Cash Flow-Methode falls kein Fair Market Value, in: Der Scheizer Treuhänder, Heft 4, S. 157-164

Helbling, Carl (1998): Unternehmensbewertung und Steuern, 9. Aufl., Düsseldorf

Helling, Nico U. (1994): Strategieorientierte Unternehmensbewertung, Wiesbaden

Herter, Ronald N. (1994): Unternehmenswertorientiertes Management: strategische Erfolgsbeurteilung von dezentralen Erfolgseinheiten auf Basis der Wertsteigerungsanalyse, München

Herz, Bernhard (1999): Größe und Effizienz von Kreditinstituten, in: Sparkasse, Heft 4, S. 176-178

Herzig, Norbert/Lochmann, Uwe (2000): Steuersenkungsgesetz: Die Steuerermäßigung für gewerbliche Einkünfte bei der Einkommensteuer in der endgültigen Regelung, in: DB, Heft 35, S. 1728-1735

Herzig, Norbert/Schiffers, Joachim (1999): Steuersatzänderungen des Steuerentlastungsgesetzes 1999/2000/2002 - Auswirkungen auf die Unternehmensbesteuerung (Teil I), in: DB, Heft 19, S. 969-974

Hetzel, Heiko (1988): Stichtagszins oder zukünftiger Zins zur Ertragswertermittlung im Rahmen der modernen Unternehmensbewertung?, in: BB, Heft 11, S. 725-728

Heurung, Rainer (1997): Zur Anwendung und Angemessenheit verschiedener Unternehmenswertverfahren im Rahmen von Umwandlungsfällen, in: DB, Heft 17 und 18, S. 837-843 und S. 888-892

Hill, Wilhelm (1997): Stakeholder Value versus Shareholder Value, in: Basler Bankenvereinigung (Hrsg.): Shareholder Value-Konzepte in Banken, Bern, Stuttgart, Wien, S. 79-93

Hirschberger, Winfried (1999): Stammkapital für Sparkassen - eine Vorbereitung der Trennung von Kommune und Sparkasse?, in: ZfgK, Heft 15, S. 776 f.

Höfner, Klaus/Pohl, Andreas (1993): Wer sind die Werterzeuger, wer sind die Wertvernichter im Portfolio?, in: Harvard Business Manager, Heft 1, S. 51-58

Höhmann, Kai (1998): Shareholder Value von Banken, Wiesbaden

Hölscher, Reinhold (1987): Risikokosten-Management in Kreditinstituten - Ein integriertes Modell zur Messung und ertragsorientierten Steuerung der bankbetrieblichen Erfolgsrisiken, Frankfurt am Main

Hoppenstedt, Dietrich (1999a): Aktuelle Fragen und Ziele der Sparkassenorganisation, in: Sparkasse, Heft 1, S. 16-20

Hoppenstedt, Dietrich (1999b): Die DGZ-Bank - eine Fusion der besonderen Art, in: Sparkasse, Heft 2, S. 54-56

Hörter, Steffen (1996): Das Shareholder Value-Konzept: Ein Steuerungsinstrument für Banken?, in: Schuster, Leo (Hrsg.): Theorie und Politik der Banken im Wandel, München, S. 118-133

Hörter, Steffen (1998): Shareholder Value-orientiertes Bank-Controlling, Berlin

Hötzel, Oliver/Beckmann, Klaus (2000): Einfluss der Unternehmenssteuerreform 2001 auf die Unternehmensbewertung, in: WPg, Heft 15, S. 696-701

IDW (1983): Aus der Facharbeit des IdW, Stellungnahme HFA 2/1983: Grundsätze zur Durchführung von Unternehmensbewertungen, in: WPg, Heft 15-16, S. 468-480

IDW (2000): Aus der Facharbeit des IDW, IDW Standard: Grundsätze zur Durchführung von Unternehmensbewertungen, (IDW S 1: Stand: 28.6.2000), in: WPg, Heft 17, S. 825-842

Jacob, Adolf-Friedrich (1986): Strategische Planung in Banken, Frankfurt am Main

Jacobs, Otto H./Scheffler, Wolfram (1993): Unternehmensbewertung, in: Chmielewicz, Klaus/Schweitzer, Marcell (Hrsg.): Handwörterbuch des Rechnungswesens, 3. Aufl., Stuttgart, Sp. 1977-1988

Jaeckel, Ulf (1988): Zur Bestimmung des Basiszinsfußes bei der Ertragswertermittlung, in: BFuP, Heft 6, S. 553-563

Jensen, Michael C./Meckling, William H. (1976): Theory of the Firm: Managerial Behavior, Agency Costs and Ownership Structure, in: Journal of Financial Economics, Vol. 3, S. 305-360

Jonas, Martin (1995): Unternehmensbewertung: Zur Anwendung der Discounted-Cash-flow-Methode in Deutschland, in: BFuP, Heft 1, S. 83-98

Julius, Willi (1998): Personalausbau und Rentabilität keine Gegensätze, in: HB vom 29.4.1998, Nr. 82, S. 28

Kappelhoff-Wulff, Gerhard (1996): Vermögensverwaltung bei Privatbanken: für wenige alles leisten, in: ZfgK, Heft 20, S. 988-991

Karg, Manfred/Lindemann, Jan Henning (1997): Regierungsentwurf der 6. KWG-Novelle, in: Sparkasse, Heft 3, S. 123-132

Karl-Bräuer-Institut (1994): = Karl-Bräuer-Institut des Bundes der Steuerzahler e.V., Hrsg. (1994): Privatisierung von Sparkassen und Landesbanken, Wiesbaden

Keßler, Helmut (1988): Strukturfragen der Sparkassenorganisation, in: Sparkasse, Heft 8, S. 346-352

Kirmße, Stefan (1996): Die Bepreisung und Steuerung von Ausfallrisiken im Firmenkundengeschäft der Kreditinstitute - Ein optionspreistheoretischer Ansatz, Frankfurt am Main

Kirsch, Hans-Jürgen/Krause, Clemens (1996): Kritische Überlegungen zur Discounted Cash Flow-Methode, in: ZfB, Heft 7, S. 793-812

Kirsten, Dirk (1995): Value-based-Management - Schlüssel zum strategischen Erfolg, in: Die Bank, Heft 11, S. 672-676

Köhler, Horst (1995): Deutsche Sparkassenorganisation: Verantwortung in Gesellschaft und Region, in: Sparkasse, Heft 6, S. 253-260

König, Wolfgang/Zeidler, Gernot W. (1996): Die Behandlung von Steuern bei der Unternehmensbewertung, in: DStR, Heft 28, S. 1098-1103

Krawitz, Norbert (2000): Betriebswirtschaftliche Anmerkungen zum Halbeinkünfteverfahren, in: DB, Heft 35, S. 1721-1727

Krumnow, Jürgen (1993): Das Betriebsergebnis der Banken - ein aussagefähiger Erfolgsindikator?, in: ZfgK, Heft 2, S. 64-68

Kruschwitz, Lutz (2000): Investitionsrechnung, 8. Aufl., München, Wien

Kruschwitz, Lutz/Löffler, Andreas (1998): Unendliche Probleme bei der Unternehmensbewertung, in: DB, Heft 21, S. 1041-1043

Kruschwitz, Lutz/Milde, Hellmuth (1996): Geschäftsrisiko, Finanzierungsrisiko und Kapitalkosten, in: ZfbF, Heft 12, S. 1115-1133

Kümmel, Axel Tibor (1995): Bewertung von Kreditinstituten nach dem Shareholder Value Ansatz: unter besonderer Berücksichtigung des Zinsänderungsrisikos, 2. Aufl., Ludwigsburg, Berlin

Küspert, Andreas (1991): Bildung und Bewertung strategischer Geschäftsfelder, in: Die Bank, Heft 8, S. 425-434

Kunze, Christian (1996): Neue Instrumente zur besseren Steuerung, in: B. Bl., Heft 12, S. 571-578

Langschied, Jürgen (1993): Der Sparkassenverbund: Entwicklung und Gegenwartsprobleme, Wiesbaden

Leuthier, Rainer (1988): Zur Berücksichtigung der Besteuerung bei der Unternehmensbewertung, in: BFuP, Heft 6, S. 505-521

Lewis, Thomas G. (1994): Steigerung des Unternehmenswertes: Total Value Management, Landsberg/Lech

Licht, Wolfgang (1980): Die Beteiligungsfinanzierung der Kreditgenossenschaften, Nürnberg

Lintner, J. (1965): The Valuation of Risk Assets and the Selection of Risky Investments in Stock Portfolios and Capital Budgets, in: Review of Economics and Statistics, Vol. 47, S. 13-37

Löhr, Dirk (1994): Die Grenzen des Ertragswertverfahrens: Kritik und Perspektiven, Frankfurt am Main u. a.

Lonergan, Wayne (1992): The valuation of business, shares and other equity, Hong Kong

Lottner, Jens (1997): Wertorientierte Steuerung von Kreditinstituten, Dresden

Mandl, Gerwald/Rabel, Klaus (1997): Unternehmensbewertung: eine praxisorientierte Einführung, Wien

Manewald, Petra (1988): Die Bedeutung des Ausschüttungsrückholprinzips für die Eigenfinanzierung der Kreditgenossenschaften, in: Zeitschrift für öffentliche und gemeinnützige Unternehmen, Heft 1, S. 43-57

Markowitz, Harry M. (1952): Portfolio Selection, in: JoF, Vol. 7, S. 77-91

Marusev, Alfred/Pfingsten, Andreas (1993): Die Entstehung des Strukturbeitrages, in: Die Bank, Heft 4, S. 223-228

Mauerer, Anton (1998): Ausschüttung bei Sparkassen?, in: ZfgK, Heft 17, S. 947-950

Maul, Karl-Heinz (1992): Offene Probleme der Bewertung von Unternehmen durch Wirtschaftsprüfer, in: DB, Heft 25, S. 1253-1259

Meeder, Christian (1989): Die Bedeutung des deutschen Privatbankiers und seine Zukunftsaussichten, Frankfurt am Main u. a.

Meier, Harald (1995): Strategische Planung und Personalentwicklung in Banken und Sparkassen: Anspruch, Schein und Wirklichkeit, Wiesbaden

Meyer, Claus/Isenmann, Sabine (1993): Bankbilanzrichtlinie-Gesetz: ein Handbuch für den Jahresabschluss, Stuttgart

Milgrom, Paul R./Roberts, John (1992): Economics, Organization and Management, Englewood Cliffs, New Jersey

Möller, Hans Peter (1988): Die Bewertung risikobehafteter Anlagen an deutschen Wertpapierbörsen, in: ZfbF, Heft 9, S. 779-797

Morschhäuser, Berthold (1996): Überlebenskünstler gesucht, in: ZfgK, Heft 20, S. 986 f.

Mossin, Jan (1966): Equilibrium In A Capital Asset Market, in: Econometrica, Vol. 34, S. 768-783

Moxter, Adolf (1983): Grundsätze ordnungsmäßiger Unternehmensbewertung, 2. Aufl., Wiesbaden

Müller, Wolfgang (1993): Risiko und Ungewißheit, in: Wittmann, Waldemar u. a. (Hrsg.): Handwörterbuch der Betriebswirtschaft, 5. Aufl., Stuttgart, Teilband 3, Sp. 3813-3825

Neuber, Friedel (1998): Der öffentliche Auftrag der Landesbanken, in: Sparkasse, Heft 3, S. 101-104

Neuhaus, Christoph (1990): Unternehmensbewertung und Abfindung bei freiwilligem Ausscheiden aus einer Personengesellschaft, Heidelberg

Oellerking, Klaus/Holzgrabe, Manfred (1990): Sparkassen und Genossenschaftsbanken im Spannungsverhältnis zwischen Moral und Ökonomie, Strukturelemente, Organisationsgrundsätze und Geschäftspolitik, Frankfurt am Main u. a.

Ohlmeyer, Dietrich/Kuhn, Erwin/Philipowski, Rüdiger (1998): Verschmelzung von Genossenschaften und andere Umwandlungsmöglichkeiten, 6. Aufl., Wiesbaden

o. V. (1983): Abziehbarkeit genossenschaftlicher Rückvergütungen als Betriebsausgabe - Auslegung des Abschnittes 66 Abs. 3 Satz 4 KStR (BMF-Schreiben vom 2.8.1983 - IV B 7 - S 2780 - 8/83), in: DB, Heft 35, S. 1850 f.

o. V. (1996): Shareholder Value und Aktienkultur - eine Umfrage bei den DAX-Werten, in: ZfgK, Heft 10, S. 481-491

Padberg, Thomas/Werner, Thomas (1999): Das Modell Sachsen-Bank - eine Erwiderung, in: ZfgK, Heft 14, S. 738-740

Palmen, Hans-Richard (1999): Zwischen öffentlichem Auftrag und Wettbewerb, in: ZfgK, Heft 15, S. 778-781

Pape, Ulrich (1999): Wertorientierte Unternehmensführung und Controlling, 2. Aufl., Berlin

Peemöller, Volker H. (1993): Stand und Entwicklung der Unternehmensbewertung - Eine kritische Bestandsaufnahme, in: DStR, Heft 11, S. 409-416

Perridon, Louis/Steiner, Manfred (1999): Finanzwirtschaft der Unternehmung, 10. Aufl., München

Philipowski, Rüdiger (1993): Besteuerung der Kreditinstitute, in: Kloten, Norbert/ Stein, Johann Heinrich von (Hrsg.): Geld-, Bank- und Börsenwesen: ein Handbuch, 39. Aufl., Stuttgart

Piltz, Detlev Jürgen (1994): Die Unternehmensbewertung in der Rechtsprechung, 3. Aufl., Düsseldorf

Popp, Matthias (1997): Bewertung ertragssteuerlicher Verlustvorträge im Rahmen der entscheidungsorientierten Unternehmensbewertungslehre, München

Preisinger, Walter (1987): Das Instrumentarium des Finanz-Controlling bei genossenschaftlichen Kreditinstituten, in: Kolbeck, Rosemarie (Hrsg.): Bank-Controlling als Managementaufgabe, Frankfurt am Main, S. 49-71

Püttner, Günter (1994): Das Sparkassenrecht in Deutschland: Entwicklung und Tendenzen, in: ZfgK, Heft 17, S. 840 f.

Rappaport, Alfred (1999): Shareholder Value: ein Handbuch für Manager und Investoren, 2. Aufl., Stuttgart

Rasch, Dieter (1995): Mathematische Statistik, Heidelberg

Regnery, Peter (1994): Bankenaufsicht, Bankeneigenkapital und Wettbewerb: die Eigenkapitaldefinition nach der Vierten KWG-Novelle und der Einfluss auf die Wettbewerbsfähigkeit deutscher Kreditinstitute, Stuttgart

Rehm, Hannes (1989): Zur Korrespondenz von Aufgabenstellung, Rechtsform und Unternehmensverfassung öffentlicher Banken, in: Eichhorn, Peter (Hrsg.): Unternehmensverfassung in der privaten und öffentlichen Wirtschaft, S. 248-267

Rehm, Hannes (1993): Diskussion über Sparkassenprivatisierung - eine Herausforderung, in: Sparkasse, Heft 4, S. 173-178

Ring, Stephan/Castedello, Marc/Schlumberger, Erik (2000): Auswirkungen des Steuersenkungsgesetzes auf die Unternehmensbewertung, in: Finanz Betrieb, Heft 6, S. 356-361

Rolfes, Bernd (1985): Ansätze zur Steuerung von Zinsänderungsrisiken, in: KuK, Heft 4, S. 529-552

Rolfes, Bernd (1989): Risikosteuerung mit Zinselastizitäten, in: ZfgK, Heft 5, S. 196-201

Rolfes, Bernd (1998): Richtig mit dem Barwertkonzept umgehen, in: Sparkasse, Heft 1, S. 43-45

Rolfes, Bernd/Schwanitz, Johannes (1992): Die Stabilität von Zinselastizitäten, in: Die Bank, Heft 6, S. 334-337

Rudolph, Bernd (1986): Neuere Kapitalkostenkonzepte auf der Grundlage der Kapitalmarkttheorie, in: ZfbF, Heft 10, S. 892-898

Rüegsegger, Urs (1996): Prozesskostenrechnung in Banken unter besonderer Berücksichtigung der Eigenkapitalkosten, Bern u. a.

Satzung für Kreditgenossenschaften mit Vertretersammlung, deren Bilanzsumme 300 Mio. DM nicht übersteigt, o. J., überreicht vom Genossenschaftsverband Bayern im Oktober 1998

Satzung für Kreditgenossenschaften mit Vertretersammlung, deren Bilanzsumme 300 Mio. DM übersteigt, o. J., überreicht vom Genossenschaftsverband Bayern im Oktober 1998

Schell, Gerhard (1988): Die Ertragsermittlung für Bankbewertungen, Frankfurt am Main

Schell, Gerhard (1989): Der Einfluß der Geschäftspolitik auf den Ertragswert von Banken, in: DB, Heft 51-52, S. 2553-2557

Schierenbeck, Henner (1995): Organisation von Bankkonzernen und Verbundsystemen, in: Stein, Johann Heinrich von/Terrahe, Jürgen (Hrsg.): Handbuch Bankorganisation, 2. Aufl., Wiesbaden, S. 165-193

Schierenbeck, Henner (1998): Shareholder Value-Management im Konzept Ertragsorientierter Banksteuerung, in: Die Bank, Heft 1, S. 13-17

Schierenbeck, Henner (1999a): Ertragsorientiertes Bankmanagement: Band 1: Grundlagen, Marktzinsmethode und Rentabilitäts-Controlling, 6. Aufl., Wiesbaden

Schierenbeck, Henner (1999b): Ertragsorientiertes Bankmanagement: Band 2: Risiko-Controlling und Bilanzstruktur-Management, 6. Aufl., Wiesbaden

Schierenbeck, Henner/Hölscher, Reinhold (1998): BankAssurance: institutionelle Grundlagen der Bank- und Versicherungsbetriebslehre, 4. Aufl., Stuttgart

Schierenbeck, Henner/Villiez, Christian von (1989): Zur Systematisierung bankbetrieblicher Ergebnisbereiche, in: Die Bank, Heft 6, S. 310-313

Schierenbeck, Henner/Wiedemann, Arnd (1992): ROI-Management in Banken - Ein Konzept zur integrierten Steuerung von Rentabilität, Wachstum und Risiko, in: DU, Heft 5, S. 343-365

Schierenbeck, Henner/Wiedemann, Arnd (1996): Marktwertrechnungen im Finanzcontrolling, Stuttgart

Schildbach, Thomas (1998): Ist die Kölner Funktionenlehre der Unternehmensbewertung durch die Discounted Cash-flow-Verfahren überholt?, in: Matschke, Manfred Jürgen/Schildbach, Thomas (Hrsg.): Unternehmensbewertung und Wirtschaftsprüfung, Stuttgart, S. 301-322

Schlittgen, Rainer (1998): Einführung in die Statistik, 8. Aufl., München, Wien

Schmidhuber, Heinrich (1993): Der öffentliche Auftrag der Sparkassen würde mit der Privatisierung aufgegeben, in: Sparkasse, Heft 8, S. 348 f.

Schmidt, Johannes G. (1995): Die Discounted Cash-flow-Methode - nur eine kleine Abwandlung der Ertragswertmethode?, in: ZfbF, Heft 12, S. 1088-1118

Schmidt, Karsten (1997): Gesellschaftsrecht, 3. Aufl., Köln u. a.

Schmidt, Reinhard H./Terberger, Eva (1997): Grundzüge der Investitions- und Finanzierungstheorie, 4. Aufl., Wiesbaden

Schmittmann, Stefan/Penzel, Hans-Gert/Gehrke, Norman (1996): Integration des Shareholder Value in die Gesamtbanksteuerung, in: Die Bank, Heft 11, S. 648-653

Schneider, Dieter (1992): Investition, Finanzierung und Besteuerung, 7. Aufl., Wiesbaden

Schöffling, Bernd (1992): Der Wert einer Genossenschaft für ihre Mitglieder - Ein mehrdimensionales Bewertungsmodell, Stuttgart-Hohenheim

Schröder, Gustav Adolf (1997): Der Sparkassenverbund im Wettbewerb, in: Sparkasse, Heft 12, S. 572-577

Schulte-Mattler, Hermann/Traber, Uwe (1997): Marktrisiko und Eigenkapital: Adressenausfall und Preisrisiken, 2. Aufl., Wiesbaden

Schuster, Leo (1996a): Genossenschaftsbanken im Jahre 2000, in: Schuster, Leo (Hrsg.): Theorie und Politik der Banken im Wandel, München, S. 285-293

Schuster, Leo (1996b): Rechtsformüberlegungen bei den Sparkassen, in: Schuster, Leo (Hrsg.): Theorie und Politik der Banken im Wandel, München, S. 294-306

Schweldhelm, Rolf (1999): Die Unternehmensumwandlung: Verschmelzung, Spaltung, Formwechsel, Einbringung, 3. Aufl., Köln

Schwetzler, Bernhard (1996a): Zinsänderungen und Unternehmensbewertung: Zum Problem der angemessenen Barabfindung nach § 305 AktG, in: DB, Heft 39, S. 1961-1966

Schwetzler, Bernhard (1996b): Zinsänderungen und Unternehmensbewertung: Das Basiszinsfußproblem bei der Ertragsermittlung, in: ZfB, Heft 9, S. 1081-1101

Schwetzler, Bernhard (1998): Gespaltene Besteuerung, Ausschüttungssperrvorschriften und bewertungsrelevante Überschüsse bei der Unternehmensbewertung, in: WPg, Heft 16, S. 695-705

Schwetzler, Bernhard (2000): Unternehmensbewertung unter Unsicherheit - Sicherheitsäquivalent- oder Risikozuschlagsmethode?, in: ZfbF, Heft 8, S. 469-486

Schwetzler, Bernhard/Darijtschuk, Niklas (1999): Unternehmensbewertung mit Hilfe der DCF-Methode - eine Anmerkung zum „Zirkularitätsproblem“, in: ZfB, Heft 3, S. 295-318

Seidel, Eberhard (1994): Bankbetriebliche Leistungsbereiche, in: Schierenbeck, Henner (Hrsg.): Bank- und Versicherungslexikon, 2. Aufl., München, Wien

Selbach, Reiner (1991): Die Kreditgenossenschaften im Wettbewerb der Bankengruppen: eine Analyse der Stellung und der Perspektiven der genossenschaftlichen Bankengruppe im Gruppenwettbewerb des bundesdeutschen Universalbankensystems, Berlin

Serfling, Klaus/Marx, Marita (1990): Capital Asset Pricing-Modell, Kapitalkosten und Investitionsentscheidung, in: WISU, Heft 6 und Heft 7, S. 364-369 und S. 425-429

Serfling, Klaus/Pape, Ulrich (1995a): Theoretische Grundlagen und traditionelle Verfahren der Unternehmensbewertung, in: WISU, Heft 10, S. 808-820

Serfling, Klaus/Pape, Ulrich (1995b): Das Ertragswertverfahren als entscheidungsorientiertes Verfahren der Unternehmensbewertung, in: WISU, Heft 11, S. 940-946

Serfling, Klaus/Pape, Ulrich (1996): Strategische Unternehmensbewertung und Discounted Cash Flow-Methode, in: WISU, Heft 1, S. 57-64

Sharpe, William F. (1964): Capital Asset Prices: A Theory of Market Equilibrium under Conditions of Risk, in: JoF, Vol. 19, S. 425-442

Sharpe, William F. (1970): Portfolio Theory and Capital Markets, New York u. a.

Sieben, Günter (1983): Funktionen der Bewertung ganzer Unternehmen und von Unternehmensanteilen, in: WISU, Heft 12, S. 539-542

Sieben, Günther (1993): Unternehmensbewertung, in: Wittmann, Waldemar u. a. (Hrsg.): Handwörterbuch der Betriebswirtschaft, 5. Aufl., Stuttgart, Teilband 3, Sp. 4315-4331

Sieben, Günter (1995): Unternehmensbewertung: Discounted Cash Flow-Verfahren und Ertragswertverfahren - Zwei völlig unterschiedliche Ansätze?, in: Lanfermann, Josef (Hrsg.): Internationale Wirtschaftsprüfung, Düsseldorf, S. 713-737

Sieben, Günter/Schildbach, Thomas (1979): Zum Stand der Entwicklung der Lehre von der Bewertung ganzer Unternehmungen, in: DStR, Heft 16-17, S. 455-461

Siegel, Theodor (1991): Grundlagen der Unternehmensbewertung, in: WiSt, Heft 5, S. 231-237

Siegel, Theodor (1992): Methoden der Unsicherheitsberücksichtigung in der Unternehmensbewertung, in: WiSt, Heft 1, S. 21-26

Siegel, Theodor (1994): Unternehmensbewertung, Unsicherheit und Komplexitätsreduktion, in: BFuP, Heft 5, S. 457-476

Siegel, Theodor (1997): Steuern in der Unternehmensbewertung bei Wachstum und Risiko, in: DB, Heft 47, S. 2389-2392

Siepe, Günter (1997): Die Berücksichtigung von Ertragsteuern bei der Unternehmensbewertung, in: WPg, Heft 1 und Heft 2, S. 1-11 und S. 37-44

Siepe, Günter/Dörschell, Andreas/Schulte, Jörn (2000): Der neue IDW Standard: Grundsätze zur Durchführung von Unternehmensbewertungen (IDW S 1), in: WPg, Heft 19, S. 946-960

Sinn, Hans-Werner (1997): Der Staat im Bankwesen, München

Sparkassenverband Bayern (1998): Brief des bayerischen Sparkassenverbandes vom 28.10.1998 an den Verfasser

Speckbacher, Gerhard (1997): Shareholder Value und Stakeholder Ansatz, in: DBW, Heft 5, S. 630-639

Stehle, Richard/Hartmond, Anette (1991): Durchschnittsrenditen deutscher Aktien 1954 - 1988, in: KuK, Heft 3, S. 371-411

Steiner, Manfred/Bauer, Christoph (1992): Die fundamentale Analyse und Prognose des Marktrisikos deutscher Aktien, in: ZfbF, Heft 4, S. 347-368

Steiner, Manfred/Kleeberg, Jochen (1991): Zum Problem der Indexauswahl im Rahmen der wissenschaftlich-empirischen Anwendung des Capital Asset Pricing Model, in: DBW, Heft 2, S. 171-182

Steiner, Manfred/Tebroke, Hermann-Josef (1997): Das Economic-Value-Added-Konzept zum Wertmanagement von Banken, in: Berndt, Ralph (Hrsg.): Business reengineering: effizientes Neugestalten von Geschäftsprozessen, Berlin u. a., S. 131-152

Steinheuer, Wilfried (1990): Sparkassen und Risikotransfer, in: Bergmann, Eckhard/ Kastrop, Christian/Steinheuer, Wilfried (Hrsg.): Öffentliche Haushalte und Risiko, Forschungsbericht des Landes Nordrhein-Westfalen, Nr. 3243, Opladen, S. 105-130

Strieder, Thomas (1999): Übertragung einzelner Geschäftsanteile bei Genossenschaften - ein Lösungsvorschlag, in: BB, Heft 31, S. 1567 f.

Strutz, Eric (1993): Wertmanagement von Banken, Bern u. a.

Süchting, Joachim (1995): Finanzmanagement: Theorie und Politik der Unternehmensfinanzierung, 6. Aufl., Wiesbaden

Süchting, Joachim (1996): Unternehmenssteuerung in Aktienbanken nach dem Shareholder-Value-Konzept, in: International Bankers Forum e.V. (Hrsg.): Die Banken auf dem Weg ins 21. Jahrhundert, Wiesbaden, S. 407-418

Süchting, Joachim/Paul, Stephan (1998): Bankmanagement, 4. Aufl., Stuttgart

Suckut, Stefan (1992): Unternehmensbewertung für internationale Akquisitionen: Verfahren und Einsatz, Wiesbaden

Tebroke, Hermann-Josef (1993): Größe und Fusionserfolg von Genossenschaftsbanken, Köln

Tegeder, Patrick (1996): Business Reengineering als Grundlage eines ganzheitlichen Restrukturierungsprozesses in ostdeutschen Kreditinstituten, Frankfurt am Main

Thieme, Hauke (2000): Steuersenkungsgesetz: Änderungen bei der Besteuerung juristischer Personen des öffentlichen Rechts und Lösungsansätze zur Steueroptimierung, in: Finanzrundschau, Heft 20, S. 1074-1081

Thode, Bernd (1994): Zur Gewährträgerhaftung und Anstaltslast bei Sparkassen und Landesbanken, in: Sparkasse, Heft 3, S. 134-136

Verordnung über die Rechnungslegung der Kreditinstitute vom 10.2.1992 (BGBl. I, S. 203-214), abgedruckt in: Krumnow, Jürgen u. a. (1994): Rechnungslegung der Kreditinstitute, Kommentar zum Bankbilanzrichtlinie-Gesetz und zur RechKredV, Stuttgart, S. 1292-1303

Volkart, Rudolf (1998): Shareholder value & corporate valuation: finanzielle Wertsteigerung im Wandel, Zürich

Volkart, Rudolf/Nadig, Linard (1995): Marktzinsmethode und betriebliche Investition, in: DU, Heft 2, S. 125-141

Wagner, Franz W. (1973): Entscheidungsorientierte Bewertung bei Kauf und Verkauf von Unternehmungen, in: WiSt, Heft 12, S. 566-572

Wagner, Franz W. (1994): Unternehmensbewertung und vertragliche Abfindungsbemessung, in: BFuP, Heft 5, S. 477-498

Wagner, Franz W. (1997): Shareholder Value: Eine neue Runde im Konflikt zwischen Kapitalmarkt und Unternehmensinteresse, in: BFuP, Heft 5, S. 473-498

Wagner, Franz W./Rümmele, Peter (1995): Ertragsteuern in der Unternehmensbewertung: Zum Einfluß von Steuerrechtsänderungen, in: WPg, Heft 13, S. 433-441

Waschbusch, Gerd (1994): Die bankspezifische offene Risikovorsorge des § 340g HGB, in: Die Bank, Heft 3, S. 166-168

Weber, Bruno (1991): Beurteilung von Akquisitionen auf der Grundlage des Shareholder Value, in: BFuP, Heft 3, S. 221-232

Weber, Manfred (1999): Private Banken, in: Cramer, Jörg u. a. (Hrsg.): Enzyklopädisches Lexikon des Geld-, Bank- und Börsenwesens, 4. Aufl., Frankfurt am Main, S. 1466-1475

Weber, Martin/Schiereck, Dirk (1993): Marktbezogene Bestimmung der Kapitalkosten, in: Gebhardt, Günther/Gerke, Wolfgang/Steiner, Manfred (Hrsg.): Handbuch des Finanzmanagements: Instrumente und Märkte der Unternehmensfinanzierung, München, S. 131-150

Wenger, Ekkehard (1987): Managementanreize und Kapitalallokation, in: Boettcher, Erik/Herder-Dorneich, Philipp/Schenk, Karl-Ernst (Hrsg.): Jahrbuch für Neue Politische Ökonomie, 6. Band, Tübingen, S. 217-240

Wenger, Ekkehard (1989): Allgemeine Betriebswirtschaftslehre und ökonomische Theorie, in: Kirch, Werner/Picot, Arnold (Hrsg.): Die Betriebswirtschaftslehre im Spannungsfeld zwischen Generalisierung und Spezialisierung, Wiesbaden, S. 155-181

Wenger, Ekkehard (1991): Diversifikation und Kapitalmarktgleichgewicht, in: WiSt, Heft 2, S. 81-87

Wenger, Ekkehard (1993): Der Fall Girmes - ein Stück aus dem Tollhaus, in: ZIP - Zeitschrift für Wirtschaftsrecht, Heft 5, S. 321-332

Wenger, Ekkehard/Hecker, Renate (1995): Übernahme- und Abfindungsregeln am deutschen Aktienmarkt, in: ifo Studien, Heft 1, S. 51-87

Wenger, Ekkehard/Kaserer, Christoph (1998): Präferenzfreie Bewertung derivativer Finanztitel, in: WiSt, Heft 1, S. 29-32

Westphal, Michael R. (1998): Die eingetragene Genossenschaft, in: Steuer und Studium, Heft 2, S. 69-72

Wildgruber, Jörg (1998): Das Prognoseproblem bei der Ermittlung des Entscheidungwertes von Kreditinstituten, Frankfurt am Main

Wimmer, Konrad (1996): Bankkalkulation: neue Konzepte der Kosten- und Erlösrechnung von Kreditinstituten, 2. Aufl., Berlin

Wirtschaftsprüfer-Handbuch (1998): Handbuch für Rechnungslegung, Prüfung und Beratung, Band II, Abschnitt A: Die Unternehmensbewertung, Verfasser: Dörner, Wolfgang, 11. Aufl., Düsseldorf, S. 1-136

Zenthöfer, Wolfgang/Schulze zur Wiesche, Dieter (1999): Einkommensteuer, 5. Aufl., Stuttgart

Zessin, Axel (1982): Unternehmensbewertung von Kreditinstituten, Göttingen

Zimmermann, Gebhard/Jöhnk, Thorsten (1998): Shareholder-Value- oder Stakeholder-Ansatz als Zielkonzeption für öffentlich-rechtliche Kreditinstitute?, in: ZfgK, Heft 6, S. 277-280

Zügel, Walter (1985): Sparkassen zwischen Marktorientierung und öffentlichem Auftrag aus der Sicht der Praxis, in: Sparkasse, Heft 1, S. 19-22

BETRIEBSWIRTSCHAFTLICHE STUDIEN
RECHNUNGS- UND FINANZWESEN, ORGANISATION UND INSTITUTION

Die Herausgeber wollen in dieser Schriftenreihe Forschungsarbeiten aus dem Rechnungswesen, dem Finanzwesen, der Organisation und der institutionellen Betriebswirtschaftslehre zusammenfassen. Über den Kreis der eigenen Schüler hinaus soll originellen betriebswirtschaftlichen Arbeiten auf diesem Gebiet eine größere Verbreitung ermöglicht werden. Jüngere Wissenschaftler werden gebeten, ihre Arbeiten, insbesondere auch Dissertationen, an die Herausgeber einzusenden.

Band 1 Joachim Hartle: Möglichkeiten der Entobjektivierung der Bilanz - Eine ökonomische Analyse. 1984.

Band 2 Peter Wachendorff: Alternative Vertragsgestaltung bei öffentlichen Aufträgen - Eine ökonomische Analyse. 1984.

Band 3 Doris Zimmermann: Schmalenbachs Aktivierungsgrundsätze. 1985.

Band 4 Elke Michaelis: Organisation unternehmerischer Aufgaben - Transaktionskosten als Beurteilungskriterium. 1985.

Band 5 Arno Schuppert: Die Überwachung betrieblicher Routinetätigkeiten. Ein Erklärungs-Entscheidungsmodell. 1985.

Band 6 Bonaventura Lehertshuber: Unternehmensvertragsrecht und Konzernhandelsbilanz. 1986.

Band 7 Joachim Schindler: Kapitalkonsolidierung nach dem Bilanzrichtlinien-Gesetz. 1986.

Band 8 Gerhard R. Schell: Die Ertragsermittlung für Bankbewertungen. 1988.

Band 9 Ulrich Hein: Analyse der Neubewertungsverfahren im belgischen und französischen Bilanzrecht. 1988.

Band 10 Rainer Leuthier: Das Interdependenzproblem bei der Unternehmensbewertung. 1988.

Band 11 Dieter Pfaff: Gewinnverwendungsregelungen als Instrument zur Lösung von Agency-Problemen. Ein Beitrag zur Diskussion um die Reformierung der Ausschüttungskompetenz in Aktiengesellschaften. 1989.

Band 12 Christian Debus: Haftungsregelungen im Konzernrecht. Eine ökonomische Analyse. 1990.

Band 13 Ralph Otte: Konzernabschlüsse im öffentlichen Bereich. Notwendigkeit und Zwecke konsolidierter Jahresabschlüsse von Gebietskörperschaften dargestellt am Beispiel der Bundesverwaltung der Bundesrepublik Deutschland. 1990.

Band 14 Rüdiger Zaczyk: Interdisziplinarität im Bilanzrecht. Rechtsfindung im Spannungsfeld zwischen Betriebswirtschaftslehre und dogmatischer Rechtswissenschaft. 1991.

Band 15 Oliver Fliess: Konzernabschluß in Großbritannien – Grundlagen, Stufenkonzeption und Kapitalkonsolidierung. 1991.

Band 16 Joachim Faß: Konzernierung und konsolidierte Rechnungslegung. Eine Analyse der Eignung des Konzernabschlusses als Informationsinstrument und als Grundlage der Ausschüttungsbemessung konzernverbundener Unternehmen. 1992.

Band 17 Michael Feldhoff: Die Regulierung der Rechnungslegung. Eine systematische Darstellung der Grundlagen mit einer Anwendung auf die Frage der Publizität. 1992.

Band 18 Uwe Jüttner: GoB-System, Einzelbewertungsgrundsatz und Imparitätsprinzip. 1993.

Band 19 Ralf Häger: Das Publizitätsverhalten mittelgroßer Kapitalgesellschaften. 1993.

Band 20 Jutta Menninger: Financial Futures und deren bilanzielle Behandlung. 1993.

Band 21 Stefan Lange: Die Kompatibilität von Abschlußprüfung und Beratung. Eine ökonomische Analyse. 1994.

Band 22 Hans Klaus: Gesellschafterfremdfinanzierung und Eigenkapitalersatzrecht bei der Aktiengesellschaft und der GmbH. 1994.

Band 23 Vera Marcelle Krisement: Ansätze zur Messung des Harmonisierungs- und Standardisierungsgrades der externen Rechnungslegung. 1994.

Band 24 Helmut Schmid: Leveraged Management Buy-Out. Begriff, Gestaltungen, optimale Kapitalstruktur und ökonomische Bewertung. 1994.

Band 25 Carsten Carstensen: Vermögensverwaltung, Vermögenserhaltung und Rechnungslegung gemeinnütziger Stiftungen. 1994. 2., unveränderte Auflage 1996.

Band 26 Dirk Hachmeister: Der Discounted Cash Flow als Maß der Unternehmenswertsteigerung. 1995. 2., durchgesehene Auflage 1998. 3., korrigierte Auflage 1999. 4., durchgesehene Auflage 2000.

Band 27 Christine E. Lauer: Interdependenzen zwischen Gewinnermittlungsverfahren, Risiken sowie Aktivitätsniveau und Berichtsverhalten des Managers. Eine ökonomische Analyse. 1995.

Band 28 Ulrich Becker: Das Überleben multinationaler Unternehmungen. Generierung und Transfer von Wissen im internationalen Wettbewerb. 1996.

Band 29 Torsten Ganske: Mitbestimmung, Property-Rights-Ansatz und Transaktionskostentheorie. Eine ökonomische Analyse. 1996.

Band 30 Angelika Thies: Rückstellungen als Problem der wirtschaftlichen Betrachtungsweise. 1996.

Band 31 Hans Peter Willert: Das französische Konzernbilanzrecht. Vergleichende Analyse zum deutschen Recht im Hinblick auf die Konzernbilanzzwecke und deren Grundkonzeption. 1996.

Band 32 Christian Leuz: Rechnungslegung und Kreditfinanzierung. Zum Zusammenhang von Ausschüttungsbegrenzung, bilanzieller Gewinnermittlung und vorsichtiger Rechnungslegung. 1996.

Band 33 Gerald Schenk: Konzernbildung, Interessenkonflikte und ökonomische Effizienz. Ansätze zur Theorie des Konzerns und ihre Relevanz für rechtspolitische Schlußfolgerungen. 1997.

Band 34 Johannes G. Schmidt: Unternehmensbewertung mit Hilfe strategischer Erfolgsfaktoren. 1997.

Band 35 Cornelia Ballwießer: Die handelsrechtliche Konzernrechnungslegung als Informationsinstrument. Eine Zweckmäßigkeitsanalyse. 1997.

Band 36 Bert Böttcher: Eigenkapitalausstattung und Rechnungslegung. US-amerikanische und deutsche Unternehmen im Vergleich. 1997.

Band 37 Andreas-Markus Kuhlewind: Grundlagen einer Bilanzrechtstheorie in den USA. 1997.

Band 38 Maximilian Jung: Zum Konzept der Wesentlichkeit bei Jahresabschlußerstellung und -prüfung. Eine theoretische Untersuchung. 1997.

Band 39 Mathias Babel: Ansatz und Bewertung von Nutzungsrechten. 1997.

Band 40 Georg Hax: Informationsintermediation durch Finanzanalysten. Eine ökonomische Analyse. 1998.

Band 41 Georg Schultze: Der spin-off als Konzernspaltungsform. 1998.

Band 42 Christian Aders: Unternehmensbewertung bei Preisinstabilität und Inflation. 1998.

Band 43 Thomas Schröer: Das Realisationsprinzip in Deutschland und Großbritannien. Eine systematische Untersuchung und ihre Anwendung auf langfristige Auftragsfertigung und Währungsumrechnung. 1998.

Band 44 Anne d'Arcy: Gibt es eine anglo-amerikanische oder eine kontinentaleuropäische Rechnungslegung? Klassen nationaler Rechnungslegungssysteme zwischen Politik und statistischer Überprüfbarkeit. 1999.

Band 45 Christian Back: Richtlinienkonforme Interpretation des Handelsbilanzrechts. Abstrakte Vorgehensweise und konkrete Anwendung am Beispiel des EuGH-Urteils vom 27. Juni 1996. 1999.

Band 46 Cornelia Flury: Gewinnerläuterungsprinzipien. 1999.

Band 47 Hanne Böckem: Die Durchsetzung von Rechnungslegungsstandards. Eine kapitalmarktorientierte Untersuchung. 2000.

Band 48 Jens Kengelbach: Unternehmensbewertung bei internationalen Transaktionen. 2000.

Band 49 Ursula Schäffeler: Latente Steuern nach US-GAAP für deutsche Unternehmen. 2000.

Band 50 Rainer Doll: Wahrnehmung und Signalisierung von Prüfungsqualität. 2000.

Band 51 Brigitte Strasser: Informationsasymmetrien bei Unternehmensakquisitionen. 2000.

Band 52 Lars Franken: Gläubigerschutz durch Rechnungslegung nach US-GAAP. Eine ökonomische Analyse. 2001.

Band 53 Oliver Bärtl: Wertorientierte Unternehmenssteuerung. Zum Zusammenhang von Kapitalmarkt, externer und interner Rechnungslegung. 2001.

Band 54 Gabi Ebbers: A Comparative Analysis of Regulatory Strategies in Accounting and their Impact on Corporate Compliance. 2001.

Band 55 Mark Währisch: The Evolution of International Accounting Systems. Accounting System Adoptions by Firms from a Network Perspective. 2001.

Band 56 Jakob Schröder: F&E-Bilanzierung als Einflußfaktor der F&E-Freudigkeit. 2001.

Band 57 Martin Hebertinger: Wertsteigerungsmaße – Eine kritische Analyse. 2002.

Band 58 Rainer Zensen: Die Bewertung von deutschen Universalbanken unter Berücksichtigung rechtsformspezifischer Besonderheiten. 2002.

Inka Habeck

Sparkassen als Universalbanken?

Rechtliche Möglichkeiten und Grenzen allgemeiner Bankgeschäfte im Sparkassenbereich

Frankfurt/M., Berlin, Bern, Bruxelles, New York, Oxford, Wien, 2001. 254 S.
Europäische Hochschulschriften: Reihe 2, Rechtswissenschaft. Bd. 311
ISBN 3-631-37674-X · br. € 40.40*

Stellung und Aufgabe der öffentlich-rechtlichen Sparkassen im Wettbewerb mit den Privat- und Genossenschaftsbanken sind zunehmend Gegenstand der wissenschaftlichen und öffentlichen Diskussion. Immer kritischer wird die Frage gestellt, durch welche besonderen gemeinnützigen Leistungen sich die Sparkassen zur Rechtfertigung ihres öffentlich-rechtlichen Status noch legitimieren. Dabei geht es um nichts Geringeres als um die Zukunft dieser traditionsreichen Institute. Die Abhandlung unternimmt es, die konkreten Möglichkeiten und Grenzen allgemeiner Bankgeschäfte im Rahmen der bestehenden gesetzlichen Regelungen einer kritischen Würdigung zu unterziehen sowie Konsequenzen für die Praxis und die weitere Entwicklung aufzuzeigen.

Aus dem Inhalt: Bankensystem · Universalbankprinzip · Sparkassenorganisation · Öffentlicher Auftrag · Gewährträgerhaftung und Anstaltslast · Verfassungsrechtliche Grenzen · Geschäftsbeschränkungen · System der Sparkassenaufsicht · Eigenkapitalerfordernis · Konsequenzen und Perspektiven